本书系云南大学《中国边疆研究丛书》成果之一，得到云南大学专门史国家重点学科建设经费资助。

云南大学　中国边疆研究丛书

林文勋　主编

中国西南边疆的社会经济：1250—1850

李　中　清
林　文　勋　著
秦　树　才　译

人民出版社

总　序

林文勋

　　我国幅员辽阔,民族众多,是一个统一的多民族国家。而中国的边疆地区则是我国统一多民族国家的重要组成部分,历来在国家的经济发展、社会进步和政治稳定中占有十分重要的地位。古往今来,历朝历代莫不重视边疆问题的研究与边疆治理。近代以来,随着世界局势的变化和边疆问题的凸显,边疆问题的研究更加受到重视,并形成了几次大的研究热潮。在这一过程中,一些学者提出了"边政学"、"边疆学"等概念,极大地推动了边疆问题研究的开展。目前,尽管人们对"边疆学"、"边政学"等概念还持有不同的看法,但边疆问题研究的重要性已没有人怀疑。构建一门具有中国特色的边疆学学科,在更高的层面和更大的范围开展中国边疆问题的研究越来越成为更多的人们的认识。

　　云南大学地处祖国西南边疆,是我国西南边疆建立最早的综合性大学之一。长期以来,依托特殊的区位优势和资源优势,大批学者对边疆问题特别是西南边疆的问题开展了持续不断的深入研究。在几代学者的共同努力下,通过将区位优势和资源优势转化为学科优势,再将学科优势转化为人才培养的优势,云南大学边疆问题的研究与人才培养蓬勃发展,并积累了深厚的学术基础,呈现出旺盛的发展潜力。中国边疆研究现已成为云南大学重要的优势和特色学科。在全力推进、发展中国边疆学学科建设的进程中,云南大学应该义不容辞、责无旁贷地肩负起建设和发展中国边疆学学科的重任。

基于此,为进一步巩固和提升云南大学边疆问题研究的水平与实力,2002 年,我们提出了在云南大学建设中国边疆学学科的建议并拟定了具体的方案。2007 年,通过整合边疆问题研究、中外关系史和经济史研究的力量,云南大学专门史学科被批准为国家重点学科。同年,我们又在历史学一级学科博士学位授权下自主增设了"中国边疆学"二级学科博士学位授权。2008 年,我们再次抓住国家"211 工程"三期建设的契机,提出"西南边疆史与中国边疆学"作为云南大学国家立项的学科项目加以建设,旋即得到批准。

"西南边疆史与中国边疆学"学科项目,计划从中国西南边疆史、中国与南亚东南亚关系史和中国边疆学研究三个方面较全面地开展边疆问题的研究和中国边疆学学科体系的探讨。同时,还将有计划地整理有关西南边疆的历史文献和档案资料,翻译和介绍国外学者关于中国西南边疆研究的重要成果。

此次我们编辑和出版云南大学《中国边疆研究丛书》,就是为了系统地反映我们在推进边疆问题研究和中国边疆学学科建设中所形成的研究成果,增进与国内外学术界的交流与合作。

从传统的边疆史地研究到中国边疆学学科建设,决不只是研究范围的扩大和研究内容的增加,而是一种研究视野的转变和研究范式的创新。

中国边疆学学科的建设还将经历长期的探索过程并面临较为

艰巨的任务,我们的工作也仅只是在自己原有基础上的一个新的开端。为此,我们真诚地期望各位专家学者给我们提出宝贵的意见和建议,以便我们的工作做得更好,共同为推进中国边疆学学科的发展与繁荣作出新的贡献!

2011 年春节

目　　录

第七章　粮食再分配 ………………………………（205）

译者前言

　　《中国西南边疆的社会经济：1250—1850》的英文作者李中清，为美国知名的中国问题研究学者，英文名 James Z. Lee。李中清于 1974 年毕业于美国耶鲁大学历史学专业，获学士学位；1975年、1983 年先后毕业于芝加哥大学历史系，分别获历史学硕士、博士学位。1982—2002 年，李中清就职于加州理工学院；2003—2009 年，任密西根大学历史学和社会学教授，其中 2003—2008 年间任该校中国研究中心（Center for Chinese Studies）主任，2006—2009 年被聘为 Frederick Huetwell 历史学与社会学教授，同时担任密西根—北京大学联合学院主任，并于 2006 年被聘为北京大学长江学者社会学讲座教授。2009 年以来，李中清受聘出任香港科技大学社会科学分部首席教授、人文与社会科学学院院长。

　　李中清长期从事中华帝国晚期史（元明清史）、历史人口社会学、比较人口统计学等方面研究。著有《人类的四分之一：马尔萨斯的神话与中国的现实，1700—2000 年》（One Quarter of Humanity: Malthusian Mythology and Chinese Reality, 1700—2000）[1]、《中国农村的命运与幸运：辽宁的社会组织和人口行为：1774—1873》（Fate and Fortune in Rural China: Social Organization and Popula-

tion Behavior in Liaoning 1774—1873）[2]、《压力下的生活：欧洲和亚洲的死亡率与生活水准：1700—1900》（*Life Under Pressure：Mortality and Living Standards in Europe and Asia，1700—1900*）[3]、《辽东移民中的旗人社会》[4]，编著有《人口滋养：中国的政府粮仓与粮食供给，1650—1850》[5]、《清代皇族人口行为与社会环境》[6]、《婚姻、家庭与人口行为：东西比较》[7]、《亚洲人口史》（*Asian Population History*）[8]。这些著作，在清代移民与人口研究、欧亚人口与社会发展比较、边疆地区的社会经济与社会生活等方面取得了较高的学术成就，受到学术界的高度重视。在研究的方法上，除继续重视史志等传统史料外，李中清特别关注档案资料、田野调查、族谱、碑刻、口传资料等"非规范性文献资料"（Non-standard sources for Chinese history）的搜集和利用，注意引入社会学、人口统计学等学科的理论与方法，对相关历史与社会问题进行量化分析研究，有效地推动了研究方法的进步与革新。

本书英文原著为 The Political Economy of a Frontier：Southwest China 1250—1850（《中国西南边疆的社会经济：1250—1850》），是李中清在其博士学位论文的基础修改完善而成。1978 年李中清发表了《中国历史上的移民及其发展》（*Migration and expansion in Chinese history*）一文[9]，以中国历史上的移民问题研究开启了其学术研究之路，为其研究中国西南边疆的人口与社会经济奠定了良好的基础。之后，在著名历史学家何炳棣教授的指导下，李中清以"中华帝国晚期（元明清时期）中国西南边疆的社会经济"作为博士学位论文选题。在博士学位论文的写作和修改过程中，李中清不但查阅了中国大陆、台湾、香港，美国，英国，法国，日本，瑞士等国家和地区 1930—2007 年间的中国古代史、中国经济史、中国民族史、边疆史、人口史、社会史、历史文献等方面的专著、论文（含

未出版的博士学位论文)三百多种(其中,中文 215 种,外文 89
种),还力求知书识人,访问过谭其骧、方国瑜、郭松义、尤中、江应
樑、张春树(Chang Chun-shu)、林超民、李伯重、傅汉斯(Hans-Ul-
rich Vogel)、斯波义信等学者,与许多学者结成了良好的学术交往
关系。对相关研究的广泛而深入的了解、认识和借鉴,使这份以中
国西南边疆为对象的研究体现出了较为广阔的国际学术视野,并
能立足学术前沿,开展创新性的探索与研究。

　　同时,在论文的写作过程中,李中清非常注意对相关文献资料
的搜集、占有和利用,曾亲至中国大陆、台湾、香港,以及美国、日本
等国家和地区,在中国第一历史档案馆、中国国家图书馆、北京大
学图书馆、云南省图书馆、云南大学图书馆、四川省图书馆、上海图
书馆、台湾故宫博物院、台湾中央研究院历史语言研究所,美国国
会图书馆、芝加哥大学图书馆、密西根大学图书馆、哈佛—燕京图
书馆、哥伦比亚大学图书馆,日本东京大学人文科学研究所、东洋
文库、东京内阁文库、东京尊经阁文库、京都大学东洋文化研究所
等著名图书收藏单位开展了大量的资料查阅和搜集工作。所搜集
和利用的资料除实录、正史、政书、会典、方志、杂史、别史、专志
(如《云南铜志》《铜政便览》)、笔记等传统文献外,还包括中国
第一历史档案馆和台湾故宫博物院所藏军机处"朱批奏折"、"录
副奏折"中的"雨雪粮价"、"财政·仓储"、"内政·保警"、"宫中
档历朝奏折"等档案资料。很显然,这类档案资料的利用,是李中
清中国西南边疆史研究中移民与人口、仓储与粮食再分配、粮价与
西南市场整合、滇铜产量等问题上取得突破的重要支撑。在文中,
李中清还使用到了诸如闵洪学的《抚滇奏草》、王韬的《滇南铜政
考》等学术界较少利用的文献。

　　李中清于 1980 年完成了《中国西南的移民:1250—1850》、

《中国西南的人口：1250—1850》等学位论文重要部分的写作，于1983 年完成了博士学位论文《中国西南边疆的社会经济：1250—1850》，并获得了博士学位。其后，李中清对学位论文的修改一直持续不断，直到 21 世纪初。在英文原稿"后记"中，李中清写道："本书的完成花费了四分之一世纪的时间：形成概念用了十年，写作用了十五年。"事实上，加上对书稿的最后的修改和完善时间，这本书从最初的构思写作到定稿出版，已远远超过了四分之一世纪。如果说何炳棣先生通过博士学位论文的写作给予李中清"历史研究方面的严格训练，使其对历史和如何成为一名历史学者有了更为深刻的理解，并立志致力于历史研究"的话，那么李中清长期以来的修改完善，已使该书成为西方学术界中国西南边疆史研究的代表作之一。

该书由十章构成。

第一章《边疆史与经济史》通过历史和现实中世界上几个文明大国的比较，指出了中国疆域扩展及巩固历程的久远性、持续性是中国历史发展与其他大国历史的重大区别，从而将西南边疆史置于中国疆域特殊历程及规律研究的学术背景下加以研究。进而从先秦以来大一统思想、边疆各族政权与中央统治权及国家统一之间的对立统一关系，以及帝制中央对边疆的重视、治理和巨大投入，来考察边疆经济社会的发展变化和边疆日益紧密地融入中华整体的原因与历程。最终将中国历史发展的规律性——中央对边疆的经营和投入——边疆社会经济发展的研究紧密地联系在一起，提升了西南边疆史研究的价值。

第二章《社会经济的原则与政策》，分别从中国传统的经济原则与政策、中华帝国晚期中央财政政策、中华晚期帝国在西南地区实施的经济政策三个层次，来探讨政府发展经济的原则与政策对边疆经济发展的影响。认为先秦以来的儒家传统思想把民众的温饱富足与国家政权的合法性、社会的稳定联在一起看待,将扩大社会耕地面积、发展农业、专川泽之利、兴办社会福利,看成是国家经济政策的基本原则;明清政府基于传统的社会经济原则与特殊的历史条件(如清政府需通过发展经济来获取民众对其入主内地的支持等),非常注意鼓励耕垦,实施屯田,发展农业,轻减赋税,建立仓储等社会福利,清代还重视工矿业的发展;在这样的大背景下,面对西南地区巨额的财政开支和微薄的税收来源,中华帝国晚期政府(尤其是明清政府)在西南更是把推行移民屯垦,发展农业,建立粮食再分配系统,发展矿冶业,作为西南社会经济的政策与原则,从而揭示了元明清时期西南边疆社会经济巨大发展的重要原因,引出了该书讨论这一时期西南社会经济发展的线索。

第三章《交通》论述了元明清时期西南的道路体系、途程、政府对西南交通的投资,以及交通与贸易的发展的关系。李中清在总结学术界传统西南六条对外通道的基础上,重点比较了各道路的旅行时间,指出这一时期西南各道路的旅行时间变化不大,但元明清政府所投入的巨大人力物力还是极大地改善了西南的水陆路交通状况,降低了交通运输成本,使西南地区的贸易量有了显著的增长。

第四、五章《移民》和《人口》,分元明和清代两个时期论述了西南移民与人口发展的情况和空间变化。以史志和档案资料中西南人口数记载和明清时期政府西南人口登记制度的考察分析为基础,再以所获西南食盐消费的官方数字对人口数进行估计和校正,开辟了元明清时期西南人口研究的新途径,进而分析了西南移民与人口增长的原因,各时期人口与移民的数量和空间分布、人口密度的变化,阐述了移民与人口对西南社会经济文化发展的关系,从而构建起了一个西南移民与人口的认识体系,并在研究的视角、方法、结论诸方面形成了新的看法。

第六章《粮食生产》,通过对土地登记制度的考察,指出官方土地数额的不完整性,进而适当补充了西南未进行土地登记地区的耕地和豪族势要隐匿未报的耕地,并以1957年西南的耕地数加以校正,估算了元明清时期西南耕地面积的发展情况与人均耕地面积,指出了西南耕地面积不断增长的历史特点,奠定了西南农业研究的基础。其后,在西南土地利用研究方面,李中清从耕牛的调入、牛耕的推广、内地先进耕作技术的传入,水利工程的修建,梯田的产生与数量的增加,水田与水稻种植面积的扩大,玉米、甜薯、花生、油菜等农作新品种的引入与传播等方面,较全面地论述了这一时期西南土地利用和粮食生产的进步。而且,通过西南不同时期土地利用情况的空间变化,就西南粮食生产与供给格局问题上提出了新的看法,认为西南边缘区的土地利用在清代获得了前所未有的发展,代替了腹心平坝地区,上升为西南主要粮食生产区,为缓解西南的人口对土地的压力作出了很大的贡献,成为人多地少的腹心地区的重要粮食供给地。

第七章《粮食再分配》,从开中、协饷、粮食仓储三方面较全面系统地论述了学术界较少涉及的元明清政府(以清代为主)在西南建立起来的粮食再分配体系。阐述了通过开中、协饷政府向西南提供大量的粮食和货币补助的情况,指出开中和协饷是明清王朝所采取的一种不从边疆地区抽取财政收入,而是以大量的内地税收来充补边疆地区经费的做法。并重点对粮食再分配系统中的仓储展开了研究,分别对西南地区的常平仓和社仓进行了深入考察。在仓储粮食的来源问题上,李中清认为除捐监、捐纳、捐买和捐输等途径外,政府的投入是西南仓储制度建立的关键,其中常平仓主要通过政府省际间粮食的转运和购买来积储仓粮,社仓则自雍正年间建立始,政府拨粮即为其发展的重要因素。李中清还从总体储量和人均储量两个方面比较了全国和西南内部常平仓和社仓两类仓储的空间发展情况,得出了全国仓储以西南等边疆省份为重点,在西南内部亦以边远边疆府州为仓储重点,国家系以仓储福利来促进边疆省份及边疆省份沿边地区的稳定与发展的粮食再分配特点。

　　第八章《粮食价格》,在西南市场研究方面,学术界已有研究主要关注城镇与乡村的集市交易这样一种有形的市场,对于西南内部、西南与其他地区间基于商品的供给和有支付能力的购买需求的关系而形成的无形的市场,则鲜有涉及。李中清的研究,不仅从粮价和无形市场的研究二个方面弥补了西南深层次商业与市场研究的不足,而且在资料的搜集和分析处理、研究的理论和方法方面形成了较大的突破。关于西南粮食价格的研究,李中清在传统史志资料的基础上,以中国第一历史档案馆和台北故宫博物院所藏一千多份西南"雨雪粮价"奏报所提供的 1705 年至 1805 年的月份粮价为基础,将缺失月的价格作为一个平均价格因子,依据整个时期的月平均价及紧邻月份的市场流通价格,对缺失月份的粮价做出估算,补出了 1748 年至 1803 年间各缺失月份的粮价数据,从而形成了空前完备的云南和贵州两省 1705 年到 1805 年间各府的粮食月平均价和年平均价,奠定了 17 世纪晚期到 19 世纪中期西南粮价研究的基础。通过这些粮价数据,李中清先生以文字和示意图的形式,较科学地揭示了这一时期云南和贵州粮食价格的发展变化情况,并从铜钱的供求关系、移民、战争和灾害性天气等方面分析了西南粮食价格的变化原因。

　　以所形成的粮价数据为基础,李中清还引入法国学者戴维·韦尔(David Weir)《法国的市场与死亡率:1600—1784》(*Markets and Mortality in France, 1600—1784*)一文中的价格分析方法,用价格相关分析(the correlation of the prices themselves)、价格差相关分析(the correlation of the price differences)、价格方差相关分析(the correlation of the price variances)三种方法,对西南大米价价格同步性指数和平均值进行计算,最终通过米价的同步性数值进行检测和分析,辨别出了云贵内部存在的四个价格带,发现在 18 世纪后半叶,云南和贵州的价格同步值达到了 0.39,略高于同一时期(1750 年—1850 年)市场整合快速向前发展的法国的价格同步值 0.38,也比 20 世纪二三十年代山西小麦市场的同步性水平高,得出了 19 世纪中期时西南区域市场的整合程度已经达到了很高的水平的结论。李中清关于米价与市场整合程度的研究,对于科学研究清代西南市场发育情况具有认识与研究方法的双重推进作用。

第九章《矿业的发展》,几乎是与傅汉斯的博士学位论文同时写作的国际学术界两项云南铜矿业研究的重要成果之一。此章在简要阐述元明时期云南以银为中心的矿业发展的基础上,重点从清政府发展矿业的动机与相关政策的实施、铜矿业的兴衰历程、铜产量、政府从铜矿业获收益、铜矿业对西南地区的影响、铜矿业中的资本主义萌芽问题等方面,对清代云南铜矿业进行了较为全面深入的探讨。以往学术界对清代的铜矿业习惯上以"矿业发展的历史条件(以清代矿业政策的调整为主)——矿业的发展——影响"的模式开展研究。李中清在此基础上以"政府与社会的矿业需求—政府政策与扶持—铜矿的生产构成—矿产品流通与采买"这一矿业产销的完整系统来研究,关注矿业生产过程中各环节的变化(尤其是生产成本与政府相应政策的调整)对铜矿业的作用和影响。另外,在铜产量的研究方面,自严中平先生《清代云南铜政考》始,学术界多通过京局、各省采买、云南局铸所用铜的销量来估算滇铜产量,李中清则对"办获铜数"给予较高重视,从档案资料中搜集了1721年—1814年间云南的63个办获铜数,与销量作比较,发现办获铜数与根据销量所估算出的铜产量间存在较大差距,并通过存在明显差额年份存在影响铜矿采冶的灾难性气候的事实,考证了办获铜数所反映的铜产量的真实性,从而以政府办获铜数修正了学术界对清代云南铜产量认识上的偏差。李中清还从铜矿业生产成本的上升、中央和云南地方政府从云南铜矿业中的收益与对云南铜矿业支持程度的消长,深入分析了云南铜矿业在1700年—1768年和1768年—1798年两个时段的发展背景、历程与水平,揭示了云南铜矿业发展的复杂性与曲折性,改变了过去学术界在清代云南铜矿业发展研究中所形成的停滞期、恢复发展期、鼎盛期、衰落期的认识。在滇铜生产中的资本主义萌芽问题上,基于云南铜矿业的生产、销售与中央和云南地方政府的支持、控制密切相关,政府行为左右着铜矿业兴衰的事实,李中清很自然地得出了云南铜矿业非自由资本主义经济,无资本主义萌芽问题的结论。在云南铜矿业的影响方面,李中清不但深入分析了中央和云南地方政府通过铜课、铜息、铸息而从滇铜生产中获得的巨大利益,指出了西南的资源与经济在清政府的货币与金融运作、财政增收、社会与政治稳定等方面发挥的巨大作用;同时也分析了云南矿冶业的发展对内地资金和劳动力所产生的巨大吸引力,因而导致的西南人口的增长,耕地面积的扩大,商业活动的频繁,以及货币供给的增长,最终使云南非农业人口的收入达到中国最富裕地区同类人口的水平,云南一跃而成为中国一个充满活力的重要经济区域。

第十章《结论》，是对第三章至第九章西南边疆经济发展情况具体考察的总结，重点总结了内地政府对西南边疆的持续而巨大的投入情况和西南社会经济在这一重要因素的影响下而出现的较大发展。最终以西南边疆社会经济发展的历史考察，提出了中国内地王朝对边疆的重视、投入和治理，是实现中国边疆发展巩固，中华文明以世界其他文明不曾有过的持续性不断发展壮大的重要原因。

李中清非常注意对数据资料的搜集、考辨、整理和统计分析，在该书各章中，制作了政府税收与财政开支、粮食储备、道路运费、移民与人口数、耕地面积、粮价、价格同步指数等类数据表格 57 个，增进了量化研究的成分，提高资料数据利用的科学性。相应地，在研究结论的表达上，除常规的文字表述外，李中清还根据相关数据资料，制作了元明清时期西南旅行耗时示意图、人口登记示意图、人口密度示意图、土地垦殖示意图、营养密度示意图、仓储存粮示意图、粮价变化示意图、城市价格同步性平均指数示意图等33 幅坐标曲线示意图、地图和流程图等，极大地提高了表述的直观性和准确性。

总之，该书从交通、移民与人口、粮食生产、粮食再分配、粮食价格与市场、矿业诸方面对元明清时期西南边疆的社会经济进行了较全面深入的研究，提出了一系列新的观点与认识，为学术界描绘了一幅元、明、清时期广阔恢宏而富于特色的中国西南边疆历史画卷。同时，也在学术视野、文献资料上有较大的拓展，在研究的视角、理论方法方面有很大创新。

该书的部分内容曾先后在国际国内重要刊物上发表过，如《中国西南的移民遗产：1250—1850》曾于 1981 年提交美国中西部讨论会，并于 1982 年发表于法国《人口学史年鉴》(*Annales de demographie historique*）；《中国西南的粮食供给与人口增长：1250—1850》(Food supply and population growth in Southwest China, *1250—1850*)1982 年发表于《亚洲研究杂志》(*Journal of Asian Studies*)41 卷 4 号,该文经修改扩充后于 1984 年以《明清时期中国西南的经济发展和人口增长》为题发表于《清史论丛》第五辑。我们在翻译该书的过程中,也曾将部分章节译出后发表,如《元明清时期中国西南矿业的发展》于 2007 年发表于云南大学出版社出版的《西方学术视野中的中国西南边疆史》一书,《元明清时期中国西南交通的发展》发表于《思想战线》2008 年 2 期,《清代中国西南边疆的粮食生产》发表于吉林大学《史学集刊》2010 年 4 期。这些文章,在学术界引起了较大的反响。有学者认为,这是西方对中国西南边疆认识历程中由"神话"性、殖民性转向科学性,由研究的低潮时期转向繁荣时期的标志之一[10]。著名经济史学家吴承明先生也将李中清通过粮价对西南市场整合程度的研究,视为学术界以粮价分析探讨中国市场整合情况的率先尝试。[11]

　　然而,迄今为止,这项西方学术界重要的中国西南边疆史研究成果尚未被完整地翻译介绍到国内来,为增进国内学术界对海外中国西南边疆史研究的了解与认识,加强与国际学术界的对话和交流,推动我国边疆史研究的进步,我们不揣浅陋,翻译了这部著作,希望能有助于我国边疆史研究的进步与繁荣。

　　限于译者的能力和水平,翻译中定存有不足,敬请读者给予批评指正。

林文勋　秦树才
2011 年 12 月于昆明

注　释

1　第一作者,与王丰合著,哈佛大学出版社,1999 年;该书有陈卫、姚远中文译本,三联书店,2000 年。

2　第一作者,与康文林(Cameron Campbell)合著,剑桥人口、经济与社会史研究之一,剑桥大学出版社,1997 年。

3　第三作者,与 Tommy Bengtsson,康文林合著,麻省理工学院出版社,2004 年。该书获美国社会学协会亚洲人与亚裔美洲人分会两年一度的最佳著作奖。

4　第三作者,与定宜庄、郭松义、康文林合著,上海社会科学出版社,2004 年。

5　第三作者,与魏丕信、王国斌合作,密西根大学中国研究中心,1991 年。

6　第一作者,与郭松义合作,北京大学出版社,1994 年。

7　第一作者,与郭松义、定宜庄合作,北京大学出版社,2000 年。

8　第二作者,与刘翠溶等合作,牛津大学出版社,2001 年。

9　见威廉·H. 麦克内尔(William H. McNeill)和鲁思·S. 亚当斯(Ruth S. Adams)编《人类迁徙:模式与政策》(*Human Migration：Patterns and Policies*),印第安纳大学出版社,1978 年,第20—47 页。

10　陆韧《现代西方学术视野中的中国西南边疆史·序》,云南大学出版社,2007 年。

11　吴承明《利用粮价变动研究清代的市场整合》,《中国经济史研究》,1996 年第 2 期。

第 一 章
边疆史与经济史

一、全球视野下的考察：
大一统政治与中国边疆的发展巩固

人类历史发展的一个显著遗产是导致了当今世界各国领土的极度不平等。今天，尽管 221 个国家分据着约 1.4 亿平方公里的地表面积，但俄罗斯、加拿大、美国、巴西、澳大利亚五个国家却以世界十分之一的人口，拥有全球几乎 40% 的土地面积。[1] 这种不平等是西欧 1650 到 1950 年三个世纪间向外扩张和移民的产物。在那段时期，六千多万欧洲人从西欧向外迁移[2]，他们争得了很多土地和人口，并在 20 世纪初以高压方式统治着全球四分之三的土地和三分之二的人口。[3]

中国作为世界上人口最多、领土面积居第三位的国家，不仅是唯一一个西方之外的大国，而且是一个与其他大国相反，人多地少，以仅占世界 7% 的土地养活近 20% 的世界人口的国家。[4]

回首人类历史，虽然曾经存在过其他疆域辽阔的大国，但它们或如亚历山大帝国、拿破仑帝国，在数十年间就衰落并分崩离析，或像波斯帝国、罗马帝国和奥斯曼土耳其帝国，持续了几个世纪也就走向终结。[5] 在所有的古代国家中，只有中国是唯一能分裂后重新走向统一并持续到现在的国家。中国疆域扩展及巩固的历程更久远、更漫长，中国与其他国家的历史发展颇具差异性。中国异乎寻常的凝聚力，部分来自其高度发达的帝制集权传统。实际上，绝大多数中国的经典都可上溯到春秋（前770年—前476年）战国（前475年—前221年）时期的政治和经济改革。当时在激烈的竞争中，世袭国君起初为了争夺霸权，其后为了成为一统天下的帝王，必须实行改革。[6] 绝大多数成书于这一漫长帝国统一过程中的典籍，或者描述或者道出了这种政治、经济、社会动荡中的竞争策略。[7] 它们都包含一种文化遗产或"伟大的传统"，即都聚焦于国家经济而非民间社会，都以政治上的统一而非经济上的开发为目的。尤其重要的是，他们提出了许多具体的策略去实现集权，以最终获得君临天下、掌治国家的正统地位，这便是在中国沿袭了二千多年的专制帝制统治。[8]

如此看来，同其他帝国不一样，中国在统一帝国建立以前，政治上的大一统便已形成一种强大的占统治地位的传统，统一已是大势所趋、众望所归的政治理想。[9] 此后，即使在分裂时期（中国确有一些分裂时期），每一个割据政权都自然而然地争夺中央王朝的正统名分，都不甘止步于地域性的割据政权。[10] 在早期帝国的历史上，虽然也有过用割据政权联合体取代统一帝国的企图，但这只是帝制传统还未最终确立前的枝节表现。[11] 实际上，大一统的帝制理念始终是中国占主导地位的思想，它扭转着割据分裂的政治倾向。[12] 历史上，尽管有时存在两个或两个以上相互竞争倾轧的政权，但直到今天不曾有一个政权提倡"两个中国"的政策。[13]

在统一的过程中，中国也发展起了一套能够大规模征募和动员军队以强化政治上正统地位的政策措施。[14] 所征募的士兵大多数用来驻防边陲,戍守边疆,开疆拓土。这种军力的分布与使用,客观上反映出边疆与中央统治权及国家统一之间唇齿相依、生死攸关的关系。通观整个中国历史,对中国统一体的主要威胁来自于军事而非意识形态。这种威胁常常出现在不同的地方势力集团(经常来自于中国的边疆地区)问鼎和挑战帝国至高无上的地位时。这些边疆政权常常很强大,并且常常较那些也很强大,也与正统政权相抗衡的其他政权存在得更长久。比如说,在帝国的北部边境地区就曾先后出现过匈奴、乌桓、鲜卑、契丹、女真、回鹘、蒙古和满族政权,在西部和西南地区曾先后存在过吐蕃、高昌、南诏、大理和西夏等地方王国。这些政权能够组织数十万甚至上百万的军队投入战场,与内地王朝的军事对峙长达数世纪,[15]有时甚至上千年。[16]这一点显然也有别于世界历史上的其他疆域大国。例如,汪达尔洗劫罗马、亚历山大军队征服波斯都相对较短暂,出征人数也只是数万而已。这一特点注定了中国专制中央政府必须拥有一支更强大、更持久的军队。因此,中国疆域达到相当的规模并保持了稳固,很大程度是其快速有效的边疆政策和军事上同边疆地方势力激烈对抗的结果。[17]

　　然而,由于缺乏具有竞争性的体制和观念上的其他选择,即使当这些边疆政体和民族获胜,中国的帝制传统也依然故我地被接受并延续下来。中国历史上许多较成功的军事政体和王朝确实源于"外族"和边疆的征服。其中两个最大的王朝——元朝(1271年—1368年)和清朝(1644年—1911年)便分别是蒙古族和满族建立的,而存在时间最长的唐王朝(618年—907年)也自觉地将其帝国缔造为一个多民族的国家。[18]这些王朝都将其自身视为唯一正统的帝制政权。让人意想不到的是,正是在他们的统治之下,地理学家现在所说的"大中华"中的许多部分才成为中国不可分割的有机体中的一部分。[19]因此，中国的领土拓展和巩固，在很大程度上是"外族"征服并将其自身融入中华整体的结果。

二、大一统格局下中国边疆的形成与边疆经济的发展

虽然中国的边疆拓展可能是军事开拓的产物，但其边疆的巩固也是专制帝国对边疆各民族"毋赋税"[20]政策的结果。早期的中国王朝设法对边疆的军队和边疆地方政府提供物资供给，而不向边疆地区征赋税和徭役。不管为边疆地区提供了多少从教育到经济等方面的各种援助，中央政府对边疆各族却一无所取。相反，中央王朝实行了诸多有效的政治和经济政策，通过从内地征收和募集来满足边疆地区统治之需求。起初，中央政府主要通过从内地获取边疆必需的资财，再调度分配到边地。随之，中央政府又组织成边军队就地屯垦，以补充军队所需。另外，政府还将上千万的居民迁徙到边疆地区，辛勤垦殖，变荒野为良田，为以后私有经济的发展奠定坚实的基础。

中国统一多民族国家形成的过程及其经济社会形成的过程与大部分中国边疆的形成和变化紧密地联系在一起。尽管经济和社会发展的速度与具体过程因地理空间和时间的不同而有所差异，事实上今天中国所有的区域，包括东北、华北、西北、长江下游、中游、上游地区、台湾、东南、华南、西南等地区，区域经济都是这些精心制定的国家政策的直接后果。结果中国的"宏观区域"逐渐增加，从最初的华北平原一个中心，发展到现在的十几个区域。[21]

在此过程中，地理学家所说的"大中华"（Greater China）变成了当今中国有机体的一部分。中国的边疆史不但与其区域史，而且和民族史紧密关联。事实上，通过考证先前的边疆地区逐渐融入区域经济和社会的过程，我们可以在很大程度上追溯中国文化、

经济和社会变革的历程。由于这样或那样的原因,中国的史学家开始分区域研究不同社会和经济发展的演变过程。[22]对于经济史研究者而言,有选择地研究重点问题有一些好处。我们不但可以收集并系统地评价非常零散的数据,而且可以更加充分地探究经济变化的程度差异。然而,除了最为人熟知的长江下游地区以外,我们现在不大可能综合阐述中国其他区域发展的历程。即便是对于这一研究比较充分的地区,治元明清史的学者也仅仅是开始着手将其人口、农业、商业、手工业和工业的历史加以综合。[23]

三、中国西南边疆的概念及本书主旨

作为对边疆地区经济变迁研究的一种尝试,本书旨在考察中国西南边疆 1250 年—1850 年间的经济发展状况。西南是历代中央王朝边疆经营的一个重点。西汉汉武帝为通西域、征服南越而开"西南夷",并开始在西南地区设置郡县,将西南地区纳入了内地王朝的统治版图;三国时期,蜀汉政权为了北伐中原,实现统一而"南抚夷越"[24],经营、治理南中;唐王朝初为遏制吐蕃势力向西南腹地扩张而支持蒙舍诏合六诏为一,统一洱海地区,贞元年间为"断吐蕃之右臂"[25],又积极与南诏和好;1253 年忽必烈亲统蒙古大军征服大理政权,平定云南,以实现对南宋王朝的"斡腹"包抄[26],为 1279 年征服南宋的重要前奏;明初朱元璋则将消灭盘踞云南的蒙元梁王残余看成是巩固朱明天下的重要环节而亲自谋划,重兵进剿;清初大西军余部入滇,与南明桂王联合,"联明抗清",更使清政府将平定云南视为社稷根基稳定的关键之举[27]。如此历史背景下,中央王朝对西南的统治与经营不断加强,尤其是元明清三朝,不但倾力统一西南,而且注意推动西南政治、经济、文化的发展。结果,1250 年在地方社会与政权形式上还各不相同的西

南,到 1750 年已发展成一个统一的区域经济体。

关于西南的概念,我指的是现在中国的云南和贵州两省。它们都处云贵高原,因绵延的群山、别具一格的地方和民族习俗、独特的历史发展进程和地方土司统治法规而与中国其他地区存在较大差别。[28] 明清时期,中央政府将云贵二省置于一个总督统辖之下[29]。这种政治上的统一性更加强化了西南的区域性认同。尽管我的区域划分与威廉·施坚雅的云贵宏观区域划分很类似,[30] 但我仍倾向于保持传统的政治疆界,因为我主要是要强调政治行为对经济变化的重要作用。当然,尽管政治疆界会随时间变化而发生很大变化。地图 1.1 和地图 1.2 描述的是明清时期的云南和贵州,地图 1.3 和地图 1.4 是该区域内历代所设省级和地方行政区的首府。这些疆界仅限于我所分析的领域。我们将以本区域内经济活动的中心作为关注的焦点,考察其变迁的过程。

本书主要关注的是云贵两省从不发达的边疆地区发展转化为主要经济区的过程。相应地,我将我的分析集中于中国边疆拓展的主要时期(15 世纪和 18 世纪)、主要发展因素(土地、劳动力和资金)、主要人物(明代的沐英、何孟春、邓渼、闵洪学、郭子章,清代的鄂尔泰、陈宏谋、张允随等)、主要活动地区(详于云南,略于贵州),以及内地政府的边疆政策等。尽管对其他时期、其他地区和其他主题的研究同样有助于我们对西南地区的了解,但它们无疑超出了本书的研究范围,只好留待将来研究了。在本书的各章节中,我将论述如下问题:地理局限性对国家政策的影响、武力征服所引起的冲突、军事和民间移民、人口的增长、耕地面积的扩大和生产集约化程度的提高、粮食生产的快速发展、在粮食的市场调节与国家的再分配方面所取得的成就,以及矿冶业的大规模发展。之所以如此展开讨论,是因为我认为在明清时期,至少在西南地

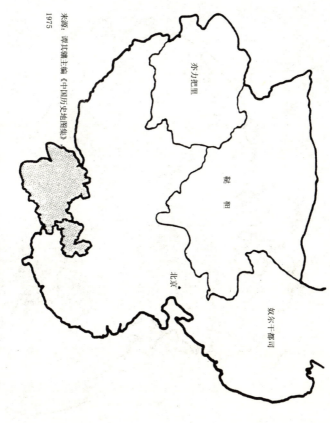

地图 1.1　1550 年的中国西南

来源：谭其骧主编《中国历史地图集》，
1975

亦力把里

乾

都

北京

奴尔干都司

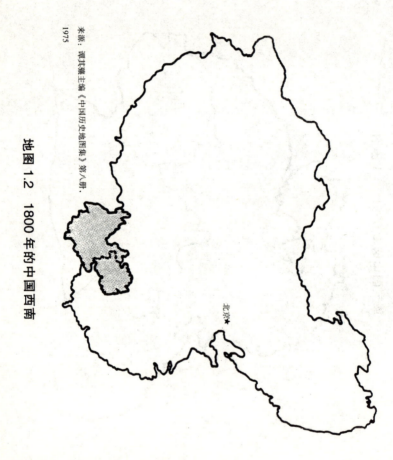

来源：谭其骧主编《中国历史地图集》第八册．

1975

地图 1.2　1800 年的中国西南

北京★

地图 1.3　1550 年的中国西南主要政区治所图

来源：谭其骧主编《中国历史地图集》第七册，1975

地图 1.4　1800 年的中国西南主要政区治所图

来源：谭其骧主编《中国历史地图集》
第八册，1975

公里　0　　40　　200

区,是以上的因素造成了主要地区的经济发展,推动了区域社会
进步。

在每个章节中,我尽量对经济在某一时段和空间的增长进程
作出定量评估,因为这些衡量可以从规模和时间两个方面为我们
提供历史变迁的最清晰的启示。因此,我把更多的注意力放在对
量化资料的收集和展示上。然而,这一方法的应用因大部分中国
史志传统对中国经济史数据疏于记录而大受限制,中国古代对经
济发展系统的、量化的资料通常很零碎,而且常常只限于对一个地
方行政区或一个省的记载。对西南而言,这种状况造成了区域史
数据在空间上和分析上都不够理想。我们偶尔才能对全省范围内
经济的变化进行估量,也偶尔才能对经济和人口统计进行正式的
计算。尽管如此,这些不甚理想的记录对于我们观察在西南地区
诸如人口的增长和耕地面积的扩大、城市的成长和粮食分配体制
的改善、工业的发展和移民的增多等重要的社会要素同经济变化
之间的关系已经足够了。由此,我们可以总结并充分说明西南区
域经济发展的许多独有特征。这一切将大大有助于我们说明西南
历史的区域特性。

我们也可以推想这种极大地区别于中国其他地区的经济模
式,是何时、何地在中国西南地区产生形成的。事实上,正是中国
经济史的这种特殊的区域性特征(有些人称之为区域结构),使得
对这些区域的研究显得非常重要。[31]如表 1.1 所示,根据各朝代征
服西南地区的史料和背景,中国西南地区的政治历史不同于其他
地区。同样重要的是,该地区社会和经济发展的时限和模式也不
同于中国其他地区。因此,在 15 世纪,当长江下游的经济发展相
对停滞时,[32]西南地区的经济却开始进入农业持续发展的一个主
要时期。在 19 世纪晚期,当长江下游地区从 19 世纪中期的农民

起义所造成的毁坏中迅速恢复时,西南地区的经济却呈一派颓败之势。[33]

表 1.1　中国内地与西南政治历史进程对照表

中国内地	中国西南
前 206 年—220 年,汉代	前 111 年—213 年,汉
220 年—265 年,三国鼎立	213 年—263 年,蜀汉
265 年—316 年,西晋	263 年—316 年,魏、西晋
316 年—420 年,东晋	333 年—347 年,成汉
420 年—589 年,南朝	347 年—589 年,南北朝,实为爨氏所据
581 年—618 年,隋朝	约 581 年—598 年,隋
618 年—907 年,唐	618 年—750 唐
	约 750 年—902 年　南诏国
	902 年—937 年大天兴国、大长和国、大义宁国
907 年—960 年　五代	
	937 年—1253 年　大理国
960 年—1279 年,宋朝	1253 年—1381 年　蒙元
1271 年—1368 年,元朝	
1368 年—1644 年,明朝	1381 年—1659 年,明代统治时期
1644 年—1911 年,清朝	1659 年—1911 年,清朝统治时期

　　中华帝制时代的国家政策对所属各地区的经济状况都产生过重要影响。但其中有些政策是具体针对某些特定地区的,有些政策是在全国范围内推行的。在以后的章节中,我们可以看到从15世纪至18世纪,由于明清王朝所推行的开发西南及中国绝大部分地区的努力,西南地区农业生产水平有了极大的提高。相比较而言,18世纪铜矿业的发展则主要是地方政府振兴矿业的结果,换句话说,帝制时代晚期,西南地区的经济发展并不单纯是由于私有化进程开始而导致的。

　　由于这些原因,这项关于中国西南地区经济发展历史的研究,重点关注的是政府在经济发展进程中的作用。因此,我在每个章节中都侧重讲述国家在修建道路、移民、规范土地和水的使用、控制谷物的流通以及组织大规模的工业生产方面所发挥的意义深远的作用。我的结论是,国家的这些行为对西南地区经济发展及变迁起着至关重要的作用。

　　这一结论,对学术界存在的中国国家政权对经济的发展所起的微不足道甚至是有害的作用的观点是一次挑战。[34]尽管中国大多数经济史学家认为中国帝制时代晚期的发展主要归功于私有化进程,[35]但这种观点实际上也承认了中国政府对许多经济活动的影响和决定作用。[36]事实上,中华帝制时代晚期,政府是最大、最有力的经济决策部门。国家有时直接拥有或控制着全国可耕地的五分之一、在册人口的十分之一,并且支持了大部分工商业活动,尤其是工业活动。另外,政府部门对私人产业的决定权力也非常巨大。

　　此外,我们还应该看到,晚期帝制政府不但在西南地区而且在全国范围内都推行了非常具体的发展经济的政策。这些政策的效果可以从中国西南地区的发展中非常清楚地看出来,因为这些地区几乎没有竞争性的经济活动,国家在西南地区的作用事实上是将该地区相对地同其他地区隔离开来。[37]而在中国的大部分地区,经济增长不完全是由政府因素决定的,经济的发展有时是政府的力量,有时则是私人力量拉动增长的。因此,相比较而言,中国西南地区的经济发展是非常独特的。

　　正如中国旧制度的最后一个阶段和中国现代化的第一个阶段引起国内外广泛的学术关注一样,中国帝制时代晚期的历史同样也引起了国内外学者的广泛关注。[38]在此期间,中国领土面积从500万平方公里扩展到1000万平方公里,增加了两倍。[39]人口数量也从1亿增加到5亿。最后,尽管进入20世纪后,帝制时代的秩序全面崩溃瓦解,但传统的政治、经济和社会制度已变得更加成熟,经济和社会同以前相比得到了更大程度的统一。我的结论是,中国帝制时代晚期的历史对我们了解中国的地理疆域、众多的人口、长期沿袭的皇权统治以及政治经济传统,都有着非常深远的意义。为了合理有效地探讨西南地区政府和经济发展间的关系问题,我在第二章开始评论中国在帝制时代晚期对边疆和西南地区所实施的发展社会经济的原则和政策。到第三章,我转而论述西南地区的地理以及政府在克服这些地理局限性以巩固边疆方面的努力。其后,第四章至第六章,我侧重于论述政府政策和农业发展之间的关系。在第七章至第九章则论述政府政策和商业发展之间的关系。在每一章中,为了区分不同的政策和不同的经济发展阶段,我将明清两代分开论述。最后,我以从西南地区在帝制时代晚期的经济发展历程中得到的启示结束全文。

注　释

1　俄国拥有1710万平方公里土地,是目前领土面积最大的国家,紧随其后的是:加拿

大拥有 998 万平方公里土地,中国拥有 960 万平方公里土地,美国拥有 937 万平方
公里土地,巴西拥有 851 万平方公里土地,澳大利亚拥有 768 万平方公里土地。以
下三个大的国家是印度、阿根廷、哈萨克斯坦,它们拥有的领土面积就要比以上国
家少得多,分别是 270 万、277 万和 272 万平方公里土地。

2　其移民数在 1650 年到 1850 年的 200 年间不足 500 万,而在 1850 年到 1930 年间却
高达 5200 万,其后的 20 年间为 500 万,见吉恩·皮埃尔(Poussou, Jean-Pierre)的
《工业革命时期欧洲人口的迁移和流动》(*Migrations et mobilité de la population en
Europe a l'époque de la révolution industrielle*) 一文(收入吉恩和雅克(Jacques
Dupâquier)编《欧洲人口史》(*Histoires des populations de l'Europe*),巴黎,法亚尔出版
社,1998 年,第 232—286 页。根据马西姆·利维巴茨(Livi-Bacci, Massimo)《世界
人口简史》(*A Concise History of World Population*,伦敦,贝热尔·不莱克威尔(Basil
Blackwell)出版社,1997 年)的计算,在这 3 个世纪中欧洲向外移民的人数几乎占欧
洲新增人口的一半。在 1700 年以前,欧洲人口在世界人口总数中所占比例不足十
分之一,到 20 世纪早期,却达到了世界人口总数的四分之一。

3　O'Brien 和 Prados de la Escosura, *The Costs and Benefits of European Imperialism from
the Conquest of Ceuta*, 1415, *to the Treaty of Lusaka*, 1974, 见 Clara-Eugenia Nunez 编
Debates and Controversies in Economic History, 马德里, Editorial Centro de Estudios Ra-
mon Areces, 1998.

4　中国占世界可耕地的比例更低,在百分之三至百分之四之间。相比之下,同期中国
所占世界人口比例却一直很大,在百分之二十五到百分之四十之间。参见李中清
(James Z Lee)、王丰《人类的四分之一:马尔萨斯的神话与中国的现实》(*One Quar-
ter of Humanity*: *Malthusian Mythology and Chinese Reality*, 1700—2000,哈佛大学出
版社,1999 年)有关中国人口的讨论。相比之下,其他人口较多的国家,现在的人口
密度更大,但其人口迅速增长期相对较晚。其中以领土居世界第七,人口却居第二
位的印度最为突出。

5　由此看来,20 世纪后半期欧洲殖民剥夺仅仅是这种帝国解体的一个因素。

6　参见杨宽《战国史》(上海人民出版社,1955 年初版,1980 年第二版)对中国历史发
展定型时期中国历史及其思想与政治联系性的权威论述。

7　萧公权(Hsiao Kung-chuan)著,牟复礼(F. W. Mote)译《中国政治思想史》第一卷
《从初始到公元六世纪》(*A History of Chinese Political Thought*, vol. 1, *From the Be-*

ginning to the Sixth Century A. D. ,普林斯顿大学出版社,1979 年)较好地介绍了中国古代古典政治经济学传统,可惜未将其与政治背景联系起来。

8　白钢主编《中国政治制度通史》(1—10 卷)（人民出版社,1996 年),对中国历史上这些制度及其演变进行了非常全面的论述。王国斌（R. Bin. Wong）在《转变的中国:历史变迁与欧洲经验的局限》(*China transformed : historical change and the limits of European experience*,康奈尔大学出版社,1997 年)中,就这些制度进行了中国与欧洲的比较研究,颇具创新性。然而,在权威的历史著作中,关于这些制度,在总体上仍保持了中国传统正史的看法。

9　杨宽《战国史》第九章,从思想认识、社会、尤其是政治上论述了东周时期统一氛围的增强。何炳棣（Ping-ti Ho）先生的《东方的摇篮:中国文明本土起源的研究:公元前 5000 年至前 1000 年》(*The Cradle of the East: An inquiry into the Indigenous Origins of Techniques and Ideas of Neolithic and Early Historic China* ,5000—1000B. C. ,香港中文大学出版社、芝加哥大学出版社出版,1975 年),更描述了在先商、商朝和西周时期中国统一因素的发展情况。

10　学术界一般认为中国的统一帝国始于前 221 年,并将此前诸朝代划分为"城邦"和"区域性国家"。实际上,即使在前 221 年以后,中国仍有很多不统一的历史时期,在此后的 2200 年中中国处于分裂的时期约有 800 年。

11　当然,最著名的例子是前 206 年,项羽在推翻第一个统一王朝秦朝后重建分封制的尝试。

12　这种情况在少数民族政体,如辽、金、元、清及汉族王朝的民族体制中都存在。见何炳棣《有关"汉化"问题的再思考:对罗友枝〈再观清代〉的回复》(*In Defense of Sinicization: A Rebuttal of Evelyn Rawski's Re-envisiong the Qing*),见《亚洲研究杂志》57 卷,第 1 期,1998 年 2 月出版,第 123—155 页。

13　当然,这并不意味着他们全部热衷于政治上的统一。比如十六国和五代时期的一些政权对统一的追求便弱于其他政权。

14　广泛的军队召募可回溯到战国时期,但是仅持续到东汉时期。参见顾颉刚《府兵制度考释》,上海人民出版社,1962 年;王毓铨《明代的军屯》,中华书局,1965 年;孔飞力（Philip A. Kuhn）《中华帝国晚期的叛乱及其敌人,1796—1864》(*Rebellion and its enemies in late imperial China: militarization and social structure, 1796—1864*),哈佛大学出版社,1980 年;罗尔纲《绿营兵志》,中华书局,1984 年;定宜庄《清代八旗驻防制度研究》,天津古籍出版社,1992 年。这些著作对中国古代,尤其是帝国晚期军役问题进行了较出色的研究。

15　可参见马长寿先生《北狄与匈奴》(三联书店)《乌桓与鲜卑》,1962 年(上海人民出版社),《南诏国内的部族组成和奴隶制》(上海人民出版社),以及《突厥人和突厥汗国》(上海人民出版社,1957 年)、《彝族古代史》(上海人民出版社,1987 年)等著作。

16　例如朝鲜和日本便将其历史追溯到千年以上。

17　因此,外国研究者,如王国斌(R. Bin Wong)《转变的中国:历史变迁与欧洲经验的局限》(*China transformed : historical change and the limits of European experience*,康奈尔大学出版社,1997 年)多次重申的中国的面积和稳定是因为缺乏强大的军事对手和政治体系的看法,是不正确的。

18　何炳棣《有关"汉化"问题的再思考:对罗友枝〈再观清代〉的回复》(*In Defense of Sinicization : A Rebuttal of Evelyn Rawski's Re-envisiong the Qing*),见《亚洲研究杂志》57 卷,第 1 期,1998 年 2 月出版,第 123—155 页。

19　在"大中华"(Greater China)和中国有机体(China Proper)之间存在许多学术的政治含义方面的区别。非常奇怪,在路易斯(Lewis)和维根(Wigen)所著《大陆的神话:地理学评论》(*The Myth of Continents : A Critique of Metgeography*,加利福尼亚出版社,1997 年)一书中,关于元地理学(metageography)的讨论中,这种区别却被忽略了。亚洲研究协会将中国划分进不同的组别,将所有的关于满族、内蒙古、新疆和西藏的研究看做是对亚洲内陆的研究,仅将中国其余部分看成中国研究。

20　《史记》卷三十《平准书》第八。

21　经济区域的数量是随着时间变化而变化的。施坚雅 1977 年在其《中华帝国晚期的城市》(斯坦福大学出版社)一书,第 211—220 页,将 19 世纪晚期的中国划分为九个板块:东北(满洲)、华北、西北、东南、长江上、中、下游、华南(岭南)、西南(云贵)。1985 年,他又增加了第十个板块,他称之为长江—赣江区域(施坚雅《中国社会的结构》,见《亚洲研究杂志》44 卷,第 271—292 页,1985)。

22　这种区域研究有着复杂的渊源,其当代理论框架可参见 G. 威廉·施坚雅《中华帝国晚期的城市》、《中国社会的结构》(*The Structure of Chinese Society*,见《亚洲研究杂志》卷 44,第 271—292 页,1985 年)。

23　最好最新的英文区域历史研究包括:科戴维(David Faure)《解放前的农村经济:

1870 到 1937 年江西、广东的贸易发展与农民生计》(*The Rural Economy of Pre-Liberation China: Trade Expansion and Peasant Livelihood in Jiangsu and Guangdong, 1870 to 1937*)，牛津大学出版社，1989 年；黄宗智(Philip Huang)的《中国华北小农经济与社会的变化》(*The peasant economy and social change in North China*)，斯坦福大学出版社，1985 年；《长江三角洲农民家庭与农村的发展：1350—1988》(*The peasant family and rural development in the Yangzi Delta, 1350—1988*)，斯坦福大学出版社，1990 年；李伯重《江南农业的发展：1620—1850》(*Agricultural development in Jiangnan, 1620—1850*)，麦克米兰出版社和圣马丁出版社，1998 年，以及《江南的早期工业化(1550—1850)》，社会科学文献出版社，2000 年；罗伯特 B. 马克斯(Robert Marks)《老虎、稻米、丝和淤泥：中华帝国晚期华南地区的环境与经济》(*Tigers, rice, silk, and silt: environment and economy in late imperial south China*)，剑桥大学出版社，1998 年；濮德培(Peter C. Perdue《土地消耗：国家与湖南农民，1500—1850》(*Exhausting the earth: state and peasant in Hunan, 1500—1850*)，哈佛大学出版社，1987 年；彭慕兰(Kenneth Pomeranz)《从核心到边地：1900—1937 年华北的政治、社会和经济》(*From Core to Hinterland: State, Society and Economy in Inland North China, 1900—1937*)，加州伯克利大学出版社，1993 年；肖邦齐(Keith Schoppa)《湘湖：九个世纪的中国世事》(*Xiang Lake: Nine Centuries of Chinese Life*)，耶鲁大学出版社，1989 年；邵式柏(John Shepherd)《关于台湾边疆的治国之才与政治经济学：1600—1800》(*Statecraft and Political Economy on the Taiwan Frontier, 1600—1800*)，斯坦福大学出版社，1993 年。这些论著主要集中在对农耕经济的研究上。一个值得注意的例外是，李伯重的《江南的早期工业化(1550—1850)》涉及了江南工业化的发展问题。

24　《三国志·蜀书》卷三十五《诸葛亮传》。

25　《资治通鉴》卷二百三十三《唐纪》贞元三年八月辛巳条。

26　《元史》卷一百五十七《郝经传》。

27　1661 年，南明才被彻底摧毁。

28　西南地区的历史，特别是帝国晚期以前的历史，已被方国瑜、江应樑、杜玉亭、胡庆钧、刘尧汉、汪宁生、尤中、林超民、林文勋、刘云明等数代中国历史学家研究得极为透彻，我在参考中引用他们著作中的几个例子，并予以高度评价。

29　最早往西南派遣巡抚是在 1442 年的云南和 1449 年的贵州。明代及清初，总督的设置颇不固定,辖地也频繁更动。清代,通常设八个总督区:直隶(河北)、两江(江苏、安徽、江西)、陕甘(陕西、甘肃)、四川、闽浙(福建、浙江)、湖广(湖北、湖南)、两广(广东、广西)和云贵(云南、贵州)。清代末年,在东三省又增设了第九个总督——东三省总督。虽然河南、山东、山西表面上没有设总督,实际上,它们处于掌管贡粮的三个总督(南河、东河和漕运)管辖之下。虽然华北是个特例,我们还是可以看出清代总督区与施坚雅板块的明显对应。

30　起初,施坚雅深信他的板块是"依据经济资源的分布、交通运输、商业流通和城市等级而界定的功能独立的经济区"(施坚雅《中华帝国晚期的城市》第281—282)。后来,他又加上了"其他建立在地域基础上的人类相互作用的体系以及在那最后分析中于不同水平上表现各异的区域经济体系。如同商品与服务、货币与信贷、信息与象征以及人们多重角色与身份有规律的运动一般"。(施坚雅《中国社会的结构》第281页)。由于这些原因,他特别定义云贵板块为无法通过航运水道可以与毗邻地区相联系的地区,"云贵地区,是一个没有可以通航的河流的高原,所有官员往来和所有商贸运输都得靠陆路。它包括红水河(西江的上游)、乌江(长江的一条支流)和金沙江(长江的上源)诸水的上游,几乎都是连舢板船也无法通行的地区"(施坚雅《中华帝国晚期的城市》第212)。换言之,它的边界是凭人的直觉而不是由经验主义的历史分析而确定。

31　施坚雅《中国社会的结构》(*The Structure of Chinese Society*),见《亚洲研究杂志》卷44,第271—292页,1985年。

32　这种"停滞"并不仅限于长江下游,按照施坚雅的看法,实际上所有的"中国区域经济在14、15世纪的大部分时间里都普遍地停滞"(施坚雅《中华帝国晚期的城市》第27页)。他认为,这一停滞是由于元代的军事入侵,明王朝的闭关政策和世界性气候寒冷,即所谓 Sporer minimum 的产物。韦庆远《明初江南地区经济政策的若干问题》(见《明清史辨析》,中国社会科学出版社,1989年)关于14—15世纪江南经济史的详细研究,也有类似观点。

33　根据19世纪晚期大量外国旅行者所见,云南许多城市仍然需要从1855—1873年云南回民起义后的经济萧条中恢复。我认为这一缓慢复苏与云南采矿业的衰落密切相关。而云南采矿业直至20世纪初期锡矿兴起后才开始复苏。

34　对于中国政府与经济之间总体关系的研究,主要成果有:邓海伦(Helen Dunstan):《模糊时代的悖论:清代中国政治经济学的文献研究》(*Conflicting Counsels to Con-*

fuse the Age：*A Documentary Study of Political Economy in Qing China*, *1644—1840*），密西根大学中国研究中心，1997。费维恺（Feuerwerker）《宋代以来的中国政治与经济》，见《中国史研究》1981 年 4 期，第 60—73 页；《中华晚期帝国的政府与经济》（*The State and the Economy in Late Imperial China*），见《理论与社会》（Theory and Society）13，1984 年，第 297—326 页；《对中国早期近代经济史的质疑，希望我能回答》（*Questions About China's Early Modern Economic History That I Wish I Could Answer*），见《亚洲研究》51，1992 年 11 月，第 757—769 页。曼素恩（Susan Mann）的《地方商人与中国官僚：1750—1950》（*Local Merchants and the Chinese Bureaucracy*, *1750—1950*），斯坦福大学出版社，1987 年。墨子刻（Thomas Metzger）《中华帝国的政府与商业》（*The State and Commerce in Imperial China*），见《亚非研究》6，1970 年，第 23—46 页；《清政府在商业领域的组织能力：两淮食盐专卖》（*The Organizational Capabilities of the Ch'ing State in the Field of Commerce*：*The Liang-huai Salt Monopoly*），见 W. E. 威尔玛特（W. E. Willmott）编《中国社会的经济组织》第 9—46 页，斯坦福大学出版社，1979 年；马若孟（Ramon Myers）的《对明清时期经济组织诸问题的评论》（*Some Issues in Economic Organization During the Ming and Ch'ing Periods*：*A Review Article*），见美国《清史问题》1974 年第 3 期，第 77—97 页；《中国经济的过去与现在》（*The Chinese Economy Past and Present*），加利福尼亚州贝尔蒙特，Wadsworth 出版社，1980 年；《评论：近代中国经济是如何发展的?》（*How Did the Modern Chinese Economy Develop A Review Article*），见《亚洲研究杂志》50 卷，第 604—628 页，1991 年 8 月；《1644—1800 年的经济生活》（*Economic Life*, *1644—1800*），《剑桥中国史》第九卷书稿，1998 年；斯图亚特·斯拉姆（Stuart Schram）《中国政府的权力空间》（*The Scope of State Power in China*，圣马丁出版社，1985 年）；王国斌《转变的中国：历史变迁与欧洲经验的局限》；Zurndorfer《中国地方历史的变化与延续：徽州府 800—1800》（*Change and Continuity in Chinese Local History*：*The Development of Hui-Chou Prefecture*, *800—1800*，莱顿，E. J. Brill 出版社，1981 年）。费维恺对两者关系的评价极为消极，他推论决定中国近代社会以前经济发展速度和状况的主要因素并非国家对经济的直接或间接的影响，而是私有经济的力量。就其对近代经济增长的影响而言，与 17 世纪以前的早期近代欧洲民族国家相比，中华帝国统治的政策及其所为，在广度上均无多大差别。另一方面，与早期的近代欧洲历史相反，中国政府对于早期近代经济增长的贡献，即便是有，也是微乎其微的（见《中华

晚期帝国的政府与经济》，第 323 页）。

35　不管是明是暗，这些比较是随着早期现代欧洲资本主义的上升而进行的。如今，在中国"资本主义萌芽"问题在学术研究中占有相当重要的地位，南京大学历史系曾对此作了专门统计，从 1982 年起，以此为内容的文章共列了 302 篇，而其中尚未包括几部极其重要的新著，即：李伯重《江南农业的发展：1620—1850》(*Agricultural Development in Jiangnan, 1620—1850*，圣马丁出版社，1998 年)、《江南的早期工业化：1368—1850》(中国社会科学文献出版社，2000 年)；彭慕兰(Ken Pomeranz)《一个新世界的生长：全球视野下的市场、生态、高压与工业化》(*A New World of Growth: Markets, Ecology, Coercion, and Industrialization in Global Perspective*. 普林斯顿大学出版社)，王国斌《转变的中国：历史变迁与欧洲经验的局限》、吴承明《中国资本主义与国内市场》，中国社会科学出版社，1985 年；许涤新、吴承明等编《中国资本主义发展史》第一至三卷，人民出版社，1985 年—1993 年。

36　见王国斌《转变的中国：历史变迁与欧洲经验的局限》。

37　华立《清代新疆农业开发史》，黑龙江教育出版社，1995 年。

38　何炳棣《清代在中国历史上的意义》(*The Significance of the Ch' ing Period in Chinese History*) (见《亚洲研究》26，第 189—195 页，1967) 从中国历史的角度中对帝国晚期的历史意义作了经典论述；王国斌《转变的中国：历史变迁与欧洲经验的局限》(*China transformed: historical change and the limits of European experience*，康奈尔大学出版社，1997 年)，则从比较研究的角度对帝制晚期历史的意义提出了颇具挑战性的解释。

39　现在，中国的领土面积为 960 万平方公里，而 13、18 世纪时，中华帝国所辖领土分别在 2000 万平方公里和 1500 万平方公里以上。

第 二 章

社会经济的原则与政策

一、中国传统的经济原则与政策

中国边疆各地区的社会经济一向以高昂的支出和较低的税收收入为特点。边疆地方政府既面临着国防和对外政策所带来的沉重的经济负担,同时又要遵循中国自古以来即形成的清明政治的要求,不苛取于民。植根于"新儒学"这一特殊的思想文化综合体,明清政府所推行的边疆政策尤其如此。在这一章里,首先我对构建起明清时期新儒学传统的中国古代财政经济的基本原则作一个概括。[1] 然后,我再对比一下明、清政府的现实经济政策。最后,我将对整个中国边疆特殊环境作一番评价。这是影响明清政府在西南地区制定经济政策的重要因素。我将尽可能地估量这些政策实施的范围,并把西南地区和中国的其他地区作一比较。换言之,我打算将西南的历史置于三个更大的背景条件下来加以考察:明清以前中国古老的社会经济传统、明清政府在全国各地所推行的经济政策、影响政府在全国及西南实施这些政策的财政状况。

不管财政状况如何,边疆政府总是以传统的社会经济思想来遏制地方税收的上扬。这种经济思想将社会的繁荣与民心联系在一起，又将民心与政府统治的合法性联系在一起。长期以来，中国人相信民众的支持是所有政权合法存在的基础。这种观念至少可以部分地上溯到中国早期的思想传统中去。[2]

很显然，孔子(前 551 年—前 479 年)最初提出了这种思想。[3]后来，孟子(前 372 年—前 289 年)对这种思想进行了进一步的阐释，并把其中心称之为"仁政"。[4] 此外，孟子明确地把社会公共利益和公众的支持联系在一起。而新儒学政治家们正是秉承了孟子的思想传统，并在相当长的时期里将其确定为社会的思想核心。[5]明代卓越的新儒学政治家邱浚(1420 年—1495 年)便说道："天下盛衰在庶民，庶民多则国势盛，庶民寡则国势衰。"[6]

前 7 世纪的著名政治家管子[7]是第一位将政治统治的合法性与民众的支持和社会的繁荣联系起来的理财家。与其政治信仰相一致，管子主张国家财政应"量入制出"，并提出了一系列社会运动的思想理念。[8]他最著名的格言"仓廪实则知礼节，衣食足则知荣辱"[9]一直被中国封建政府奉为社会福利政策的基本原则。与这一原则相一致，管子在中国最先提出了薄赋政策和与民休养生息政策。

相反，孟子是中国最早明确提出国家依赖赋税而生存的理财家之一。[10]孟子意识到政府必须依靠财政收入而生存。但是他同时推崇帝王的个人节俭，也强调政府的财政收入职能，更认识到国家的苛取会导致人民贫困，并危及统治者的统治。[11]他曾将这种进退两难的局面作了这样的描述："欲轻之于尧舜之道者，大貉、小貉也；欲重之于尧舜之道者，大桀、小桀也"。[12]邱浚重申了孟子的这一观点，他认为："治国者不能不取于民，亦不可过取于民。不取乎民，则难乎其为国；过取乎民，则难乎其为民。"[13]因此，中国古代理财的两个中心问题是：国家税收应该从何而来？合适的征收标准应该是多少？

事实上，中国古代传统思想和新儒家思想都一致认为，国家应以农为本，将农业看成人类社会的基础。因此，几乎所有古代中国的政治家们都强调农业政策的重要性，既可以使人民休养生息，又可以使国家获取税收。为达到这个目的，每一个朝代都不同程度地拥有国有土地。这些国有土地在不同时期有不同的名称，如井田、爰田、公田、占田制、均田制和屯田等。其数量在很多时期大约占国家在册土地的四分之一左右。通过这些政策，早期的中央集权制国家不但削弱了分封割据势力，同时在社会上造就了一个能直接满足国家对劳动力和税收需求的农民阶层。

此外，政府也通过专川泽之利来增加国家税收。事实上，每一个朝代都力求控制诸如盐铁等攸关国计民生的基本商品的税收征缴和再分配。[14]所有这些商品不但被看做是影响民生和社会稳定的人类生活必需品而被国家实施专营，而且政府还将这些商品的专营看作确保公平销售，保障国家税收重要来源的关键举措。[15]这种专营制度最远可追溯到前五世纪。[16]从那时起，每一个成功的朝代都想办法加强盐、铁垄断。当支出超出了田赋收入时，政府通常会转而依靠这些垄断行业来增加财政收入。[17]

不管税收来源于何处，大多数中国传统的财政政策都以适度的税收和促进农业发展相结合作为增加税收的最好方法。荀子继承了孔子的基本思想，明确地提出要靠发展生产而不是靠提高税收来增加国库收入。[18]新儒学政治家们，例如明代的胡寅，又重申了这种传统思想，主张"民富可以多取，既而国富，则民贫而无可取矣"，[19]将促进经济的发展、百姓的富足作为增加国家财政的基础。

由此可见，中华帝国晚期政府关于经济发展的观点深深地植根于耕地面积的扩大、社会福利的发展、国家财政的稳定和政权的合法性等中国传统思想之中。《管子》再次强调了经济运行和政治成功、普遍的社会福利和政权合法性之间的联系。[20]我们也能在其他中国古代经典中发现许多与此相同的思想。[21]中国历朝历代几乎都有较强的加强对私有制经济的政府规范的倾向。当然,也就没有一个朝代有这种清楚的现代经济发展观,即把经济发展当做单位资本收入的持续增长,总认为政府的任务是促进社会的繁荣,而不是社会的进步。

二、中华帝国晚期的财政政策

一个政府所推行的具体经济政策,在很大程度上是其财政需求的产物。帝国晚期政府的财政支出较多,涵盖了从军事、官僚机构、宫廷到政府负责的社会福利等诸多方面。表2.1对清政府主要财政支出作了一个初步的概括。[22]我所指的政府支出包括日常支出和特殊支出二种,后者如战争支出和饥荒救济等国家职责范围内的开支。[23]从表中可以看出,清政府每年的财政支出大约为白银六千万两,其中多半用于军费开支,仅常规的军事开支每年即达2800万两到3000万两。[24]额外的战争开支平均为300万两到500万两,甚至更多。[25]相比之下,在政府民用开支中,行政部门的花费大概在1800万两至2200万两之间,国家战时的社会福利和社会动员大约需700万两至900万两。[26]就我们所知,明朝的财政支出比例与清代大体相同,尽管非常规性的预算比例可能稍低一点,但军事预算比例或许会更高。[27]

表 2.1　1700—1800 年间清政府年均财政支出情况表

（单位：百万两）

支出类别	支出额
军事开支[A]	28—30
绿旗	17—18
八旗	11—12
行政开支[B]	18—22
中央	13—15
省级	5—7
社会福利开支[C]	7—9
常规救济	3—4
赋税蠲免	3
特别减免支出	1—2
战时军费开支[D]	3—5
总计（未含宫廷开销）[E]	56—66

资料来源：

A. 罗尔刚《绿营兵志》第 354—356 页（中华书局，1984 年）对《大清会典事例》（1818）的记载进行了归纳，绿旗兵岁需白银 14044171 两、米 1673837石、干草 4036352 束。根据王庆云（1798 年—1862 年）《石渠余记》卷二第 82页记载，北京外围的八旗禁旅岁需白银即 5155888 两，米则难予计数。由于京畿八旗禁旅的开支超过所有八旗兵的一半，则整个八旗兵的预算包括其他供应应该至少是这个数目的两倍，大概是 1100 万两至 1200 万两。这样，整个军事预算就达到了 2800 万两到 3000 万两。早先，彭雨新《清代前期三大财政支出》（载《中国古代史论丛》1981 年第 2 期）和肖一山《清代通史》卷五（台北，商业出版社，1962 年）的军费预算仅接近此数之一半。之所以造成这种巨大的差异，是因为他们没有把包括八旗开支计算在内。

B. 政府支出数目出自彭雨新《清代前期三大财政支出》和郭松义等《中国政治制度通史·清代部分》对赵尔巽《清史稿》卷一二五《食货志·会计条》所载的归纳，根据他们的整理，1776 年户部支出为 3700 万两白银，其中包含 1.8 千万两的军费和薪俸支出，600 万两的省级政府支出（驿站、官俸、役食、祭祀），400 万两的文官薪俸支出，大约 400 万两的运河维护费，100 万两的勋贵薪俸，100 多万两漕运船只购置费，近 100 万两的宫殿维修费等。

C. 常规救济费是指常平仓、社仓和义仓开支。见魏丕信（Pierre-Etienne Will）王国斌（R. Bin Wong）李中清（James Lee）《清代的政府仓储和粮食供给：1650—1850》（*State Granaries and Food Supply in Qing China, 1650—1850*），安娜堡，《密西根中国研究论文》（*Michigan Papers on China*），1991年。赋税蠲免见表2.5。特别减免支出见王庆云《石渠余记》卷三《纪免科》第20—23页，以及《清史稿》卷一二五，第3711—3713页，所列出的自1670—1820年的主要减免费支出，总计白银3900万两。

D. 见陈锋《清代军费研究》（武汉大学出版社，1992年）对清代军费和后勤所进行的仔细梳理和研究。据陈锋研究（第248页），仅三藩之乱即耗费白银五千万两。乾隆时期几场相对局部性的战役耗资更钜，据对赵尔巽《清史稿》卷一二五第3709—3710页和王庆云《石渠余记》卷三第138—139页所载的不完全统计，其数额即已远远超过了1.5亿两白银。他们提供了乾隆十次主要战役，即所谓"十全武功"中的八次战役的精确经费数字，其中对新疆北部准噶尔的二次战役（1755年—1757年）耗资3300多万两白银，对四川金川的二次战役（1747年—1749年、1771年—1776年）分别耗资2000万和7000万两白银，对廓尔喀的二次战役耗资1000多万两白银，征缅甸（1766年—1770年）耗资近千万两白银，平定台湾（1787年—1788年）耗资800多万两白银。我们尚无平定新疆南部穆斯林（1758年—1759年）和征安南（今越南，1788年—1789年）军费开支的资料。另外，任何18世纪的军费数额应该包括2000万两镇压白莲教起义（1796年—1804年）和1100万两镇压湖南、贵州苗民起义（1795年—1806年）的费用。

E. 我应该指出，这一政府年度总支出的估计几乎是以前中央政府开销估计数的二倍。据赵尔巽《清史稿》卷一二五第3704页的记载，户部支出在1766年为3700万两白银，在1791年为3180万两白银，在1812年为3510万两白银，在1842年为3150万两白银。同样地，据王庆云《石渠余记》卷三第146—149页的记载，中央政府的总支出，在1841年为3730万两白银，在1842年为3710万两白银，在1845年为3880万两白银，在1846年为3630万两白银，在1847年为3560万两白银，在1848年为3590万两白银，在1849年为3640万两白银。这些数目不包含大多数省级地方以政府财政收入支出的部分，因为它们并未经过中央户部。

明朝主要依靠土地政策来增加税收。[28]明太祖朱元璋（1368年—1398年在位）和明成祖朱棣（1403年—1424年在位）都特别重视制定鼓励开垦土地的政策，也特别关注农业的繁荣与国家财政收入之间的联系。[29]为了和古代的传统保持一致，他们减少了赋税额，并建立了一种"仓储制度"，即预备仓，以备在灾荒之时能够开仓放粮，赈济民众。[30]更为重要的是，他们鼓励垦殖荒芜田地，特别是在明代初期。农民不仅有权无偿耕种荒芜田地而无需过问以前该地属于谁，并且可以向地方政府借贷种子、牲畜和农具，还可以免赋数年。因此之故，明初国家在册的耕地面积急剧增长。[31]

明初，政府通过广泛实行屯田这种国有土地形式新开垦了大量的土地。明政府一方面组织了大规模的民屯，其中以华北地区最为重要；[32]另一方面在全国各地组织了规模更大的军事屯田[33]（仅南部和东南部地区规模稍小一点，参见表2.2）。比较而言，仅中国西南地区的军屯田地就超过了200万亩。这意味着西南地区的军屯田地数已相当于其15世纪中期在册土地数的总和、17世纪早期在册土地总数的四分之一。直到明朝晚期，国家占有的官田和军屯田地仍有1.2亿亩，占在册土地的四分之一。[34]相应地，国家从这些国有土地上获得的收入也是很高的。[35]因此，通过这些努力，明王朝在发展了农业经济的同时，也增加了国家的税收。

尽管明代历朝帝王都很少关注商业的管理和发展，[36]但从客观上看，明初的很多政策对商业的发展起到了抑制作用。例如，明朝的户籍制度把人们世代固定在其户口类别里（指民户、军户、匠户等），也严禁百姓从其出生地向外迁移[37]，严重地妨碍了国内经济的发展。[38]同样，明朝禁止海上贸易，也妨碍了沿海地区经济的发展。[39]尽管中国的商业在16世纪开始蓬勃发展，但这些发展很大程度上是自发的，并没有受到政府的促进。[40]此外，私营经济获得巨大发展的地区主要集中在东南部和长江下游地区。在西南地区，明政府继续控制着盐、铜等主要工矿业，商业发展陷于停滞。

表2.2　1500年前后全国的国有土地:官田和军屯田地（单位:亩）

省区	官田	军事屯田
直隶	59845600	5281259
浙江	5478100	227419
江西	2687000	562341
湖广	18589600	1131525
福建	1129000	538137
山东	289200	206000
河南	380400	3639017
广东	1796100	7233
广西	284100	51340
四川	213400	659545
山西	1195700	2308128
陕西	686200	6152244
云南	20500	1087743
贵州		933929
辽东		1238600

　　资料来源:见伍丹戈《明代的官田与民田》(见《中华文史论丛》1979年第1期,第1—80页)关于国有土地的论述。伍丹戈认为这些土地数大大低于实际田亩数。亦见王毓铨《明代的军屯》(中华书局,1965年)第104—106页有关军屯的论述,以及王毓铨、郭松义等《中国屯垦史》(农业出版社,1991年)第1—227页有关明代官田的综述。

　　因此,明王朝的大笔财政收入主要源于农业,具体来自于自耕农向国家缴纳的赋税和国有土地上的田租,以及老百姓提供的各种劳役。[41]众所周知,在14世纪早期,来自农业的租赋在国家财政收入中的比重开始下降,而商业税收所占比例则逐渐提高。不过,尽管16世纪商业在快速增长,但土地税迟至1600年依然占国家税收总额的百分之八十,即2500万两到3000万两,所有其他的税收所得仍不足600万两(其中盐税200万两,其他380万两)。[42]农业在财政收入中的这种地位,使得明政府更加注重农业的发展。

　　清王朝沿袭了明朝的重农政策，他们对民众利益的关心部分地缘于清王朝刚取代了明王朝这一特殊的历史背景。作为新的征服者，清朝的帝王们强烈地意识到他们需要赢得民众的支持。[43]康熙(1662年—1722年在位)、雍正(1723年—1735年在位)和乾隆(1736年—1795年在位)三位清前期杰出的皇帝更深信这些观点。[44]他们的许多著述都表达了这种个人对社会公众事业的强烈的责任感。[45]康熙帝提出："为百姓即所以为国家，乃培根本而长治久安之要也。"[46]这种信念使清代的帝王们制定并坚持实施较广泛的农业政策，包括粮食和土地的再分配、日益广泛的赋税蠲免等。[47]尽管这些政策在明朝及以前各代即已存在，但清朝的帝王们却把这些政策发展到了极致。

　　首先，清政府积极鼓励人民移居荒芜之地，垦辟荒闲土地。[48]这种政策从清王朝建立的1644年一直沿袭到18世纪中期，持续了一个多世纪。清政府向愿意移民垦荒者提供了无主荒地、农具、牲畜、房舍，甚至迁移路费等。[49]当然，同明朝政府一样，清政府也直接参与了一些土地的开垦，但是绝大多数的土地是由个体小农开垦出来的。表2.3总结了1800年以前新垦土地的情况。按照这些资料，国家拥有的耕地几乎全部集中在中国的东北部、北部和西北部地区，总面积不超过1000万亩。[50]相比之下，自耕农拥有的土地面积超过5000万亩，并且广泛分布在全国各地。此外，清政府将原来属于明朝皇室和勋贵的1600万亩土地，以"更名田"的方式转让给原先租种这些土地的佃农。[51]而且，清政府还对新开垦的土地给予免赋数年的优惠，对部分土地则"免其查丈"，不予登记。[52]因此，实际的耕地面积可能远远高于政府的统计。比如，在西南地区，在册耕地面积从800万亩增加到1000万亩，增长了四分之一，但实际上耕地面积从1500万亩增长到了4000万亩。

表 2.3 1649 年—1722 年间全国新垦耕地面积情况表[a]

（单位：亩）

河南	13153400
湖广（湖北和湖南）	11355300
四川	10735600
辽宁[b]	3000000
新疆[c]	3000000
江西	2191500
黑龙江	2000000
吉林	2000000
江南（江苏和安徽）	1328800
贵州[d]	1290000
盛京（辽宁）	1000000
云南	732600
直隶（河北）	534000
广西	380700
山东	325200
山西	48300
总计	44150100

资料来源：郭松义《清初封建国家垦荒政策分析》（见《清史论丛》第 2辑，1980 年，第 111—138 页）所引《清实录》。

a. 我们没有发现福建、甘肃、陕西和浙江四个省的耕地面积数。

b. 根据孙占文《黑龙江省史探索》（黑龙江人民出版社，1983 年），在黑龙江仅八旗耕地就从 18 世纪初期的 100 多万亩扩展到 19 世纪初期的 200多万亩。在辽宁，八旗田地达 300 多万亩，吉林也将近 200 万亩。

c. 根据徐伯符《清代前期新疆地区的民屯》（见《中国史研究》1985 年 4 期，第 37—47 页），到 19 世纪初期，新疆的民屯已近百万亩，军屯则数倍于民屯。约瑟夫·弗莱彻(Joseph Fletcher)《清代的亚洲内陆地区：约 1800》(Ch'ing Inner Asia-Ca. 1800)，见费正清(J. K. Fairbank)等编《剑桥中国史》卷十《晚清》，剑桥大学出版社，1978 年)估计新疆的新垦耕地已达几百万亩。亦见华立《清代新疆农业开发史》（黑龙江教育出版社，1995 年)对清代国有土地的详细讨论。

d. 中国西南的耕地面积系指从 1663 年—1787 年的数据。

表 2.4　1876 年中国粮食储备情况表　　　（单位:石）

省区	储备量	在全国所占份额
直隶	3711930	0.163
江苏	848313	0.027
安徽	1576758	0.055
江西	1767769	0.093
浙江	2784415	0.129
福建	2751987	0.215
湖北	739431	0.040
湖南	1879437	0.129
河南	1947921	0.187
山东	718096	0.031
山西	2023243	0.153
陕西	2795536	0.333
甘肃	2844217	0.188
四川	369392	0.438
广东	3334699	0.209
广西	1740297	0.277
云南	1727389	0.506
贵州	1506070	0.292

资料来源:魏丕信(Pierre-Etienne Will)、王国斌(R. Bin Wong)和李中清(James Lee)《清代的政府仓储和粮食供给:1650—1850》(*State Granaries and Food Supply in Qing China, 1650—1850*),安娜堡《密西根中国研究论文》(*Michigan Papers on China*),1991 年。

其次,清政府在粮食供应情况的监控方面也做了很多工作,包括在全国范围内建立了庞大的粮仓系统以储备粮食,并及时发放给缺粮的地区和人口。[53]18 世纪时,民用粮仓大约储存了 1500 万到 2000 万石的粮食,其中每年大约有 400 万石的粮食被分发给了 500 万到 1000 万的灾民。这个措施最早由康熙皇帝颁布,他号召官员们通过税收、捐纳和购买等方式,建立粮仓,储存粮食。雍正皇帝将这一体系扩展到全国并且扩大了粮食的储存规模。乾隆皇帝最终完善了粮食仓储制度,使之形成了一个完整的存粮系统。结果,18世纪,国家拥有了大量粮食储备。这些粮食除分发给本地平民外,还调剂给其他地区的平民。表2.4反映了1786年各省的粮食储备情况,从中我们可以看出,即使在西南地区,其所储备的粮食也足够全省人口食用近一个月。

复次,清朝的多数皇帝都注意轻减赋税,规范赋税征收的范围。顺治帝废除了明朝末年以来的"三饷加派",共计2000万两白银。[54]康熙帝则"据康熙五十年征粮丁册定为常额",对其后新增人丁,除补足常额外,不再纳赋,"盛世滋生人丁永不加赋"。[55]雍正皇帝更在全国实施"摊丁入地",将丁银并入土地税征收,彻底废除了中国二千多年的人丁税。[56]同时还规范了征税的办法,实行了"火耗归公",免除了江南地区100多万两的赋税额,消除了该地区长期承受极不公平的重赋问题。[57]乾隆皇帝继续推行雍正的这一政策,平均地税负担,并且降低了卫所"屯田"上的税收,将其转加到私人"民田"上。[58]这样,尽管17世纪至18世纪早期,中国的耕地面积大为增长,但是清政府从土地上征收的赋税却根本没有增加。[59]事实上,在西南地区,国家在农业上的收入还一度由于通货膨胀而有所下降。

最后,在一定条件下,清朝历代皇帝在全国不同程度地实施赋税蠲免,尤其是康熙、乾隆两帝,曾在全国完全蠲免赋税。[60]清王朝实行这种政策,其目的既要体现帝王的仁慈厚德,又欲使百姓休养生息,实现社会稳定繁荣,江山永祚,其意颇为深远。[61]尽管这些蠲免政策大部分局限于田赋,但是统治者认为,用这样的方法可以将一部分利润返还给土地上的佃户、自耕农和地主。[62]我在表2.5中列出了各省蠲免税收的情况,其中不包括赈灾减灾的蠲免。[63]此外,根据这

份表格的不完全统计,清朝历代皇帝平均每年蠲免一个或几个省的
赋税,共计蠲免了一百多次。每个省平均十年可以享受到一次赋税
蠲免。有几个省,如安徽、甘肃、湖北和江苏省,在清朝统治的最初
150 年间享受了二十多次赋税蠲免。清政府历年来蠲免的赋税加在

表 2.5　　清代各省赋税蠲免情况表(单位:百万两白银)

省	免税年数	蠲免总值
江苏	22	51.3
河南	19	43.7
山东	14	29.5
浙江	14	26.2
直隶(河北)	15	27.2
山西	11	26.6
安徽	21	19.5
陕西	14	18.4
江西	12	14.2
湖北	21	14.7
湖南	19	12.7
广东	8	10.3
福建	12	8.2
四川	13	5.6
甘肃	21	3.5
云南	13	1.7
贵州	14	0.1
总计	273	325.0

　　资料来源:本表数据系以肖一山《清代通史》(台北商务书馆,1962 年)
卷一第 811—814 页、卷二第 8—9 页据王庆云《石渠余记》卷一第 12—20 页
所补编的资料整理而成。
　　注:另外,清帝无论何时南巡江南或祭拜祖陵,行程所经区域均可免缴赋
税的 30% 至 50%。

一起,总数超过了 4 亿两白银,差不多平均每年 300 万两。这种蠲

免政策对已经享受了特别低的赋税的西南地区而言,不是那么重
要。西南云贵两省共计蠲免赋税 800 万两白银,相当于两省九年
的赋税量,但对中央政府而言,这个数字只占全国税收总数
的 2%。

正是由于对农业征收的赋税较低,所以清政府被迫较大程度
地依赖其他非农业税收。清朝正式登记的土地面积数长期以来并
没有达到 16 世纪晚期的水平。直到 18 世纪中期,即清朝对全国
的统治确立一个多世纪以后,在册土地面积才恢复到了这一水
平。[64]因此,相应地清初政府不得不依赖食盐专营所获收入来支付
国家近乎一半的军事开支。另外,就我们目前所知,有清一代政府
对商税的依赖不但一直持续存在,甚至还不断加剧。这也主要是
由于清政府的军事征讨活动和社会动员工作造成其各种额外费用
远高于明代的缘故。

直到其统治晚期,清政府非农业税收入才达到了国家财政总
收入的三分之二强。[65]表 2.6 可使我们较好地对 18 世纪清政府的
税收情况进行估算。如表所示,清政府国库总收入约为 6000 万两
白银,其中田赋收入不到总收入的三分之二。经过雍正时期的国
家财政改革,清政府从商业上取得的税收达到了总税收额的三分
之一还多。田赋的蠲免进一步减少了其在国库收入中所占的比
重。即便如此,大规模的税款拖欠现象在许多省份普遍存在。[66]纳
税最多的江苏省就是一个最典型的例子,该省 17 世纪晚期到 18
世纪早期每年纳税额估计在 400 万两—500 万两白银,但到 18 世
纪初期,该省拖欠的税额总数也高达 1500 万两白银。[67]由于这些
原因,田赋在清朝虽然仍然具有重要意义,但是已不再像明朝那样
占据支配地位了。

表2.6　18世纪清政府主要税收来源表

(单位:百万两白银)

田赋	40—50
盐税	5—8
关税	4—6
内务府税收	4—6
杂税	4—5
厘金(捐厘)	2—4
合计	59—79

资料来源:

田赋:田赋额近3000万两白银及800万石粮。根据曾小萍的研究,火耗按正额的15%征收。据王庆云《石渠余记》卷三第146—147记载,1848年实征田赋银35889872两,1849年实征田赋银36443999两,1841年实征田赋银37340000两,1842年实征田赋银37140000两,1845年实征田赋银38810000两。

盐税:根据王庆云《石渠余记》卷五第230—241页记载,盐税税额为750万两白银。1841年盐税实征白银4985290两,1845年实征4981845两,1849年实征5074164两。盐税耗羡一度接近实征正额的15%。

关税:根据王庆云《石渠余记》卷六第269页记载,户部、工部所征关税税额为4352208两白银,1841年实征关税银4207695两,1842年实征4130455两,1845年实征5511445两,1849年实征4704874两。也见何本方《清代的権关与内务府》,刊于《故宫博物院院刊》1985年第2期,第3—11页。

内务府税收:根据常德昌(Chang Dechang)1972和何本方《清代的権关与内务府》,内务府税收中之200万两白银来自关税,100万两白银来自捐纳,相当大一部分来自内务府控制的400万亩皇庄租税。鞠德源、林永匡《乾隆勒索盘剥官商民史料》(见《故宫博物院院刊》1982年1期,第68—80页)认为,内务府仅仅是罚没款收入每年就达50万两白银,仅和珅的罚没财产就高达400万两白银。

杂税:这些估算是由王业键《中华帝国的田赋:1750—1911》(*Land Taxation in Imperial China*, 1750—1911,哈佛大学出版社,1973年,第62—67页)作出的。也见王庆云《石渠余记》卷五、卷六。

厘金:据罗玉东《中国厘金史》(上海商务印书馆,1936年)第3—9页所述,捐厘大约为3百万两白银。根据何炳棣先生《扬州的盐商:中国十八世纪商业资本家研究》[*The Salt Merchants of Yang-chou: A Study of Commercial Capitalists in Eighteenth-Century China*,《哈佛亚洲研究杂志》(*Harvard Journal of Asiatic Studies*)第 17 卷,1/2 号,1954 年 6 月]第 154 页,在 1738—1804 年间,仅两淮盐商就捐厘 36370068 两白银。林永宽和王熹《清代长芦盐商与内务府》(见《故宫博物院院刊》1986 年 2 期)认为,长芦盐商捐厘近盐商捐厘总额之半,盐商年捐厘金额近 100 万两白银。

　　与明朝政策不同,清政府虽然重视发展农业,但并未忽视商业经济。相反,我们发现了许多清政府支持商业和工业活动的政令。[68]因为清朝内务府的收入主要来源于商人、商品利润及关税,所以清政府特别关注商业的发展。[69]同样的道理,各省政府从非农业的行业中取得的税收也构成了地方税收的很大一部分。[70]诚然,各地政府为增加税收会想方设法抽收过多的税,这将极大地妨碍经济的发展。但是我们也应该看到,在西南地区,为了增加税收,地方政府制定了很多措施,鼓励当地官员支持和促进工商业的发展。

　　因此,我们可以看出,清政府更加关心商品的生产和流通。众所周知,中国人长久以来一直注重公平的分配同经济繁荣之间的联系。[71]清政府的官员们又加上了一条——重视发展商业和农业生产。因此,有一些官员建议把发展采矿业作为增加农民收入的最佳策略。[72]经过大量的争论,清政府在包括云南省和贵州省在内的许多省份开设了矿厂。[73]这些政策措施和清政府所实施的其他政策一道,推动了西南地区商业和农业长期空前的发展。通过这些努力,西南地区的经济状况大为改善,有关国家和经济之间的传统观念随之得到了强化。[74]

三、中华帝国晚期西南地区的经济政策

　　同中国其他大部分地区一样,为了增加财政收入,政府才出台

了有关西南地区的财政政策。由于中国边疆地区财政状况的特殊性——巨大的政府开支和较少的财政收入,使得政府更加关注这些地区财政收入的增长问题。自1253年蒙元征服西南地区后,中央政府在西南的统治大为加强。但是为了取得该地区民众的普遍支持,政府几乎不征税于西南地区,尤其是对土著少数民族。[75]直到16世纪,西南地区大部分都没有征收过田赋,[76]甚至到20世纪末,一些地方根本没有正式评估过田赋的征收量。因此,西南地区的田赋远远低于中国的其他地区。[77]许多督抚官员来到云南或贵州时,都会发现两省"是以延袤虽千百余里,寔不及中州一大县,镏铢粟曾无裨于工供",[78]即一省之税收只相当于内地的一个县。表2.7总结了17世纪云南地区的税收(差发)情况,从表中的数据我们可以看出,明朝末年云南的土著居民人口尽管占了总人口的三分之二,但所缴税收还不到全省的5%。

表2.7　明代云南上缴土贡(差发)情况表

征收物品	1580	1625
黄金(两)	16	66
牲畜(头)	121	121
棉布(段)	1700	1700
花斑竹银(两)		1639
银(两)	8487	9455
谷物(石)	9163	8191
贝币(枚)	21790160	16190224

资料来源:1580年:张学颜《万历会计录》卷十三第1页;
1625年:天启《滇志》卷六第7页下。

然而,正是在诸如西南等中国的边疆地区,地方政府的财政支出却相当高。[79]明清时期中央政府不但要像其他地区一样,在西南地区建设政治、经济、文化等诸方面基础设施,而且为确保江山稳定与边疆安全,还在边疆地区驻扎了大量的军队。为了保障军队供给,又开展规模空前的屯田,这一点我们可以从表2.8中看出。同时,中央政府还在边疆地区建立了各种社会机制来保障各民族的利益,以最终赢得他们对王朝的支持。在第三章到第九章,我将详细阐述国家在云贵两省所修建的众多工程,虽然我们不大可能量化出它们所耗费的经费,但表2.9和表2.10还是依据尽可能获

表2.8　清代绿营兵和八旗兵部署情况表　　（单位:人）

省区	绿营	八旗	合计
北京	10000	142879	152879
陕甘（陕西和甘肃）	101571	12580	114151
广东	69181	5269	74450
福建	63096	2636	65732
江南（江苏和安徽）	57246	8152	65398
湖广（湖北和湖南）	44294	6628	50922
直隶	38131	7586	45717
云南	40730		40730
浙江	36830	2146	38976
贵州	38402		38402
四川	33975	2672	36647
新疆	11000	20316	31316
山东	24020	2450	26470
山西	23875	684	24559
广西	23101		23101
沈京（辽宁）		19095	19095
内蒙古		18052	18052
河南	13640	920	14560
吉林		13267	13267
江西	12856		12856
黑龙江		11415	11415
总计	630948	276747	907695

　　资料来源:关于绿营兵部署情况,见罗尔纲先生《绿营兵志》(中华书局,1984)第62页据王庆云《石渠余记》卷二第76—92页整理补充的数据;八旗部署情况见《中枢政考》(1825年编)卷三十一第2页上—39页上。感谢菲利浦·伍德(Phillip Wood)让我注意到这部书。张德泽《清代国家机关考略》(中国人民大学出版社,1981年)第236—242页,李鹏年、朱先华、秦国经等《清代中央国家机关概述》(黑龙江人民出版社,1983年)第342—379页也列出了驻防八旗的规模与分布。然而这些研究没有提供相关数据,其列表同我以上表格中的数目略有不同。

　　有关新疆绿营兵的数据来源于约瑟夫·弗莱彻(Fletcher, Joseph)的《1800年前后的清代亚洲腹地》(*Ch'ing Inner Asia-Ca. 1800*),见费正清(J. K. Fairbank)和特威彻特(D. C. Twitchett)编《剑桥中国史》第十卷第65页,剑桥大学出版社,1978年。

得的数据,对经常性开支作了一些概算,每一个省的年度预算都达到了一百多万两白银。[80]1750年前后,云南和贵州每省驻扎的军队通常各需要80多万两白银和15万石的大米,相当于所属各省田赋收入的几倍。此外,战时军费、道路修筑、城墙修砌、水渠和河堤等水利工程的修建等额外费用又进一步增加了政府开支的规模。[81]第三章我们所论述的交通,可能是政府在西南投入费用最多的工程项目,一条道路的修建即需要花费10万两白银,维护又需要几万两,这已相当于全省所有的田赋收入。从第七章我将谈到的粮仓建设情况看,政府建成一个粮仓系统也需要投入几十万两白银。

表2.9　明清时期云南省政府经常性开支表

开支种类	明代	清代
民政开支(白银两)[a]		300000
军事开支(白银两)[b]		800000
粮食供应(石)[c]	130000	170000
合计[d]	130000	1270000

资料注释:

a. 这些数字来自于光绪《云南通志》(1894年版)卷六十三至六十六。省级政府年花费92740两白银,府及州县花费249943两白银。我相信,18世纪初期的支出规模可能会略低一些。根据《清高宗实录》卷四一四第9页下—10页上所载1752年的云南总督爱必达的一份奏折,云南军民岁需经费90多万两白银。这将使民政支出达到10万两白银。

b.明代绝大部分军事支出来自于屯田,因此,我们不可能估算出明代军事的年支出数额。清代军事年支出数来自于成书19世纪晚期光绪《云南通志》(1894年版)卷六十六,第3页上—34页上。根据该卷卷五十七第13页上所引张允随1735年的一份奏折,云南每年的军事费用为86万两白银。

c.根据天启《滇志》卷二十第40页上—44页下和顾炎武《天下郡国利病书》卷三十二第46页上,在1594年,官兵饷额(月食)为129600石。据光绪《云南通志》卷五十七第13页所引张允随奏折称,1735年,云南仅军费开支即需170272石粮食。

d.依据第六章所提供的数据,我推定清代云南的谷物价格大约为1.85两白银/每石,那么根据王庆云《石渠余记》卷三第145页的记载,在1848年,云南全省的费用支出是1313305两白银,而1849年全省的费用支出是1217476两白银。

表2.10 明清时期贵州省政府经常性开支表

开支种类	明代	清代
民政开支(两)[a]		75000
军事开支(两)		800000
粮食供应(石)[b]	75000	170000
合计[c]	75000	1045000

资料注释:

a.根据乾隆《贵州通志》(1741年版)卷十五第1页上—21页下记载,民政日常开支(文职俸公等项)需42973两白银,驿递系统(站役)需30862两白银。曾小萍(Zelin)《州县官的银两:18世纪中国的合理化财政改革》(The magistrate's tael: rationalizing fiscal reform in eighteenth-century Ching China,加利福尼亚大学出版社,1984年)第145页,从一份1725年的奏折中得到了一个略低一点的数据59704两白银。然而,这份奏折没有包含绝大部分驿递开支。

b.明代的数据源于贵州省民族研究所编《〈明实录〉贵州资料辑录》(贵州人民出版社,1983年)第8页所辑录的一个14世纪晚期的数据。明代后期,政府常规性支出可能有所上升。根据乾隆《贵州通志》卷十五第20页上下,清代贵州岁需军费158121石带壳稻谷和801508两白银,驿递系统岁需

308652 两白银、7091 石带壳稻谷和 15624 石脱壳大米。张允随在《张允随奏稿》乾隆五年八月二十二日的奏折中证实了这些数据。材料中的一个数据表明在清初,军费相当低,在三四十万两之间。例如,1711 年贵州总督刘荫枢在康熙五十年(1711 年)二月一日的一份奏折中便说,每年需 380000 两白银作为军事供给和薪俸开销。

c.依据第八章所显示的资料,我推定清代贵州谷物价格约为每石 1.3 两白银。应该指出的是,根据王庆云《石渠余记》卷三第 145 页的记载,贵州全省总支出的价格为 1301093 两白银,而 1849 年为 949998 两白银。

与巨额的支出相反,云南、贵州等边疆省份的赋税收入却极其微薄,根本不足以支付这样规模巨大的开支。表 2.11 和表 2.12 对云南和贵州两省的财政收入情况作了一个统计。以田赋为例,包括屯租在内,全省的田赋收入在全省财政收入中所占的比例不足 20%,[82] 而全国其他地区却达到了 60%。雍正皇帝实行"摊丁入地"改革后,云南省的土地税收,包括额外征收的费用,也极少能够满足全省的民政管理费用。在贵州,情况也是如此。正如许多官员所讲的,田赋所入,仅敷官府往来驿费。[83]

表 2.11　明清时期云南省税收来源情况表

税收类别	明	清
土地税收(单位:两)[a]	125000	125000
土地税收(单位:石)[b]	500000	220000
盐课(单位:两)[c]	50000	300000
银课(单位:两)[d]	75000	50000
铜课(单位:两)[e]	17000	250000
铸息(单位:两)[f]		60000
商税(单位:两)[g]	20000	50000
劳役折银(单位:两)[h]	100000	100000
土贡(差发)(单位:两)[i]	17000	
合计(单位:两)[j]	404000	935000

资料注释:

a.明代大多数地税征收实物。然而,根据天启《滇志》卷六第 5 页下的记载,1625 年夏税 37716 石和秋粮 111073 石被折合为 127412 两白银征收。根据梁方仲《中国历代户口、田地、田赋统计》(上海人民出版社,1980 年)第387、398、409 页所收集到的数据,地税收入在清代从 1700 年前后的近100000 两白银增加到了 1800 年前后的近 200000 两白银。这些税收大多数须起运到北京。然而,事实上它们存留于省内用于军费支付。见梁方仲书第424—427 页。

　　b. 当然,精确的征收数目随时间而变化。在明代除一二次例外外,这些变化大多数都很小。梁方仲《中国历代户口、田地、田赋统计》第 332—333页、349 页、387 页列出了 1444 年、1502 年和 1578 年的常规夏税秋粮数,近乎140000 石(35000 石夏税,105000 石秋粮)。梁先生似乎未认识到,这些数据未包含军屯土地上的税收——屯粮。根据光绪《云南通志》(1894 年版)卷五十七第 10 页上的记载,1562 年的地税收入是 389992 石。据天启《滇志》卷七第 5 页上下记载,到 1620 年,地税收入已上升到 394205 石(夏税 47255石,秋粮 346950 石)。因此,明代的地税总数已超过了 500000 石。相比之下,清代地税征收实物的情况较少。光绪《云南通志》(1894 年版)卷五十七第 31 页上载张允随称,雍正十三年(1735 年)军民两税所征实物仅 219000石稻谷。

　　c. 终明一代,盐课相对稳定在白银 35000 两。然而,17 世纪初期盐课开始上升,1623 年为 43000 两白银,1625 年为 50000 两白银。见闵洪学《抚滇奏草》卷二第 11 页上和天启《滇志》卷六第 7 页上。据檀萃(1725 年—1801年)《滇海虞衡志》卷二第 19 页的记载,到 17 世纪晚期,盐课收入已上升到150000 两白银,而在 1732 年,盐课常项收入已达到 278039 两白银,附加收益47700 两白银。据王庆云《石渠余记》卷五第 240 页记载,在 1841 年、1842年、1845 年和 1849 年,云南的盐课收入分别是 366293 两、294023 两、372161两、356922 两白银。很显然,这已进入盐课的稳定水平,到了 1894 年,云南的盐课收入仍然保持在 377421 两白银(见光绪《云南通志》卷六十二第 9 页下)。刘寯《清代云南的盐务》(见《中国近代经济史研究集刊》第二卷第 1期)第 101 页也收集到了类似的盐课数据。

　　d. 见全汉升《明清时代云南的银课和银产》,见《新亚学报》十一卷第 1期,第 1—28 页。

　　e. 详见第九章的讨论。相关数据归纳在表 9.5 中。也见彭泽益《清代采铜铸钱工业的铸息和铜息考察》,收入《中国古代史论丛》第 1 辑,第 30—65页,福建人民出版社,1982 年;傅汉斯(Hans Ulrich Vogel)《清代前期中央货币政策与云南的铜矿业:1644—1800》(*Chinese Central Monetary Policy and Yunnan Copper Mining During the Early Qing, 1644—1800*),书稿,1987 年。

f.同样详见第九章的讨论。相关数据归纳于表9.6中。也见彭泽益《清代采铜铸钱工业的铸息和铜息考察》、傅汉斯（Hans Ulrich Vogel）《清代前期中央货币政策与云南的铜矿业：1644—1800》。

g.明代数据来自于天启《滇志》（1625年版）卷六第5页下。清代的数据属十八世纪初期，见光绪《云南通志》（1894年版）卷六十二第8页下—9页上。

h.据天启《滇志》卷六第6页上，劳役折色的收入在1585年为102128两白银，在1596年为127421两白银。

i.见表2.1。依据第八章注释10，我推定到16世纪晚期，云南谷物价格为每石0.6两白银。同样地，依据表8.3，我假定每两银兑换贝币7500枚。

j.因单位不同，故合计项内未含土地税之征收实物部分。

表2.12　明清时期贵州省税收来源情况表

税收类别	明	清
土地税收（单位：两）[a]		100000
土地税收（单位：石）[b]	150000	150000
附加税（单位：两）[c]		30000
盐课（单位：两）[d]		56000
矿课（单位：两）[e]		75000
商税（单位：两）[f]	5000	20000
劳役折银（单位：两）[g]	75000	
合计[h]	200000	476000

资料注释：

a.根据梁方仲《中国历代户口、田地、田赋统计》（上海人民出版社，1980年）第387—398页的统计数据，贵州的土地税收入从17世纪后期的近5万两白银增加到18世纪后期的10万多两白银。这些收入绝大多数须起运到北京，但事实上它们被留在省内用做军费预算开支。见梁方仲先生书第424—427页。

b.嘉靖《贵州通志》（1555年版）卷四第2页上下；《黔记》（1608年版）卷十三第7页。这些数字包括从军屯田地上征收的屯租。根据梁方仲先生《中国历代户口、田地、田赋统计》，民田税收少于50000石。

c.乾隆《贵州通志》（1741年版）卷十四第32—38页；曾小萍（Zelin）《州县官的银两：18世纪中国的合理化财政改革》（*The magistrate's tael: rationalizing fiscal reform in eighteenth-century Ching China*，加利福尼亚大学出版社，

1984 年)第 143 页,提供了 1725 年的一个较小的数据 10000 两白银。

d. 盐课数来自于王庆云《石渠余记》卷五第 240 页所引的一份 1725 年的奏折。曾小萍(Zelin)《州县官的银两:18 世纪中国的合理化财政改革》第 144 页提供了一组 1840 年代的数据,比表中数据低得多,在 7000 两和 8000 两白银间。

e. 清代,贵州有很多铜矿、锌矿、银矿和汞矿。尽管我们不知道确切的矿课收入,平均收入大概在 5 万到 10 万两白银之间。

f. 江东之《瑞阳阿集》卷三,第 25 页上。乾隆《贵州通志》(1741 年版)卷十四,第 32 页上—38 页下。

g. 根据万历《贵州通志》(1597 年版)卷一第 3 页上记载,从劳役折色和土地税上获得的一条鞭收入在 1555 年为 84506 两白银,在 1597 年为 75800 两白银。

h. 依据第八章所提供的数据,我假定清代贵州谷物价格约为每石 1.3 两白银。应该指出的是,根据表 2.10 提供的数据,清代贵州的年度开支是 100 万两或更多。换言之,财政收支之间存在 50 多万两的差额。

因此,西南地区巨额的财政开支和微薄的税收来源之间的矛盾,迫使明清政府想方设法发展西南地区的经济,以增强其财政基础。事实也正是如此,明朝政府便积极致力于在西南地区发展农业生产,并且大规模地屯田,尤其是军屯,以满足军事开支的需要。到 14 世纪,明政府在西南地区已经安置了 100 多万人口,新开垦耕地面积几百万亩。在明朝的基础上,清朝继续加大了在西南地区的开发力度,进一步发展西南地区的农业生产。与明代由政府组织迁徙和屯田不同,清朝主要采用鼓励民间向西南边疆地区移民和开垦的间接策略来推动西南农业的发展。到 18 世纪晚期,共有 300 万人口响应政府的这些激励政策,迁居到西南地区。耕地面积相应地从 1500 万亩增加到 5000 万亩。

尽管西南地区的农业经济在清代获得了大规模的发展,但是田赋收入仍然保持不变甚至还有所下降。事实上,政府的财政收入大部分依靠工矿业的发展,尤其是云南省的盐和铜、贵州省铅和锌的采冶。结果,云南省盐的产量从 16 世纪的年产 500 万斤提高到 18 世纪的年产 3000 万斤。与此同时,铜也从 15 世纪年产量不足 50 万斤提高到 18 世纪的年产近 1000 万斤。相应地,非农产业上缴的国家税收也相应地大为增长。明朝时,西南地区采矿业上缴的税收已占到了省级税收收入的三分之一。到清代,这个比例又上升为四分之三。

　　清政府发展商业政策和明朝政府拓展农业耕地面积政策的成功,使得政府成为推动西南地区经济发展的主角。尤其是政府在西南地区发展工业生产的政策,不仅推动了西南经济的增长,对整个国家的经济都有着重大的影响。西南矿冶业近一个世纪的发展,吸纳了大量的资金和劳动力,促进了西南地区的人口增长、耕地面积扩大、商业活动增多。到 18 世纪中期,西南地区的经济已经赶上了国内大多数地区,渐呈繁荣之势。因此,在蒙古人 1253 年征服西南地区后的近 500 年里,西南经济不断发展,西南从一个落后的边疆地区发展成为一个生机勃勃、充满活力的国内区域经济区之一。

注　　释

1　在中国,作为从文化史分离出来的一个分支学科,经济思想史在很大程度上也独立于经济史学科之外。关于帝制晚期经济思想史的主要评价,参见胡寄窗《中国古代经济思想的光辉成就》,中国社会科学出版社,1981 年,以及《中国经济思想史》(上、中、下),上海人民出版社,1962 年、1963 年、1981 年;周伯棣《中国财政思想史》,福建人民出版社,1984 年;赵靖《中国近代经济思想史》,上海人民出版社,1985 年。

2　见《东方的摇篮:中国文明本土起源的研究,前 5000 年至前 1000 年》第 333—338 页。对中国民众有关政治合法性的观念,最精确的论述见萧公权(Hsiao Kung-chuan)著,牟复礼(F. W. Mote)译的《中国政治思想史》第一卷《从初始到公元六世纪》。

3　《论语·颜渊》载:"子贡问政。子曰:'足食、足兵,民信之矣。'子贡曰:'必不得已而去于斯三者,何先?'曰:'去兵。'子贡曰:'必不得已而去于斯二者,何先?'曰:'去食,自古皆有死,民无信不立。'"这就是说,要治理一个复杂的社会,孔子所称道的标准比强制性制裁或重利相诱更重要。

4　《孟子·梁惠王章句上》载孟子对梁惠王谈为政之道时说:"榖与鱼鳖不可胜食,材木不可胜用,是使民养生丧死无憾也。养生丧死无憾,王道之始也……七十者衣帛食肉,黎民不饥不寒,然而不王者未之有也。"

5　我对中国财政的理解大部分来自于邱浚的不朽著作《大学衍义补》,尤其是其第十三卷至三十五卷,系以"固邦本"和"制国用"为论题。此书是研究明清帝国最重要的著作之一。其他重要的典籍尚有明代陈义隆编《明经世文编》、清代贺长龄编《皇朝经世文编》等,但《大学衍义补》以其位列 18 世纪科举考试读本而尤获殊荣。见褚宏阑(Chu Hong-lam)《邱浚与〈大学衍义补〉:十五世纪中国的治国思想》(*Ch' iu Chun and the Supplement to the Exposition of the Great Learning*:*Statecraft Thought in Fifteenth Century China*,博士学位论文,普林斯顿大学,1984)。感谢彼得·鲍(Peter Bol)和袁清(Yuan Tsing),使我对这这篇论文给予应有的注意。

6　邱浚撰《大学衍义补》卷十三。康熙曾引用此话,见《康熙政要》。

7　周伯棣在《中国财政思想史》中认为,尽管《管子》一书在前三世纪曾作了重大修改,但其思想仍可追溯到春秋时期。

8　《管子》卷二十《形势解第六十四》载:"人主之所以令则行禁则止者,必令于民之所好而禁于民之所恶也。民之情莫不欲生而恶死,莫不欲利而恶害。故上令于生,利人则令行;禁于杀,害人则禁止。令之所以行者,必民乐其政也,而令乃行,故曰贵有以行令也。"

9　《管子·牧民第一》。

10　因此,《孟子·告子章句下》载白圭问孟子:"吾欲二十而取一,何如?"孟子回答曰:"子之道,貉道也。万室之国,一人陶则可乎?貉之税二十而取一,万家之国使一人陶瓦器则可乎?"白圭回答说:"不可,器不足用也。"孟子说:"夫貉,五谷不生,惟黍生之。无城郭、宫室、宗庙、祭祀之礼,无诸侯、币帛、饔飧,无百官、有司,故二十取一而足也。今居中国,去人伦,无君子,如之何其可也。陶以寡且不可以为国,况无君子乎！欲轻之于尧舜之道者，大貉、小貉也；欲重之于尧舜之道者，大桀、小桀也。"

11　所以，《孟子·滕文公章句下》记载戴盈之说："什一，去关市之征，今兹未能，请轻之，以待来年，然后已何如？"的时候，孟子答道："今有人日攘其邻之鸡者，或告之曰：'是非君子之道。'曰：'请损之，月攘一鸡，以待来年，然后已'。——如知其非义，斯速已矣，何待来年。"类似的思想在《孟子》中多有论述。同样地，《管子》卷一《权修第三》记载说："赋敛厚则下怨上矣，民力竭则令不行矣。下怨上，令不行，而求敌之勿谋已，不可得也。"

12　《孟子·告子章句下》。

13　《大学衍义补》卷二十二《制国用》。

14　汉唐时期，曾对这种专营政策进行了较详细的讨论，参见楠希·李·斯旺（Swann, Nancy Lee）《中国古代的食物与货币》（*Food and Money in Ancient China*），普林斯顿大学出版社，1950 年；丹尼斯·特威切特（Denis. Twitchett）《唐代的金融管理》（*Financial Administration Under the Tang Dynasty*），剑桥大学出版社，1970 年。

15　西汉政治家桑弘羊是这种商业政策的主要制定者，关于其经济政策的英文研究，请参见克洛（Kroll）《一项有关桑弘羊经济观的研究》*Toward a study of the economic views of Sang Hung-yang*，见《早期中国》（*Early China*）4，第 11—18 页，1975。

16　陈直《两汉经济史料论丛》第 238 页，陕西人民出版社，1980 年。

17　当然，众所周知，汉、唐、宋、明、清各代都从盐铁专卖中获得相当大的一部分国家财政收入。一些朝代，如唐、宋，国家专营导致了商业活动的较大发展。而在明代，国家专营却造成商业和贸易的急剧衰落，汉代也在一定程度上存在这样的现象。国家通过专营对商业的掠夺在很大程度上制约着商业的发展。而无任何附加利益地大幅增加税收，必然会葬送一切经济增长的机会，但国家对工矿业的整顿与调控却能增加财政收入，提高产量。

18　周伯棣《中国财政思想史》第 78—79 页对此作了详细阐述。同时见于萧公权《帝制中国的和解》，第 187 页。

19　《大学衍义补》卷二十一《制国用·总论理财之道下》。

20　所以，关于经济繁荣与政治成功的关系，我们读到："当人们被很好地统治、财

富生产得多的时候，最高统治者自然会财源滚滚。开明君主都非常重视治民
与生财之道。"见艾琳·理切特（W. Allyn Rickett）译《学习与研究：管子—中
国时期政治、经济和哲学随笔》（*Guanzi*：*Political*，*Economic*，*and Philosophical*
Essays from Early China，*A Study and Translation*.）三卷，普林斯顿大学出版社，
1985 年，第 409。后来，这一逻辑被再度阐述得更为精确，如"民事农则田垦，
田垦则粟多，粟多则国富，国富者兵强，兵强者战胜，战胜者地广。"见《管子》
卷十五《治国第四十八》。大众福利和政治合法性的关系可以从"牧民"篇中
得到很好的说明："地辟举则民留处，仓廪实而知礼节，衣食足则知廉耻。"
（《管子·牧民第一》）。

21　如据荀子所说：王室贵族开发了新的土地；装满谷仓和所有储藏室；为（农民）提供
农具。见杜布斯（Dubs）译《荀子》，1972 年，第 188—190 页；"关注生活所需（农业
和蚕丝业），积累财富；过着有条不紊的生活；官员和人们也将因此过上安稳的生
活；于是，就会积累大量财富，国家就会因此而富强。"杜布斯（Dubs）译《荀子》卷
一，第 244 页。

22　最近有大量关于明清财政制度的研究成果。英文的有，黄仁宇的《十六世纪明代
中国的税收与财政》（*Taxation and Governmental Finance in Sixteenth Century China*），
剑桥大学出版社，1974 年；王业键《中华帝国的土地税：1750—1911》（*Land Taxa-*
tion in Imperial China，*1750—1911*），哈佛大学出版社，1973 年；曾小萍《州县官的
银两：18 世纪中国的合理化财政改革》（*The magistrate's tael*：*rationalizing fiscal re-*
form in eighteenth-century Ching China），加利福尼亚大学出版社，1984 年。中文的
有，李华《清代前期赋役制度的改革》，见《清史论丛》第一辑，第 100—109 页，1979
年；彭雨新《清代前期三大财政支出》，载《中国古代史论丛》1981 年第 2 期。然
而，我们对收入和支出的总体流向仍然知之甚少。只有一些作者的论著涉及了政
府收支平衡表。如黄仁宇的《十六世纪明代中国的税收与财政》、王业键的《中华
帝国的土地税：1750—1911》，肖一山《清代通史》卷五（台北商业出版社，1962
年）。为数不多的研究者则概述了政府财政支出的主要类别，如陈锋的《清代财政
史研究》博士学位论文，武汉大学历史系，1996 年；白纲主编《中国政治制度通
史·清代卷》人民出版社，1996 年；彭雨新《清代前期三大财政支出》，载《中国古
代史论丛》，1981 年第 2 期。

23　大部分财政史研究的成果，如曾小萍《州县官的银两：18 世纪中国的合理化财政改

革》和《中国政治制度通史·清代卷》,只包括常规支出。这实际上缩小了清政府的实际财政负担,使我们对这一问题的认识有失偏颇。

24　见表 7.2 注释的详细讨论。当然,军事预算因军事战役的开销而发生大幅度的波动。例如,根据一份奏折,三藩之乱的第一年 1673 年,"百分之八十的政府预算用于军事"(琴川居士辑《皇清奏议》卷十七,第 26 页下)。所有此前的军费估算,如彭雨新《清代前期三大财政支出》(载《中国古代史论丛》1981 年第 2 期)和肖一山《清代通史》卷五(台北商业出版社,1962 年)都相对太低,因为他们忽视了军事战役及八旗兵的费用开支。

25　相较而言,18 世纪的战争费用要少一些,而 16 和 19 世纪则多一些,根据表2.1 之注释 D 所提供的数据,18 世纪的战争开支大约每年平均为 300 万两,19 世纪战争花费远过于此,仅从《清史稿》并不完整的数据看,其总数即超过了 5 亿两。

26　见表 2.1 注释的具体论述。总地说来,18 世纪的社会福利支出比 19 世纪要高得多(除了水利维修费用 19 世纪高于 18 世纪外)。这可从彭雨新《清代前期三大财政支出》看出。应该指出的是,民用开支的估计并不包括清廷本身的日常开支。根据黄仁宇《十六世纪明代中国的税收与财政》,明宫廷每年开支 500 万两,而清宫廷开支则大为削减,据《康熙政要》卷十三第 1 页上下和第 11 页上记载,康熙帝曾宣称把开支减少到只有明末的百分之几。

27　根据黄仁宇《十六世纪明代中国的税收与财政》(*Taxation and governmental finance in sixteenth-century Ming China*,剑桥大学出版社,1974 年,第 294 页),16 世纪末期,"要维持一支 845000 人的军队,每年将花费二千万两白银,多于国家总税收的一半。"黄继续估计,这些供给中来自于本地的部分不足三分之一,大部分则来自于其他省或北京的协饷。

28　吴晗《明初社会生产力的发展》(收入《吴晗史学论著选集》,人民出版社,1955 年)可能仍然是关于明初经济政策和经济增长最全面的著作。韦庆远《明初江南赋税居重原因辨析》、《明初江南地区经济政策的若干问题》(分别见《明清史辨析》第1—33 和 34—36 页,中国社会科学出版社,1989 年)是关于明初长江下游经济政策的二项比较翔实的研究成果。

29　明太祖尤其意识到,"国家经费皆其(农业)所出;四民之中莫劳于农。"于是他总结说:"百姓足而后国富;百姓逸而后国安。"(《明太祖实录》卷 22、250),转引自吴晗

《明初社会生产力的发展》。后一引文显然受孔子的启发。

30　参见梁方仲《明代的预备仓》(见天津《益世报·史学》50 期,1937)关于明初为创
　　建谷仓体制的论述。据万历《大明会典》卷二十二第 53 页上的记载,1577 年(万历
　　五年),明神宗规定了预备仓储备指标,最大的县应平均储备一千石,最小的县也
　　要储备数百石。张学颜《万历会计录》列出了 16 世纪晚期明代所有 218 个州和
　　1105 个县的谷仓存粮情况。据其所记,当时明朝各地总库存量为 1151964 石,其
　　中西南仅为 32000 石。

31　据梁方仲《中国历代户口、田地、田赋统计》第 331 页(上海人民出版社,1980 年)
　　统计,在明统治的最初 16 年间,即从 1368 年到 1385 年,中央政府登记入册的新垦
　　耕地就超过了 1.8 亿亩。尽管政府登记在册的总耕地面积由 1381 年的 3.5 亿亩
　　持续增长到 1393 年的 8.5 亿多亩,近几年的几项研究却认为,这些增长所反映的
　　变化,与其说是耕地面积的扩大,倒不如说是土地登记系统的变化。参见顾诚《明
　　前期耕地数新探》,《中国社会科学》1986 年 4 期;何炳棣《南宋至今土地数字的考
　　释与评价》,《中国社会科学》1985 年第 2 期。

32　以河南、河北南部和山东最为突出。参见张忠民《明代洪永年间的民屯》(《中国
　　史研究》1985 年 1 期)对明早期政府计划移民的描述。这些描述包括 49 个例
　　子。根据他的分析,政府组织移民垦田,不仅是为了促进农业增长,也为了增加
　　政府的收入。因此,1370 年明太祖曾宣称:政府的当务之急是要增加土地的开
　　垦和提高人口数量。作为响应,郑州的地方长官苏纪(Su Ji)写道:“如果我们不
　　组织农民到中原这些平原上定居开垦,政府就不能获得足够的收入。最好的办
　　法就是鼓励流民回归垦殖。我们应当为无家可归的贫民提供土地、牲畜和种子
　　等,吸引他们到这里垦荒耕种。”三个月以后,明太祖组织的第一批 5 万多移民,
　　就从浙江迁移到安徽。见张忠民《明代洪永年间的民屯》所引《明洪武实录》的
　　记载。

33　本书中关于明代军屯的许多看法,均采用了王毓铨《明代军屯》的说法,该书对明
　　代的军屯体系作了极为详尽的论述。

34　这些是伍丹戈的估计。见伍丹戈《明代的官田与民田》,收入《中华文史论丛》第
　　135—144 页,1979 年 1 期。按他的说法,尽管这些新增的土地有些是通过购买获
　　得,但大多数仍然属新垦田地。

35　政府田赋额较高的逻辑前提是,这些土地名义上归政府所有,农民也并不是非要

租种且承担赋税。此外,由于政府经常给农民提供牲畜、农具、种子等,终使这些农民的田赋要比其他地方的高。参见王毓铨《明代的军屯》第128—181页对军屯土地的财政负担的详细论述、伍丹戈《明代的官田与民田》对民屯土地的财政负担也作了详细的论述、王毓铨《明代的王府庄田》(见《莱芜集》,中华书局,第110—241页)对"无价的不动产"的财政负担的论述。

36　关于明代的商业政策,参见韩大成的《明王朝的抑商政策》,见《明代社会经济初探》第323—334页,人民出版社,1986年。

37　韦庆远《明代黄册制度》(中华书局,1961年)仍然是有关元及明初户籍制度问题最详尽的研究。在理论上,任何人要想离开他的户口登记处都需获得一个旅行许可——路引。韩大成《明王朝的抑商政策》第325页引王宗沐的《江西大志》说,江西省以每张一两银圆的价格每年发放了95000多张路引。

38　户口登记体系与它的经济后果之间的关联还有待进一步探讨。参见桃乐茜 J. 索林格(Dorothy J. Solinger)《中国城市的民户之争:农民移民、政府与市场逻辑》(*Contesting Citizenship in Urban China:Peasant Migrants, the State, and the Logic of the Market*),加利福尼亚大学出版社,1999年。

39　参见李金明《明代海外贸易史》(中国社会科学出版社,1990年)对明初海外贸易的讨论。

40　现在通常认为16世纪中国经历了一个可喜的经济增长时期,参见吴承明等《中国资本主义的萌芽》(即《中国资本主义发展史》第一卷,人民出版社,1985年)第36—183页对现在学术成果的总结。

41　黄仁宇《十六世纪明代中国的税收与财政》(*Taxation and Governmental Finance in Sixteenth Century China*,剑桥大学出版社,1974年),是关于明代的财政体制的基本著作。另外,还可参阅梁方仲《明代粮长制度》(上海人民出版社,1957年)《梁方仲经济史论文集补编》(中州古籍出版社,1984年)关于明代劳役体制的重要的论述。

42　根据黄仁宇《十六世纪明代中国的税收与财政》第274—275页。到明朝结束时,政府3700万两银的年财政收入中,有2100万来自田赋,1000万来自徭役的折价,200万来自盐的专卖,400万来自其他各种各种的税收。详见该书第175页、216页、263页。

43　1645年,一份重要的奏折提醒清顺治皇帝说:"民惟邦本,本固邦宁,"该奏折接着又引用《荀子》说，"君犹舟也，民犹水也。水能载舟，亦能覆舟"，最后，这一奏折阐述了清政府所面临的最迫切的任务是取得群众的支持，"收系民心为第一"（参见琴川居士《皇清奏议》卷一，第35页下—36页上）。1690年，康熙又在他诏书中重复了这条古训，"虽国家兴衰，皆由天命，而永承天命，常保治安，可谓不在人事耶！"参见王钟翰《试析康熙之农本思想》（收入《清史续考》第232—248页，台北，华世出版公司）引用的《康熙起居注》卷二，第1515页。在这里我要感谢Lack Wills先生给我提供了这些资料的复印件。

44 参见郭蕴静《清代经济史简编》（河南人民出版社，1984年）关于清初经济政策和国家观念之间关系的分析。另见王钟翰《试析康熙之农本思想》关于康熙对农业繁荣所作贡献的详细论述。很明显这个方案在康熙早期即开始出现。据一则轶事说："圣祖八龄践阼，太皇太后问何欲，帝曰：'子臣无他欲，惟愿天下治安民生乐业，共享太平之福而已。'"（见徐珂《清稗类钞》第240页，中华书局，1986年）

45 这些关于清统治者的治国思想在《圣训》中随手可得。另外在《康熙政要》，特别是卷十九第28页下—32页上、卷二十四第4页下中可以找到。这些关于人民安宁和农业富足的事务当然是清政府为政的一个主题。参见《皇朝经世文编》，特别是卷九、卷十和卷二十六—五十三。另见邓海伦《模糊时代的悖论：清代中国政治经济学的文献研究》和王国斌《转变的中国：历史变迁与欧洲经验的局限》。

46 蒋良骐《东华录》卷九第147页载："为百姓即所以为国家，培本而长治久安之要也"。另外，康熙时还有许多这样的例子，如康熙十八年，浙江巡抚李本晟奏曰："目前惟兵饷最急，民富则国裕，民贫则兵饷无从而办。"圣祖曰："百姓足，君孰与不足，百姓不足，君孰与足？古今不易之理也。"见《康熙政要》卷一，第8页。

47 因此，我不大同意曾小萍（Madeline Zelin）对清朝财政思想所作的解释。曾小萍称："国计民生是中国封建时代的口号。用现代的术语说就是财政管理和人民生活，我们最好把这理解为一个双重的说教：为政府提供充足的税收，而不剥夺人民的种种生计手段。"见曾小萍《州县官的银两. 18世纪中国的合理化财政改革》（*The magistrate's tael : rationalizing fiscal reform in eighteenth-century Ching China*）第9—10页，加利福尼亚大学出版社，1984年。事实上，清政府不仅没有剥夺，反而设法提高人民的生计。

48　目前,学术界对清政府鼓励土地开垦政策已有较深入的研究,例如,彭雨新《清初的垦荒与财政》,见《武汉大学学报》1979 年 1 期;郭松义《清代的人口增长和人口流迁》,载《清史论丛》第五辑,第 103—138 页,中华书局,1980 年;郭蕴静《清代经济史简编》,河南人民出版社,1984 年;杨向奎等《中国屯垦史》,农业出版社,1990 年。

49　参见徐伯夫《清代前期新疆地区的民屯》(见《中国史研究》,1985 年第 4 期)和华立《清代新疆农业开发史》(黑龙江教育出版社,1995 年)对于新疆北部屯田的详细论述。

50　陈支平《清代赋役制度演变新探》(厦门大学出版社,1984 年)对土地出售和再分配政策进行了最详尽的研究。另,《清代经济史简编》第 22—23 页提出了不同看法。

51　参见何炳棣《南宋至今土地数字的考释与评价》(《中国社会科学》1985 年二期)《中国历代土地数字考实》,台北,联经出版事业公司,1995 年。何先生详细讨论了财政面积和实际面积之间的关系。很显然,许多新辟的土地是免于登记的,尤其是在西南地区。例如,1766 年,乾隆规定,在云南所有低于 3 亩的"山头地角"的耕地,低于 2 亩的"水滨河尾"之地,"俱着听民耕种,概免升科,以杜分别查勘之累"。此外,超过 3 亩的山地可免除 10 年的赋税,超过 2 亩的山谷地可免除 6 年的赋税,见《清朝文献通考》卷四十四。最后,一旦要对这些土地征税,也会以最低的税额征收。那就是说可能 3 亩会交 1 亩的税。这个法令后来被推广到全国,实际上起到了把大多数土地排除在登记之外的效果,因为中国绝大多数的土地都低于 2—3 亩。见王庆云《石渠余记》卷一第 10 页、卷四第 17 页关于清财政和政府制度的记载。

52　刘伟《清代粮价奏折制度浅议》(见《清史研究通讯》1984 年 3 期)王钟翰《试析康熙之农本思想》关于粮食供应系统的历史。关于谷仓自身的历史,参见魏丕信(Pierre-Etienne Will)、王国斌(R. Bin Wong)、李中清(James Z Lee)等著《中国的人口增殖、国家粮仓和食物供给:1650—1658》(*Nourish the People: State Granaries and Food Supply in China, 1650—1850*)密西根大学出版社,1991 年,尤其是王国斌的所写章节。

53　见李华《清代前期赋役制度的改革》(《清史论丛》第 100—109 页,1979 年第 1 辑)

和彭雨新《清代的垦荒与财政》(见《武汉大学学报》,1979 年 1 期)对清初赋税制度的出色考察。

54　王庆云《石渠余记》卷一,第 8 页。

55　见《清朝文献通考》卷十九。

56　郭松义《论摊丁入亩》(见《清史论丛》第三辑,第 1—62 页)逐一对全国各省摊丁入地改革进行了较详细的论述。

57　参见曾小萍《州县官的银两:18 世纪中国的合理化财政改革》(*The Magistrate's Tael*),加利福尼亚大学伯克利分校出版社,1984 年。和庄吉发《清世宗与赋役制度的改革》(台北,学生书局,1985 年)是两本关于雍正时期赋役制度改革的优秀著作。

58　尽管乾隆时期的赋役改革毫不逊色于康熙、雍正时期,但目前尚乏专著对其详加分析讨论。

59　见王业键《中华帝国的土地税:1750—1911》(哈佛大学出版社,1973 年)关于 18 世纪中叶和 20 世纪初中国土地税的详尽比较。

60　赋税蠲免和缓征作为国家减轻民众负担的一种方式,可以追溯到中国历史的初始阶段。清代皇帝不仅继承了这种惯例,还将其扩大为一种财政再分配的主要形式。胡春帆等《试论清前期的蠲免政策》(见《清史研究集》三集,第 150—165 页,四川人民出版社,1984 年)一文对清代的赋税蠲免进行了初步的分析。

61　《皇清奏议》卷一第 14 页载:收揽民心者,莫过于轻减赋役。《清世宗实录》卷十九也载:对农民蠲免赋税和减轻负担,其反叛的思想必然自动消除。

62　经君健《论清代蠲免政策中减租规定的变化》(见《中国经济史研究》1986 年 1 期,第 67—80 页)颇为详细地论述了清政府通过赋税蠲免以改善土地状况的努力。康熙四十九年十一月(1710 年)兵科给事中高遐昌提议:"凡遇蠲免钱粮之年,请将佃户田租亦酌量蠲免,著为例。"这一建议引发了很长时间的宫廷争辩。最后,康熙帝谕令:"蠲免钱粮但及业主,而佃户不得沾恩。伊等田租亦应稍宽。但山东、江南田亩多令佃户耕种,牛种皆出自业主,若免租过多,又亏业主,必均半不偏,乃为有益。"乾隆初年,湖南巡抚高其倬奏请"仍照康熙四十二年旧例,将所免钱粮分作十分,以七分免业主户,以三分免佃户"。

63　王庆云《石渠余记》卷一第 20—22 页将这种蠲免称为"灾蠲",并对其进行了区别。

像其他事务一样,清政府制定了非常清晰的分数,"凡恤灾,辨其分数。顺治间定被灾八分至十分,免十之三;五分至七分免二,四分免一"。仅在 1736 年—1753 年间,为了减轻灾害,乾隆皇帝即蠲免了 2500 万两白银的赋税额。这种赈灾蠲免并未包含在表 2.5 的蠲免额中。

64　1578 年在册的耕作面积为 7 亿亩,据梁方仲《中国历代户口田地田赋统计》(上海人民出版社,1980 年),直到 1753 年,耕地面积才又恢复到这个水平。

65　参见王业键《中华帝国的土地税:1750—1911》,哈佛大学出版社,1973 年。

66　王庆云的《石渠余记》卷一第 3—35 页提供了很多例子。

67　见曾小萍《州县官的银两:18 世纪中国的合理化财政改革》第 220—263 页对江南财政亏空几次大规模调查的记述。

68　参见曼素恩(Susan Mann)的《地方商业与中国官僚:1750—1950》(Local Merchants and the Chinese Bureaucracy, 1750—1950,斯坦福大学出版社,1987 年)关于清政府制定的自由贸易的理想化方案和国家建设与财政征收之间联系性的论述。

69　参见何本方《清代的榷关与内务府》(见《故宫博物院院刊》1985 年 2 期,第 3—11页)关于国内关税与内务府之间关系的论述。

70　参见曾小萍《州县官的银两:18 世纪中国的合理化财政改革》第 58—65 页关于各省对关税和盐的专卖的依赖性论述。

71　墨子刻《中华帝国的政府与商业》(The State and Commerce in Imperial China,见《亚非研究》第 23—46 页,1970 年 6 期)是一篇极富挑战性的论文。该文强调了古代中国经济思想中关于流通的重要性。

72　陈宏谋(1696 年—1771 年)是这场运动的领导者之一,《中国古代经济著述选读》第 428—442 页(吉林人民出版社,1985 年)对他的几部重要作品进行了译注。

73　参见严中平《清代云南铜政考》(中华书局,1957 年)、中国人民大学清史研究所和档案系中国政治制度教研室编《清代的矿业》(中华书局,1983 年)等对这一问题的详细阐述。

74　这里我援引倪德卫(David S Nivison)的《章学诚的生平和思想 1738—1801》(the Life and Thought of Chang Hsueh-ch' eng, 1738—1801)(斯坦福大学出版社,1966年)一书中对此问题的看法,见李中清、王国斌的《清代的人口运动及其语言遗产》

（*Population Movements in Qing China and Their Linguistic Legacy*）收入威廉·黄（William Wong）编《中国的语言和方言》（*Languages and Dialects of China*），见《汉语语言学专论系列杂志》（*Journal of Chinese Linguistics Monograph Series*），第 3 号，加利福尼亚，第 52—77 页。

75　尽管少数民族的贡赋负担变化很大，但都远远低于明政府从汉民族身上收取的赋税。这里可以举一些具体的例子略加说明。如 1387 年阴历 11 月，贵州的平越府、都匀府这两个少数民族地区在册户数为 8343 户，他们每年交纳给地方政府的贡赋为 699 石，但同样在这个月，贵州的普安在册的 8929 户汉族，每年的赋税额却为 8929 石。在 200 多年后的 1604 年，明政府在贵州登记的苗民为 16760 户，他们每年的贡赋仅为 302 石，见陈国生《明代云贵川农业地理研究》（西南师范大学出版社，1997 年）117 页所引用的《明实录》记载。

76　详见本书第五章。

77　按正常估算，江南的赋税比其他地区高 10 倍以上。谢肇淛（1567—1624）的《五杂俎》记载说："江南赋役之重十倍于天下"。清代琴川居士《皇清奏议》卷十三也有类似记载。梁方仲先生《中国历代户口、田地、田赋统计》第 391—397 页，逐省概括了田赋征收的情况。根据他的统计，云南是全国征收田赋最低的省，其他各省不一而足，约为云南的四倍。

78　顾炎武《天下郡国利病书》卷四十六《总舆图记》。

79　约瑟夫·弗莱彻（Fletcher, Joseph）的《清代亚洲腹地：约 1800》（*Ch' ing Inner Asia-Ca*, *1800*，见费正清（J. K. Fairbank）和特威彻特（D. C. Twitchett）编《剑桥中国史》第十卷第 60—61 页，剑桥大学出版社，1978 年）也提出同样的看法：新疆每年的军费开支约为 300 万两，而地方的财政收入却不足 6.2 万两。清政府只有用在该地开展军屯每年所获 649000 石粮食和 120 万两的中央政府补贴来填补空缺。

80　据曾小萍《州县官的银两.18 世纪中国的合理化财政改革》第 143—145 的重新计算，1726 年贵州省的财政预算是不完全的。每年的财政开支超过 100 万两，而不是 59074 两。

81　公元 1388 年，明朝征服贵州时，以 757400 锭银来维持 129337 人的军队开销。见陈国生《明代云贵川农业地理研究》第 152 页。

82　例如，1572 年贵州布政使蔡文便说：夏税秋粮外加屯田所入仅足供军队一二月的

开支。见陈国生《明代云贵川农业地理研究》(西南师范大学出版社,1997 年)第
151 页引《明实录》。

83　据 1709 年的《宫中档康熙朝奏折》第 2 辑,第 869—872 页,贵州每年来自田赋的财
　　政收入仅为 8000 两。这对驿传来说是足够的,但相对于其他方面的开支来说,则
　　显得微不足道。

第 三 章
交　　　通

　　所有前往西南地区的移民都面临连绵不断的群山。目前,地质学家们对西南的地貌及形成原因已经有了非常清楚的认识。西南所处的云贵高原主要由两次巨大的地壳运动而形成。第一次在中生代,第二次在新生代。这两次地壳运动使今天西南地区的平均海拔达到了一千多米以上。大体说来,西南地区连绵的群山可归为八大山系,其中五个大的山系分布于云贵高原的西部地区,三个较小的山系分布于高原的东部。这八大山系构成了西南地貌的大致轮廓。

　　历史学家应该对云贵高原地理特征的重要性给予高度重视。西南地区并非典型的稻作适宜地和城镇化集中区。这里只有很少的山间平地——坝子(小盆地),总数虽然多达 2500 个,但却仅占西南地区总面积的 6%,其余几乎全是山。因此,这一地区,人类的历史差不多全部演绎于这些山区坝子及其周边的坡地。我们研究的焦点自然集中于人们生息繁衍的坝区。但我们也应时刻牢记一个事实,即西南地区的每一个社会聚落都处于群山环绕之中,大部分的农村都是山村,孤寂的村庄、日见减少的森林以及永远飘在天空中的云朵等,是这里人们生活的长久写照。

　　然而这些群山并非不可穿越,西南地区没有一个社会聚落是与外界完全隔离的。大量网状的道路蜿蜒于山间,把分散的村落连在一起。历代中央王朝,特别是清政府,不断致力于扩展西南的交通网络,不断扩大这里的人流与物流规模,并确保京城与边地之间交通的顺畅。良好的道路状况对于经济发展和政权建设而言,都是必不可少的。而经济的发展和政权建设的推进,又必然会使西南地区的道路网络获得更大扩展。本章首先将勾勒出西南地区的道路网络;接着,将阐述地理因素对交通造成的制约;最后,论述政府为克服这些障碍,增强西南地区基础设施功能所作的努力。[1]

一、道路体系

　　在 1250 年至 1850 年间,中国西南部有六条主要道路。[2] 图 3.1 描绘了它们的大体轮廓。其中四条连通西南与中国的其他地区,另外两条连通缅甸和越南。这些道路名称颇多,为了方便起见,我用各道路连接的主要城市和国家把它们标注出来。第一条,经过西昌到四川的成都道;[3] 第二条,经过宜宾到川东的重庆道;[4] 第三条,通过贵阳到两湖的汉口道;[5] 第四条,经过广西到南宁的南宁道;第五条,经景洪至越南的越南道;[6] 第六条,经大理到缅甸的缅甸道。[7] 每条道路都和不同的地区相连,都汇聚于同一个主要城市——云南省会昆明。不论是过去还是现在,昆明都是西南的交通枢纽、经济中心,同时也是政治中心。

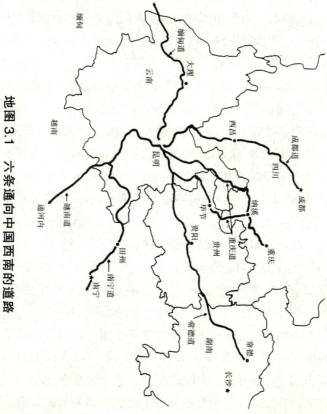

地图 3.1 六条通向中国西南的道路

　　以上六条道路在古代即已存在，历史学家们花了很大气力去寻觅它们的源头和本来面貌。然而每条路原本都有许多互相交叉的支路。虽然，山口、浅滩和桥梁等一些地理和客观环境决定了道路必然经过一些固定的点，但除此而外，人们完全可以根据自己的旅费和方便程度来选择道路。明清时期从汉口经贵州至昆明这条西南地区最主要的东向通道——汉口道便是一个极好例子。这条道路由陆路和水路构成。水路从汉口至镇远，经过福泉（原来的平越）到贵阳，再经过曲靖至昆明，向西可远达大理。但是稍加检寻我们便可发现，这并非汉口道的全部。实际上，从湖南到贵州有三条线路，即从乌江到镇远，从辰水（或称锦江）到铜仁，从清水江到黎平。另外，从贵州到云南也有二条线路：主线是从福泉到贵阳，再从贵阳到富源（原平夷县）；另一条道路则知者不多，系从余庆沿乌江走。另外，还有三条道路连结四川和贵州。其中二条通过毕节，一条通过遵义。而盘江和融江两条江则将贵州和广西联通。以上所述，仅为主要干道，除此之外还有大量的小径。如 1850 年，有 42 条道路可出入贵阳[8]，有 81 条道路可出入贵定[9]。各道路的情况，详见图 3.1。从地图上也可看出，这一区域存在着大量的道路分支。

　　从 13 世纪以来，中央政府就持续不断地进行国家驿道建设，最终形成了地图上的五条永久性干道。蒙元政府在 1278 年至 1286 年间修建了重庆道，在 1283 年又修建了成都道，1290 年建成了汉口道。[10]在 1381 年，明政府拓展了经大理至缅甸的驿道，完善了缅甸道。[11]清政府则于 1729 年修建了南宁道，在 1784 年把重庆道修建到了贵州北部。[12]唯独越南道没有建成国家驿道。但情况迥然不同的是，1900 年后法国人沿此线修建了从河内到昆明的米轨铁路，这条道路倒成了通向西南地区的主干道。由于每一次修建驿道的时候，都会综合考虑方便当地居民和贸易交换、运输的快速和经济、安全保障等因素,因此,大量的人流和货物都从那些可选择的运费开销较大的小路吸引到了这些国家驿路上来。结果,自1250年起,驿道沿线地区的经济得到了快速的发展,而那些被弃而不走的道路沿线的经济却萎缩,甚至衰落了。

二、道路途程

在西南地区,尽管政府修建了驿道,但路途的遥远对快捷交通的实现永远是一个障碍。在整个古代时期,人们在西南旅行的次数都远远少于在中国其他地区。直到19世纪,在相同的空间距离情况下,在云南旅行所花时间是在中国北方平原旅行所花时间的两倍;在贵州则是中国南部沿海地区的5倍。[13]政府枢要在1855年曾抱怨道:邮递在贵州如此之慢,以至于在其他地方仅需2天的邮件,在贵州至少需10天才能送到。[14]

换言之,路途的遥远常常使得想快点旅行的人们望路兴叹。作为当代人,我们也许仍然会对史籍里所记载的旅行速度大感诧异。马可·波罗宣称他只花5天时间就走完了从大理到保山的途程,[15]即使今天(译者按:指20世纪70年代末)此趟旅行仍需花一个星期。吴三桂在昆明起兵叛乱,消息在几个星期内就传到京城,[16]而由昆明到京城常规旅行需要花二个月时间。急递邮比常规邮快5倍。据莆田姚说:明代云南急递信用鸡毛作出标识。它们用两天时间就可赶完10天的行程。[17]我们的大致印象是,从13世纪到20世纪初,在西南地区正常的旅行速度和历史上有记录的旅行速度都大致相同。人和货物的行程快慢在忽必烈时代和红军长征时都是一样的。直到20世纪早期,由于火车和汽车的引入,特别是20世纪中期飞机的出现,才使中国西南地区的旅行速度发生了重大变化。

自从9世纪以来,有关旅行的平均速度和大多数线路记录都在

历史资料中保存了下来。1949 年,民国政府又对旅行的速度和线路
进行过系统的勘测计算,[18]所获数据比实际旅行的记录有价值得多。
1949 年铅印的《新纂云南通志》卷五十六第 19—22 页对此进行了很
好的总结。此外,除了到南宁的路线外,我还收集了从 1250 年至
1850 年间几百份有关从昆明出发的每条线路的旅行时间纪录。从
中可以看出,这 600 百年间的行程速度大体都差不多。通过这些数
据,我们能够推算出从昆明出发到整个西南的平均旅行时间(当然,那
是假设西南是一块无地形特点的平面,这与现实存在较大差别)。地
图 3.2 计算出了这一结果。[19]地图上每条等值线表示 2 天的行程。

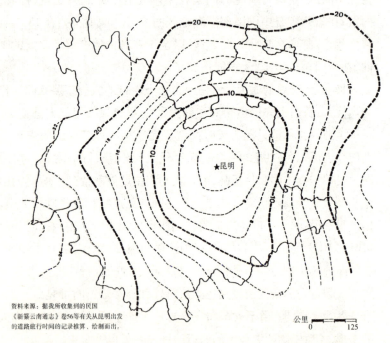

资料来源:据我所收集到的民国
《新纂云南通志》卷56等有关从昆明出发
的道路旅行时间的记录推算、绘制而出。

公里　　0　　125

地图 3.2　1250 年—1850 年间昆明向外旅行平均耗时情况示意图

可以想见,我们计算出的平均速度是不同的。一个旅客从昆明向东到贵阳,一天能走 30 公里,而往西到大理则一天最多能走20 公里。其原因,据 17 世纪的观察家所述,云南东部有道,云南西部却没有。因此邮差们可以轻松快捷地往来于云南和贵州之间,然而那些苦力却只能像蚂蚁一样地在缅甸的荒野慢慢地爬行。[20]这样,就使当时贵州中部的贵阳比云南西部的保山显现出更多与昆明相同的地方,尽管贵阳远在昆明几百公里之外。从 13 世纪直到今天这种情形一直存在。

其他的资料也同样证明了从中原到西南地区的许多线路,其旅行速度长期停滞不变。常德道就是一个很好的例子。1290 年元朝政府沿常德线修建了一条通向昆明的驿道。明政府又在 1381 年重修了此道。在 18 世纪,清朝又对这条驿道的贵州路段进行了修缮和扩建。尽管付出了这些努力,此路的旅行状况自 16 世纪以来并未得到什么改进。根据一组资料,16世纪昆明经这条路到北京要花四个月,19 世纪时也要用四个月,20 世纪初仍然要花四个月。[21]同样,18 世纪的资料显示,当时从昆明到常德平均要花 32 天到 36 天之久,其中昆明到镇远的陆路即需 27 天,乘船从镇远到常德顺流而下需 5 天至 9天。[22]从镇远到常德的旅行时间差异取决于船的型号,船越轻,航速越快。从常德逆流而上到镇远花的时间,则要比顺流而下花的时间多。一组数据显示,逆流行程至少要花一个月。[23]这与 1949 年所记录的时间大致相同。[24]我在表 3.1 中列出了一些取得的数据。

表 3.1　常德道途程情况表

路段	旅行天数	从昆明出发的旅行天数
曲靖	5	5
平夷	2	7
普安	3	10
安顺	4	14
贵阳[a]	6	20
常德	15	35

资料来源:

民国《新纂云南通志》卷五十六,第19—22页。

a. 据《新纂云南通志》卷五十六第11—23页载,从贵阳以后有两条线路可走,向北到遵义和重庆,需15天时间,或向南从贵州南部入桂林,需12天时间。

重庆道　1277年,元朝将重庆道修建成一条国家驿道。1380年该道又获重修并扩展了包括从永宁(叙永)到曲靖的水路。这

表 3.2　重庆道途程情况表

路段	旅行天数	从昆明出民的旅行天数	路段	旅行天数	从昆明出发的旅行天数
曲靖	5	5	会泽	8	8
宣威[a]	3	8	昭通	4	12
毕节	8	16	盐津	6	18
叙永	5	21	宜宾	6	24
泸县	4	25			

资料来源:

民国《新纂云南通志》卷五十六,第19—22页。

a. 从会泽或宣威还有一条线路可供选择,即先到威宁,再进入毕节到叙永的道路,陈碧笙《滇边散议》(台北,东方文化书局,1976年)第82页记有相似的旅行时间。

条道路被称为"到西南地区最便捷的一条驿道"。[25] 13世纪以来,

沿着这条道路部分路段旅行的时间大体保持一致。举个例子说，1278 年，从威宁到叙永要花 8 天时间。[26] 我们所拥有的大部分关于这一道路的数据，都是在 18 世纪该道向西部扩建后才记载下来的。所载旅行时间看起来与 20 世纪是一样的。1725 年一位贵州地方官的奏折称，从威宁到叙永所需时间不到 10 天。[27] 另外，从叙永出发到昆明在 1742 年需花 23 天[28]，1949 年也需要 21 天。同样，1850 年间，从叙永到泸县水路只需 3 天，但陆路需 4 天。[29] 直到 1949 年这段行程也要花 4 天。在表 3.2 中我对所获数据作了一些概括。

　　成都道　元政府于 1283 年沿着成都线修建了从西南通向成都的驿道。然而，尽管 20 世纪这条道路是西南通向四川的主干道，我们手头上所掌握的有关这条道路的旅行速度的数据却不多。[30] 目前看来，这条驿道上的旅行速度总体上变化也不大。如 16 世纪从贵州凯里到成都需花 1 个月，到 20 世纪仍然是这样。[31] 同样，大量 16世纪和 17 世纪的数据表明，从元谋到西昌要花半个月，正好与 20 世纪时的情况相一致。[32] 在表 3.3 中我归纳了一些获得的数据。

表 3.3　成都道途程情况表

路段	旅行天数	从昆明出发的旅行天数
武定	3	3
元谋	2	5
会理[a]	7	12
西昌	6	18
雅安	10	28
成都	6	34

资料来源：

民国《新纂云南通志》卷五十六，第 19—22 页。

a. 20 世纪的资料证明，从会理到西昌需要 6 天，见民国《西昌县志》卷一，第 37 页。

缅甸道　这一条通道包括云南境内从昆明到大理的主干驿道,是西南地区最早修建的一条驿道。至迟从南诏国(749—902年)以来,史籍中就有了关于这条道路的记载。据我目前所知,它的行程速度一直变化不大。从9世纪到20世纪,在昆明和大理这两个城市之间的旅行所需时间都在两个星期左右。如9世纪时从昆明到大理平均要用12天[33],1500年杨慎从昆明到大理也用了14天[34],1625年这段路程需花13天[35],1720年杜昌丁从昆明到大理花了14天[36],贺宗章1920年也说大理下关离昆明有15天的路程[37]。在表3.4中我总结了一些数据。

表3.4　缅甸道途程情况表

路段	旅行天数	从昆明出发的旅行天数
禄丰	3	3
楚雄	3	6
下关	7	13
保山	8	21
腾冲[a]	4	25
八莫	8	33

资料来源:

民国《新纂云南通志》卷五十六,第19—22页。

a. 据道光《云南通志》卷四十二第481页载,从腾越寄达昆明的邮件只需十天。这将比平均旅行时间快二倍。

南宁道　尽管4世纪时南宁线就已经存在了,然而直到1729年清政府才沿此线修建了驿道。不过,这条道路很快就成为了西南地区间商业往来的主要通道[38],直到1910年昆明至河内的铁路通车以后其地位才被取代[39]。正是昆河铁路,急剧改变了16世纪到18世纪以来西南地区的旅行速度。如1625年,从广西边境经过云南东南部的广南到昆明要花40天[40],1742年到富州花21天[41],而到了1949

年仅需 18 天。关于这条路的有关资料在表 3.5 中我做了一些总结。

表 3.5 南宁道途程情况表(广南道)

路段	旅行天数	从昆明出发的旅行天数
玉溪	3	3
通海	2	5
建水	2	7
蒙自	2	9
文山	4	13
广南	5	18
富州	4	22
百色[a]	6	28

资料来源:

民国《新纂云南通志》卷五十六,第 19—22 页;

a. 此驿道体系中另外一条可供选择的路线是向西通过罗平到贵州东南部,然后南入广西。天启《滇志》卷四第 2 页将此线称为罗平道。据《明实录》卷二百一十第 6 页载,16 世纪期间,田州距普安十三日程,则从该州距昆明 23 日程。据民国《新纂云南通志》卷五十六第 23 页载,12 世纪时,从昆明通达广南的时间基本也是一样的,为 18 天。

越南道 对越南道我们知之甚少,但仅从我们所拥有的总结于表 3.6 中的数据看,这条线路所需旅行时间较长,而且情况基本也没有什么变化。

表 3.6 越南道途程情况表

路段	旅行天数	从昆明出发的旅行天数
玉溪	3	3
元江	4	7
普洱[a]	10	17
思茅	2	19
车里[b]	6	25

资料来源:

民国《新纂云南通志》卷五十六,第 19—22 页。

　　a.根据《清高宗实录》卷806第4—5页,1788年,从昆明到普洱需要7天,正好与1949年所需时间一致。

　　b.从车里一线既可向东到越南,也可向西到老挝。根据康熙《云南通志》卷二十七,第45页记载,从景东到老挝的行程需花5个星期时间。

　　实际上,人们走完相同的行程所需要时间也并非一致,有的旅客要花二三倍甚至四倍于平均数的时间。我们可从15世纪到19世纪的记载中找到许多具体的例子来证明这一点。[42]如从昆明到大理两星期的行程,徐霞客竟走了近两个月。从南宁到昆明只需一个月,而闵洪学则走了三个月。除了个人兴趣不同外,旅行者选用不同的交通方式也与旅行耗时密切相关。一个极端例子是,官府的邮差可以一天走250公里(500里),[43]而牛一天几乎只能走10多公里(25里)[44]。在这两者间又有大量不同的可选择方式。无负重的普通人骑马一天能行150公里(300里),驮货的马和骡子一天走不了40公里(80里),脚夫(或称挑夫)一天顶多能跋涉20公里。[45]因此,旅行者间存在的旅行速度的差异,又构成了西南地区经久不变的一种交通特色,一直到20世纪中期才有所改变。[46]

　　运输工具的选择实际上取决于是考虑方便还是考虑费用问题。[47]相对而言,牛车费用不贵且比其他畜力拉得多,但行走速度太慢。骡子和马比较快,但拉得较少且花费要多一些。脚夫一般能搬运25公斤到50公斤,[48]所需费用一直低于畜力,[49]是当时最常见的运输力量。因此,大部分当地的货物运输都由脚夫来完成。只是远距离的谷米、盐、铜和布匹才由畜力来驮运。[50]一般来说,利润越低的货物选择越便宜的运输方式。很显然,在诸种运输方式中,最贵的是马,最便宜的是脚夫。从总体上看,这些运输方式的技术都较为原始,速度都较慢,而费用却偏高,形成了西南地区交通状况的一大特点。

三、政府对西南交通的投资

乍看起来,在 1250 年至 1850 年间,西南地区的水陆交通都几乎没有发生变化。湖泊里的船只与江河里的驳船、畜力和人力运输、行程路线、道路状况,甚至于所运输的货物都好像一切如旧。因此,一些历史学家认为,近代以前中国的交通运输和旅行方式根本就没有什么进步。[51]彼得(Peter Schran) 曾批评说:"清政府在交通方面的作为太有限",并认为"只有一些价值高、体积小的货物才被长距离贩运"。[52]

实际上,在中国西南地区,政府为了更好地实施其政治和经济政策,在交通运输方面还是作出了相当大的努力,西南的江河驿道上因此而日益呈现出一派商旅络绎的繁盛景象。1600 年后,江河运输得到了很大的改善和拓展。在 1250 年以前,整个西南地区只有云南的西江和贵州的乌江可以通航。[53]从理论上讲,金沙江和普渡河应该可以通航,但不少史籍明确记载了这两条河不适宜航运。[54]1750 年后,经政府的努力,情况发生了很大的变化,其他六条河流也被建设成为主要的商业航道。首先是在 1277 年,元政府疏浚了从贵州威宁到四川永宁的河道[55]。1380 年至 1392 年间,明政府又疏浚了这条河道。[56]其次,1592 年贵州巡抚郭子章组织清理了贵州镇远境内的乌江上游。[57]1659 年、1718 年和 1726 年,云贵总督鄂尔泰组织疏浚了从黄平到洞庭湖的乌江下游段。[58]第三,1601年,郭子章又疏浚了从四川到贵州思南的清乌江段。[59]1729 年、1738 年,鄂尔泰和张广泗组织开挖了一条从贵州都匀到湖南黔阳的连接河道,也被称做清水。[60]第四,1729 年、1743 年,鄂尔泰和张广泗又清理了从贵州三合到广西柳州的都柳江。[61]第五,从 1747

年到 1749 年间,张广泗和张允随疏浚了从云南东北部到四川南部的金沙江;[62]1745 年到 1750 年间,张广泗和爱必达又疏浚了从贵州毕节附近到仁怀(今属今四川)的赤水河。最后,他们再次疏浚了从滇池通向金沙江的螳螂川。[63]

尽管这些航道没有一条能够深入西南腹心地带,但它们还是极大地促进了西南地区的商贸往来,尤其是经过清朝的努力,西南地区增加了一千多公里运输成本低廉的内河航道。如果没有这些努力,地区间铜的大规模运输和西南地区内部大米的运输将是极其困难的。地图 3.3 大致描绘出了这些河道及其航程范围。

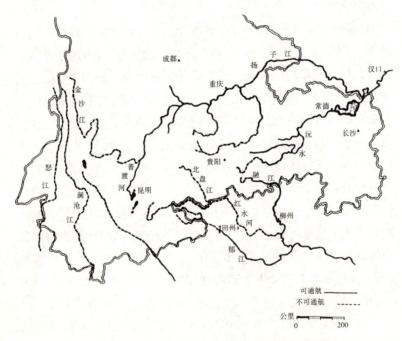

地图 3.3　1800 年前后中国西南可航河流示意图

元明清政府的努力,也使西南地区的陆路交通获得了很大的发展。这些改进工作大部分实施于 1600 年以后。其中,最重要的扩建工程是贵州的驿道系统。首先,在 13 世纪和 14 世纪,元政府开始扩展从汉口到宜宾的道路。1390 年,明政府又拓宽和铺修了贵州境内的驿道。1500 年,明政府拓展了通向云南西北地区丽江的驿道。[64]1560 年、1574 年和 1579 年,明政府又重点改善了贵州的驿道。[65]1603 年,郭子章修建了从余庆到湄潭的延长线。[66]在 1718 年、1725 年和 1730 年,鄂尔泰重修了从安顺到关索的道路并增加了一些支线。[67]1729 年,当广西上升为一个独立的省份时,清政府从云南呈贡到广西的田阳新建了一条包括 25 个驿站的干道。[68]

1748 年,为了输出铜和锌,[69]清政府在贵州西北部修建了一个类似邮传系统的驿站系统。同时,张允随下令修整了从宣威到昭通长约 500 多里的驿道。

这些水路和陆路的修建耗费巨大,我们很难对其进行估价。中国封建政府很少以市场价来支付工程款,而是采用强行征派劳役而非雇工的方式来完成建设工程。毋庸置疑,政府享有从当地征用所需劳力和运力的特权,日复一日的高昂运作,耗费极其惊人。以 18 世纪的贵州为例,每年的驿递花费高达 8 万两,相当于全省一年的田赋收入。[70]18 世纪的云南,驿费相对较少,但也超过了 45000 两。筑路费用当然比保养费用更昂贵。张广泗便认为,重庆道赤水部分的维修费每年只需 1.4 万两,但修建却花了 1.2 万两。[71]同样,从云南昭通到盐津的运铜驿道,其修建费银 1.4 万两,维护费银仅为 1 万两。[72]尽管造价会有所出入,但西南地区每平方米驿道造价大致为 0.1 到 0.2 两白银。[73]按这个价格计算,整个西南驿道网将需要几百万两。显然,与时下流行的一些学者的观点不同,我认为政府在交通方面确实投资很大。

四、交通与贸易的发展

　　虽然我们没有列出政府在西南地区就交通的发展所作出的努力最终获得了什么样的结果及其他方面的数据，但可以看出，尽管当时旅行时间在西南地区没有什么改变，但商旅数量和货物运输量的增长却非常快，特别是 1700 年后。从 1600 年起，运输费用开始下降，市场范围相应扩大。粮食贸易就是一个很好的例子，在1600 年和 1800 年间，云南东部的粮食运费降低了一半。1623 年，曲靖至昆明每担粮食的运费为 1.25 两白银，[74] 1743 年降为 1 两，[75]到了 1818 年更下跌至 0.6 两[76]。在 18 世纪中期（1740 年—1760年），因昆明的米价经常比曲靖的高出 1 两左右，所以从曲靖输出到昆明的粮食增加很快。因此，我们可以这样讲，政府对交通设施的投资使市场的力量得到释放，促进了西南地区贸易的发展。

　　而且在 1700 年以后，畜力运价也或多或少随着整个运输费用的减少而减少。表 3.7 总结了从 1718 年至 1800 年马匹运价的变化情况。据目前所知，在一个世纪内，马匹运价降低了三分之二，也就是从 30 两降到了 10 两。表 3.8 概括了 1768 年云南县级运价的一些调查所获。从中我们可以得出这样一个结论，越靠近昆明的道路，费用越低；离交通干道越远，费用就越高。

　　虽然，我们无法知晓 18 世纪或 19 世纪的贸易总额，但从现存一些有关盐、粮食、棉花和铜运输情况的资料，我们还是可以估计出 19 世纪地区间贸易额的最小数值。据这些数据，云南货物输出和输入额每年至少为 1 万吨，如果以 500 万为当时在册人口数的话，平均每人仅为 2 公斤。云南对外贸易的重要部分是输出铜（1000 万斤）和大理石、珍贵木材、普洱茶和云南烟草（200 万斤）等自然资源产品。国家对大部分商品的运输给予了补贴。

有关西南区域内贸易额的资料,我们能够获得的就更少了。我们仅仅知道区域内贸易规模比区域间的大。根据粮食和盐这两项商品的贸易额,我们可作这样的判断:每年省内粮食贸易至少为 1.5 万吨,[77] 盐至少为 1.5 万吨[78]。云南每个成年男女和小孩每年的省内商品贸易额至少为 15 斤。如此看来,就商品体积或重量看,云南区域间的商品贸易量仅为区域内商品贸易量的六分之一多一点。然而,区域间和区域内的贸易价值要远远大于原有的估数。确实,18 世纪至 19 世纪期间,西南地区人均贸易额远远高于中国其他地区。[79]

表 3.7　1718 年—1800 年中国西南驮马运输价格表

（单位:白银两）

日期	价格	省份
1718[a]	30	云南
1723[b]	29	贵州
1723[b]	22	云南
1734[a]	21.8	云南
1735[c]	15	贵州
1738[d]	18	云南
1755[c]	18	云南
1765[a]	18	云南
1769[e]	18	云南
1773[a]	15	云南
1800[f]	10	云南

资料来源:

a. 光绪《云南通志》(1894 年版)卷四十二,第 41 页下;

b. 乾隆《贵州通志》(1742 年版)卷六,第 1 页下;

c. 陈宏谋《培远堂偶存稿》卷三,第 35 页上;

d. 张允随《张允随奏稿》乾隆三年二月十二日奏。另外,在此奏折中,张允随还提到牛的运价是 12 两;

e. 白诗薇(Pasquet, Sylvie)《L' evolution du systeme postal dans la province chinoise du Yunnan a l' epoque Qing》These de doctorat de troisieme cycle, Ecole des Hautes Etudes en Sciences Sociales,1983;

f.吴大勋《滇南闻见录》卷二,第44页下。

表3.8　1768年云南脚夫运价表（单位:0.01两白银）

地区	运费	斤/里	地区	运费	斤/里
澂江府			寻甸		65
河阳	1.0	65	宣威		65
路南	1.0	65	霑益		65
新兴	1.2	65	顺宁府		
楚雄府			顺宁	1.7	65
大姚	1.0	65	云州	1.8	65
广南府	2.9	100	武定府		
景东府	1.4	65	禄劝	2.0	100
开化府			武定	2.5	–
文山	1.6	100	永昌府		
丽江府			腾越	1.5	80
鹤庆	1.5	100	保山	2.5	80
剑川	1.5	100	永平	1.5	80
丽江	1.2	80	永北府	2.5	100
维西	1.5	100	元江府		
中甸	1.2	80	他郎	1.6	100
临安府			元江	1.6	100
阿迷	1.3	65	新平	1.6	100
河西	1.5	65	云南府		
临安	1.5	65	安宁	1.0	65
蒙自	1.3	65	呈贡	1.0	65
宁州	1.3	6	富民	1.6	65
石屏	1.3	5	晋宁	1.0	65
通海	1.3	65	昆阳	1.2	65
嶍峨	1.3	65	昆明	1.0	65
曲靖府			禄丰	1.2	65
陆良	1.3	65	罗次	1.2	65
罗平	1.3	6	嵩明	1.2	65
马龙	1.3	65	宜良	1.0	65
曲靖	1.3	65	易门	1.0	65

资料来源:
陈宏谋《钦定物料价值则例·云南》(1768年)。

　　总之,为了克服地理条件的限制,元明清政府在西南地区作出了相当大的努力。尽管距形成一个整体还存在着障碍,这些努力还是引起了 1700 年以来运输费用的下降。这是实现经济增长的一个前提条件。

注　释

1　陆韧《云南对外交通史》(云南民族出版社,1997 年)对云南通向国内外的交通发展历史进行了较为详细的论述,尤其该书的第 173—308 页论述了 1250—1850 期间云南对外交通情况。

2　参见郑天挺《历史上的入滇通道》,收入《探微集》,中华书局,1980 年。尤其应参见顾祖禹《读史方舆记要》、沈德符《万历野获篇》、师范《滇系》(1808 或 1887 年本)。顾炎武《天下郡国利病书》卷三十一,第 24 页上—60 页下相关部分显然是逐字抄录天启《滇志》卷四第 3 页上—35 页下的内容。

3　严耕望《唐代成都清溪南诏道驿程考》,见《唐史研究丛稿》,香港,新亚研究所,1969。

4　参见严耕望《汉唐时代川滇东道考》一文(收入《总统蒋公逝世周年纪念论文集》,中央研究院,1976 年)对该路早期情况的论述。感谢何炳棣教授让我注意到了这篇文章。

5　严耕望《唐代黔中牂牁通道考略》(未刊稿)对该道的早期情况进行了研究。感谢严先生送我该文稿复印件。

6　严耕望《汉晋时代滇越通道考》,见《香港中文大学中国文化研究所学报》第 8 卷,第 1 期,第 25—37 页,1976 年。

7　陈茜《川滇缅印古道初考》,见《中国社会科学》1981 年 1 期,第 161—180 页。

8　见道光《贵阳府志》(1852 年版)卷三十七,第 9 页上—14 页下。

9　道光《贵阳府志》(1852 年版)卷三十七,第 14 页下—17 页上。

10　《永乐大典》卷 19417 第 9 页、第 14—15 页;卷 19418 第 5 页;卷 19419 第 1、7、14 页。

11　民国《新纂云南通志》,1949 年铅印本。

12　《清高宗实录》卷七十七,第 20 页下—22 页上。

13 关于各地旅行时间的比较，见嘉庆《大清会典事例》（1818 年编修）卷一百六十，第 15 页下—24 页上。

14 《清文宗实录》卷一七八，第 27—28 页。

15 亨利·玉尔（Henry Yule）《马可波罗行记》1875 版，第 214 页。

16 《清史稿》卷二六八《萨穆哈传》载萨穆哈作为康熙派往云南的撤藩使之一，于康熙十二年在贵州听到吴三桂反叛的消息后，"驰至沅州。乃乘驿，十一昼夜至京师，诣兵部，下马喘急，抱柱不能言，久之始苏，上三桂反状。"在此我要向定宜庄致谢，她使我对这则轶事引起了注意。

17 莆田姚《露书》卷九，第 18 页上。

18 最早系统讨论中国西南旅行状况的是樊绰，见向达《蛮书校注》（中华书局，1962），第 1—36 页。

19 此地图是在堪萨斯大学罗伯特 J. 桑普（Robert J. Sampoon）开发的 SURFA II 程序帮助下用电脑制成的。在此，我要感谢亨特学院（Hunter College）的基思·克拉克（Keith Clarke）和密西根大学的阿姆戈德·鲁克特（Armgard Ruckert），他们为制这幅地图做了大量的准备工作。

20 康熙《广通县志》（1690 年编修）卷五，第 17—18 页。

21 王元翰《凝翠集》卷一，第 26—28 页；嘉庆《中枢政考》（1825 年修）卷六第 59 页；乔治·克雷塞（George Cressey）《中国地理学基础：国土与人民纵览》（China's Geographic Foundations, A Survey of the Land and Its People），麦克格罗 - 希尔出版社（McGraw-Hill），1934 年，第 373 页。

22 见《张允随奏稿》雍正十三年十二月二十日奏；麻崇垣《通京大道》卷一，第 18 页。

23 王士性《广志绎》，中华书局，1981，第 135 页；许缵曾《滇行纪程》。

24 据乔治·克雷塞（George Cressey）《中国地理学的基础：国土与人民纵览》第 373 页的说法，20 世纪初从湖南到云南仍然要花一个月的时间。

25 道光《大姚县志》卷二，第 3 页下。

26 《永乐大典》卷 19417，第 9 页上。

27 《宫中档雍正朝奏折》第三辑，第 712 页。该官员还奏称，从会泽到威宁需要 3 天时间。

28 见《张允随奏稿》乾隆七年五月二十四日；《清高宗实录》卷一百八十，第 1—2 页对此奏折作了摘录。

29 师范《滇系》(1808年或1887年版)卷十一,第8页下—12页下。

30 民国《西昌县志》(1942年版)卷一,第35—37页有一系列旅行速度的记录。

31 《明实录》卷十九,第40页上。

32 闵洪学《抚滇奏草》(1626年版)卷一,第7页上。《明实录〈有关云南历史资料摘抄〉》(云南人民出版社,1959年)下册,第1538页。

33 樊绰著,向达校《蛮书校注》(中华书局,1962)卷一,第5—10页。

34 杨慎(1488—1559)《滇程记》。

35 天启《滇志》。

36 杜昌丁《藏行纪程》。

37 贺宗章《幻影谈》"概说"。

38 赵翼《簷曝杂记》卷三,第65页。

39 民国《新纂云南通志》卷五十六,第23页。

40 闵洪学《抚滇奏草》卷一,第5页。

41 见《张允随奏稿》乾隆七年五月二十四日。

42 关于中国西南的旅行见闻颇多。以年代为序,最好的十部书是:(1)杨慎(1488—1559)《滇程记》;(2)徐霞客(1585—1641)《徐霞客游记》(丁文江校本,商务印书馆,1928);(3)黄向坚《寻亲纪程》;(4)许缵曾《滇行纪程》;(5)许缵曾《东还纪程》;(6)陈鼎《滇黔游记》;(7)杜昌丁《藏行纪程》;(8)王煜拜《滇游草》;(9)丁彝轩《滇游路记》;(10)麻崇垣《通京大道》。

43 《湖南省驿站程途里数先行公务事》1775年、1802年、1816年编。

44 见《张允随奏稿》乾隆七年三月六日奏。

45 关于马和骡的货运情况,见民国《西昌县志》(1942年版);关于脚夫(挑夫)的情况,见吴大勋《滇南闻见录》(1795年稿本复印本)卷一,第54页,以及白诗薇(Sylvie Pasquet)《清代云南邮政体系的变迁:1644—1911》(*L'Evolution du systeme postal Dans La Province Chinoise du Yunnan a L'epoque Qing,1644—1911*,法国社会科学高等研究学院博士论文,1983)第160页。在此,我要感谢白诗薇博士,她将论文复印稿送给了我。

46 赵松乔等《川滇农牧交错地区农牧业地理调查资料》,科学出版社,1959年。

47 见民国《巧家县志》(1942年版)中的相关讨论。

48 民国《西昌县志》(1942年版)。

49　民国《巧家县志》1942 版；陈宏谋等《钦定物料价值则例》(1768 年版)对云南18 世纪脚夫与马(牛)车的运价进行了系统比较。我要感谢香港的罗依·殷(Roy Yim)先生，他使我注意到了这些材料。

50　民国《蒙化志稿》(1920 年版)。

51　乔治·克雷塞(George Cressey)《五亿土地：中国地理》(*Land of the 500 Million：A Geography of China*，纽约，麦克格罗－希尔出版社(McGraw-Hill)，1955 年)第24—29 页；德怀特 H·珀金斯(Dwight H. Perkins)《中国农业的发展：1368—1968》(*Agricultural Development in China, 1368—1968*，芝加哥，Aldine，1969)第345—365 页；彼特·史克兰(Peter Schran)《晚清中国内陆交通再评估》(*A Reassessment of Inland Communications in Late Ch'ing China*)，见美国《清史问题》1978 年3 期，第28—48 页。

52　见彼特·史克兰《晚清中国内陆交通再评估》。

53　郭子章《黔记》卷十，第9 页。

54　道光《云南通志》(1835 年版)卷二十九、卷六第44 页上—46 页下。

55　《永乐大典》卷19，第417，9 页。

56　万历《贵州通志》(1597 年版)卷十九，第26—27 页。

57　万历《贵州通志》卷十九，第27—28 页；陈鼎《滇黔游记》。

58　《滇黔志略》卷十八，第15 页；《滇南识略》卷十四第103 页、卷十五第107 页、卷十六第110 页；《雍正朱批谕旨》卷二十五，第39 页。

59　郭子章《黔记》(1608 年)卷九，第56、106 页。

60　吴振棫《黔语》卷一，第3 页；《清世宗实录》卷七十四，第25—26 页；《清高宗实录》卷七十四第25—26 页，卷七十七第23 页，卷一百八十六第18 页；《黔南识略》卷十五，第105 页。

61　吴振棫《黔语》卷一，第3 页；胡羽高编民国《三合县志》(1940 年)卷五，第11 页上；《雍正朱批谕旨》卷二十五第39 页。

62　见《张允随奏稿》乾隆六年十一月十五日、乾隆七年五月二十四日、乾隆七年七月十五日、乾隆七年十一月十七日。

63　康熙《云南通志》卷五，第35—37 页。

64　康熙《剑川州志》卷十五，第6—7 页。

65　万历《贵州通志》卷二十二，第29—35 页。

66 乾隆《余庆县志》第 8、39 页。

67 参见《宫中档康熙朝奏折》第七辑,第 390—392 页;《宫中档雍正朝奏折》第五辑第 416 页,第七辑第 347—348 页;《黔南识略》卷七,第 59 页。

68 《清世宗实录》卷七十七,第 20—22 页。

69 《清高宗实录》卷三百二十二,第 32 页。

70 根据《宫中档康熙朝奏折》第二辑,第 869—872 页,1709 年 12 月 6 日奏,贵州从田赋所获年度财政收入仅 80000 两。仅够驿费开支。

71 道光《大定府志》卷五十三,第 17—18 页。

72 见《张允随奏稿》乾隆七年二月十七日奏。

73 康熙《琅盐井志》卷一,第 29 页;康熙《黑盐井志》卷六,第 19—25 页。

74 闵洪学《抚滇奏草》卷三,第 38 页。

75 见《张允随奏稿》乾隆七年五月二十四日奏。

76 见《云南经济报告书》(1926 年)第 116 页。

77 在 1800 年,中国西南的城镇人口接近一百万,平均年消费 2.5 石(300 斤或 150 公斤)。这就意谓着,仅仅是养活城镇人口粮食就达到了 150000 吨。

78 光绪《云南通志》卷七十二第 1—70 页载 1800 年云南的盐产量是 36277998 斤,事实上这个估计偏低。见表 4.8。

79 见珀金斯《中国农业的发展:1368—1968》第 345—365 页。

第 四 章
移　　　民[1]

　　1381 年,当明王朝消灭了盘踞云南的以梁王为代表的蒙元残余势力,征服西南后,开国皇帝朱元璋曾让凯旋之将描述一下西南的情形。他得到的答复是,西南是一个由于移民而人口大量增长着的地区[2]。从那时起,人们普遍认为,移民构成了西南的一大特征,并且形成了许多关于移民的区域性传说,形成过激烈的讨论。然而,就像其他多数传说那样,这一传说并非整个都是正确的。今天,从人种学的角度看,西南地区至少三分之一的人口,即近一千五百万人,是西南土著民族。[3] 所有这些边疆传说认为西南的中国人是由拓荒者之种族繁衍生息而形成的信条,多少就混合了几分历史的真实性和神话的荒诞性。这种信念作为西南人民生活方式的形成动力是颇为重要的,它为至少近五百年来西南地区民族渊源的认同提供了统一的解释,甚至不少土著少数民族也把他们看成是移民而来到西南的。[4] 这种观念也存在于当代的学术研究中。例如,最近多数有关南部边疆地区的英文论著,似乎都把中国西南的历史简单地看成南迁移民的历史。[5]

　　正是由于这些对中国西南移民意义不加区别的概念,历史学家很难辨别清楚西南社会文化特性中哪些是区别于移民而独立发

展起来的。当然,在某种意义上,移民的影响确实渗透到西南历史
进程的方方面面。移民问题往往被认为是思考西南边疆社会发展
的出发点。但是,我们一旦把西南边疆的发展神秘化,例如把移民
过程当做某种过渡到地方性的仪式来想象,我们就难于发现移民
的历史意义。如果我们把每个移民都设想成一个典型的中国人,
我们就只能看到他在建设西南,却不能看到他在改变西南。因此,
在本章中,我将首先分析移民对西南的总体影响,然后分析中国内
地向西南移民的两个主要阶段及其对西南所产生的不同影响。第
一阶段发生在元明两代,第二阶段为清代。[6]

一、西南移民概观

从整体上看,我们很难估量 1250 年至 1850 年间西南移民
的影响。18 世纪以前,西南地区几乎没有人口报告留存下来,
我们所掌握的一些数据又没有清楚地将移民和土著居民区别开
来。直到 1740 年以后,人口统计资料才增多起来。从 1775 年
以后,人口统计资料才既上报了本地出生的人口(土籍或本籍),
又上报了省外出生的人(客籍或流寓),我将前者称之为“土
著”,后者称之为“移民”。[7]但许多移民设法将其登记为土著。[8]
另外,还有很多人口根本就没有登记。[9]结果,我们不仅极难获得
移民人数,即便获得也并非全数。现谨将已找到的数据列成表
4.1 和表 4.2。根据这些有限的统计数字,我们仍然能得出这样
的结论:至少在一些省和地区,移民对西南的影响在某些时期确
实是巨大的。

我们所掌握的最早的全省性人口数字始于 14 世纪后期。从
一开始,移民被登记为军户(或军籍),在数量上占已知人口的多
数。所以,早在 1384 年,朱元璋就夸耀政府的移民已远远超过西

南本地的土著居民。[10]这无疑是夸大其词,因为到 16 世纪,这些军事移民及其子孙在已登记人口中的比例,在云南只是四分之一,在贵州占一半,只有在四川南部才几乎占到了登记人口的全部。[11]而且,这些数字仅是历史事实的一部分,在整个明代,西南的登记人口最多占实际人口的一半,土著居民大多数并未登记在册。虽然如此,通过对保存在各府州县地方志中的村庄名称进行分析研究,我们还是可以看出,在一些地区,政府移民在总人口中占有相当的优势。因为,尽管早先的移民后来都已变成土著居民,但他们开垦的地方却继续存留下来,名称上被称为“屯”、“哨”、“营”和“堡”。这样,根据乾隆《新兴州志》(1749 年版)记载,新兴州有 125 个村是明代移民的定居点,占当时村庄总数的 76%。[12]同样,根据康熙《新平县志》(1712 年版),云南新平 15 世纪时的移民定居点为 115 个,占村庄总数的 63%。[13]尽管并不全面,我们还是将所能找到的类似的数据按时间顺序列成表4.1。

　　如果明代西南的移民数比例即很大的话,那么,清代移民数更是大得惊人。从那些有文献记录的案例看,清代移民的绝对数量是非常巨大的。例如,在 19 世纪早期(1814—1836 年),当清政府把保甲的人口统计资料排除在外而清丈土地时,就曾发现了大批新来的移民人口。在四川南部,他们清查出 87689 个家庭,登记了 45 万以上的移民;[14]在贵州,清查出 7.15 万户家庭,登记了 34 万多移民;[15]在云南的东南部,则清查出 4.6 万个额外的移民家庭。[16]

表4.1 明清时期云南移民村庄情况表

州县名称	移民村庄数	本地村庄数	村庄总数	移民村庄所占比例
寻甸	21	39	60	35%
新平	115	58	173	66%
鹤庆	22	82	104	21%
大姚	87	68	155	56%
宜良	115	69	184	63%
晋宁	14	24	38	37%
河阳	19	56	75	25%
嵩明	44	82	126	35%
马龙	34	206	240	14%
建水	41	195	236	17%
新兴	125	40	165	76%
陆良	49	192	241	20%
定远	107	98	205	52%
云南	55	225	280	20%
浪穹	26	156	182	14%
剑川	24	95	119	20%
总计	898	1685	2583	35%

资料来源:嘉靖《寻甸府志》(1550年版)卷一,第5页下—71页;康熙《鹤庆府志》(1714或1788年版)卷二,第14页上—58页上;康熙《宜良州志》(1716年版)卷一,第8页上—10页下;康熙《晋宁州志》(1716年版)卷一第4页上;康熙《河阳县志》(1717年版)卷6,第7页下—15页上;康熙《嵩明州志》(1720年版)卷一,第9页下—13页上;雍正《马龙州志》(1723年版),无卷数页数;雍正《建水州志》(1731年版)卷二,第2页下—4页下;乾隆《陆良州志》(1752年版)卷二,第22页上—25页下;道光《定远县志》(1835年版),无卷数页数;光绪《云南县志》(1890年版)卷二,第32页下—28页下;光绪《浪穹县志》(1902年版)卷二,第13页上—23页上;光绪《剑川州志》(1907年版),无卷数页数。

根据一份18世纪非官方的估计,在云南的东北部,还有3万个额外的移民家庭[17]。总起来,到 19 世纪早期,中国的西南地区,除了登记在册的以外,还存在 23.5 万多户移民。如果我们以贵州和四川南部移民户户均 5 人的标准计算,则西南地区的移民已大大超过 100 万。虽然其他地方尚缺乏类似的精确总数,但政府直接控制的土地上的移民总数可能还要更大。当然,已登记的"移民"和"土著"人口的比例在不同地区之间差异甚大。现将一些例子列成表 4.2。表中的情况说明,到 19 世纪中期,西南在册人口至少有七分之一,即总人口 1500 万人中的 200 多万,是新来的移民。[18]因此,如将包括少数民族统治下的 100 万移民计算在内,19 世纪中期,中国西南的总移民人口至少是 300 万到 400 万,占 1850 年西南人口数的六分之一到五分之一。

表 4.2　清代部分时间云南在册移民人口情况表

地点	时间	土著人口数	移民人口数	人口总数	移民在总人口中所占比例
石屏[a]	1673	17036	922	17958	5.13
临安[b]	1786	27965	10361	41326	25.07
思茅[b]	1786	10415	9327	19742	47.24
威远[b]	1786	23051	0091	24142	4.52
他郎[b]	1786	96249	929	97179	0.96
景东[c]	1788	24487	12627	37114	34.02
景东[c]	1820	63135	63074	126209	49.98
澂江[d]	1825	434940	148640	583580	25.47
澂江[d]	1830	432225	169286	601511	28.14
元江[e]	1824	126302	1908	128210	1.49
威远[b]	1837	22711	1091	23847	4.57
宣威[f]	1844	22356	2.6	22572	0.96
大理[g]	1883	23709	11104	34812	31.90
嵩明[h]	1887	35340	4500	39840	11.30

资料来源：

a.康熙《石屏州志》(1673 年版)卷4，第 1 页下。

b.道光《普洱府志》(1850 年版)卷7，第 1 页下—2 页下；道光《威远厅志》(1844 年版)，无页码。他郎是个有名的"瘴疬之区"，移民都躲避在那里定居。威远的数字高得出奇，移民的比例可能更高。

c.乾隆《景东直隶厅志》(1788 年版)第 2 页上、10 页上；嘉庆《景东直隶厅志》(1820 版)卷十，第 2 页上；道光《云南通志》(1835 年版)卷五十六，第 28 页上、30 页上。

d.道光《澂江府志》(1847 年版)卷七，第 1 页上—6 页下。

e.道光《元江州志》(1826 年版)卷三，第 4 页下。

f.道光《宣威州志》(1844 年版)卷三，第 1 页下。

g.民国《大理县志稿》(1917 年版)卷三，第 139 页。

h.光绪《嵩明州志》(1887 年版)卷三，第 139 页。

北方移民多数是汉人，他们的流入从根本上改变了西南人口的民族成分。在 1250 年，西南很少有汉人，大多数人分属于约三十个土著族群。然而，到 16 世纪，汉族人口已增长到西南人口的三分之一左右。[19] 至 19 世纪，人们普遍认为汉族人口在西南人口中所占比例几乎提高了一倍，占近 60%，接近现今的民族比例。[20] 如此众多的汉族移民，降低了土著人口的重要性，将其特有的习俗带入西南，对西南社会产生了重大影响。因此，正如许多历史学家试图强调的那样，移民使中国的南部边疆极大地汉化了。

然而，进入西南的移民又自然地分化为若干不同的社会群体。一方面，并非所有的移民都是汉人，其中也有一部分是蒙古人、穆斯林，以及瑶族和苗族；[21] 另一方面，即使是汉族移民，因广泛来自不同的省区和不同的阶层，其方言和风俗习惯迥然不同。他们来自何方，就像他们何时移入何地一样，极大地影响着他们与当地居民的交往方式。汉族，这个最大的移民群体，便是极好的例子。在任何一个省，一些自称是汉人的人都自认为自己比其他部分更具备汉人的典型特征。但是在两个极端不同的汉族群体间，所存在的差距和隔阂又是如此之大。[22]例如，在四川南部，建昌的汉族移民不仅保存了其自身的生活方式，而且还同化了当地的彝族。[23]与此形成鲜明对比的是，进入凉山地区的汉族几乎被彝族完全同化。而今，这些汉人的后代连汉话都不会讲了。[24]

在传播汉文化方面，移民起了相当大的作用。同时，移民也发挥了一种巨大的分隔作用，他们不但使更多新来的人与土著人分隔开来，也将较早进入的移民分隔开来，甚至将同一移民群体分隔开来，形成不同的特点。在某种特定的意义上，移民在西南社会中所发挥的这种巨大的分隔作用长期以来被人们忽略了。至今没有人去努力解决这个问题。在此，我们谨作一番尝试，对元明和清代两个漫长而又完全不同的阶段的移民以及他们各自特殊的影响进行一些分析和论述。

二、第一阶段——元明时期西南的移民及特点

西南地区第一阶段移民带有强烈的强制性色彩，它是政府持续不断地通过军事方式向边疆地区移民垦殖的结果。[25]这一阶段移民始自1253年蒙古人对大理国的征服，一直持续到1662年清王朝征服南明桂王政权。随着中原王朝征服西南并逐渐地在西南地区统一管理体制，实施"改土归流"，中央政府不断将军队士卒、移民和"谪戍之人"安置在新的土地上，开展屯田活动。到16世纪末，政府的军队已遍布西南的多数地区。他们主要屯驻在山间坝子，有的已深入到人迹罕至之山区。这样，这一阶段的移民就开创了西南各族垂直相间的居住模式的先例。直至今天，许多地方仍保持着这种汉人在平坝地区居住，少数民族在山区居住的格局。

现将所获明代主要卫所列于表4.3和表4.4，并在地图4.1中加以标注。每个卫所包括许多充要之地以及更小的驻军点——

关哨。实际上,所有这些军事组织都沿连接西南和中原内地的三条主交通线分布,即常德道、重庆道、成都道,形成严密的统治网络。总起来看,这些卫所约有 32 万士卒,云南省和贵州省各占一半。

表4.3 明代云南卫所设置情况表

卫所名称	设置年代	位置
云南左卫	1381	昆明市(东)
云南右卫	1382	昆明市(西南)
云南中卫	1393	昆明市(东北)
云南前卫	1381	昆明市(西南)
云南后卫	1381	昆明市(东)
广南卫	1395	昆明市(东)
宜良卫	1391	宜良县(西)
安宁所	1391	安宁州(西南)
易门所	1391	易门县(南)
杨林所	1391	嵩州(南)
武定所	1391	武定府(西南)
木密所	1390	寻甸府(南)
凤梧所	1527	寻甸府(东)
曲靖卫	1382	曲靖府(西)
马龙所	1390	马龙州(北)
平夷卫	1388	霑益州(西南)
越州卫	1391	越州(西南)
六凉卫	1382	陆凉州(西南)
定雄所	1586	罗平县
十八寨所	1522	弥勒州(西南)
临安卫	1391	临安府(东)
通海御	1382	通海县(北)
新安所	1519	蒙自县(西南)
景东卫	1390	景东府(西北)

续表

卫所名称	设置年代	位置
楚雄卫	1382	楚雄府(东)
定远所	1391	定远县(东)
姚安所	1388	姚安(北)
中屯所	1395	大姚县(东)
澜沧卫	1396	北胜州(南)
大理卫	1382	大理府(南)
鹤庆御	1387	鹤庆府(北)
洱海卫	1387	云南县(东)
大罗卫	1494	宾川州(北)
蒙化卫	1390	蒙化(南)
永昌卫	1382	永昌府(西南)
永平御	1383	永平府(施甸)
镇安所	1585	永昌府(姚甸)
镇姚所	1585	永昌府(姚甸)
腾冲所	1437	腾越(南)
右甸所	1602	顺宁(右甸)

资料来源:方国瑜《明代云南的军屯制度与汉族移民》第200—205页,见《方国瑜文集》第三辑,云南教育出版社,2003年。我应该指出的是,这些统计与谭其骧主编的《中国历史地图集》明代云南分图(地图出版社,1975年)所列稍有不同。

表4.4　明代贵州军屯情况表

卫所名称	设置年代	位置
贵州卫	1371	贵阳市
贵州前卫	1395	贵阳市
威清卫	1390	清镇县
平坝卫	1390	平坝县
普定卫	1372	安顺市
安庄卫	1390	镇宁县
安南卫	1382	晴隆县

卫所名称	设置年代	位置
普安卫	1382	盘县
龙里卫	1390	龙里县
新添卫	1389	贵定县
平越卫	1381	福泉县
清平卫	1389	凯里县
兴隆卫	1398	黄平县
都匀卫	1390	都匀市
乌撒卫	1382	威宁县
毕节卫	1384	毕节县
赤水卫	1288	毕节县
永宁卫	—	四川(叙永县)
偏桥卫	1372	施秉县
平溪卫	1381	玉屏县
镇远卫	1389	镇远县
清浪卫	1390	镇远县(东)
铜鼓卫	1388	黎平县
五开卫	1385	黎平县
威远卫	—	遵义市
镇西卫	1360	清镇市
敷勇卫	1372	修文县

资料来源:陈国安和史继忠《试论明代贵州卫所》,见《贵州文史论丛》1981 年 3 期,第 92—101 页。我应该指出的是,这些地点也和谭其骧主编的《中国历史地图集》明代贵州分图(地图出版社,1975 年)稍有不同。

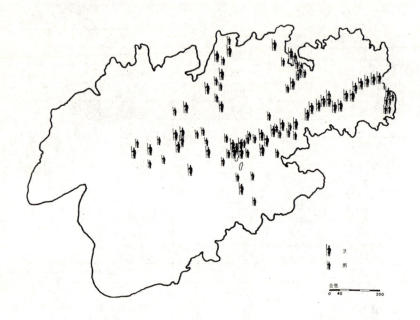

地图 4.1　1600 年中国西南军屯分布图

　　总而言之,在这一时期,我们可以寻找到九次向西南地区移民的浪潮。每次移民高潮都始自在西南地区的军事行动,终结于士兵在其浴血奋战之地的屯田驻守。[26]多数战事发生在明代,可能由世代镇守云南的总兵官沐氏和皇室之间的家族关系所引发。[27]第一次在 13 世纪后期,元王朝在西南安置了 5 万多士兵及其家属屯垦。[28]接着,在 1381 年,明王朝击败了梁王控制的蒙古帝国的残余势力,将平滇军队大部分安置屯垦,估计数量大大超过 20 万人。[29]第三次发生在 1391 年,明王朝派遣两万多士兵及其眷属首次征讨云南西部麓川之叛乱。[30]第四次在 15 世纪中期,5 万多士兵及其眷属又第二次征讨麓川思氏叛乱(1441 年—1449 年)。[31]第五次在 1520 年,5 万多士兵及其眷属迁入贵州中部和东南部。[32]第六次在

1553 年,一批士兵调来镇压武(定)寻(甸)之乱(1527 年—1607年),其后被安置于云南中部的元江和武定一带。[33]第七次在 1582年,在击败缅甸的入侵后,一批士兵被安置于沿现今滇缅边境腾冲段一带。[34]第八次在 1602 年,在平定了播州首领的反叛后(1596年—1601 年),政府将一批移民安置于遵义附近的黔北地区。[35]第九次即最后一次,在清王朝开国之初(1647 年—1662 年),吴三桂统率的六万多士兵安置在云贵两省。[36]总起来,中国政府从中原内地迁往西南的移民远远超过 50 万。由于多数士兵带有家属,总的移民可能大大超过 100 万,甚至更多。[37]在中国历史上,像中国西南这样有计划的移民,其规模之大,持续时间之长,实属罕见。

尽管移民的数量巨大,给人留下了很深刻的印象,然而事实上第一个阶段的移民过程中,最为突出的特点还是其多样性。因为,其他移民接纳地更多地是以极其优厚的背景条件吸引移民,通常移徙距离并不远。与此不同的是,西南第一阶段的移民系因政府长期持续的政策作用,从整个中国范围内不同地区,从不同的社会群体中征募移入西南的。中央政府更倾向于将远离故乡的各省士兵和移民混合安置在西南地区。例如,在 15 世纪贵州威宁的驻军中,就广泛包含了来自江苏、湖北、湖南、浙江、福建和山东等距西南较远的省区的兵丁。[38]同样地,16 世纪昆明附近宜良的卫所兵丁,也多来自北直隶、南直隶、江苏、浙江、江西、湖北、湖南、山西和陕西各省。[39]这样的例子还很多。[40]结果,在明代统治下的西南任何地区,都可以找到一些移民的群体,只不过他们不完全是汉人,在他们中间也有维吾尔族、蒙古族、满族和穆斯林,还有许多来自遥远的中亚或北太平洋沿海地区。[41]今天,这些少数民族移民的后裔大概有 50 万人。[42]在中国,再没有一个地区汇集了来源如此广泛的移民。

　　第一阶段的移民及其家属为明王朝加强对西南的统治提供了强大的军事后盾。然而，从军事战略方面来看，绝大多数卫所屯军分布在农村，而非驻扎城镇或充要之地。他们不是正规部队，实际上只是向现役军队提供食物供应的农业垦殖者，一般与土著居民交错而居。[43] 在 14 世纪后期，当明政府从中原各地集中向云南迁移了十五万余军户时，云南就已经出现许多卫所屯田与"民相参，畛畦相入"的情况。[44] 17 世纪，当清代又迁移 10 万士兵到西南时，清政府分散安置他们于全省各地，"设立哨塘，分置兵役，星罗棋布，立法至为周详"[45]。17 世纪著名的地理学家徐霞客，在西南旅行期间，也发现了移民和土著人交错而居的状况。在他的日记中，他描述道："土人之耕者见数"，"汉军屯村落与僳僳毗邻"。[46] 换句话说，在移民的第一阶段，在土著社会与移民社会之间，很少有地理上的障碍。

　　正如我们先前所描述的，第一阶段移民把原先相对封闭的西南社会如此深刻而又持久地分隔开来，把一种迥然不同的外乡习俗传给西南，也改变了西南政治权力的分配。虽然如此，因为进入西南的移民源流各异，又广泛地散布于西南各乡村，并非各地的移民都能影响和改变当地已存在的各种关系。因此，移民的后果和影响也就各不相同。在云南的江内地区，即澜沧江（湄公河之中国境内部分）以内地区，明太祖将长江下游地区的大批富户和绅士（富民和大姓）流放到这一地区，从而使移民能够而且真正在这一地区占有优势。[47] 根据 17 世纪早期云南巡抚谢肇淛的记载，"高皇帝既定滇中，尽徙江左良家右以实之。及有皋窜戍者，咸尽室以行。故其人土著者少，寄籍者多，衣冠、礼法、言语、习尚，大率类建业。二百年来，熏陶渐染，彬彬文献，与中州埒矣"[48]。然而，在澜沧江以外的地区,由于移民数量太少太分散,无法组织起来,他们显得势单力薄,孤苦无援,因此无法控制当地的民族与社会。在那些地区,土著的土司、土官、山主、诏主等统治着汉族移民,最终导致这些汉族移民的"夷化"。

因此,移民并非总是为了对抗土著居民而被机械地部署开来。在15、16世纪,一些土著社会逐渐与汉人社会相融合,而另一些则仍旧保持其特性。直到今天,汉人和少数民族间仍有着差别。但在这种格局的形成时期,由于移民第一阶段各具特色的征募和安置方式,这种差别却并不突出。

对许多移民来讲,纷繁复杂的西南社会具有较为特别的思考认识的意义。例如,16世纪被充军到滇南卫所的著名学者杨慎,因受这种多民族社会的启发而升化了中华民族的早期多元模式。在"论民"一文中,他宣称,华人是一支真正泛居天下各地的民族,是整个天下人类的后嗣。汉族只是中华帝国之部分,华人包括许多不同的族类。仅云南即有非汉土著民族20多个。因此,只要服朝廷王法,皆为中华民族。[49]杨慎的民族观点,可追本溯源到孔子,后来被毛泽东等所汲取,成为新中国民族工作的一个范例而广泛应用。[50]因此,第一阶段的移民迈出了重要的一步,它使"中华民族"这一概念超越了任何"汉人"的概念而更具普通性和共同性,发展为现代中华民族自我形象的一部分。

三、第二阶段——清代的移民及影响

就目前的研究状况而言,第二阶段西南的移民研究被学术界极大地忽略了。[51]因为此时的移民与第一阶段不同,主要是自发性移民。因此,在大量的官方记录中我们很难找到这一阶段移民的材料。其实,这一阶段的人口流动在规模上大大超过了以往。作为从长江中游向上游迁徙的一个著名的移民分支，西南第二阶段的移民持续了一个半世纪，从 1700 年到农民大规模起义前的 1850 年。[52]17 世纪，因为战争和其他种种因素的限制，向云贵两省移民屯垦的规模一直都很小。结果，虽然自 1650 年以后，许多人通过西南去四川，但起初很少有人停留下来。[53]据一份当代研究的估计，到 1700 年，在西南，外省出生的人口比例降到了一个很小的比例。[54]接着，当四川人口日趋饱和时，中原内地日益严重的人口危机使数以百万计的人变得无地少地，而不得不逃亡他乡。起初，国家通过减免税收、提供路费、授予土地（称之为"屯"）等方式，[55]鼓励这些移民移居西南等边疆地区。原则上，在 18 世纪的大部分时间里，政府为西南的每一户移民提供了 12 两白银。尽管这笔钱随着移民的时间和地点差异而有所变化[56]，但它足敷一个四口之家一年多的生产生活之需[57]。因此引发的南迁移民高潮，历史性地改变了中国西南民族的构成状况。在 1750 年以前，西南的少数民族总人数一直超过汉族，呈"夷多汉少"之势，此后，汉族人数增多，在西南人口比例中占居多数，并保持至今。

在这一阶段，人口的增长情况普遍存在于西南各地。但我们只能较为精确地衡量出云南省 1775 年至 1825 年间移民人口增长所产生的影响，因为有幸保存下来的系列人口数据资料可藉以分析移民（或屯民）和本地民间人口（土著民）。[58]正如我们所预料的，屯民的增长率比本地人口的增长率高。当然，不是所有的屯民都是移民，也不是所有的土著就是本地人，其间的比例并不清楚。[59]尽管如此，到 1780 年，屯民以高于每年 12‰的速度增长着。到 1785 年，年平均人口增长率增加了一倍，超过 20‰。到 1790 年，则增加了 3 倍，达到 30‰还多。直到 1810 年，这种年均增长率一直没有低于 20‰。与此形成对比的是，土著人口的增长率可能接近自然增长率，仅只是屯户人口增长率的一半多一点：1875 年为 10‰，1795 年为 20‰，19 世纪的头几十年为 25‰。结果，云南移民人口或屯田人口的比例在 1775 年仅为六分之一稍强，到 1825 年却大大超过四分之一。现将这些假定性的屯田人口和本地人口的增长率对比列为表 4.5。

表 4.5　清代 1775 年—1825 年间云南屯户和民户人口的增长情况表

年份	屯户人口（人）	增长率	民户人口（人）	增长率
1777	577761	0.91	2547308	0.74
1778	583037	1.04	2566224	0.74
1779	589037	1.04	2566244	0.74
1780	596083	1.25	2605123	0.82
1781	603552	1.27	2626492	0.83
1782	611213	1.83	2648170	0.94
1783	620998	1.61	2673149	0.92
1784	631011	1.83	2697984	0.99
1785	642531	2.35	2724639	1.13
1786	657636	2.34	2755527	1.17
1787	673039	2.48	2787656	1.18
1788	689744	2.66	2860536	1.28
1789	708096	2.88	2856719	1.35
1790	728519	3.07	2895172	1.50
1791	750912	3.23	2938522	1.53
1792	755165	3.53	2983505	1.58
1793	802494	3.65	3030550	1.69
1794	831801	3.78	3081673	1.76
1795	863264	3.73	3135954	1.81
1797	925961	3.33	3248625	1.83
1798	956834	3.16	3308001	1.77
1799	987029	3.10	3366709	1.81
1800	1017589	3.03	3427720	1.82

年份	屯户人口（人）	增长率	民户人口（人）	增长率
1801	1048380	3.00	3490051	1.81
1802	1079860	3.11	3553114	1.87
1803	1113409	3.16	3619604	1.82
1804	1148570	2.93	3685324	1.81
1805	1182244	2.81	3752123	1.75
1806	1215495	2.62	3817856	1.63
1807	1247332	2.59	3880092	1.61
1808	1279623	2.43	3942552	1.52
1809	1310655	2.36	4002539	1.54
1810	1341599	2.07	4064111	1.36
1811	1369390	1.72	4119268	1.19
1812	1392986	1.56	4168334	1.10
1813	1414694	1.50	4214266	0.98
1814	1435954	1.42	4255530	0.95
1815	1456354	1.39	4295952	0.90
1816	1476625	1.53	4334514	0.92
1817	1499214	1.59	4374329	0.95
1818	1523077	1.68	4415710	1.01
1819	1548627	1.23	4460197	0.88
1820	1567682	1.50	4499489	0.91
1821	1591246	1.41	4540422	0.89
1822	1613641	1.35	4580915	0.86
1823	1635363	1.33	4620390	0.83
1824	1657046	0.64	4658578	0.50
1825	1667710	0.75	4681970	0.77

资料来源：道光《云南通志》卷五十五，第14页下—19页下。

　　第一阶段的移民中，中亚的穆斯林、中国东北的满族等很多民族移民西南，而第二阶段，移民主要来自沿长江中游和上游的少数几个邻近省份——起初是江西和湖南，后来是四川。[60]关于移民来源的定性资料在史籍里随处可见。例如,1777 年一份关于云南西部移民情况的奏章便称,近来流入该地区的移民多来自湖南、江西、四川,所以云南督抚官员对上述三省的督抚们大加抱怨。[61]然而,关于移民来源的具体数据却几乎没有,仅一份幸存下来的 1778 年的登记簿记录道:在云南西南部少数民族分布区内定居的 38 个移民,可能有 31 个来自江西,7 个来自湖南。[62]绝大多数其他县份 18 和 19 世纪的资料进一步证实了大多数移民来自长江中上游地区。[63]这种移民来源构成,在西南地区持续了数个世纪。所以,直到今天云南的蒙自县的墓地主要有三种:一种专供本地土著人用,一种供湖广移民用,一种供江西移民用。[64]同样,在接近广西边境的广南县,江西移民葬在一块墓地,而广西和广东移民则葬在另一块墓地。[65]

在第二阶段,移民在孕育区域经济方面起到了极为重要的作用,在今天的西南地区我们还可分辨出这方面特征。很明显,并非某个方面单独发挥了这种作用,而是许多力量交互作用,把西南从一个小规模的并且互不统属的区域社会改变成一个具有中心地及其腹地的互相融合的区域等级社会。其间,移民以一种特别有效的方式汇集了其他因素。一方面,移民通过扩大耕地面积和提高农作物产量,形成广大的乡村基础;另一方面,他们为城镇网络建设提供了资金、劳力和组织。

起初,在 18 世纪和 19 世纪初期(1700 年—1850 年),三百万移民中的很大一部分因政府提供耕地及其他优惠条件的招徕而纷纷从中原内地涌入西南边疆。就如同向北迁入内蒙古和东北,向东迁入台湾一样,人们向南移入四川、云南和贵州,在很大程度上实现了对迁入地荒闲土地的占有和开垦,极大地拓展了汉族在清王朝边疆地区的定居范围。广大移民在云南东部的曲靖坝子开垦土地,收获庄稼;在贵州东部的丛林中披荆斩棘,拓荒生产;在四川南部的山区建起了层层梯田;在个旧开采锡矿,在东川开采铜矿。正如在移民的第一阶段一样,哪里能够获得土地,哪里就有移民扎根垦殖。在第二阶段,移民的近一半,即一百多万定居在西南的广大乡村。根据在云贵两省仕宦数年的赵翼的记载,到1800年,移民已拥有了西南耕地的大部分。[66]

　　然而,与第一阶段多居平坝地区不同,第二阶段的移民既定居在河谷,又定居在山区。因河谷地区土地短缺,政府又在山区实施赋税优惠甚至免赋的政策,相当一部分移民来到山区,开垦出了大量的山区耕地。这种情况,以云南普洱府、广南府、开化府和贵州兴义府、大定府、黎平府等地区最为突出。因此,第二阶段的移民弱化了早期移民高潮时期少数民族垂直分布于高山不同区域的特点。结果,在广南,根据19世纪一位当地观察者所载,少数民族耕种河谷及山间坝子的肥沃土地,而汉人则耕种贫瘠的山坡地。[67]类似的例子在史志中多有记载。[68]当然,山区移民的准确数字并不清楚,我估计大约占第二阶段移民数的五分之一。这也就是说,至少有50万移民居住在山区。

　　谁定居在什么地方,可能受收入所决定。1826年完成的一份对贵州全省少数民族地区34万多汉族移民的精确调查,对比了地主、小土地所有者、佃农的土地占有情况。[69]在附录A中,我将列举并分析这些数据。地图4.2和地图4.3描绘了移民和移民土地占有情况。根据这一分析,地主和小土地所有者靠日渐扩大的稻田生活,而佃农则靠向土著居民租种山地为生。这些山地较密集地分布在山坡上,多数属于当地土司。土地所有权也与家庭的大小存在着必然的联系性。土地占有面积越大,家庭规模就越大,水田在田地中的比例也越高。换言之,正如我们所预料的,富人占有最好的土地,家族庞大,而穷人则占有最差的土地,家庭较小。移民越是穷困,就越可能居住在山上。

地图 4.2　1826 年贵州非汉区域的汉族移民分布图

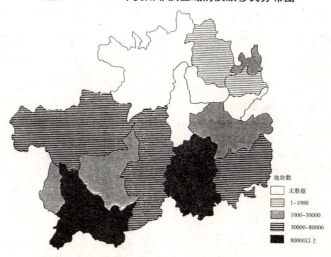

地图 4.3　1826 年贵州非汉区域移民土地占有情况图

移民的性别和家庭的大小方面的情况则随着移民身份从寄籍者到定居者的转变而变化。例如，在19世纪的贵州，居无定所的劳动者每户仅有三人，而佃农则多于四人，土地所有者每个家庭几乎有六人。与第一阶段的移民对照，第二阶段的移民明显地同样遵循其他地方移民的发展程序。[70]最早的移民是季节性的劳动力，在数量上男性占绝对多数。[71]一段时间以后，一些人留居下来了，另一些人则返回了家乡。结果，成功者成家立业，在当地定居下来，不成功者则孤独地客死他乡。一位19世纪的观察家描述了发生在贵州兴义府的这一过程：起初，只有少数人迁移到这里，从苗民那里租种些土地，取得丰收后，他们在所居之地建起了小屋，然后从老家接来父母、妻子和孩子。结果，每年秋冬时节，从湖南到贵州的路上，随处可见老人背着小孩、肩挑背扛的人群。为了寻找更好的生活，人们涌入了贵州。[72]

自18世纪初期以来，西南商业贸易的发展、矿冶业的兴盛，使新来的移民流向发生了变化。他们不再定居山区，而是涌向城镇，不仅为城镇建设提供了必要的劳动力，而且还与其家属一道，从事各种商业贸易、手工业生产、宗教文化活动，以及其他专业性生产，极大地促进了城镇的兴盛和发展。在此过程中，来自不同地区的移民群体，形成了专门的从业行业。[73]如江西和湖南的移民商人控制了大部分省际间的贸易，陕西的移民商人控制了大部分典当和信用机构，来自中亚的穆斯林移民则控制了大部分运输业。总体说来，来自长江中上游地区的移民大部分从事工业和贸易，来自长江下游地区的移民大部分从事专业性技术活动。换言之，第二阶段的移民事实上造就了一个垄断所有贸易、金融和工业的都市商业阶级。

如果说第二阶段的移民在西南掀起了一场商业革命话，那么他们也从中获得了巨大的利益。根据乾隆《续修蒙自县志》卷二《风俗》记载："蒙民……重农怀土,贸易不出其境,不与富商巨贾争逐。虽有铜锡之处,开采者多他省人,邑人在厂地者鲜。"同样,康熙《大理府志》(1694 年版)也记载说:云南财富土著拥有者不到十分之一,其他全归了移民商贾。[74]这一开发过程开始于西南移民的第一个阶段,在第二阶段呈加速度发展,到 18 世纪中期,每个村庄都有江西、四川或湖南移民开的小旅馆或小商店,这些人以奸诈精明著称。[75]然而,他们中的许多人永久地定居在西南,而且,尽管商业的繁荣伴随着利润的掠夺,但并没有出现大额汇款大批外流的迹象。[76]

但是,第二阶段的移民不仅包括商业阶级,也包含大量的从事工业劳动的人口。例如,在 1700 年至 1850 年间,数十万矿工在西南地区的金矿、银矿、铜矿、锡矿、锌矿、铝矿和铁矿工作,[77]他们几乎都是移民。[78]18 世纪的观察家们估计,这些矿工十分之七来自湖广和江西,其余部分来自四川。[79]这些矿工人数的变化非常清楚,18 世纪早期,他们已接近十万人,[80]仅蒙自银矿和锡矿就有数万名矿工。随着产量的增加,移民劳动力也在增加。根据 18 世纪中期的几份报告,仅云南就有 20 万矿工。[81]一份常见的带有夸张色彩材料经常被历史学家所引用,它宣称,一个矿区的矿工可能就有10 万之多。事实上,最大的铜矿汤丹矿也才有 3 万多矿工,[82]大多数矿属小矿场,其矿工数不到一百人。因此,到 19 世纪,矿工可能不会超过 30 万人,其中可能有一半集中于铜矿业,一半从事于其他矿业。

另外,进入西南的移民也为其他工业提供了劳动力。他们有些在大理开采大理石。在盐源、黑盐井、白盐井采挖食盐,多系四川移民。[83]到 18 世纪早期,云南盐矿工人的三分之一是移民。[84]胡林翼对贵州手工艺生产的移民数如此吃惊,感叹说:"所有工匠都来自外省。"[85]因此,我们可以看出,移民也为西南的服务业和制造业提供了大量的城镇劳动力。因此,移民使西南商业体系得到了较充分的发展,并开始了早期"工业化"的运动。[86]

这样,第二阶段的移民在中国西南形成了一种新型的城镇,它们是罕见的跨区域长距离移民的产物,而不像其他地方那种区域内短距离移民所形成的城镇。尽管这一阶段西南地区也存在一些土著人的迁移,但与外地移民相比,他们的数量很少。结果,根据大理县的地方志记载,在1852年,这个城市的许多居民是新来的移民,他们中很少有土著人。[87]正如道光《新平县志》(1826年版)卷二也所概述的:在那里,几乎所在生活在城市里的人都是外省移民及其后代。总之,这种移民向城镇的集中及其对城镇的影响,都极大地改变了第二阶段西南社会的移民定居方式和职业构成状况。

在1650年之前,农村在西南社会占居优势地位。虽然我们没有关于城市人口的确切数字,但就我们所知,在17世纪初,很少有上规模的城市。根据几个精明的官员的说法,临安,作为当时一个主要的矿业中心,是最大的城市,其次是大理和昆明。[88]其他城镇,如贵阳、建昌、镇远,仅为人所知或者可能被认为更小。表4.6列举了我们掌握的明代城镇大小的唯一系统数据,即明代云南城墙的周长。当然,城镇大小和城镇人口之间的关系充其量也只能说明大致情况。例如,许多城镇就远远超过城墙的范围。虽然如此,这些数据还是给我们提供了估计城镇人口规模的某种依据。最大的城镇至多有4平方公里(12里)。多数城镇面积不到四分之一平方公里(3里)。这跟加利福尼亚工学院的整个校园差不多大。根据这些数据,我们能够有把握地得出这样的结论:西南总的城镇人口顶多只有几十万人,即大约为总人口的 5%。在中国任何主要区域,这种城镇人口比例都属最低的一类。

表 4.6 明代云南主要城镇城周长度表

地点	年份	周长(里)
昆明	1382	9.3
晋宁	1449	4.0
宜良	1389	4.0
罗次	1575	4.0
安宁	1575	4.0
禄丰	1607	3.0
嵩明	1568	3.3
赵州	1489	3.0
大理	1381	12.0
云南	1382	4.0
临安	1387	6.0
宾川	1494	4.3
石屏	1551	4.3
阿迷	1617	3.0
姚州	1387	2.3
澄江	1541	5.3
剑川	1551	4.3
陆良	1598	2.0
景东	1398	10.0

资料来源:光绪《云南通志》卷三,第 1—55 页。

在随后的 100 年中,这种局面有了很大的改变。城镇人口统计数字增长了。附录 B 列举了西南 26 个最大城镇的有关数据。这一重新整理的数据表明,这些城镇的总人口在当时已超过了 100 万。到 1800 年,贵阳、昆明和大理的城镇人口可能均已达到了 10 万人。[89]到 1850 年,安顺超过了 7.5 万人。[90]许多小城镇也差不多有 5 万人。一些城镇，诸如毕节、黔西和个旧，则发展成为主要的矿冶中心。其他如昭通和保山，则发展为主要的商业城市。19 世纪的贵阳府为我们提供了较详细的城镇人口分析材料，可以看出其总的城市人口已超过 13 万，即总人口的15%。根据附录 B 中列举的计算结果，西南总的城市人口在最高峰的 1825 年已占到了 1300 万在册人口的 10%，比 16 世纪后期的比例增长了两倍多，大约为近代以前估计数的两倍。但是，1856 年—1873 年的云南回民起义和接踵而来的传染病突然打断了城镇人口这一雨后春笋般迅猛增长的势头。[91]城镇因人口减少而显得有些空荡荡，这是 19 世纪后期城镇发展的特征——城镇的萧条模糊了中国西南地区早期城镇发展的趋势。[92]

许多少数民族、移民和本地人，适应了城市化的生活方式。回族、纳西族、白族甚至控制了一些新的经济部门。到1850 年，他们不但控制了云南西部大部分商业，并且垄断了运输业。与此同时，他们也逐渐接受了新的社会价值观念。例如，纳西族在科举考试方面就取得了很好的业绩，为西南地区造就了众多的"知识分子"。另外，书院作为一种私人办学，数量不断增加，从一个侧面反映了第二阶段移民的文化影响。这一方面，贵州省最为典型，在移民的第一个阶段，贵州只建立了 21 所书院，而第二阶段移民在贵州建立了 131 所书院。这些书院遍布贵州全省，大多数建于 18 世纪。[93]

随之，移民和土著少数民族都把他们的民族传统文化带到了城镇。如来自长江流域的汉族移民就把他们崇拜的英雄带到西南。一项对西南地方历史的研究显示，云贵两省的 400 多座寺庙是随着移民的到来才修建的。我将这些寺庙列于附录 C 中，其中绝大部分（超过 350 座）是长江中上游的移民建造的。比如江西的萧公祠和万寿宫、湖南的禹王宫和寿福寺，以及四川的川主庙。正如我们所预料的，多数寺庙始建于 18 世纪和 19 世纪，贵州寺庙的建立普遍早于云南。随着民族交融，土著人也普遍接受移民带来的崇拜对象。结果，到 1850 年，这些从河流和湖泊地区移植过来的偶像也变成西南山区普遍崇奉的对象。而且其影响是如此之广泛，以至于 18 世纪时，西南许多城镇城隍庙中供奉的神祇，据说都是自长江中上游移植而来的。[94] 更为重要的是，在基于共同的地缘关系而自发形成的"会馆"中，这种宗教偶像发挥了极重要的作用。[95] 像寺庙一样，在 18 世纪及 19 世纪后期这种会馆在西南地区成倍地增长。一直到清末，西南都仍有许多这样的会馆。这些会馆后来不断合并，逐渐向着现代商会的方向发展，其间与社区福利等各种相关事务紧密相联，极大地促进了移民和本地人的融合。

　　总之，尽管我们无法估计移民在资金和人才方面带给西南的总价值，但他们为西南经济发展所作的贡献还是清晰可见的。一方面，移民为城镇建设和矿业发展提供了资本和劳力；另一方面，移民开垦了土地，开发了山区。他们加速了与土著民族和本地人口的社会融合。因此，第二阶段的移民促进了社会认同。正是这种社会认同感的升华才能够解释为何边疆如此广袤的中国能够维持长久的统一。这是移居西南的人民对中华历史发展所作出的不可磨灭的重要贡献。

　　现在我们再来辩证地评价一下移民的各种影响。总的说来，移民的到来强化了西南地区文化的多样性。在西南中华整体民族观念的形成中、在宗教信仰的形式上、在众多不同民族和睦共处的社会生活中，我们都能够看到这种文化多元化的力量。而且，从长远的角度看，这种逐渐形成的多样性又产生了一种不可抗拒的区域整合的推动力。通过会馆、商业网络和城镇生活的共同作用，西南地区各民族和移民超越了原来的地域界线、群体身份和民族差别，在文化上已彼此吸收，融为一体。

注　释

1　1980 年，我完成本章初稿后，当年即将其提交给亚洲研究协会年会，第二年又将其提交给中西部中国讨论会，并且以《中国西南的移民遗产：1250—1850》(*The Legacy of Immigration in Southwest China*, *1250—1850*) 为题，发表于《人口学史年鉴》(*Annales de demographie historique*) (1982) 第 279—304 页，在此我要特别感谢张春树 (Chun-shu Chang)、芭芭拉·康琪露茜 (Barbara Congelosi)、戴福士 (Roger Des forges)、威廉·拉维里 (William Lavely)、罗荣渠，艾米·马 (Amy Ma)、韩书瑞 (Susan Naquin)、马丁·泡尔斯 (Martin Powers) 和苏珊·沃特金斯 (Susan Watkins) 等对拙著的肯定与鼓励。

2　张洪《南夷书》。

3　较好较全面地阐述中国西南民族历史的著作是尤中先生的《中国西南民族史》(云南人民出版社，1985 年)

4　例如，纳西族、彝族、侗族、壮族、景颇族和普米族都主张移民说。

5　查尔斯·菲茨杰拉德 (Fitzgerald, Charles P)《中国人的向南扩张》，Praeger 出版社，1972 年。

6　当然，此前也存在内地向西南地区的移民，但与我们所讨论的移民相比，他们的影响不大。参看方国瑜《汉晋时期滇东地区的汉族移民》见《文史杂志》1957 年 3，第 13—35 页，以及《唐宋时期洱海区的汉族移民》，见《云南大学人文科学》1957 年 1 期，第 1—11 页。

7　见何柄棣《中国人口研究：1368—1953》(*Studies on the Population of China*, *1368—1953*)，哈佛大学出版社，1959 年。根据《清史稿》(中华书局，1976 年) 卷一百二十第 3480 页所载，清政府主要根据出生地区将移民和土著区别开来。参看嘉庆《大清会典事例》卷一百三十四，第 9—25 页关于人口登记的详细法规。在此，为方便起见，我遵循其界定，将在西南出生的移民的后代都归为土著。

8　关于移民在西南如何变成土著的讨论，参看康熙《大理府志》卷十二，第 2 页；雍正《云龙州志》卷五第 1 页；李宗昉《黔记》卷一，第 11 页。

9　根据贵州巡抚张广泗的说法，在 1746 年，人口登记不包括居住在贵州少数民族

(夷)管辖区内的汉族定居者和移居客商，也不包括还未建立永久居住处的寄籍者。参看张广泗《民数谷数奏折》，中国第一历史档案馆藏《朱批奏折》第1864号。更晚的一个例子，参看道光《广南府志》卷二，第1页。﹨

10　尽管在贵州，至少在书面形式上，这可能是正确的，该省被登记的军籍人口数量超过一般民籍人口。但事实上明初该省的户口登记几乎仅限于卫所和一些较大的城市，并非人口总数。

11　参看万历《云南通志》卷六第5页、嘉靖《贵州通志》卷四，第1页上；正德《四川通志》卷七第2页上所载人口数。

12　乾隆《新兴州志》卷二，第5页下—7页下。

13　康熙《新平县志》第11页上—13页上。

14　嘉庆《四川通志》(1816年版)卷一，第1页上、41页上。原始报告见嘉庆十八年十二月二十二日四川总督常明所上"清查宁远府夷地奏"，见北京中国第一历史档案馆《朱批奏折》第四组，第1693盒，文件3。魏源《圣武记》(1842年版)第十一卷第17页下—25页上，也较详细地描述了四川南部的移民问题。

15　《黔南识略》(1749或1847年版)卷一第10页上，卷四第1页上。关于19世纪贵州汉族向少数民族辖区移民的一系列详细数字，见中国第一历史档案馆所藏《朱批奏折》未编号《内政·保警》类道光七年八月二十四日、道光九年十二月二十一日、道光十年十二月二十一日、道光十一年十二月十六日、道光十二年十二月十六日、道光十四年十一月二十三日、道光十五年十一月十六日、道光十六年十一月十四日、道光二十三年十月二十一日、道光二十七年十月二十五日、道光二十八年十月二十七日、道光二十九年十月二十五日、光绪十年十二月二十一日。最详细也最重要的奏折现存台北故宫博物院，现未注明日期的《宫中档》056879号，我相信日期为1826年。340000这一数据就来源于此。我衷心感谢哈佛大学罗伯特·詹克斯(Robert Jenks)引起了我对这一珍贵文件的重视，并将其复制给我。

16　道光《威远厅志》(1837年版)卷三，第49页上—54页上。我衷心地感谢云南大学的方国瑜先生和尤中先生引起了我对此资料重视。原始的奏折为伊力拜(Yilibai)的"查流民"，保存于中国第一历史档案馆，见《朱批奏折》未编号《内政·保警》类，道光十六年十二月二十日。

17　乾隆《东川府志》(1761年版)卷八，第4页下—15页上。

18　除了表4.2列出的资料外，我还根据保存在下列书中的"土著"和"移民"人口数字作出这一估计：乾隆《路南州志》(1757 年版)卷四，第 4 页上—5 页上；道光《定远县志》(1835 年版)，无页码；光绪《大姚县志》(1845 年版)卷七，第 3—4 页；道光《大定府志》(1850 年版)卷四十，第 2 页上—17 页下；咸丰《安顺府志》(1851 年版)卷五，第 9 页上；咸丰《宁宁县志》(1852 年版)卷四，第 1 页上；光绪《雷波厅志》(1893 年版)卷十二，第 1—5 页；光绪《湄潭县志》(1899 年版)卷四，第 4 页上；光绪《浪穹县志》(1902 年版)卷四，第 4 页上。

19 王士性(1546—1598 年)《广志绎》，泰州丛书版，卷五，第 29 页下—30 页上；天启《滇志》(1576、1625 版)，卷一，第 41 页下—42 上。道光《大姚县志》(1845 年版)，卷七，第 3 页下—4 上。

20 道光《云南通志》卷十二，第 7 页。

21 关于西南的移民问题，《贵州的少数民族》(贵州人民出版社，1980 年)和尤中的《中国西南的古代民族》(云南人民出版社，1980 年)有比较详细的描述。关于西南蒙古族、回族族别史，可参阅缪鸾和《云南回族简史》(云南人民出版社，1977 年)、马恩惠《云南回族族源考》(见《民族研究》1980 年第 5 期)、杨兆钧《云南回族史》(云南民族出版社，1994 年)，蒙古族族别史请参见杜玉亭、陈吕范等《云南蒙古族简史》(云南人民出版社，1979 年)。非常感谢杜玉亭、陈吕范、缪鸾和将其著作提供给我。

22 在分析亚洲西南(译者按：当为东南)部的中国移民社会时，穆里斯·弗里德曼(Maurice Freedman)《中国社会研究》(*The Study of Chinese Society*：*Essays by Maurice Freedman*，斯坦福大学出版社，1979 年)第 29—37 页，得出了相同的观点。衷心感谢明尼苏达大学的安·瓦特涅(Ann Waltner)让我关注这篇极富启发性的论文。

23 见(清)何东铭《邛嶲野录》(1832 年版)。感谢四川省图书馆让我注意到此善本书。

24 见《凉山彝族社会性质讨论集》，内部发行，1977。

25 我在《中国历史上的移民与扩张》(*Migration and Expansion in Chinese History*，见威廉·麦克内尔(William H. McNeill)等编《人类移民：模式与政策》(*Human Migration*：*Patterns and Policies*)，印第安娜大学出版社，1978 年，第 20—47 页)一文中，讨论了这一政策的长期性及其对中国的影响。

26 第一阶段到底垦殖了多少土地？有多少土地归西南土著居民占有，有多少土地是由士兵新垦辟而来？这在中国曾经有过热烈的讨论。马曜主编《云南简史》(云南人民出版社,1983 年)认为,大多数土地是新垦辟的,与此相反,方国瑜《明代云南的军屯制度与汉族移民》(见《方国瑜文集》第三辑,云南教育出版社,2003 年)则认为,大多数土地为土著人占有。

27　沐英,这个明代西南地区最大的世袭家族的奠基者,系朱元璋之义子。其后,沐氏家族成为了西南地区最大的私有土地占有者。见王毓铨《明黔国公沐氏庄田考》(见《历史研究》1962 年第 6 期,第 108—127 页)、辛法春《明沐氏与中国云南之开发》(台北,文史哲出版社,1985 年)。

28　这一估计是根据残存在历史记录中为数不多的数据作出的。安置在西南的士兵的实际数字可能要大得多。见《元史》(中华书局,1976 年)卷十三第 280 页、卷二十一第 451 页、卷二十二第 506 页、卷九十九第 2543 页有关云南移民部分,卷六第 109—110 页、卷八第 153 页、卷九第 176—178 页、卷十三第 280 页、卷一百三十三第 3227 页有关四川南部移民部分,以及卷九十九第 2544 页有关贵州移民部分。在一些地方志中,元代西南移民也被提及。例如,正德《云南志》卷一第 7 页上、康熙《蒙化府志》(1698 年版)卷一第 44 页上、乾隆《永昌府志》(1782 年版)卷三第 8 页上,以及道光《邛嶲野录》(1832 年版)卷二十五第 7 页下。

29　见江应樑《明代外地移民进入云南考》(载《云南大学学术论文集》1963 年第 2 期)方国瑜《明代云南的军屯制度与汉族移民》有关云南政府移民部分,以及陈国安《试论明代贵州卫所》(见《贵州文史论丛》1981 年 3 期,第 92—101 页)有关贵州政府移民部分。衷心感谢复旦大学的田汝康先生让我注意到了江应樑先生的文章。我接下来对明代移民的讨论主要基于江应樑和方国瑜的研究。

30　嘉庆《四川通志》卷六十五,第 10 页上。

31　乾隆《永昌府志》卷十三,第 2 页。

32　嘉靖《贵州通志》卷七,第十二页上。

33　嘉靖《寻甸府志》卷二,第 10 页下。

34　万历《大明会典》卷一百三十一,第 2 页下。

35　关于播州的反抗情况,见李龙华博士学位论文《明政府在黔蜀地区改土归流的成功典范》(*The Control of the Szechwan-Kweichow Frontier Regions During the Late Ming: A Case Study of the Frontier Policy and Tribal Administration of the Ming Government.*),澳大利亚大学,1978。

36　刘健的《庭闻录》对吴三桂征西南有详细记述。随后政府对西南地区兵丁眷属的安置情况，请参阅《清圣祖实录》卷四十二，第 19 页下；卷四十三，第 2 页下—3 页上。

37　根据明代法律，卫所军士必须携家眷到西南，包括双亲。未婚的兵丁则在行前准假完婚，无配偶者则由政府从女犯中配给一个。见万历《明会典》卷一第 551 页上。至于家属随兵丁赴边之例，见《明实录》卷二百一十，第 2 页下。我们无法确知移民家庭所含人数，但是，大多数士兵年纪轻，我怀疑，平均每个家庭超过三人。

38　嘉靖《贵州通志》卷十一，第 2 页上；崇祯《重修邓川州志》。

39　康熙《宜良县志》卷二，第 4 页下。

40　见嘉靖《贵州通志》卷三，第 16 页上。

41　关于西南的穆斯林来源，见缪鸾和《云南回族简史》（云南人民出版社，1977 年）、马恩惠《云南回族族源考》（见《民族研究》1980 年第 5 期）、杨兆钧《云南回族史》（云南民族出版社，1994 年），而蒙古族来源则可参见杜玉亭、陈吕范等《云南蒙古族简史》（云南人民出版社，1979 年）。

42　根据 1982 年的中国人口统计，贵州有回族 98452 人，云南有回族 438883 人、蒙古族 6233 人。在四川南部也有一些回族居住。

43　当然，这只是王毓铨在《明代的军屯》一书中所描述的军屯制度的一部分。关于西南的军屯，参见方国瑜《明代云南的军屯制度与汉族移民》。衷心感谢方教授为我复制了一份手抄副本。

44　万历《云南通志》卷七，第 1 页上。

45　道光《云南通志》卷四十三《关哨汛塘一》。

46　丁文江编辑《徐霞客游记》（商务印书馆，1928）

47　可惜的是，明初谪罚到西南的"富室"其确切数目于史无征。根据 1387 年谪遣到西南的一个声名狼藉的富人沈符（沈万（三））的说法，"余入滇，见卫军每伍半是（吴兴）同乡，盖族大丁多，易于勾摄归取军装，出入有伴，所以民亦忘其远徙。"见诸葛元声（1600 年前后）《滇史》（1618 年版）卷十，第 27 页上。

48　谢肇淛《滇略》卷四《俗略》。

49　杨慎《论民》，见《升庵全集》（1795 年版）卷四十八，第 6 页下—9 页上。衷心感谢方国瑜先生让我注意到这一珍贵的版本。

50　杨向奎《论何休》（见《兰州大学学报》1978 年 3 期）一文提出，杨慎的模式部分来源于春秋时期的《公羊传》及其许多关于汉民族的阐释。杨慎据此所作的发展，见杨向奎《清代的今文经学》(见《清史论丛》1979 年 1 期,第 177—209 页)、萧公权《中国政治思想史》卷一《从初始到公元 16 世纪》,普林斯顿大学出版社,1979 年第 137—142 页。

51　尽管当代几位历史学家曾简要地讨论过西南第二时期的移民,但关于西南历史及汉族南迁历史的主要著作却很大程度上忽略了这一问题。只有方国瑜和缪鸾和《清代云南各族劳动人民对山区的开发》(载《思想战线》1976 年第 1 期)等对此作过研究。另外,何炳棣先生《中国人口研究:1368—1953》第 143—148 页(哈佛大学出版社,1959 年),克洛丹·隆巴德·萨尔蒙斯(Claudine Lombard-Salmons)《十八世纪汉人向贵州省移入文化一例》(Un exemple d'acculturation Chinoise: la province du Guizhou au18e siecle,第 166—171 页,巴黎,远东法语学校,1972),对此问题也有所涉及。

52　对这些移民最详细的研究是张国雄《明清时期的两湖移民》(陕西人民出版社,1995 年)。还可参见胡昭曦《张献忠屠蜀与"湖广填四川"》(见《中国农民战争研究集刊》1974 年 1 期,第 176—207 页)。英文方面的研究则有安特曼(Robert Entenmann)的《四川的移民与社会:1644—1796》(Migration and society in Sichuan, 1644—1796,博士学位论文,哈佛大学,1982 年)。在此,衷心感谢李伯重教授为我提供了张国雄的著作复印件。奇怪的是,该书也忽视了西南的移民问题。

53　根据云贵总督张允随乾隆十三年三月二十九日(1748 年 3 月 13 日)奏,"计自乾隆八年至今,广东、湖南二省人民,由黔赴川就食者,共二十四万三千余口,其自陕西、湖北而往者,更不知凡几"。见《清高宗实录》卷三百一十一,第 44—46 页。

54　陈鼎(1700 年前后)《黔游记》。康熙《石屏州志》(1673 年版),也比较了总人口数和土著人口数。

55　关于清政府鼓励移居边疆的措施,见彭雨新《清初的垦荒与财政》,载《武汉大学学报》1979 年第 1 期;郭松义《清初封建国家垦荒政策分析》,见《清史论丛》1980 年2 辑,第 111—138 页。政府鼓励移民西南的例子见《清圣祖实录》卷一第 22 页上—23 页下、卷一百一十九第 16 页下—17 页上、卷一百五十第 11 页上—12页上。

56　例如,在贵州,张广泗建议,军事移民每人领取上则田地 6 亩,或中则田地 8 亩,或下则田地 10 亩,并可获得 6 个月的食物(成人每人 1.5 石,儿童每人 0.75 石)和300 两白银供其建盖一所房子,还可获 5 两白银购买耕牛、种子和工具。见《朱批奏折》乾隆二年三月十一日。

57　《清圣祖实录》卷六十七,第 25 页下—26 页上。

58　道光《云南通志》卷五十五,第 113 页上—19 页下;光绪《云南通志》(1894)卷五十
　　五,第 13 页上—19 页下。后者的数据仅是对前者的抄录而已。

59　清代屯田不太好理解。理论上来说,屯民应是从明代继承下来的军屯上的居民,
　　而实际上,他们似乎是移民。

60　许多移民也来自广东和福建。然而,直到河内—昆明的铁路修建(1901—1910 年)
　　之后,他们都没有在数量上占优势。由于本文的研究止于 1850 年,这里对其不作
　　详细讨论。

61　乾隆《永昌府志》(1785 年版)卷二十五;光绪《云南通志》(1898 年版)卷五十五,
　　第 13 页下。

62　李士代(Li Shidai)《查阅边夷江楚游民:附清单》,中国第一历史档案馆,录副奏折
　　《内政·保警》类,未分卷,乾隆四十三年四月十九日。

63　康熙《蒙化府志》(1698 年版)卷一,第 44 页上;康熙《楚雄府志》(1716 年版)卷
　　二,第 19 页上;康熙《余庆县志》(1718 年版)卷七,第 1 页下;雍正《阿迷州志》
　　(1735 年版)卷十,第 116 页;乾隆《东川府志》(1761 年版)卷八,第 20 页上;乾隆
　　《永北府志》(1765 年版)卷二十六,第 23 页下;嘉庆《景东府志》(1820 年版)卷二
　　十三,第 6 页上;道光《新平县志》(1826 年版)卷二,第 26 页上;道光《威远厅志》
　　(1837 年版)卷三,第 49 页上;《黔南识略》(1749 或 1847 年版)卷一第 1 页上、卷
　　四第 10 页上;道光《平远州志》(1848 年版)卷四第 1 页下;咸丰《南宁县志》(1852
　　年版)卷四,第 1 页上;光绪《顺宁府志》(1905 年版)卷三十四,第 1 页上;民国《镇
　　康县志》(1936 年版),无卷页数;《三合县志略》(1940 年版)卷四十一,第 4 页上。
　　由这些移民迁居西南引起的一系列移民过程最具证明力的例子是 1834 年湖北向
　　贵州的移民。见北京第一历史档案馆,《朱批奏折》未分卷《内政·保警》类道光十
　　四年七月一日、道光十四年七月二十九日、道光十四年八月四日、道光十四年八月
　　二十六日、道光十四年十一月二十三日。

64　东亚同文会《支那省别全志》(Shina shobetzu zenshi),无卷页数。据乾隆《蒙自县
　　志》(1791 年版)卷五,第 11 页下,这种墓葬划分始于 18 世纪。

65　民国《广南县志》卷三,第 47 页。

66　赵翼《簷曝杂记》卷四,第 86 页。胡可敏《清代前期贵州领主经济向地主经济的发

展》(见《贵州社会科学》1981 年 2 期,第 65 页)较详细地阐述了这一占有过程。

67 民国《广南县志》(1934 年版)卷五,第 8 页下

68 例如,根据道光《浪穹志略》(1842 年版)卷十一第 5 页上的记载:近来各地流民定居于此,他们向当地土著租种山地,交换衣物鸡禽,他们烧山砍树,种植玉米。又见乾隆《东川府志》卷八,第 14 页下;道光《威远厅志》(1837 年版)三,第 39 页上—54 页上;道光《黎平府志》(1845 年版)卷十二,第 3 页上;咸丰《邓川州志》(1855 年版)卷三,第 14 页上。

69 见台北故宫档案馆所藏未注明日期的《宫中档》056879。感谢 Robert Jenks 让我注意到了这份档案。

70 查尔斯(Charles Tilly)《近代欧洲移民》(*Modern European Migration*)一文,收入威廉·麦克内尔(William H. McNeill)等编《人类移民:模式与政策》(*Human Migration:Patterns and Policies*),印第安纳大学出版社,印第安纳大学出版社,1978 年。

71 登记人口男性和女性的比例见康熙《新平县志》(1712 年版)卷二,第 14 页上;康熙《澂江府志》(1717 年版)卷七,第 42 页下—43 页;道光《晋宁州志》(1840 年版)卷五,第 1 页下;道光《广南府志》(1845 年版)三,无页码;道光《大姚府志》(1845 年版)卷三,第 2 页上;咸丰《邓川府志》(1853)卷三,第 12 页上—14 页上;光绪《湄潭县志》(1899 年版)卷四,第 2 页上;光绪《浪穹县志》(1902 年版)卷四,第 4 页上;民国《昭通县志》(1942 年)卷二,第 166 页。

72 吴荣光(1773—1843 年):《石云山人文集》(吴荣光散文作品集)卷五,第 28 页上—33 页上。衷心感谢麻省理工学院的濮德培(Peter Perdue)让我注意到这部书。

73 关于江西和湖广商人,见《滇黔志略》(1775 年版)卷十四,第 17 页上;嘉庆《景东直隶厅志》(1820 年版)卷二十,第 6 页下—7 页上;道光《昆明县志》(1841 年)卷二,第 10 页上;特别是吴大勋《滇南闻见录》(1795 年抄本)卷一,第 41 页上—42 页上。

74 见康熙《大理府志》。早期类似的看法请参见隆庆《楚雄府志》(1568 年版)。

75 见中国第一历史档案馆所藏《朱批奏折》第四组,第 879 盒,第 1—7 号文档。

76 相比之下,在四川,两湖移民所汇出的款额是如此之大,以至于他们建立了中国第一个私人的邮传服务来从事资金的转移。见楼祖贻《中国邮驿史料》,人民邮电出版社,1958 年。

77 严中平《清代云南铜政考》,中华书局,1957 年;云南大学历史系等《云南冶金史》,

云南人民出版社,1980 年。

78　中国第一历史档案馆藏《户科史书》1726 年 9 月 3 日载:矿工多系移民,极少土著。

79　康熙《蒙自县志》卷二,第 8 页上;乾隆《东川府志》卷十三,第 7 页下;中国第一历史档案馆藏《朱批奏折》第四组,第 879 盒,文档 1—7;《清高宗实录》卷四百一十八。

80　吴其浚《滇南矿产图略》称 17 个矿区,每一个平均都有 5000 工人。

81　《清高宗实录》卷七百六十四,第 7—9 页。据载,云贵总督杨应琚奏:"滇省矿厂甚多,各处聚集砂丁人等不下数十万。"

82　李湖《铜厂事宜十条》,见台北故宫档案馆藏军机处档 616908。

83　雍正《顺宁府志》;乾隆《白盐井志》卷一,第 23 页。

84　康熙《鹤庆府志》(1714 年版)卷九,第 12 页下。

85　咸丰《贵阳府志》卷二百九十八,第 24 页下。

86　根据郭松义《清代的劳动力状况与各从业人口数大体框测》(见《庆祝杨向奎先生教研六十年论文集》第 520—529 页,河北教育出版社,1998 年)一文,从全国来讲,只有 10% 的男性劳力从事非农业职业,这部分人初步划分是:5% 打猎和捕鱼,8% 为僧道,10% 制盐,10% 当兵,15% 当工匠和矿工,12% 做小贩,20% 为绅士,20% 为无业游民。相比之下,由于拥有规模较大的工矿业和手工业,西南的非农业工人所占比例似乎更大。

87　民国《大理县志稿》卷五,第 16 页上。

88　谢肇淛《滇略》卷四,第 14 页下;张瀚《松窗梦语》卷四,第 22 页上。

89　道光《贵阳府志》卷二十五,第 1 页上—18 页下、卷二十六,第 1 页上—30 页下;《昆明市志草稿》(1965 年);李昆声《大理城史话》,云南人民出版社,1981 年。

90　此估计数是清代著名官员胡林翼作出的。见《安顺府志》(1851 年版)卷四十五,第 23 页上。衷心感谢复旦大学的周维衍向我推荐了这一部书。

91　王树槐《咸同云南回民事变》第 314—330 页(台湾"中央"研究院近代史研究所 1980 年版)详细描述了回民起义以及随之发生的人口衰退。关于其伴随而至的流行病,参见李耀南《云南瘴气(疟疾)流行简史》,载《中华医史杂志》1954 年第 3 期。

92　见附录 B 的讨论。

93　见《明清两代的贵州书院》,刊于《贵州文史论丛》,1981 年 1 期,第 92—100 页。

94 参见康熙《澄江府志》(1719 年)卷五,第 23 页下、雍正《云南通志》卷三十,第 25 页下。

95 关于会馆组织,参见何炳棣《中国会馆史论》,台北学生书店,1966;李华《清代前期赋役制度的改革》,见《清史论丛》第一辑,1979 年,第 100—109 页。

第 五 章

人　　口[1]

　　在 1250 年至 1850 年间,由于移民的涌入和人口的自然增长,西南地区的人口从三百万增长到二千一百万。相对于当时全国人口从不到一亿增长到四亿的情况而言,西南地区的人口增长率要高得多。在这六个世纪中,全国的人口增长了四倍,西南的人口却增长了七倍。换言之,西南的人口增长比全国的增长快两倍多。对这种戏剧性的区域人口增长原因进行分析,将有助于我们理解中华帝国晚期人口的增长。

　　过去,不少学者认为,全国的人口增加与粮食生产的发展相关。[2]中国的人口增长是三种因素长期作用的结果:13 世纪以来农业生产的加速发展;16 世纪以来美洲粮食作物品种在中国的传播;这一时期可耕地的持续扩大。所有这些因素,共同扩大了中国的食物基础。根据这一人口分析模式,较高的人均粮食产量降低了中国人口的死亡率,[3]最终,使中国的人口增加了。

　　但是,对全国性的总体原因泛泛地估计和分析,可能会掩盖地方性的差异。中国的人口发展既有全国性的周期,也有地区性的周期。[4]西南是一个边疆地区,正如我们已看到的,是由于移民才导致了人口的大幅度上升。以明末清初(1596 年—1681 年)为分界点,西南的人口发展可分为两个时期:在1250年至1600年间,西南的人口大约翻了一番,从300万增至500万;在1700年至1850年间,西南的人口增长了四倍,从500万增至2100万,甚至更多。

不可否认,人口的任何增长都需要扩大食物基础。但是,西南的实例是否仅只是农耕人口对已增加的食物供给的最直接的反应呢?为了更好地理解1250年至1850年西南发展的结构,我搜集了多数能找到的关于农业和人口的资料。在这一章中,我将估计元明清时期中国西南人口的规模,并分析其空间和时间特征。同时,我也将估计可耕地面积的大小,并集中讨论农业发展的形式。我主要关注的是人口和耕地扩大的规模及二者的因果关系。根据我的发现,在1600年前的350年中,人口的稳步增长直接与农业生产的增长相关,但在1700年以后的一个半世纪,人口的快速增长很大程度上则是工商业发展的必然结果。

一、元明时期西南人口的增长

直到13世纪中原王朝出于战略原因加大力度持续开发西南地区以前,西南人口的增长并不明显。[5]从13世纪至16世纪,元明王朝从中原内地将一百多万人口移民到西南。他们开垦土地,修建灌溉工程,促进了耕地面积的扩大和农业技术的进步,保障了西南移民的生活需要。在这一时期,人口增长直接与农业经济的发展联系在一起。

(一)元明时期西南的人口数

历史学家们虽然认为中国西南的人口从14世纪开始大量增长,但却很少能精确地估算出该地区的人口数量,或分析出人口的分布形式。[6]然而,有明一代,有关人口的资料越来越多,虽然其中四川南部的资料相当少,但云南从1390年就有部分人口调查数字了。在 1500 年以后,云南、贵州的人口数据又大量增加。虽然,这些调查数字主要是服务于里甲制度下徭役的征派,统计远远不够完整,未能为我们提供任何详细的有关区域性人口增长趋势的情况,但它们毕竟为我们提供了一个对 16 世纪初期的人口总数作假设性估算的基础,我们应该注意对这些数据作更进一步的分析利用。因此,我重新整理了 1502 年、1576 年、1625 年云南省的人口数和 1555 年、1597 年、1625 年贵州省的人口数。现将省一级的人口数列于表 5.1,府州级的资料列于表 5.2 和 5.3。表 5.1 的数字始于 1502 年,至于更早的省级人口数,因数据不够完善,我们难以作出估算。

表 5.1　16—17 世纪云、贵两省省级在册人口情况表

年份	云南户数	云南人口数	贵州户数	贵州人口数
1502	126874	1410094	43354	264798
1542	123537	1431017	44257	266920
1550	133958	1433110[a]	138957	512289[b]
1578	135622	1606361[b]	43405	290072
1597	–	–	105906	509975[b]
1602	–	–	111552	528781[b]
1625	151215	1468465[c]	–	–

资料来源(以年代为序):

1502 年、1542 年:万历《后湖志》(1578 版)卷二,第 4 页下—5 页上、第 6 页下、第 9 页下、第 12 页上下,中国国家图书馆善本书室所藏缩微胶卷 1146 号;

1550 年:张天复《皇域考》(1588 版),卷一,第 21 页下—22 页,又见章潢(1527—1608)《图书编》卷四十二,第 3 页下;

1578 年:万历《云南通志》(1576 或 1934 版)卷六,第 5 页;

1597 年:万历《贵州通志》(1597 版)卷一,第 11 页下;

1608 年:《黔记》(1608 版)卷十九,第 10 页下;

1625 年:天启《滇志》(1625 版)卷六,第 5 页下;

按:

a 章潢《图书编》卷四十二第3页下还列出了服役的汉人、本地人和蒙古人士兵及其家属81400人，这意味着总人口已大大超过了1514510人。

b 这些数字包括都司所辖的军户以及布政司所辖的民户人口。贵州民户在1555年有66684户，254420人，在1597年有46566户，325374人，在1605年有51212户，344180人；贵州军户在1555年为72273户，261889人。云南省的民户在1578年为135560户，1476692人。见《明史》卷四十六，第1171页。

c 这些数字也包括地方军事组织都司管辖下的军户和布政司管辖下的民户。1553年，贵州的民户是66684户，254420人；1555年，是546566户，325374人。1578年，云南的民户是135560户，1476692人。见《明史》卷四十六，第1171页。

表5.2 1502年、1576年、1625年云南省府州在册人口情况表

府州名称	1502年 户数	1502年 口数	1576年 户数	1576年 口数	1625年 户数	1625年 口数
云南府	16583	144704	14000	56240	29550	128276
大理	19815	160602	22800	268715	19501	241716
临安	16180	193122	16100	191102	18359	274148
楚雄	7023	73541	7023	72541	10210	101131
澂江	4161	35263	4860	35460	6002	28535
蒙化	4373	45837	4603	40968	4671	20709
景东	2227	21849	2262	33772	2610	29687
广南	4635	61749	4635	61749	440	7486
广西	4908	72117	4867	85628	4636	82780
镇沅	1649	18164	1649	18164	683	9739
永宁	1051	22261	1354	22261	1051	30341
顺宁	2935	49872	2168	51975	3052	15695
曲靖	8492	59995	8492	59995	7872	43647
姚安	2625	20523	3148	23453	5103	27797
鹤庆	3815	60135	–	–	6083	95364
武定	2969	48908	3173	26476	3145	28775
寻甸	1070	18732	1151	20834	1221	21424
丽江	2328	57713	2328	57713	3302	50339
元江	2574	33494	2574	33494	2559	48122

续表

府州名称	1502 年 户数	1502 年 口数	1576 年 户数	1576 年 口数	1625 年 户数	1625 年 口数
北胜	2636	15994	–	–	4307	23830
新化	1390	26164	640	12516	–	–
澜沧	394	9251	–	–	394	19417
永昌	–	–	6361	43661	13063	87709
金齿	9085	48078	–	–	–	–
腾冲	2658	20027	–	–	–	–
者罗甸	–	–	–	–	277	5553
云州	–	–	–	–	1189	4642
富州	–	–	–	–	440	8611
罗必甸	–	–	–	–	1495	32991
总计	125576	1318095	114188	1216717	151215	1468464

资料来源:

1502 年:正德《云南通志》(1553 年版)卷二第 6 页下,卷三第 1 页上,卷四第 1 页上,卷五第 1 页上,卷六第 3 页下、第 11 页上,卷七第 1 页上、第 5 页上、第 9 页上,卷八第 1 页上、第 4 页上、第 7 页,卷九第 1 页上、第 18 页上,卷十第 1 页上,卷十一第 2 页下、第 5 页上、第 11 页上,卷十二第 1 页上、第 6 页上、第 9 页上,卷十三第 1 页上、第 10 页上。

1576 年:万历《云南通志》(1576 年版)卷六第 5 页上、第 8 页下、第 11 页上、第 14 页上、第 15 页下、第 18 页上、第 20 页上、第 22 页上、第 24 页下、第 26 页上、第 27 页上、第 28 页上、第 29 页上、第 30 页上下、第 31 页上。

1625 年:天启《滇志》(1625 年版)卷六第 11 页上、第 23 页上、第 29 页下、第 38 页、第 42 页下、第 48 页下、第 53 页下、第 58 页下、第 60 页上、第 62 页上、第 64 页下、第 68 页下、第 71 页上、第 72 页上、第 73 页上。

按:应指出的是,除了 1625 年的数字外,其他年份的数字与表 5.1 的数字都不相等。

表5.3　1555年、1597年和1602年贵州在册人口情况表

地方	1555年		1597年		1602年	
	户数	口数	户数	口数	户数	口数
威清卫*	－	－	－	－	6035	13758
平坝卫*	1617	6066	－	8994	－	－
安顺	8270	25227	2898	18890	2998	18829
普定卫*	6060	26400	1225	2837	－	－
镇宁	15201	25578	1594	14088	2621	15872
安庄卫*	－	－	7873	48857	－	－
永宁	2369	10096	3019	12580	3041	12830
安南卫*	2486	6892	3486	7896	－	－
普安	3141	45308	3185	36828	3249	46816
普安卫*	2956	6968	2956	11831	2956	11900
毕节卫*	2885	6641	2437	4132	－	－
乌撒卫*	3551	8555	－	－	3524	8491
赤水卫*	5615	33682	2107	4121	1971	3904
永宁卫*	6789	15247	2005	3087	2177	6065
普市所*	493	1389	61	155	65	182
龙里卫*	－	－	1116	5245	－	－
新添卫*	2357	21977	1116	5245	－	－
平越	－	－	－	－	1702	8087
平越卫*	－	－	3105	21979	2905	21227
都匀	9219	24618	13774	40041	13774	43747
都匀卫*	－	－	1321	21113	1328	21138
清平卫*	997	2184	756	2370	－	－
兴隆卫*	1094	3915	1056	1820	－	－
黄平所*	547	1467	305	530	－	－
镇远	872	8657	874	8526	893	8151
思州	757	9101	803	8010	806	9198
思南	2637	23666	2442	28352	2183	28327
石阡	817	7411	842	16792	825	8357
铜仁	939	4150	941	10683	943	12400
黎平	3665	24514	3773	42293	－	－

资料来源：

《黔记》(1625年版)

按：有"＊"号者，其人口数含军户人口，其他则只含民户人口。

这些人口资料是极不全面的，[7]因为至少有一半人口没有被登记入册。按理说，里甲的人口数应包括所有有能力负担政府徭役的男丁以及家属。但实际上，在有里甲组织的地方，登记数偏低的情况相当普遍，特别是对妇女。[8]另外，许多丁男为了逃避徭役负担而想方设法漏籍在外，也导致了登记数偏低。以军户为例，在表5.1中，云南省就只有在1578年的登记数中包含了军户，贵州只有1550年、1579年的登记数中包含了军户数。而且即便这几年，也还有许多人没登记，特别是在云南。[9]更何况，明代仅仅在其直接统治的地方建立了里甲制度，土司统治区尽管在西南所占地方较广，但中央王朝对其并不征收赋税和徭役，因此也不设里甲，不进行人口登记。[10]这样，元代登记的大部分土著人口并没包括在明代的人口统计数内。即使汉族人口也没有被全部登记入册。[11]那么，我们如何估计这部分未被登记的人口数呢？对西南行政区划的研究或许有助于我们解决这一问题。地图5.1为我们所制作的西南政区图，通过对它进行仔细考查，我们至少可以对少数民族汉族分布区域的所占比例情况进行一些估计。在云南，土司统治的地区大约占全省的三分之一。在贵州，土著人居住区更大，至少占了全省面积的一半。另外，在第六章中我们将对西南民田情况进行研究，在那里我们将发现，可能有一半的平民人口根本没有登记。[12]如果我们按此比例增加人口数，就可以发现，到16世纪初期，在西南人口中，云南可能达到400万，贵州为150万。这仅只是一个估计。我们不能保证漏登的人口数与漏登的土地数比例相当。然而，我们关于耕地面积的计算还是说明，西南的人口数很可能是500万人。无论如何，这是18世纪之前中国西南地区作为一个整体可以获得的唯一人口数量预测。

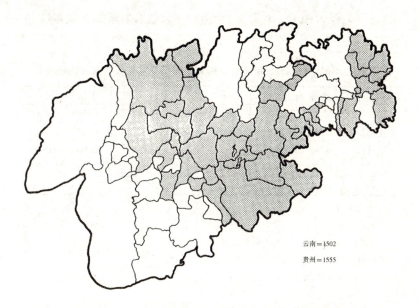

云南＝1502

贵州＝1555

地图5.1　16世纪中国西南在人口登记方面所作出的努力

（二）人口增长的时间和空间问题

省一级的人口数只上报了负担赋税的人数，而不是真正的人口数。因此，在表5.1中，省一级的各项总数几乎没有什么变化。虽然，表5.2和表5.3中各府州的总数波动很大，但这似乎也只是财政上的因素，而不是真正的人口数量变化。例如，在1502年至1576年间，很多人口数字就保持不变。

然而，这些数字还是反映出，在南诏、大理政权的影响下，云南省的人口继续集中于该省西部，同时滇东地区，特别是临安，人口也在逐渐增长。另外，在云南省，我们可以获得四个州县的人口统计资料，即与缅甸接壤的腾越厅，接近云南南部边境的石屏州，现在昆明附近的旅游胜地安宁县，以及后改为大理县的太和县。其人口资料显示,在 15、16 世纪,云南的人口数有所增加。兹将这些数据列于表 5.4。

表 5.4　1464 年—1567 年间云南腾越等四州县在册人口增长情况表

年份	腾越	年份	石屏	年份	太和	年份	安宁
1464	2540	1400	6020	1522	54782	1400	5800
1502	7020	1512	11670	1576	52824	1502	
1512	9742	1550	18375	1622	96734	1550	21500
1532	10326	1592	18097				
1567	11120						

资料来源:
光绪《腾越厅志》(1887 版)卷三,第 1 页上;
康熙《石屏州志》(1673 版)卷四,第 1 页下;
乾隆《太和县志》(1752 版)卷二,第 1 页上—3 页下;
民国《安宁县志》(1949 版)。

　　这些数据表明,虽然,不论是在腾越和石屏那样的边境移民区,还是在诸如安宁和大理那样的城镇地区,人口都在增长,但增加的速度和节奏却大不一样。当然,这些差异更多表现出来的是财政负担的变化,而不是实际的人口增长趋势。在这里,值得注意的是,一些村庄也反映出人口增长不一致的现象。例如,在昆明东北的寻甸,在 16 世纪存在的村庄中,有一半以上建于 1400 年之后。[13]与此形成对比的是,其他地区,诸如洱海南岸的赵州,人口则停滞不变。[14]就我们所知,该州 16 世纪存在的全部村庄在 14 世纪就已经形成了。这些情况说明,从 14 世纪到 16 世纪,一种方兴未艾的人口增长席卷了西南地区,但其增长情况却颇不均衡,有些地区增长了,有些地区却没有。[15]

　　对于认识西南地区居民居住情况的差别来说,明清时期的一些契约文书为我们提供了很好的例证。这些契约文书登记着田产、地租和劳役,有的甚至记载着佃户的姓名及家庭成员。这些资料很好地说明了西南居民定居区的明显差别。不幸的是,这样的材料很少,而且才开始为中国学者所搜集。[16]从这类文书中我找到了三个例证。它们给人总的印象是,人口的密度疏密有别,人口的增长时快时慢。第一个例子是滇池西岸的一座寺院,一份日期为1694年的文书列出,在1502年有440多户人家聚居在九个村庄中,到1550年上升到722户——平均密度为每平方公里456人。[17]再者,人口的上升似乎也不均衡。在一个有25户居民的村子里,其户数一直无任何变化,而另一个村子则在两代人内从66户增加到157户,还有一个村子从30户增加到103户。

第二个例子在大理,当地一个土司所属土地的人口密度似乎低于上面的例子。[18]根据他的一份田产记载(这份记载1368年至1379年被编制在一部元代佛经的背面),223个少数民族佃户靠约400双土地为生。这样,每平方公里的平均密度超过了一百人(西南的一双,相当于五市亩,或十分之七英亩)。这就是说,在大理和昆明附近,人口密度相对较高。尽管这些例子指的只是被大片空地分割的小块定居地,而且其中未包括宅地和宅地周围的生活区,以整个地区而言,其居住密度实际上要低得多。然而,它还是反映出,在开发较好的地区,土地的占有和利用程度已很高。

第三个例子在云南东部的通海县。这个例子明确显示出至少有一份田产的人口已经达到了过分拥挤的程度。1367年起草的这份该村田产文书,生动地反映了该地人口密度过高的真实情况。[19]在这里,土地按"份"进行分配。虽然按理说每份土地应为一家所有,但实际上则由几家人共同分享。从总体上看,这个村有62户人家,耕种24份土地。其中,有45家挤在12份土地上,17

家占有 12 份土地。每份供养两家者不超过七例，每份供养一家者只有五例。另外，佃户家庭成员的姓名情况进一步说明，人口过多的份地由户主及其子占有，或由几个已婚的弟兄一起占有。总之，沉重的赋税负担迫使古代的家庭在内部分割财产，而且，新的份地根本不可能产生。显然，过量的人口已无法找到可开垦的土地，最终陷入了这种过分拥挤的境地。

15 世纪和 16 世纪，西南人口的增长主要集中在政府重点开发的地区，即贵州和云南的中部地区。这是明政府投入巨大力量，在西南进行农业开发的结果。一般而言，新的村落大部分由政府建立，因为需要大量资金来征募人员，搬迁家庭，并为其提供起码的生产生活设备，供养和组织他们去开垦土地。因此，农业扩张似乎已决定了人口增长的空间布局和分布。而当明清之际极度的社会混乱使农业发展陷于停顿时，西南人口的增长也就一度停止了。

二、清代西南的人口增长

直到 1681 年清政府平定了三藩之乱后，西南才开始从明清之际的社会动荡中恢复过来。而社会的稳定，又为西南经济和人口的发展创造了良好的条件。到 1700 年，西南的人口已恢复到了 16 世纪的水平，即 400 万到 500 万。1775 年，又增加了一倍多，达到 1100 万以上。到 1850 年，人口又增加了一倍，接近 2100 万。在一个半世纪中，中国西南的人口增加了 5 倍。应该指出的是，有清一代，只有长江上游地区才超过了这一人口发展速度。[20]

（一）人口数的探讨

关于清初西南人口恢复的早期历史，目前仍模糊不清。16 世纪以来,全中国似乎都没有实际的人口数字,而代之以不伦不类的被称之为"人丁"(成年男子)的财政数字。[21]但个别府县零散的人口统计数字还是早在 1685 年就重新出现了,并在 1700 年以后大量增多。这些详细的数字是在全国性地方治安体系保甲制度下登记下来的,这是一种新的登记制度,较过去的登记制度要严密得多。[22]一些早期的资料说明,人口上升的趋势正在形成中。然而,这些资料太分散,分布也极不规则,以至于不能显示这个过程持续了多长时间。[23]在 1740 年后,记载整个西南人口增长的材料变得极为丰富,使我能够重新整理出 1741 年至 1850 年间云南的一系列人口数,以及贵州和四川南部的部分系列人口数。在这三个省,这些数字表明,在整个 18 世纪,人口以异乎寻常的速度在增加。表 5.5 列出了云、贵两省省一级的数字,表 5.6 列出了可供比较的省级以下的数据。

这些数字既不完整也不连贯,特别是 1740 年至 1776 年的数字。按理说,清政府几乎对西南地区的每一个人都进行了登记,无论其是男人还是妇女,成人还是孩子,汉人还是少数民族,移民还是土著,尼姑还是僧道,乞丐还是苦力。但事实上,由于西南地处边陲,各地对这种全面而普遍的登记制度的实施情况差别很大,也很缓慢。在西南,至少有一半的人口没有登记。这就是为什么 1747 年至 1748 年云南的人口数几乎增加了一倍的原因。起初,清政府仅仅登记汉族男性,在 1748 年之前,汉族妇女并没有包括在内。[24]同样,1756 年以前,清政府也没有登记少数民族人口,[25]并且在 1775 年之前,西南地方政府甚至没有上报被登记的移民人口。[26]即使在此以后,诸如武定、景东、永北等府,继续上报的仍旧是负担财政义务的人口数而非实际人口数。

表5.5　1733年—1850年云南、贵州两省在册人口情况表

年份	云南[a]	贵州[b]	年份	云南[a]	贵州[c]	年份	云南[a]	贵州[c]
1733	-		1777	3125069	5013908b	1814	5691484	-
1741	917185	2413396	1778	3149261	5060552b	1815	5752306	-
1742	917812	2722612	1779	3174339	5072198b	1816	5811139	5328072
1743	933459	-	1780	3201222	50811671b	1817	5873543	5339701
1744	942912	2916049	1781	3230044	5094576b	1818	5938787	
1745	953185	2940111	1782	3259383	5102635	1819	6008824	5347439
1746	962442	3024074	1783	3294147	5110760	1820	6067171	5351541
1747	971085	-	1784	3328875	5116129	1821	6131668	5354038
1748	1946173	-	1785	3367170	5146898	1822	6194557	5356745
1749	1960934	3103907	1786	3413163	5140880	1823	6255753	5359740
1750	1967837	3134107	1787	3460695	5157583	1824	6315624	5362019
1751	1974013	3166662	1788	3510280	5157583	1825	6349680	
1752	1980631	-	1789	3564815	5170070	1826	6388131	5367479
1753	1987427	3248955	1790	3623691	5176889	1827	6427095	5369129

续表

年份	云南ᵃ	贵州ᵇ	年份	云南ᵃ	贵州ᶜ	年份	云南ᵃ	贵州ᶜ
1754	1994198	3273343	1791	3689434	5182754	1828	6465972	5371521
1755	2000772	3301692	1792	3758670	5189205	1829	6508884	5374347
1756	2007349	3315491	1793	3833044	–	1830	6553108	5377146
1757	2014483	–	1794	3913474	5206063	1831	6602645	5379400
1758	2022252	–	1795	3999218	5210450	1832	6653925	5381710
1759	2030369	3381821	1796	4088252	–	1833	6688073	5385322
1760	2069171	3393343	1797	4174586	–	1834	6730264	5388166
1761	2078802	–	1798	4264835	–	1835	6777308	5392515
1762	2088746	–	1799	4353738	–	1836	6825580	5396378
1763	2099417	3417865	1800	4455309	–	1837	6870917	5398955
1764	2110514	3424207	1801	4538431	–	1838	6916330	5341372
1765	2125597	3430086	1802	4632974	–	1839	6971630	5406268
1766	2136855	3436309	1803	4733013	–	1840	7018621	5410035
1767	2148597	3441656	1803	4833894	–	1841	7060915	5411907

续表

年份	云南ᵃ	贵州ᵇ	年份	云南ᵃ	贵州ᶜ	年份	云南ᵃ	贵州ᶜ
1768	2162324	3446908	1805	4934367	–	1842	7105503	5414126
1769	2176356	–	1806	5033351	–	1843	7146314	5417863
1770	2191139	–	1807	5127424	–	1844	7148957	5420262
1771	2207650	–	1808	5222175	–	1845	7220852	5422854
1772	2224234	–	1809	5313194	–	1846	7254135	5424842
1773	2239586	3481657	1810	5405710	–	1847	7283050	5427373
1774	2255666	3485919	1811	5488658	–	1848	7312722	5429485
1775	3083499	3738964	1812	5561320	5288219	1849	7342178	5431859
1776	3102948	5033177	1813	5628960	5291294	1850	7375503	5433932

资料来源

a 道光《云南通志》(1835版)卷五十五,第13页上－第19页下。又见《云南通志》(1894年版)卷五十五,第13页上－第19页下;光绪《云南通志》(1894年版)卷五十五,第13页上－第19页下。乾隆四十年十一月十一日表,乾隆四十一年十月四日表,乾隆五十年十二月七日表,乾隆四十二年十一月二十九日表,乾隆五十六年十二月二十七日表,以上藏北京,中国第一历史档案馆;乾隆十六年十二月二十七日《宫中档》000917,乾隆十九年十二月十一日《宫中档》008272,乾隆二十八年十一月二十七日《宫中档》003117,乾隆二十七年十二月二十日《宫中档》005463,乾隆二十九年十一月二十日《宫中档》016441,乾隆三十二年十一月十一日《宫中档》019069,乾隆三十年十一月二十一日《宫中档》023308,乾隆三十一年十二月二十一日《宫中档》026346,乾隆三十档》021990,乾隆三十二年十一月十一日《宫中档》023308,乾隆三十三年十一月六日《宫中档》026346,乾隆三十八年十一月四日《宫中档》026976,乾隆四十二年十一月二十日《宫中档》032891,乾隆四十三年十月二十八日《宫中档036590,乾隆四十三年十一月二日《军机处档》021779,乾隆四十四年九月十五日《军机处档》25200,乾隆四十八年十一月二十九日《军机处档》028963,乾隆四十六年十一月七日《宫中档》039740,乾隆四十七年十月十五日,乾隆四十五年三月二十日日《宫中档》042900,乾隆四十八年十一月《宫中档》046313,乾隆五十年十月十八日《宫中档》049165,乾隆五十三年十二月四日《军机处档》042713,乾隆五十四年十二月十日《军机处档》042713,以上藏台北故宫博物院。感谢白诗薇(Sylvie Pasquet)和魏丕信(Pierre-Etienne Will)让我获得了这么多的台北故宫博物院资料。

b 《朱批奏折》之《内政·保警》"民教谷数奏折":乾隆六年十一月二十三日,乾隆七年十一月二十四日,乾隆十年十一月二十五日,乾隆十二年十二月二十一日,乾隆十五年十一月二十四日,乾隆二十五年十一月十五日,乾隆四十年十二月十一日,乾隆四十一年五月,乾隆四十四年十一月二十日,乾隆四十九年十二月十一日,乾隆五十年十二月十四日,乾隆五十一年六月,乾隆五十二年十一月四日,乾隆五十七年十二月十八日奏,以上奏折藏于北京中国第一历史档案馆;乾隆十六年十一月一日《宫中档》000736,乾隆十八年十一月四日《宫中档》005276,乾隆十九年十二月五日《宫中档》013335,乾隆二十年十一月十五日《宫中档》010773,乾隆二十一年十二月二日隆二十八年十一月二十八日《宫中档》008227,乾隆二十九年十一月五日《宫中档》016454,乾隆二十二年十一月一日《宫中档》01959,乾隆三十二年十一月二日《宫中档》029919,乾隆三十二年十一月《宫中档》023047,乾隆三十三年十二月五日《宫中档》036789,乾隆四十年十一月二十四日三日《宫中档》026415,乾隆四十年十一月二十四日《军机处档》,乾隆四十五年十一月二十一日《宫中档》039956,乾隆四十七年十一月一日《宫中档》043089,乾隆四十八年十二月十日《宫中档》0248,乾隆四十八年十一月二十一日《军机处档》046383,乾隆五十六年十二月二十一日《宫中档》034950,乾隆五十三年十二月三日《军机处档》08248,乾隆五十四年十二月二十一日《军机处档》042905,以上奏折藏台北故宫博物院。再次感谢白诗薇(Sylvie Pasquet)和魏丕信(Pierre-Etienne Will)让我获得了这些材料。

c 《全国民教谷数清册》黄册,文 497、965—1006,藏中国第一历史档案馆,含 1787—1791,1794—1795,1819—1820 年和 1831—1850 年份数据。这些清册收入丁季文治《中国近代农业史资料》,三联书店,1957 年,第 7—17 页。亦见严中平等编《中国近代经济史统计选辑》,科学出版社,1955 年,第 362—374 页。中国第一历史档案馆还藏有 1813 年,1816—1817 年,1821—1824 年,1826—1830 等年末编目的清册。

d 《贵州省民政赋役全书》(雍正朝版)卷一,第 4 页下—第 165 页上。

表 5.6　1775 年云南省"土著"人口登记的分项数字

府	原登记数	新登记数	新增数	占 1774 年的%	估计死亡数	占 1774 年的%	总计
澂江	166570	127880	1340	0.8	(884)	(0.5)	294906
楚雄	108316	88210	3503	3.2	(3367)	(3.1)	196662
大理	233986	121876	4138	1.8	(2472)	(1.1)	357528
东川	—	—	—	—	—	—	—
广南	—	—	—	—	—	—	—
广西	77558	247	258	0.3	(403)	(0.5)	77660
景东	10758	13365	326	3.0	(76)	(0.7)	24373
开化	39507	98535	260	0.7	(148)	—	138154
丽江	120317	58531	886	0.7	(489)	—	179245
临安	135030	98786	3417	2.5	(2123)	(1.6)	235110
蒙化	47731	38192	1733	3.6	(0)	—	87656
普洱	—	—	—	—	—	—	—
曲靖	338146	52428	6895	2.0	(4706)	(1.4)	392763
武定	50688	21584	554	1.1	(236)	(0.5)	72590
顺宁	40760	27782	712	1.7	(524)	(1.3)	68730
永北	11713	24899	322	2.7	(244)	(2.1)	36690
永昌	325027	24680	2619	0.8	(2026)	(0.6)	350300
元江	—	—	—	—	—	—	—
云南	549559	8913	15023	2.7	(5100)	(0.9)	568395
昭通	—	—	—	—	—	—	—
镇沅	—	—	—	—	—	—	—

资料来源:

道光《云南通志》(1835 年版)卷五十五第 19 页上—卷五十六第 46 页下;光绪《云南通志》(1894 年版)卷五十五第 19 页上—卷五十六第 46 页下。

按:由于表内所列人口均系土著,"新增数"指的应为在本地的"出生数","估计死亡数"是我以乾隆四十年的总数减去"原来数"、"清出数"、"新增数"得出的。当然,死亡数中可能包括离开的人数。本地人口中可能包括迁入的移民。

另外,在西南也还有一些地区根本就没有上报人口数,这可能是由于这些地区还没有被纳入保甲体系。[27]最为重要的是,在土司统治地区,所有居民都未登记入册。[28]据云南巡抚汤聘称,1766 年,云南有 21个州县(占云南 75 个州县的四分之一以上)没有上报它们的人口。[29]这样看来,人口数字偏低主要是政府原因,而不是民众不愿意登记。[30]直到 1775 年,当乾隆皇帝再次谕令作出完整、准确的人口统计表,并相应地重新组织人口登记时,省一级政府才试图对每一个人进行登记。因此,云贵两省的在册人口在 1774 年至 1776 年间突然跃增了近 250万人(见表 5.5)。云南是我们所掌握的唯一有详细材料记录的省份,我们将该省新发现人口的空间分布状况用地图 5.2 加以描述。

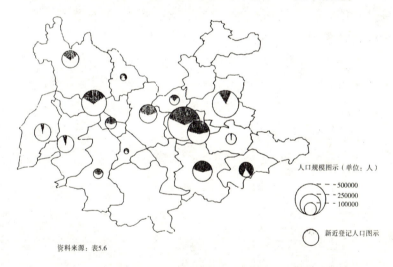

人口规模图示(单位:人)

500000
250000
100000

新近登记人口图示

资料来源:表5.6

地图 5.2　1775 年云南新近登记人口示意图

西南登记人口总数激增一半这一事实,说明 1774 年至 1776年间人口登记情况有了极大的改进。但即使如此,人口数字仍旧是极不完整的。[31]例如,贵州 1776 年至 1850 年的数字就非常令人怀疑,因为其他定性材料所反映的增长速度要比数据所显示的快得多。[32]虽然云南的数据似乎与历史记载比较一致，但从我对表5.7所列的1775年云南人口各项数字的分析中我们还是可以看出，人口的出生和死亡数字仍然被估计得太低。[33]根据当时人的观察，许多人附于其他户名下，而非以其身份进行登记。[34]还有许多人，特别是移民，则完全逃避了登记。[35]然而，我们统计在表格中的人口数，其最大的遗漏仍是土司管辖区的居民，他们继续未被纳入人口登记的范围。结果，即便是当时的官员都以怀疑的眼光来看待上报的人口数字，特别是土司地区的人口数字。[36]所以，在缺乏原始户籍材料的情况下，我们一定要非常谨慎地使用这些人口数据。[37]尽管如此，清代所产生的这些数据还是第一次使我们能够有把握地回答一些关于西南人口的基本问题。

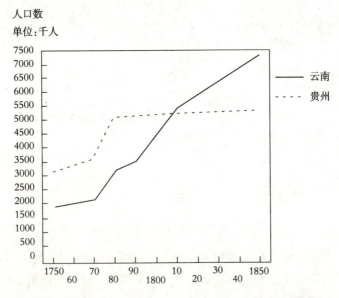

图5.1　1750年—1850年云南、贵州登记人口变化示意图

图5.1画出了表5.5所示的1750到1850年云贵两省在册人口的增长情况。这些数字说明,西南人口的上升趋势开始于17世纪中期的贵州。这可能是由于明清之际的战乱迫使许多难民从云南和四川逃往贵州。到1733年,贵州在册人口已经超过60万户,即可能达到300万人,这一数字是1550年登记户数的四倍,也是我估计的16世纪人口数150万的两倍。然而,在1740年之后,西南人口增长的中心又回到了云南。根据我们从所获云南食盐消费的官方数字对人口数进行的估计,到18世纪中期,云南省的实际人口可能已达到300万,即极大地超过了在册人口数。[38]但是,直到1809年前,云南省的在册人口一直未能超过贵州省。其后,在整个19世纪,云贵两省人口持续增长,到1850年,两省在册人口共为1300万人。由于四川南部的在册人口在1850年可能已超过300万,这意味着此时西南的在册人口总数达到了1600万人。

但是,在1775年后西南究竟有多少人逃避了登记呢?我们知道,大部分漏登的人是土司地区的汉人以及少数民族。我们还知道,到1825年,中央政府已经算出,在贵州、四川南部和云南东南部的土司地区,汉族移民已经超过了100万。[39]我们估计云南东北部地区,到19世纪初期也居住着几十万移民。[40]其他地方也一定还有漏算的移民。或许,更能说明18世纪中国实际人口情况的是政府专卖的食盐数量。这些数字既为我们估算1775年之前人口提供了直接依据,也使我们获得了对1775年以后未进行人口登记的东川、昭通、元江、广南等府的人口进行估算的重要数据。[40]现将这些资料列于表5.7。当然,我们不知道全部漏登人口的总的比例,特别是少数民族人口的材料更难以找到,只知道他们在数量上多于汉族漏登人口。

表 5.7　1700 年—1800 年间以官销食盐数为基础推算的云南人口数[a]

年份	产盐数	食盐运入数	销盐数	估计人口数	在册人口数
1700	2258187	–	–	1737053	–
1723[b]	27800000	–	–	2138462	–
1727	22985698	–	–	1768130	–
1730[c]	27287436	–	–	2099033	–
1742	29307036	3000000	32307036	2485156	917812
1751	30880850	3500000	34380850	2644680	1974031
1755[d]	–	3000000	36000000	2769230	2069171
1760	–	5000000	–	–	–
1800	36277998	1000000	37106000	2854315	4445309

资料来源：

　　a　除非特别注明,表中数据均来自光绪《云南通志》(1894 年版)卷七十二,第 1 页上—70 页上。亦见刘隽《清代云南的盐务》,见《中国近代经济史研究辑刊》第二辑,第 1 号,第 70—71 页,1933 年。

　　b　檀萃《滇海虞衡志》。

　　c　师范《滇系》。

　　d　张泓《滇南新语》。

　　从行政区域方面来看,在中国西南的实际人口中,有四分之一没有被登记下来。由于改土归流的逐渐推行,未进行人口登记的面积已经比 16 世纪时的范围缩小了很多。[42]到 18 世纪后期,云南土司辖区已经从全省面积的一半缩小到四分之一,贵州从三分之二缩小到三分之一,只有四川南部仍有半数属土司统治,也即尚未进行人口登记。在 1950 年,这些地区的人口接近西南总人口的四分之一。[43]在 19 世纪,也可能与这个比例大体差不多。如果我们假定这个比例保持不变,那么我们就可以用这些资料对人口在册数进行校订,从而算出实际的人口数。依据我的估计,在 1775 年,中国西南的实际人口,云南至少有 400 万人,贵州 600 万人,四川南部 150 万人,整个西南共有 1100 万人;到 1850 年,西南人口中心回到云南后,其人口情况为:云南 1000 万,贵州 700 多万,四川南部大大超过 400 万,西南总人口至少达到 2100 万人。由于贵州的登记人口大大偏低,即使西南的总人口数再多一些,我也不会感到吃惊。换言之,在 16 世纪至 18 世纪这 300 年间,西南的人口仅增加了一倍,而在 18 世纪至 19 世纪的 100 年间,西南的人口就增加了一倍。

(二)清代西南人口增长的时间和空间

在我们所掌握的人口统计资料中,要数云南省的最为齐全。[44] 由于该省从 1775 年到 1850 年的人口统计数有幸被保存下来,我们便能准确地找出第二阶段中一部分人口增长的数字(见表 5.7)。同时,由于云南 22 个府中有 17 个府存在部分人口系列数(1775 年—1778 年,1780 年—1781 年,1784 年—1785 年,1794 年—1796 年,1804 年—1806 年,1809 年—1811 年,1814 年—1815 年,1819 年—1821 年,1824 年—1825 年,1829 年—1830 年),我们便可以用总的平均数来衡量各地的差别,并详细标出人口增长空间分布状况。虽然,这些人口数据只包括“土著人口”,不包括“老年人”和“移民”,但就我目前所知,它们仍然是中国所有省份当中唯一的时间跨度如此之长,并按年编排的系列人口数据,其中府一级的系列数据是我们所能找到的省以下行政级别中最详细的资料,真是非常珍贵,值得仔细研究。从中,我们可比以前更好地窥见中国西南人口增长的时间和空间特征。

我据此计算了 1775 年至 1825 年云南的人口密度。各府的范围以 1820 年为准。[45] 我将计算结果列成表 5.8。根据这些计算结果,我把云南府和澂江府归为经济中心区,把东川、大理和蒙化三府归为次经济中心区,把楚雄、广南、开化、临安、曲靖和武定六府归为近边缘区,把广西、景东、丽江、普洱、腾越、顺宁、永北、永宁和元江9个府归为远边缘区。这样划分,仅供讨论参考之用。

表5.8　1775年—1825年间云南省所属各府人口密度情况表[a]

（单位:人/平方公里）

府名	1775	1795	1805	1815	1825
澂江	65	82	106	121	129
楚雄	10	13	18	23	27
大理	26	38	46	52	57
东川[b]	16	–	–	–	42
广南[c]	4	–	–	–	26
广西	6	7	8	10	11
景东	4	5	9	9	10
开化	11	12	13	14	15
丽江	5	6	7	8	9
临安	9	14	16	19	20
蒙化	21	25	31	36	37
普洱[d]	–	5	–	–	–
曲靖	18	20	22	25	28
腾越厅	9	10	11	13	13
武定	10	14	19	26	28
顺宁	2	3	3	4	4
永北	3	5	6	7	8
永宁	7	8	9	10	10
元江[e]	7	–	–	–	12
云南府	62	85	110	133	152
昭通[b]	16	–	–	–	24
镇沅	12	–	–	–	–

资料来源:

　　a　道光《云南通志》(1835年版)卷五十五,第19页上—卷五十六第46页下;光绪《云南通志》(1894年版)卷五十五,第19页上—卷五十六第46页下。

　　b　估计数系根据光绪《云南通志》卷七十二，第 68 页下—69 页上所载
乾隆二十八年(1763 年)东川、昭通二府的食盐消费量 400 万斤计算出来的。
我按每人每年平均消费盐 13 斤计算。其中人口数取自乾隆《镇雄州志》
(1784 年版)卷三，第 17 页上、光绪《东川府志》(1897 年版)卷一，第 9 页下、
民国《昭通县志》(1924 年版)卷二第 166 页。
　　c　1775 年的估计数也是根据光绪《云南通志》卷七十二，第 68 页下—
69 页上所载食盐消费量计算出来的。1825 年的估计数系根据 1821 年和
1823 年广南府所载 67000 户(每户以 5 口计)得出的。见道光《广南府志》
(1825 版)卷二第 1 页下、道光《威远厅志》(1837 年版)卷四第 49 页下。
　　d　道光《普洱府志》(1851 版)卷七，第 1 页下—2 页下。
　　e　民国《元江志稿》(1922 年版)卷六，第 2 页下。

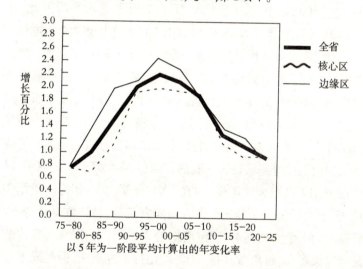

图 5.2　1775 年—1825 年云南人口增长率示意图

　　图 5.2 对比了从 1775 年到 1825 年间云南省每年的人口增长
率。我们平均以五年作为一个阶段，对中心区和边缘区的增长率
进行了比较。三条增长曲线明显地表示出，在 18 世纪初期，云南
的人口有了巨大的增长。在 1775 年，云南的登记人口数超过 300
万，而且还在以接近 7‰的年均增长率增长，约相当于全国平均增

长率。随后，人口开始上升。到 1785 年，年增长率已经上升为
10‰，对于封建社会来说，这个增长率是非常高的。仅在 10 年以
后，增长率又增加了一倍，达到 20‰，这几乎比中国其他任何省份
的增长率都要高得多。此后不久，虽然增长率突然与全国持平，可
是云南人口继续以 20‰的速度在快速增长，一直到 1811 年以前
都没有明显减少。从 1775 年到 1825 年这整个时段看，云南省的
登记人口以年均 14.6‰的速度在增长，这一速度正好是全国登记
人口增长率 7.3‰的 2 倍。直到 1845 年，云南的人口增长才开始
缓慢下来，年均增长率开始持续低于全国平均水平。因此，从
1775 到 1825 年这半个世纪，中国西南人口的增长非常令人吃惊。

　　与明代人口局部增长的情形（表 5.2、表 5.3 所示）不同，清代
西南人口的增长相对较为普遍。在云南，各省级以下人口数据所
显示的增长率与省总体水平相似。在 18 世纪后期，在几乎所有的
府，与全省一样，人口增长率达到了一个很高的水平，其增长幅度
从 15‰上升到了 30‰。另外，村庄数量的增加也进一步证明了清
代西南各地人口普遍增长这一看法。例如，在大理正南的赵州，村
庄数在 16、17 世纪大致不变，但在 1730 年至 1830 年这一世纪中
则从 35 个增至 60 个；[46]同样，在云南府宜良县，村庄数也从 18 世
纪后期的 161 个增加到 19 世纪后期的 275 个；[47]情况最为突出的
是楚雄府大姚县，村庄数在整个 17 世纪都大致不变，但乾隆七年
至道光二十五年间（1742 年—1845 年）则从 150 个增至 368 个。[48]
到 18 世纪初期，人口膨胀的迹象在西南随处可见。以下几张系列
人口密度图描绘了除 1795 年外从 1775 年到 1825 年间每隔十年
的人口增长空间分布状况。与明代多数人口分布在云南西部不
同，清代人口的增长主要是在东部。

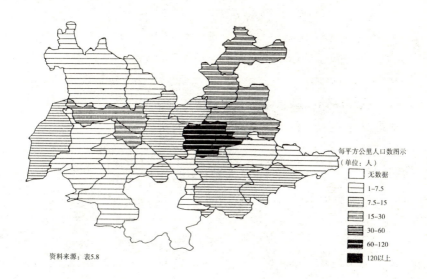

资料来源：表5.8

地图5.3 1775年云南人口密度示意图

每平方公里人口数图示
（单位：人）

- 无数据
- 1~7.5
- 7.5~15
- 15~30
- 30~60
- 60~120
- 120以上

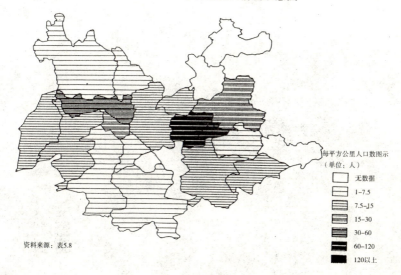

资料来源：表5.8

地图5.4 1795年云南人口密度示意图

每平方公里人口数图示
（单位：人）

- 无数据
- 1~7.5
- 7.5~15
- 15~30
- 30~60
- 60~120
- 120以上

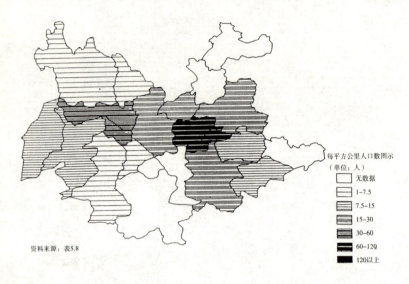

资料来源：表5.8

地图5.5　1805 年云南人口密度示意图

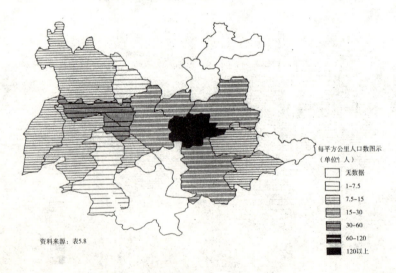

资料来源：表5.8

地图5.6　1815 年云南人口密度示意图

　　当然,在西南各地之间,人口增长的差异也的确存在。正如我们从图 5.2 所看到的,中心区几乎拥有全省登记人口的一半,虽然它们与全省的人口同样增长,但增长速度则要快得多。只有 1810 年至 1811 年间有所例外。与此形成对照的是,虽然边缘区的人口增长比中心区要慢,但它的增长率的高峰比中心区和全省要更晚。此外,虽然中心区和边缘区在这一时期人口都在稳步增加,但其增长率的变化却是此消彼长。当中心区的人口增长率加快时(1775 年至 1785 年),边缘区的人口增长率放慢;但是当中心区的人口增长率减缓时(1785 年至 1790 年以及 1800 年之后),边缘区的人口增长率则加快或保持稳定。直到 1810 年以后,当地区性的人口增长周期处于无可挽回的下降阶段以后,中心区和边缘区的增长率才趋于一致。这就意味着,当中心区的工业发展和城市扩大时,人口增长得较快,而当中心区增长率下降时,更多的人口为了寻求土地的保障迁移到了边缘区。

　　家庭平均规模的变化在西南地区也呈现出同样的空间形式和时间趋势。表 5.9 列出 1775 年—1825 年中心区和边缘区的人口增长率和户均规模,表 5.10 则列出了经济中心区、次中心区、近边缘区和远边缘区的户均规模。从空间分布形式看,除 1805 年和 1810 年稍有些出入外,基本与预期的施坚雅模式一致,即:大户分布在远边缘区和中心区,较小的户分布在近边缘区和次中心区。从时间趋势看,中心区和边缘区都在向较大规模的户发展,但这种发展不是持续不断的。所有中心区的府和一些边缘区的府,其户均规模都是先小后大。此外,在这种情况下,户均规模实际上与人口增长率呈反方向变化。位于中心区的澄江府是最能说明问题的

例子。我把户的大小和人口增长率之间所存在的反向联系列于图
5.3。户均规模的缩小可能是移民造成的。换句话说，人口增长表
现的是古典形式，即较小的移民户一方面使总人口增加，但同时也
使平均户的规模变小。

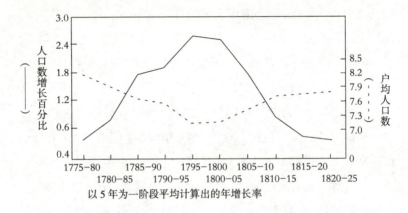

图 5.3　1775 年—1825 年澂江府的人口增长率和户均人口数的关系

　　总而言之，在 1250 年至 1850 年间，移民使西南的人口从三百
万增加到二千一百万。最初，在明代，移民主要定居在云南和贵州
的中心区域，这些地区人口因此有较大增长。到了清代，移民定居
点遍及整个西南，结果，西南的人口获得了普遍增长。但是，只有
在昆明、澂江、东川、大理、蒙化和贵阳等特定的中心区，人口才继
续以较快的速度增长。在这些地方，城市和商业较为集中。西南
人口的这种空间分布形式，部分是由自然资源的分布状况所决定
的，但同时部分又是由国家资源的配给所决定的。国家资源主要
用于保护和开发战略资源，保障军需，满足土著居民和移民在西南
的经济需要。

表5.9 1775年—1825年间云南人口增长率与户均规模情况表

年代	经济中心区				边缘区				全省			
	人口数	人口增长率	户数	户均人数	人口数	人口增长率	户数	户均人数	人口数	人口增长率	户数	户均人数
1775	1308485	0.75	270480	4.84	1773256	0.86	363148	4.88	3081741	0.81	633628	4.86
1780	1358222	1.4	277035	4.9	1850552	0.92	384911	4.81	3208774	1.13	661946	4.85
1785	1456933	1.94	312047	4.67	1937126	1.31	407150	4.76	3394059	1.58	719197	4.72
1790	1603606	2.17	339097	4.73	2067567	1.41	433488	4.77	3671173	1.74	772585	4.75
1795	1785073	2.43	375856	4.75	2217328	2.03	469027	4.73	4002401	2.21	844883	4.74
1800	2012912	2.26	412239	4.88	2452123	1.78	513119	4.78	4465035	2.00	925358	4.83
1805	2251234	1.79	448429	5.02	2677794	1.92	550219	4.87	4929028	1.86	998548	4.94
1810	2460362	1.40	471185	5.22	2945547	1.06	590936	4.98	5405909	1.21	1062121	5.09
1815	2637197	1.23	488228	5.40	3104356	1.01	621785	4.99	5741553	1.11	1110013	5.17
1820	2802855	1.87	500922	5.60	3263812	0.96	642691	5.08	6066667	0.92	1143613	5.30
1825	2927562	- - -	510391	5.74	3422741		656275	5.22	6350303	- - -	1166666	5.44

资料来源:道光《云南通志》(1835年版)卷五十五,第19页上一卷五十六卷第46页下。

表5.10 1775年—1825年云南户均规模情况表

年代	经济中心区	次中心区	近边缘区	远边缘区
1775	5.30	4.14	4.36	5.88
1780	5.44	4.13	4.31	5.76
1785	5.04	4.12	4.29	5.67
1790	4.93	4.39	4.28	5.75
1795	4.84	4.59	4.28	5.61
1800	4.90	4.85	4.32	5.71
1805	5.00	5.07	4.41	5.80
1810	5.20	5.26	4.53	5.90
1815	5.44	5.33	4.58	5.82
1820	5.69	5.42	4.68	5.89
1825	5.86	5.49	4.86	5.94

资料来源：道光《云南通志》（1835年版）卷五十五，第19页上—卷五十六页第46页下。

在这些需要中，最首要的是改善生产、分配和再分配，这一方面包含食物等农业性产品的生产、分配和再分配，另一方面也包含非农业性生产。这两者共同扩大了支持人口增长的经济基础。从13世纪开始，西南各省政府不断作出富有成效的努力，以实现这些目标。元代和明代的努力主要集中在农业的发展上，我们将在第6章和第7章中论述。清代的努力重点集中在工商业的发展上，我们将在第8章和第9章对其进行讨论。

注　释

1　本章最早写于1980年，其中部分内容署名李中清曾公开发表过，分别是：《中国西南的粮食供给与人口增长：1250—1850》(*Food Supply and Population Growth in Southwest China, 1250—1850*)，见《亚洲研究杂志》41卷，1982年8月，第711—746页；《明清时期中国西南地区经济发展和人口增长》，见《清史论丛》第5辑，第50—102页，1984。本文的研究和写作得到许多人的帮助。

我要特别感谢芭芭拉·康琪露茜(Barbara Congelosi)、爱德华·格林(Edward Green)、威廉·拉维里(William Lavely)、李中汉(Stephen Lee)、李明珠(Lillian Li)、牟复礼(Frederick Mote)、白诗薇(Sylvie Pasquet)、罗友枝(Evelyn Rawski)、黛安(Diane Scherer)、魏丕信(Pierre-Etienne Will)、桑德拉·黄(Sandra Wong)和王国斌(Bin Wong)。

2 何炳棣《中国人口研究:1368—1953》(*Studies on the Population of China, 1368—1953*),哈佛大学出版社,1959 年;珀金斯(Dwight H. Perkins)《中国农业的发展:1368—1968》(*Agricultural Development in China, 1368—1968*),阿尔戴恩(Aldine)出版社;卡蒂尔(Michel Cartier)和魏丕信(Pierre-Etienne Will)《中国人口统计学和制度对帝国时期人口调查和分析的贡献》(*Demographie et institutions en Chine: contributions a l' analyse des recensements de l' epoque imperiale*),见《人口学史年鉴》(*Annales de demographie historique*),第 161—245 页,1971。

3 伊懋可(Mark Elvin)《中国过去的面貌》(*The Pattern of the Chinese Past*),斯坦福大学出版社,1973 年;费景汉(Fei, John C. H)和刘翠溶(Liu Ts' ui-jung)《传统中国农业中的人口变动状况》(*Population Dynamics of Agrarianism in Traditional China*)收入侯继明(Hou Chi-ming)和于宗先(Yu Tzong-shian)编《中国近代经济史》(*Modern Chinese Economic History*)第 23—54 页,台北"中央"研究院经济研究所,1979 年;马若孟(Myers, Ramon)《中国经济的过去和现在》(*The Chinese Economy Past and Present*),加州贝尔蒙(Belmont, Calif),Wadsworth 出版社,1980 年。最近这方面的发展主要体现在对个别人口阶层的分析,并提出以人口控制的多样形式及其相应的对经济和社会环境快速反应为特征的人口统计制度,对人口数的这种快速增长也起了很大作用。见李中清和王丰《人类的四分之一:马尔萨斯的神话与中国的现实》(*One Quarter of Humanity: Malthusian Mythology and Chinese Reality, 1700—2000*),哈佛大学出版社,1999 年。很遗憾,我们没有掌握中国西南这方面的资料。

4 施坚雅《中华帝国晚期的城市》(*The City in Late Imperial China*),斯坦福大学出版社,1977 年。

5 江应樑《明代外地移民进入云南考》,见《云南大学学术论文集》第 2 辑,第 1—33 页,1963 年;杜玉亭、陈吕范《云南蒙古族简史》,云南人民出版社,1979 年;李中清《中国西南的移民遗产:1250—1850》(*The Legacy of Immigration in*

Southwest China,*1250—1850*),见 *Annales de demographie historique*,第 279—304 页,1982 年;方国瑜《明代在云南的军屯制度》,见《方国瑜文集》第 3 辑,云南人民出版社,2003 年。

6　克洛丹·隆巴德·萨尔蒙斯(Claudine Lombard-Salmons)《十八世纪汉人向贵州省移入文化一例》(*Un exemple d' acculturation Chinoise*:*la province du Guizhou au l8e siecle*),第 166—171 页,远东法语学校,1972 年。

7　例如 1555 年贵州巡抚奏称:我无从找到全省完整的人口,不但夷民多无统计,即军户也并无全数。且四川、江西之移民多混迹其间,多逃避不入户籍。见万历《贵州通志》(1555 年版)卷 3,第 47 页上。章潢(1527—1608 年)《图书编》卷四十五,第 35 页下也有类似记载。

8　康熙《河阳县志》(1717 年版)卷七,第 16 页上记载,在 16 世纪,该县的人口是男口 9217(占 77%),女口 2726(占 23%),男女性别比例 3.4:1,高得似乎不合理。万历《赵州志》(1587 年版)卷二,第 6 页下所载该年的人口数也同样不合情理,为男口 17259(占 64%),女口 9764(占 36%),性别比例为 1.77:1。类似的例子参见嘉靖《寻甸府志》(1550 年版)卷一,第 8 页上,以及康熙《澂江府志》(1717 年版)卷七,第 42 页下—43 页上。应该指出的是,根据明代法律,"应起解者,皆拘妻金解,津贴军装盘缠","如原籍未有妻室,听就彼完娶;有妻在籍者,就于结领内开妻室姓氏、年岁,着令原籍亲属送去完娶"。(万历《明会典》卷一百五十五,第 1 页上)因此,这种一边高一边低的男女性别比例并非移民的结果。

9　本书第六章所述世袭勋贵沐氏家族的地产便是一个很好的例子。到 1610 年,其所占田地超过 100 万亩,占 1605 年在册民田的一半还多,这类土地上的民户便多未登记入册。

10　关于云南土司情况,见江应樑《明代云南境内的土司与土官》,云南人民出版社,1958 年。少数民族不服徭役,仅纳"差发"。见张学颜《万历会计录》(1582 年版)卷十三,第 1 页上。

11　见上文所引贵州巡抚 1555 年的奏报。

12　在 1605 年,云南在册耕地从 180 万亩增加到 650 万亩,增长了 3 倍,而在册人口却无任何变化。这些新开土地一部分无疑在土司地区,然而也不可否认,有很大部分(诸如沐氏家族的地产)则是分属政府直接统治的府州地区。

13　嘉靖《寻甸府志》(1550 年版)卷一,第 5—7 页上。

14 万历《赵州志》(1587 年版)。

15 嘉靖《普安州志》(1549 年版)卷一,第 29 页上—30 页上;嘉靖《寻甸府志》卷一,第 5—7 页上;嘉靖《马湖府志》(1555 年版)。

16 中国西南的碑刻主要收藏于云南省博物馆。衷心感谢该馆让我复制了我在此引用的资料。

17 《曹溪寺常住碑》1694 年,云南省博物馆藏拓片。

18 见《普宁藏》,大理市图书馆;冶秋《大理访古记》,载《文物》1961 年 8 期,第 48—57 页。感谢大理市图书馆为我提供了一份复印件。

19 见《法明寺之常住田碑》,1376,云南省博物馆收藏有拓片。

20 施坚雅在《中华帝国晚期的城市》(斯坦福大学出版社,1977)第 215 页中划定的长江上游经济区,大部分为四川省。仅仅在 1775 至 1850 年间,四川的在册人口就增长了 6 倍,从 700 万增到 4400 万。然而,应该指出的是,四川的在册人口不可靠是出了名的,其他地方的小块地区也以非常快的速度在增长。清代尚为福建省一个府的台湾也许是最显著的例子。参见徐汶雄《中国在台湾的移民》芝加哥大学博士论文,1975 年。

21 何炳棣先生《中国人口研究:1368—1953》(*Studies on the Population of China, 1368—1953*)第 24—35 页,哈佛大学出版社,1959 年;并见李华《清代前期赋役制度的改革》,见《清史论丛》第一辑,第 100—109 页,1979 年。根据王庆云《石渠余记》卷三第 115—135 页的记载,云南和贵州分别在 1726 年、1777 年摊丁入亩。但实际上,两省各地完成摊丁入地的时间颇不一致。例如,在云南省南宁县早在 1622 年这个过渡就已发生,而在平远州,直到 1747 年才开始过渡。见咸丰《南宁县志》(1852 年版)卷四,第 1 页上、道光《平远州志》(1848 年版)卷六,第 2 页上下。又见康熙《元谋县志》(1712 年版)卷二,第 29 页下;乾隆《元谋县志》(1781 年版)卷五,第 1 页上;乾隆《开化府志》(1759 年版)卷四,第 6 页下;乾隆《宜良县志》(1767 年版)卷二,第 62 页上;康熙《思州府志》(1722 年版)卷八,第 50 页上—51 页上。

22 闻钧天《中国保甲制度》,上海商务印书馆,1936 年;何炳棣《中国人口研究:1368—1953》第 36—64 页;卡蒂尔(Cartier)《十八世纪中国人口的增加和保甲登记》,见《人口史学年鉴》,1979 年法文版,第 9—23 页。

23 自 17 世纪以来,中国西南只有少数真正的人口报表保存下来。它们的数字显然取自早期试行的保甲登记制。从18世纪前期（1740年以前）起，开始有更多的数字保存下来。见康熙《浪穹县志》（1690年版）卷三，第1页下；康熙《澂江府志》（1717年版）卷七，第42页下—43页上；康熙《寻甸州志》（1720年版）卷三，第12页上；咸丰《南宁县志》（1852年版）卷四，第1页上；康熙《元谋县志》（1698或1712年版）卷二，第29页下；康熙《新平县志》（1712年版）卷二，第14页上康熙《晋宁州志》（1716年版）卷一，第9页上；康熙《云南县志》（1716年版）卷一，第23页上；康熙《楚雄府志》（1716年版）卷三，第27页上；康熙《嶍峨县志》（1717年版）卷二，第21页下；雍正《马龙州志》（1723年版）卷五，第2页下；乾隆《镇雄州志》（1784年版）卷三，第17页上；民国《安宁县志》（1949年版）。

24　道光《云南通志》（1835年版）卷五十五，第十一页下便记载说："乾隆十三年（1748年），内遵例添列妇口，共清出妇女口计九十六万五千二百八十一。"

25　道光《云南通志》（1835年版）卷五十五第12页上所载1756年的人口数仍然没有显示出任何显著的增长。我认为，这可能是因为少数民族事实上已经包括在保甲登记之中。1756年前的例子，见乾隆《陆凉州志》（1752年版）卷二，第18页下，及乾隆《镇雄州志》（1784年版）卷三，第17页上、卷六，第8页下—21页下。

26　根据何炳棣《中国人口研究：1368—1953》（*Studies on the Population of China, 1368—1953*，哈佛大学出版社，1959年）第38—53页，从1740年之后，尽管移民被登记在保甲制中，但为了躲避加倍的负担，直到1775年，在人口报表中，他们并没有被上报。然而，在西南，许多移民实际上包括在人口统计数字之中。例如，贵州巡抚张广泗便说，1746年的人口报告内包括已在贵州定居一段时期，并购买土地和成家而成为本地人的移民，以及与汉人一起纳税的熟苗。见张广泗"民数谷数奏折"，藏于中国第一历史档案馆《朱批奏折》第四组第1864盒，档6。在表5.5附注所引的"民数谷数奏折"中，也有许多类似的例子。

27　康熙《弥勒州志》（1716年版）便载该地从未对本地居民进行人口登记，也无册籍可查。康熙《白盐井志》卷一，第25页也载白盐井地方政府直到1757年都未将人口纳入保甲。同样，咸丰《腾越厅志》（1857年版）卷三，第3页上下也记载，直到1760年前，当地政府都没有把人口编入保甲。

28 土司辖区人口免于登记这一行为，属主权范畴的问题，而非民族问题，因为处在中央政府直接统治下的少数民族就被统计在上报的人口中。关于实际的例子，见乾隆《镇雄州志》(1784年版)卷一，第49页上；道光《大定府志》(1850年版)卷四十第2页上。相同，生活在少数土司辖区的汉人，也总是被排除在人口统计之外。见《黔南识略》(1949或1847年版)卷一，第10页上、第41页上；嘉庆《四川通志》(1816年版)卷六十五，第17页上—20页上；道光《威远厅志》(1837年版)卷三，第49页上—54页上。

29 《乾隆三十一年云南省盛世滋生户口永不加赋人丁总数文册》，中国第一历史档案馆藏，文号416。很明显，这些地区的居民归土司管理。

30 在1711年，清政府将全国丁税总额固定下来。从理论上说，人口登记此后不再伴随着责任，而仅止是一种享受谷物赈济的权利。

31 云南省临安府的嶍峨县就是一个没有登记的显著例子。咸丰《嶍峨县志》(1860年版)卷八，第10—12页所载人口数与康熙《嶍峨县志》(1717年版)卷二，第21页下所登载人口完全一样，都是男人3000人、女人2168人，总计6168人。然而，来自政府食盐专卖的销售数说明，到1775年，该县人口已经超过26000人。很显然，150多年中，这个县没有进行新的人口统计。

32 例如，道光《大定府志》(1850年版)卷四十，第2页上和道光《遵义府志》(1841年版)卷二十，第1页上均称，嘉庆和道光年间(1796年—1850年)是人口快速增长的时期。民国《桐梓县志》(1929年版)卷十六，第2页上下也为我们提供了这一时期人口增长的较难得的统计数字。该县的人口在册数，1758年为14586人，1764年为25000多人，1820年增至56280人，1821年达62372人，1825年又有所增长，达63950人。以后人口有所下降，1830年降至58900人，1831年54203人，1835年58500人，1838年58055人，1839年降至57620人。

33 府与府之间上报的出生率和估计的死亡率差异很大，远远超过了正常的比率。如蒙化府就宣称没有死亡数。

34 根据光绪《霑益州志》(1885年版)卷二《户口》第43页上的记载，在云南，"贫乏不能立户者，所有输纳俱归亲族户下"。又据陈聂恒《边州闻见录》(1725年序)卷八，第13页上，以及咸丰《武定府志》卷四，下第56页上—58页下记载，移民劳动者常常登记在雇主户下。

35 根据道光《广南府志》(1825年版)卷二，第1页下的记载，在1821年，全府仅4500

多甲，即45000户，都很难将移民登记在册。许多移民没有登记。道光《威远厅志》卷三，第49页也载，根据1823年完成的一份调查，该府漏籍移民数可能大超过22000户，也许高达10万人。

36 杨锡绂《四知堂文集》(1764年版)卷六，第5页上对中国西南19世纪早期的人口数字表示怀疑。大部头的咸丰《安顺府志》(1851年版)的编者在卷二，第1页上中甚至表示拒绝在书中记录册籍人口数。因为他认为人口的记录"不足信"。另外，民国《巧家县志》(1942年版)卷四第2页说："清一代，虽户籍有册，然多未尽实"，光绪《腾越厅志》卷三，第1页也载，"民数之版，有登而无下"，对人口统计数均有怀疑。

37 关于清代人口资料总数的许多不可靠性(即使是1775年至1850年间的资料)论述，参见李中清《1700—1900年的中国人口史史料》(未刊稿)。不幸的是，不论是在云南省还是贵州省，清代存留下来的户籍册非常少见，我找到的唯一的户籍册是《丽江府剑川州西乡中户籍册》。见附录D。衷心感谢云南省图书馆的陈北南先生将此材料介绍给我。

38 张泓《滇南新语》卷一第19页记载，在1740年，云南的人口每年食盐消耗超过三千六百万斤。另据江道长(Chiang Tao-chang)《1644—1911年中国的盐业》(*The Salt Industry of China, 1644—1911*, 夏威夷大学博士学位论文，1975年)第151页的计算，云南每年人均食盐消费量被定为13斤。这意味着云南几乎有300万人口。

39 见《黔南识略》(1749年或1847年版)卷一，第10页上、卷四第1页下，嘉庆《四川通志》(1816年版)卷六十五，第17页上—20页上，道光《威远厅志》(1837年版)卷三第49页上—54页上。在第二章中，我们对这些特殊的移民登记作了讨论。

40 根据乾隆《东川府志》(1761年版)卷八，第14页下—15页上，到18世纪中叶，仅仅在东川，新近移入的农民就已经远远超过10万人。在拙著《中国西南移民史》一文中，我估计，到19世纪早期，云南东北部已经有数10万矿工。

41 根据康熙《嶍峨县志》(1717年版)卷二，第27页上的记载，"夷方虽不编丁，然亦计地言之大小，人口之多寡，以定销盐数额。"虽然，国家没有在少数民族地区进行人口登记，但为了决定食盐的供应配额，就自行估计人口数。这些估计，在1675年至1775年间是极为有用的。到18世纪后期，因食盐专卖已赶不上人口的增长，食盐销量对人口估算的作用也就大为下降。我还没有找到贵州或四川南部食盐消费的数字，因此，不能对其漏登的人口进行估算。

42　清代土司辖区各部份名单以及其土地的估算，参见王钟翰《雍正西南改土归流始末》，见《文史》1980 年 10 期；龚荫《中国土司制度》，云南民族出版社，1992 年。

43　见《云南省兄弟民族人口分布初步统计》(1951 年)，云南省政府出版办公室，1951 年。

44　道光《云南通志》(1835 年版)卷五十五，第 19 页上—卷五十六第 46 页下；光绪《云南通志》(1894 年版)卷五十五，第 19 页上—卷五十六页，第 46 页。贵州和四川南部仍然缺乏详细可信的省级以下行政级别人口系列数。因此，目前，我们必须依靠从省以下地方志中能找到的分散的数字。据我所知。最详细的数字，贵州省属的有道光《大定府志》(1850 年版)、道光《贵阳府志》(1850 年版)，及民国《铜梓县志》(1929 年版)，四川南部的资料则见于《邛嶲野录》(1832 年版)和光绪《雷波厅志》(1893 年版)。

45　我们地图中省和府的疆界系以谭其骧主编的《中国历史地图集》(中国地图出版社，1975 年)第八册，第 25—26 页为准。该书声明，所标省界和府界是嘉庆二十五年(1820 年)前后的状况。衷心感谢谭教授健在时允许我使用他主编的地图。梁方仲在《中国历代户口、田地、田赋统计》(上海人民出版社，1980 年)第 273—279 页也以府为单位计算了 1820 年云南的人口密度，其数据取自嘉庆《大清一统志》(1820 年版)。但梁先生系使用现代地图来划分历史上的人口。结果必然存在两个方面的偏差：第一，在嘉庆《大清一统志》中被记录下来的云南省人口数不包括屯户，其数约达全省登记人口数的三分之一；第二，自清代以来，云南省的疆界有了很大的变化，所有府的疆界都被重新划分。此外，在 19 世纪至 20 世纪 50 年代的 150 年中，云南省的总面积已经从396745 平方公里下降到 394100 平方公里。因此，梁方仲先生的计算结果在各方面都与我的不同。

46　分别见万历《赵州志》卷一，第 28 页下；乾隆《赵州志》卷一，第 22 页下—23 页下；道光《赵州志》卷一，第 57 页下—58 页下。

47　分别见康熙《宜良县志》卷一，第 8 页上—10 页下；乾隆《宜良县志》(乾隆三十二年版)卷一，第 47 页上—49 页下；乾隆《宜良县志》(乾隆五十一年版)卷一；民国

《宜良县志》卷二,第 2 页下—6 页上。

48　分别见康熙《大姚县志》卷一,第 13 页—17 页;乾隆《大姚县志》卷二;道光《大姚县志》(道光二十五年版)卷三,第 3 页下—48 页下;道光《大姚县志》(道光二十九年版)。

第　六　章

粮食生产

中华帝国晚期,全国人口从 1350 年的不到一亿增长到了 1850 年的 4.5 亿,与此同时,粮食生产也提高了。这种全面进步既是土地改良的结果,又是耕地面积扩大的产物。然而,在西南,农业的发展,就像人口的增长一样,也是国家政策作用的结果。明代,一百多万卫所官兵及其子女耕种于中国西南靠内地区的平坝和谷地。清代,在西南省级政府的积极鼓励并资助下,数百万的移民耕作于更边缘的谷地,甚至山区。正如第二章阐述的那样,政府组织这样的土地垦殖和改良,既增加了省政府的税收,又促进了人口的增长。在这一章中,我将把这些政策与其结果作一对比。每一时期,我首先对耕地面积范围作一个估算,然后再评价土地利用方面的主要进步。另外,国家所实施的政策和措施,不仅促进了西南农业面貌的根本性变化,而且推动了人口和资源在地理空间上的转移。在 1350 年以前,西南各族多依靠本地的资源为生。到 1750 年,外地商品的大量进口也对西南社会生活产生了重大影响。

一、元明时期西南的粮食生产

（一）耕地面积的变化

移民和人口增长的第一阶段也是一个土地垦殖的阶段。可耕地的扩大主要缘于大规模军屯的开展。[1] 中原王朝主要以屯田形式安置这一阶段西南的移民。每一名士兵分到 10 到 20 亩土地。兵丁原则上七分屯田，三分操练。[2] 起初，这些农田常常是从土著人那里没收而来。到了明代，兵丁建立起自己的屯田。1440 年，这些移民已开垦了 100 万亩土地。到 1600 年，他们及其后代又垦辟了另外两百万亩土地。地图 6.1 反映了西南卫所屯田的大致位置，从中我们可以看出，绝大部分屯田分布于贵州南部和云南东部。这些地方后来变成了人口定居的中心地区。

云南＝1576

贵州＝1581

地图6.1　16 世纪中国西南土地垦殖示意图

　　与人口相比，对于西南的耕地面积，我们知道得更少。可获得的土地统计数字远没有人口统计数字完整。通常政府册籍所记土地数仅只是缴纳田赋的依据，而非准确的可耕地面积。[3] 因此，要重构耕地数十分困难。虽然如此，这些数据仍然值得我们仔细研究，因为它们是我们对农业生产进行估价的唯一途径。云贵两省似乎自1300年以来才有官方登记的耕地面积。表6.1将土地分为民屯和军屯两类，列举了云贵两省总的耕地面积。表6.2和表6.3列举了这两类土地在云贵两省的分布地方。数据非常难以达到完全一致。另外，四川南部则缺乏统计数据。

表6.1　元明时期云南、贵州在册耕地面积情况表　（单位：亩）

年代	云南			贵州		
	民田	屯田	总数	民田	屯田	总数
元[a]		462835				
1388[b]		435036				
1392[c]		1013000				
1398[c]		1318900				
1441[d]					957600	
1502[e]	1727912	1276630	3004542			
1542[e]	1766600			295162		
1552[f]	1799359	1117154	2916513	516686	392112	908798
1555[g]						945236
1574[h]	1788451	1263199	3051650			
1580[i]				1043509	487624	1531133
1582[j]						1659807
1597[j]						1714879
1605[k]	6516169	1182615	7698784			1356622
1621		1087743			933929	

资料来源：
　　a　梁方仲《中国历代田地、田赋、户口统计》第325页；宋濂（1310—1381）等《元史》卷六十一，第1458、1460、1462、1463、1467、1469、1470页，中华书局，1976年。
　　b　《明实录》卷一百九十四，第2909页。根据《名臣奏议》卷三十九载，

1371 年,仅永宁卫所即有 53290 亩。

　　c　诸葛元声《滇史》卷十,第 38 页,确切的数据难以确定。万历《云南通志》记载,在 1392 年,有 1012000 亩军屯田地。景泰《云南图经志书》卷一《云南府·名宦》记载沐英"镇绥十年,开屯田九十七万亩",其子沐春"一遵父道,增辟田以亩计三十万五千九百八十四"。

　　d　《明实录》卷八十,第 7 页,1441 年 7 月 5 日,见《〈明实录〉贵州资料辑录》第 283 页;又见陈子龙(1608 年—1647 年),《皇明经世文编》卷二十八,第 206—207 页。

　　e　章潢(1527 年—1608 年)《图书编》卷九十,第 12 页下;景泰《云南图经志书》卷一,第 17 页下;光绪《云南通志》(1894 年)卷五十七,第 10 页上。应该指出的是,万历《明会典》卷十七第 5 页下所记同年数字大大超过363135 亩。

　　f　嘉靖《贵州通志》(1555 版)卷三,第 35 页上。这个数字包括了428659 亩水田和 516577 亩旱地,总计 908798 亩。

　　g　万历《明会典》卷十七,第 9 页下—19 页上;张学颜《万历会计录》卷三十八,第 105 页上、第 109 页下。梁方仲《中国历代户口、田地、田赋统计》第 335 页将这些数字误为 1578 年的资料。

　　h　万历《云南通志》(1576 版)卷六,第 2 页下、卷七,第 2 页下。

　　i　万历《贵州通志》(1597 版)卷十九,第 9 页下—12 页下。

　　j　《黔记》(1608 版)卷十九,第 2 页下;万历《贵州通志》(1597 版)卷一,第 11 页下。1597 年的数字包括 1198302 亩水田和 516577 亩旱地。也就是说,在过去的 42 年中,在册的水田数量增加了一倍还多,而在册的旱地数量则保持不变。1582 年的数据,《明实录》有部分较详细的记录,见《明实录贵州资料辑录》第 897—898 页。

　　k　天启《滇志》卷七,第 5 页上下;光绪《云南通志》(1894 版)卷五十九,第 1 页上—42 页下;《黔记》(1608 版)卷十九,第 2 页下。

表 6.2　云南 1502 年—1827 年在册耕地面积分布变化情况表

（单位：亩）ᵃ

府＼年代	1502	1576	1605	1691	1732	1820	1827
云南总数	367186	733328	1074705	1353901	1000998	1031652	1031651
民田ᵇ		387562	1074705	1119420	830518		853153
屯田		385766		234481	170480		178498
大理府总数	3308	449248	975660	1438567	1111536	1089678	1088520
民田		316019	975660	1188442	963964		939184
屯田		183229		250125	147572		149336
临安府总数	165282	429269	876418	993835	959448	993430	993429
民田		353657	876418	901929	898139		920039
屯田		75612		91906	61309		73390
楚雄府总数		447823	737749	943722	665528	873632	873404
民田ᶜ		308581	737749	767391	528773		735316
屯田		139242		176331	136755		138088
澂江府总数	116602	85229	515820	648608	605183	612178	612177
民田ᵈ		85229	515820	538441	513241		517941
屯田	78596			110167	91942		94236
广南府总数	19154		19154	6508	6128	6142	6142
民田	19154		19154	6508	6128	6142	6142
屯田							

续表

府 ＼ 年代	1502	1576	1605	1691	1732	1820	1827
顺宁府总数			138818	210588	211947	246055	246054
民田			138818	210588	211947		246054
屯田							
曲靖府总数		303287	338522	850276	874562	861676	860734
民田	85481	117555	338522	627559	784592		774249
屯田		185732		222717	89970		86485
丽江府总数		67240	334740	330044	437782	449565	447980
民田°	31816	31816	334740	297798	415836		423395
屯田		35424		32246	21926		24585
普洱府总数					180562	176072	176071
民田					180562		176071
屯田							
永昌府总数		307590	235668	409659	234147	249525	242041
民田		160603	235668	249224	183423	186207	
屯田		146987		160435	50724		55834
开化府总数		2404		75935	76847	81269	81300
民田		2404		75935	76847		81300
屯田							

续表

年代　府	1502	1576	1605	1691	1732	1820	1827
东川府总数					163586	224203	209695
民田ᶠ					163586		209695
屯田							
昭通府总数					269366	561379	561388
民田					269366		561388
屯田							
景东府总数		53673	12721	30635	61151	60321	60319
民田ᵍ	6558	6558	12721	12731	48150		48649
屯田		47115		17904	13001		11670
蒙化府总数		117652	258165	306977	298541	295830	295829
民田	622482	62482	258165	259169	261554		255706
屯田		55170		47808	36987		40123
永北府总数		35286		208291	174475	194014	184014
民田		35286		166078	152241		159190
屯田				42213	22234		24824
镇沅府总数					70171	55931	55931
民田					70171		55931
屯田							

续表

年代 府	1502	1576	1605	1691	1732	1820	1827
广西府总数		53920	584490	656149	801161	813071	809946
民田[h]	35324	35324	584490	637487	785840		791264
屯田		18596		18662	15321		18682
武定府总数		384782	395156	429465	395099	406001	406044
民田	367186	367186	395156	406200	387604	406001	397402
屯田		17576		23265	7495		8642
元江府总数	18383		18383		31808	36156	36156
民田	18383		18383		31808	36156	36156
屯田							
总计	1357358	3560711	7698844	8893160	8630006	9476452	9278825
民田		2270262	6516169[j]	7464290	7764290		8374432
屯田		1290449[h]	1182675[k]	1428260[l]		904393	

资料来源：万历《云南通志》(1576 版)卷六，第 5 页上—35 页下；雍正《云南通志》(1736 版)卷十，第 1 页上—95 页下；光绪《云南通志》(1898 年版)卷五十九，第 1 页上—42 页下。1605 的数字与王业键《中华帝国的田赋：1750—1911》(Land Taxation in Imperial China,1750—1911，哈佛大学出版社，1973 年)第 22—23 页统计数相同，只不过他仅将其认定为万历年间的在册数。

注释：

a 这些在册面积数只是约相当而不是完全等于表 6.1 中所列出的全省面积总数。

b　康熙《云南府志》(1696版)卷六,第1页上—48页下记载,1695年,总的在册民田面积为1146420(460955+658465)亩,这比1691年记录的1119420亩精确多了一点。

c　天启《滇志》(1625版)卷六,第42页下和第62页下记载,楚雄府仅有547114亩,而姚安府为210205亩。然而,隆庆《楚雄府志》(1568年版),卷一,第3页下—第7页上记载,在册的官民田地是680000亩。康熙《楚雄府志》(1716版)记载,1715年在册的民田面积是624320亩。

d　康熙《澂江府志》(1717版)卷七,第1页下—第5页上所载原封不动地上报。很明显,15年内,该府没有开展过新的调查统计。

e　1502年的数字是澂江在册面积和嶍庆在册面积相加在一起的。天启《滇志》(1625年版)卷六,第73页下所载面积数,1605年仅为31783亩。同样,乾隆《丽江府志》(1743版)卷六,第39页下记载,该府明代在册民田是31783亩,1735年为131795亩,其中415000亩勿为重复登记。

f　乾隆《东川府志》(1760版)卷十,第1页下记载的数字大略与此相同,1699年为37527亩,1737年为164037亩,1747年为177584亩,1753年为205330亩。

g　乾隆《景东直隶厅志》(1788版)卷二,第2页上—11页下记载,该地民田为48554亩,1732年的数字几乎与此相同,为48150亩。这个数据特别有趣的是,它区分了多少田地为汉族占有,多少田地为少数民族占有。其情况是20%为汉族占有,80%为少数民族占有。

h　天启《滇志》(1625版)卷六,第64页记载为584901亩。乾隆《广西府志》(1739版)卷七,第2页上所载的数字584901亩只比1605年的584490亩之耕地数,1691年为637487亩,1732年为785840亩,整个明代的数字584490亩少一小点。

i　根据万历《明会典》卷十八,第7页上—第8页上和万历《云南通志》(1576版)卷七,1502年拥有的总名田亩数是1276600,1574年的总亩数是1117154。

j　这个数字中如比大的增加,是包括了沐氏家族新登记的田产。

k　这一数字来源于天启《滇志》(1625版)卷七,第5页上下。然而,所载较为杂乱,除在册的民田外,该书还记载了在册的1167209亩军屯田地和15466亩在册的官田。

l　据1671年版的《云南屯田政赋役全书》记载,1670年军屯田地有818220亩军至屯田地,该书

表 6.3　1555 年—1502 年贵州在册耕地面积情况表（单位：亩）

年代 地方	1555	1581	1597	1602
威清卫	41350	20329		
平坝卫	36712	21841		
安顺		80382	80198	80198
普定卫	76724	46885		47125
镇宁		51459		51543
安庄卫[a]	72193	22066		22074
永宁		36416		36416
普安		34805		34805
普安卫	78494	52158	53679	
毕节卫	64808	44640		
乌撒卫	84938	90560		90560
赤水卫	57288	66358	67156	66656
永宁卫	53391	60684		
普市所	5747	3537		
龙里卫	63147	20157		
新添卫	26885	14624	14509	
平越				159762
平越卫	37352	46955	52404	52404
都匀		58657	58510	58510
都匀卫	33570	27155		27163
清平卫	19708	7299		
兴隆卫	49097	10711		
黄平所	10023	7932		
镇远	8064	27582	37059	27399
思州		48380		
思南		137371	138559	133648
石阡		87802		87802
铜仁		89796		

续表

年代 地方	1555	1581	1597	1602
黎平		27220	29434	29612
安南卫	34670	25637		25670
总计	854161	1269408	531508	1031347

资料来源：

《黔记》(1608 年版)。

按：a 根据《贵州图经志》(1502 年版)卷十五，第 9 页上，安庄卫最早建立于 1390 年。10 年之内，其屯田达到了 955000 亩以上。

以上在册耕地数反映了明政府在军事管理体制下扩大耕地面积的努力。这些土地登记数也显示了明代人口和耕地面积之间的一些关系。例如，在云南，占全省一半登记人口的四个府，即大理、临安、曲靖和云南府，正好拥有全省一半的可耕地。然而，由于缺乏有价值的数据，其他府人口与耕地的关系还难以判断。我们所掌握的 1500 年以前的统计数字是军屯在册土地。云南的民田面积数只有 1502 年以后的记录，而贵州的民田数到 1542 年才有。即使那样，其登记数也大大低于实际面积。虽然云贵两省登记的民户人口 170 万是登记的卫所人口 30 万的五倍还多，但云贵两省的民田面积总却几乎仅等于在册军屯面积，即刚好为 200 万亩。在 1605 年的更全面的调查统计中，这种不一致才得到了一定程度的修正。调查统计结果显示，仅云南就额外新增在册民田 500 万亩。然而，这一调查统计仍不完善，仅实施于云南。在贵州，直到 20 世纪，耕地清查才真正展开。

然而，即使是在云南，由于许多土地漏登以及逃避田赋现象的大量存在，使得 1605 年的调查统计结果也低于实际数。实际上，在许多少数民族地区，明代甚至没有偿试去登记耕地面积。[4] 为了

估价总面积，我们首先必须设法计算出这些漏登的土地。地图6.1
标注了明代漏登土地的最大区域。在云南，木邦和孟养宣慰司，以
及广南、顺宁、普洱、开化、东川、昭通、永北、镇沅和元江等土府，其
田地都免于查丈登记。在贵州，播州宣慰司和习水土司，贵阳、镇
宁、黎谷和平越府，也同样免于登记。四川南部则全部免于登记。
这些免于登记的地区加在一起，占了西南的一半。

云南＝1576
贵州＝1581

地图6.1　16世纪中国西南土地垦殖示意图

　　再者，许多地方势要为了逃避田赋，大量隐匿田地。除了这些
土地的大致范围，想要知道更多是不可能的。但有大量的证据表
明，未登记的现象是十分普遍的。云南沐氏家族就是最好的例
证。[5] 整个明代，他们利用其皇亲身份和世袭云南总兵官的权势，
不断扩充田产。早在1385年，沐英作为明王朝开国皇帝朱元璋的
养子，第一次被赐予170个田庄，共2万亩。[6] 到1402年，他的儿子

已将田庄成倍地扩大,达到 360 个。[7] 至 1528 年,其后代累计拥有几乎 1000 个田庄。[8]1588 年,一份特殊的政府调查统计透露,沐氏家族的地产已发展到 803137 亩。[9] 这些土地的六分之一,即135181 亩,来自于明王朝的赏赐;四分之一,即 211281 亩,来自于购买;其余部分,即 456674 亩,则来自于合法的开垦。然而这些土地却没有上报。到 1610 年,沐氏家族占有土地的总面积已超过100 万亩,分成 1846 个田庄。[10]直到 17 世纪晚期,许多沐氏庄田土地仍然没有登记。[11]即使是登记的土地,也很少纳赋。总起来,在1600 年,沐氏家族可能拥有云南所有耕地的三分之一,但所交税额不到全省赋税额的 2%。其他本地的豪强势要,所占土地总数与沐氏不相上下,但所交赋税甚至更少。[12]显然,即使进行土地清丈登记的地区,也仍然存在大量脱漏土地。

综上所述,我们可以肯定,1600 年西南的耕地面积可能是在册土地面积的两倍。这意味着耕地总面积至少为 1500 万亩,即人均面积大约为 3 亩。如此看来,整个明代耕地面积与人口大体上成比例大幅度增长。中国西南所有每一个登记在册的人口,其耕地拥有量与国内其他地区基本一致。[13]

(二)土地利用

伴随着耕地面积的扩大,主要农业技术在西南地区也获得了较大的进步。这种进步也同样是国家政策的产物,在明代军屯地区得到了较集中的体现。在移民的第一阶段,军屯等类移民人口的进入,也为西南带来了新的牲畜、种子、生产工具和农业技术。16 世纪,云南省地方政府还向老百姓印发了《便民图纂》———一本旨在帮助农民的图文并茂的农业手册,表明政府在提高农业产量方面作出了应有的努力。[14]当然,不是所有的农民都遵循这本书的指导,但它毕竟描述了各种技术,如果这些技术为大多数人所采用,将使西南在农业生产技术方面达到全国先进农业区的水平。

    在西南,政府的重要职责之一是推广牛耕技术。虽然,牛耕技术在 2 世纪便在西南地区出现了[15],但一份资料说明,在云南直到 14 世纪的明代,犁耕才被广泛使用。[16]其中,明政府不仅在西南地区推广犁的使用,还从其他地方征募了大量耕牛调入西南以备犁耕之用。例如,1387 年,明政府从湖南将 20000 头牛运送到云南。[17]1390 年,又将 6700 头牛从湖南调入贵州。[18]表 6.4 列举了我们所掌握的各卫所在册耕牛数量。可以看出,两百年间,西南耕牛的数量一直保持在 20000 头左右。当然,和民屯一样,军屯中也还有许多属于私人的耕牛。

表 6.4   明代 1378 年—1575 年间中国西南在册耕牛情况表

(单位:头)

年代	云南	贵州
1387	20000	
1388	12994	
1390		6770
1393[a]	15284	5272
1502	15650	2156
1575	13934	2156

资料来源:

    1387 年、1388 年、1390 年:全国人民代表大会民族委员会云南民族调查组编《明实录有关云南历史资料摘抄》第 90、103、115 页;

    1393 年、1502 年、1575 年:万历《大明会典》卷二百零二,第 5 页上;万历《云南通志》。

注释:

    a 据万历《大明会典》卷二百零二,第 5 页上,云南都司实有屯牛为水牛 9782 头、黄牛 5502 头。

    然而,明代农业技术的主要进步还不在于犁的推广,而是可灌溉土地面积的扩大。据表 6.1,在贵州,可灌溉的在册耕地从 1555

年的 428569 亩增加到 1597 年的 1198302 亩。由于可灌溉耕地的
产量是旱地的两倍,因此明政府的政策自然是尽最大可能使更多
的土地得到灌溉。[19]根据一位官员的说法,屯田需要灌溉,灌溉需
要政府。[20]通过这一政策,元明两代在西南建立起了水利灌溉系
统,从而为粮食生产的发展打下了坚实的基础。

　　尤其重要的是,这些努力扩大了西南的水稻种植区域,这在贵
州尤为显著,因为此前,那里的多数农民还在以刀耕火种的原始方
法种植大麦和黍。例如,根据嘉靖《思南府志》(1537 年版),该府
主要农作物品种中已包含了九种水稻。所载农作物品种,通常先
是原先在旱地里种植的品种,紧随其后的是后来在水田中种植的
水稻品种。

　　表 6.5 逐一列举了明代云南主要的灌溉工程、投入的劳力以
及其灌溉的土地。贵州的灌溉工程数据非常不精确。[21]即使在云
南,因为大多数劳力是以徭役形式被征调的,我们也难以确知灌溉
工程的实际成本。尽管如此,有一点应该是清楚的,即所有这些工
程都很庞大,花费也很高,需要有组织地投入劳动力和资金,这决
非私人所能提供。从我们掌握数据的工程看,每个工程需要 100
多万个工日才能完成,灌溉面积可达万亩。总起来看,元明两代开
挖了数百公里的沟渠,修建了无数的堤坝。

表 6.5　元明两代云南兴修的主要灌溉工程情况表

年代	地点	投入劳力	投入工时(人—天)	灌溉面积
1279	滇池		2160000	100000
1301	滇池			
1386	滇池	20000		100000
1400	宜良	15000	1500000	20000

年代	地点	投入劳力	投入工时(人一天)	灌溉面积
1435	霑益			10000
1449	马龙			100000
1450				20000
1454	滇池	82900		100000
1482	滇池			
1496				2000
1501	滇池		1800000	100000
1550	大理	22000		
1552	大理	22000		45000
1573	滇池	15000		45000
1620	滇池	57000		

资料来源:

1279 年:诸葛元声《滇史》卷九,第 3 页下—4 页上;

1301 年、1386 年、1501 年:民国《新纂云南通志》卷一百三十九;

1400 年、1450 年:景泰《云南图经志书》卷二、卷六;

1435 年:万历《云南通志》卷三;

1454 年:《明史》卷八十八,第 2157 页;

1552 年:万历《云南通志》卷二;

1573 年:万历《云南通志》卷十四,第 65 页下—66 页下;

1620:康熙《云南府志》。

　　对滇池(尤其是靠近省会昆明部分)的治理是云南地方政府水利工作的重点。[22]由于河道严重淤塞,这一区域经常遭受洪涝灾害。政府通过修建坝、塘、水闸和沟渠,疏浚河道等工作,有效地解除了滇池地区的水患和灌溉问题。结果,在明代,几乎所有得到灌溉的土地都位于我们所界定的云南中心区。到 1600 年,这些政府工程灌溉了云南府几乎一半的土地,即一百万亩中的 45 万亩,与今天的灌溉面积 50 万亩几乎没有多大差别。[23]这样,经政府的组织及巨大努力,滇池附近区域变成了西南最富饶的地区,并一直延

续到今天。到明代末年,在昆明地区,一派物产丰饶、人烟稠密的
云南核心区的繁荣景象呈现于人们的眼前。

二、清朝西南的粮食生产

(一)耕地面积的增长

正如明代一样,清代的耕地面积随着人口和移民的增长而增
加。但是,大多数新增土地是私人在山坡上拓荒垦殖的产物,而非
政府组织在河谷平坝拓殖的结果。然而,作为国家政策的组成部
分,清代积极鼓励扩大可耕地。[24]清政府在西南鼓励垦殖的目标,
正如在其他地方一样,是增加粮食产量,扩大赋税基础。[25]为此,省
政府将荒闲土地、工具、牲畜、房屋,甚至路费分发给赴新区开垦的
移民,并允诺免除三年的赋税。[26]正如我们所看到的,政府这些激
励措施的结果,使超过 200 万的移民定居在西南的山区。

这些移民到底开垦了多少土地,目前确切数量尚不清楚。关
于第二阶段土地的垦殖情况,清代所保存的有关记录非常缺乏,仅
登记了这些新开垦土地(垦荒或垦田)的一小部分。根据这样的
记录,到 1725 年,云南的新垦耕地面积达 125 万亩,贵州达 40 万
亩。郭松义《清初封建国垦荒政策分析》估计,到 1800 年,云南新
垦耕地面积在 200 万亩以上,贵州可能有 50 万亩。[27]表 6.6 列出了
许多在册田地的位置。它们绝大部分分布在西南的边缘区,即贵
州西部、四川南部和云南南部。而且,这些数字不包括附录 A 中
描述的移民在少数民族地区开垦的数百万亩田地,这些土地,几乎
全部都处在西南的边缘区。

表 6.6   清代中国西南耕地面积增长情况表   （单位:亩）

云南[a]			贵州[b]		
年代	新垦耕地	地点	年代	新垦耕地	地点
1663	120000	全省	1665	12900	全省
1664[c]	130000	全省	1726	15600	平越、普安、大定等
1724	5800	大理、蒙化、开化、广西	1729	9900	贵筑等
1727	6100	广南、蒙化、寻甸、昆明	1730	1100	南笼、思南、开州、镇远
1728	137300	昆明等	1732	140000	安顺、思南
1729	157000	寻甸、禄丰等.	1733	1000	永宁、平远
1730	6400	永善	1735d	35455	南笼、毕节等
1737	19509	全省	1737	850	长寨
1739	1188	昆明、恩安	1738	428	平越、大定
1740	3237	寻甸、会泽、宣威	1739	900	思州、大定、普安州、镇宁、永宁、正安、普安县、湄潭、施秉、玉屏
1740	6415	永北、鹤庆、蒙化、禄丰、宝宁、浪穹、大姚	1740	200	平越、大定
1742	35528	昆明、晋宁、河西、元谋、恩安、鲁甸、镇沅	1741	187	平越、思州、镇宁、黄平、贵筑、瓮安、修文、湄潭等

续表

云南[a]			贵州[b]		
年代	新垦耕地	地点	年代	新垦耕地	地点
1743	37465	嵩明、霑益、平彝、路南、江川、思茅、永平、顺宁、景东、蒙化、丽江、蒙自	1742	4639	贵阳、朗岱、归化、遵义、开州、镇宁、普安、永丰、黄平、贵筑、清镇、安平、安南、湄潭、都匀、施秉、桐梓、仁怀等
1744	1160	宣威、宁州、丽江	1743	24793	平越、都匀、思州、铜仁、大定、遵义、开州、镇宁、普安、黄平、威宁、清平、镇远、施秉、玉屏、桐梓、绥阳、仁怀等
1745	1169	新平、宁州、文山、会泽、丽江、景东	1745	2803	南笼、平越、都匀、镇远、思南、石阡、思州、大定、遵义、定番、开州、永宁、普安、黄平、正安、贵定、龙里、安平等
1748	581	昆明、晋宁、富民、寻甸、宾川、南宁、文山	1747	392	南笼、镇宁、独山、清溪

云南[a]			贵州[b]		
年代	新垦耕地	地点	年代	新垦耕地	地点
1755	25000	弥勒、镇沅、恩乐、腾越、马龙、和曲、会泽、云南、陆凉、宁州、通海、丽江、禄劝、大关、永善、鲁甸、永北、霑益	1748	189	修文、瓮安、湄潭、玉屏
1758	830	陆凉、嵩明、永平、嶍峨、永善、马龙、师宗、元江、丽江、晋宁	1750	282	镇远
1763	11486	会泽、腾越、鲁甸、昆明、嵩明、和曲、晋宁、呈贡、易门、弥勒、云南、宣威、大关、永善、陆凉、河西、禄劝、平彝、镇沅、丽江、镇雄、永昌、新兴	1756	738	思州、镇宁、清镇、清平、黄平、瓮安、湄潭等
1765	19800	丽江、弥勒、和曲、平彝、通海、会泽、恩安、永善、大关、建水、河西、昆明、霑益	1758	780	思州等
1773	714	大关、姚州、恩乐、平彝	1762	590	平越、都匀、镇远
1776	1900	云南府昆海沿边	1764	250	镇远、铜仁、永丰、黄平、麻哈
1778	4729	陆良、永善			
1784	1970	昆明、大关			
1787	1032	昆明			
总计	736313		总计	253976	

资料来源：

a　《清圣祖实录》卷十二，第 9 页下；《清世宗实录》卷十七，第 3 页下、卷五十，第 12 页下—13 页上、卷七十五，第 26 页下、卷八十三，第 3 页上下、卷九十四，第 15 页下；《清高宗实录》卷八，第 11 页上、卷八十，第 14 页下—15 页上、卷一百，第 12 下、卷一百二十三，第 4 页下、卷一百五十四，第 4 页下、卷一百七十五，第 18 页上下、卷一百八十五，第 9 页下、卷二百二十五，第 21 页下、卷二百五十，第 14 页上、卷三百二十五，第 12 页下—13 页上、卷四百九十五，第 18 页下—19 页上、卷五百七十，第 5 页下—6 页上、卷六百九十四，第 2 页上下、卷七百四十四，第 17 页下、卷九百四十三，第 27 页上、卷一千零六十八，第 341 页、卷一千二百一十七，第 3 页上、卷一千二百九十五，第 12 页上。

b　《清高宗实录》卷十六，第 2 页上、卷四十七，第 29 页上、卷四十八，第 24 页上、卷五十，第 38 页上、卷七十八，第 5 页上、卷八十四，第 6 页上、卷九十六，第 19 页上—20 页上、卷九十七，第 20 页上、卷一百二十二，第 18 页上、卷一百二十三，第 11 页上、卷一百三十四，第 3 页上、卷一百五十二，第 12 页上、卷一百七十五，第 9 页上—10 页上、卷一百八十一，第 37 页上—38 页上、卷二百零二，第 17 页上、卷二百五十，第 8 页上、卷二百九十九，第 3 页上、卷三百二十四，第 19 页。

c　光绪《云南通志》卷五十七第 13 页下。

d　乾隆《贵州通志》卷十二，第 44 页下—46 页下较详细地列出了 1735 年到 1739 年间新开垦的 35455 亩耕地。由此可见大多数耕地位于南笼和毕节。

另，据光绪《云南通志》卷五十七，第 32 页下，到 1732 云南新垦耕 1448078 亩。

依据官方的数字，我们不可能估计出清代总的耕地面积。[28]土地登记与保甲制度不同。登记在册的所谓土地面积数仅代表赋税征收的单位，而不是实有耕地面积。[29]清代从来没有尝试过对耕地面积进行调查统计。结果，不仅许多地区耕地漏登，而且由于 17 世纪赋税额固定，新垦的少数民族地区的土地也常常未加统计。正如我们从表 6.7 所看到的，结果是西南登记在册的土地面积被实实在在地固定在 1200 万亩上，其中云南刚好 900 万亩多一点，贵州 300 万亩少一点，在 200 多年中这些数字都没有任何变化。这些数字之低，近乎荒谬，显然远远低于实际耕地面积数。

表 6.7　清代云贵两省的在册耕地面积情况表　（单位：亩）

省份\年代	云南			贵州		
	民田	屯田	总额	民田	屯田	总额
1662[a]			5223759			1074344
1673[b]						1185098
1680[c]						3123424
1685[a]			6481766			959711
1691[a]	7298832	1386053	8684885	2141720	156361	2298081
1724[a]	6411495	806129	7217624	1233373	221196	1454569
1732[a]	7973272	865721	8838993			2641174
1735[d]			9063809			
1753[a]	6949980	591537	7541517	2569176		2573594
1766[a]	8336351	917351	9253702	2673062		
1784[e]	8360311			2104965		
1812[f]			9315126			2766007
1820[g]			9476452			2777032
1827[d]	8374441	914398	9288839			
1851[f]			9399929			2685400
1873[f]			9399929			2685400
1887[h]	8394238	914398	9308636	2598876	63156	2662032

资料来源：

　　a　梁方仲《中国历代户口、田地、田赋统计》（上海人民出版社，1980 年）第 380 页；汪钟霖编《九通分类总纂》，卷五，第 5 页下、第 8 页下、第 17 页上、第 19 页下、卷九，第 19 上、第 20 页下、第 22 页上。也可参见光绪《云南通志》（1894 年版）卷五十七，第 12 页上—32 页下。

　　b　康熙《贵州通志》（1673 年版）卷十五，第 1 页上。

　　c　乾隆《贵州通志》（1741 年版）卷十二，第 1 页下。

　　d　光绪《续云南通志稿》（1898 年版）卷五十八，第 2 页下、第 19 页下。

　　e　乾隆《大清一统志》。

　　f　梁方仲《中国历代户口、田地、田赋统计》第 380 页；《嘉庆会典事例》卷十一。

　　g　嘉庆《大清一统志》卷四百七十五，第 17 页上、卷四百九十九，第 20 页上。

　　h　李文治《中国近代农业史资料》三卷本，三联书店，1957 年，第 62—63 页。

20 世纪初期一项关于 19 世纪后期耕地面积的估计,为我们
提供了清末实际耕地面积的唯一线索。但我们无从获知这些估计
依据何种地方记录。现将其与 1933 年和 1949 年的登记面积一起
列于表 6.8 中。所有这些估计比 1200 万亩的西南在册土地面积
要大几倍。假如这些估计是准确的话,那么,到清末,西南的耕地
面积已达 4000 万亩以上。这也就是说,是明末耕地面积的三倍
多。在同一个时期,西南的人口从 500 万增加到 2100 万,增长了
四倍,而人均占有耕地的面积推测起来则从三亩下降到两亩。换
句话说,在 1850 年,人口与耕地的比率大约与 1950 年的相同。人
均占有耕地的减少也意味着为了支撑不断增长的人口,清代土地
的承载能力得到了相应的提高。

表 6.8　1873 年—1957 年中国西南耕地面积估计

(单位:百万亩)

年代 \ 省份	云南	贵州	总额
1873	21	18	39
1893	23	20	43
1913	28	21	49
1933	30	22[a]	52
1957	34	28	62

资料来源:许道夫《中国近代农业生产及贸易统计资料》,上海人民出版
社,1983 年,第 8—9 页。

a　刘大中(Liu Ta-chung)和叶孔嘉(Yeh Kung-chia)《中国大陆的经济:国
民收入和经济发展,1933—1959》(*The Economy of the Chinese Mainland: National Income and Economic Development, 1933—1959*),普林斯顿大学出版社,1965
年,第 129 页。云南的估计是我自己据有关资料得出的。

注:珀金斯(Perkins, Dwight H.)《中国的农业发展:1368—1968》(*Agricultural Development in China, 1368—1968*,阿尔定出版社,1969 年)第 236—
237 页,关于云南的耕地面积数要低得多。1873 年为 1100 万亩,1893 年为
1200 万亩,1913—1915 年为 1500 万亩。

（二）土地利用

正如我们所看到的，日益增长的食物需求，推动了山区的开发和山区的耕地面积的扩大。凡是第二阶段移民定居的地方，他们都清理了山区坡地，开垦出了梯田。通过这一过程，他们不仅扩大了可耕地，而且扩大了灌溉范围。在云南，最早的有关梯田的记述出现于 17 世纪后期。[30]到 19 世纪早期，梯田在整个西南已非常普遍，以至于吴振棫（1792 年—1870 年）记述说："黔，山田多，平田少。山田依山高下层级开垦如梯，故曰梯田。畏旱，冬必蓄水，曰冬水。水先成罫，山巅俯视，如万镜开奁也。"[31]这种我们现在仍可在中国西南领略得到的独特风景，是 18 世纪和 19 世纪人类努力的产物。今天，西南地区总耕地面积的三分之二是山地。

当然，大多数山地没有变成稻田。许多梯田仍然是旱地，即使到今天，中国西南的大多数土地也还是旱地。地图 6.2 准确反映了当时稻田和旱地的分布情况。清代西南土地利用的状况大约与此相同。然而，即使是在旱地，第二阶段的移民也极大地改变了先前刀耕火种的农业状况。[32]山坡开垦成梯田使犁代替了点种的棍棒。[33]人口的增长所带来的压力迫使人们广泛使用粪肥以提高产量。[34]同时，农作物的轮种也变得较为常见[35]，以前农民在山区仅能种植一季，这时已能种植两季。

山地的扩大意味着山区农作物种植面积的相应增加。在西南，苦荞或燕麦等旱地宜植作物，粳稻、稗等灌溉型梯田种植作物的种植在清代都有了很大发展。许多资料证实了这些作物对山区居民的重要性。相对而言，稻米的种植在云南变得日益普遍，而在贵州却要少得多。[36]然而，小麦尤其是荞麦在两省的种植都保持着日益普遍的发展趋势，黍的情况也大体如此。到 17 世纪早期，一位贵州巡抚就向皇帝上奏说：很多云南人仰食苦荞，而贵州人全靠苦荞为生。[37]确实,荞麦和黍在西南人民生活中的地位是这样的重要,以至于它们的一次歉收会影响稻谷的价格。[38]

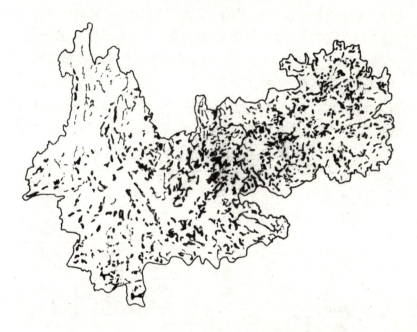

地图6.2　中国西南当代土地利用状况

　　然而,在清代更为重要的是新的粮食作物逐渐取代了这些传统的山区作物。[39]在这些作物中,诸如油菜子是来自于中国内地,而大多数作物诸如花生、玉米、蕃茄和马铃薯则来自美洲。这些农作物产量高,营养好,而且只需很少的劳力,对恶劣的气候也具有很强的抵抗能力,从而广受欢迎。18世纪的资料报道说,一配克(英制容量单位,等于2加仑)玉米种子平均收成在一至两担之间。[40]甜薯的平均产量是两担或三担。这可能是旱地稻谷产量的两倍。[41]

在清代以前,所有这些粮食作物都传到了西南[42],玉米和甜薯似乎传入于 16 世纪早期,花生到 17 世纪早期才传入云南。但人们对食物的口味适应较慢,新的作物连同它们所有的明显优势,最初都被人们忽视了。表 6.9 和 6.10 追溯了玉米和甜薯自 16 世纪在云南最初传入后到 19 世纪早期这一百年内的缓慢传播历程。表格按农作物的品种、省、县制作。表中所列县按英文字母顺序排列,在同一字母内又以最先有方志记载传入作物的县为先。这样我们可以看出,总的传播方向是向东北,从云南传到贵州。

表 6.9　1717 年—1841 年中国西南的玉米传播情况统计表

省份	地方	年代	地方	年代	地方	年代
云南省	澂江	1717	临安	1731	宣威	1844
	呈贡	1855	陆凉	1752	寻甸	1739
	大理	1563	罗平	1718	顺宁	1700
	邓川	1855	蒙化	1574	姚安	1574
	东川	1769	弥勒	1716	易门	1777
	广西	1865	南宁	1852	永北	1765
	鹤庆	1574	宁州	1695	永昌	1574
	河阳	1717	曲靖	1835	元谋	1712
	剑川	1713	石屏	1673	云龙	1728
	景东	1574	威远	1837	云南府	1767
	开化	1758	武定	1689	昭通	1835
	昆明	1574	嵋峨	1717	赵州	1587
	浪穹	1842	新平	1712		
			新兴	1749		
贵州省	安平	1827	普安	1758	兴义	1749
	大定	1850	仁怀	1749	玉屏	1757
	广顺	1749	思州	1722	余庆	1718
	贵阳	1749	威宁	1749	遵义	1841

资料来源：

云南省

嘉庆《大理府志》(1563 版)卷二,第 34 页上;

万历《云南通志》(1574 版)卷二第 12 页下、第 67 页上,卷三第 27 页上、第 45 页上,卷四第 11 页上;

万历《赵州志》(1587 版)卷一,第 21 页上;

康熙《石屏州志》(1673 版)卷四,第 12 页下;

康熙《武定府志》(1698 版)卷二,第 59 页下;

康熙《宁州郡志》(1695 版);

康熙《新平县志》(1712 版)卷二,第 26 页上;

康熙《元谋县志》(1696 年版)卷二,第 34 页上;

康熙《剑川州志》(1713 版)卷十六,第 3 页上;

康熙《弥勒州志》(1716 版);

康熙《澂江府志》(1717 版)卷十,第 4 页上;

康熙《嵋峨县志》(1717 版)卷二,第 32 页上;

康熙《罗平州志》(1718 版)卷二,第 7 页下;

雍正《云龙州志》(1728 版)卷七,第 2 页上;

雍正《临安府志》(1731 版)卷八,第 1 页上;

《寻甸州志》(1739 版)卷二十,第 1 页下;

乾隆《新兴州志》(1749 版)卷二,第 36 页下;

乾隆《陆凉州志》(1752 版)卷二,第 26 页上;

乾隆《开化府志》(1759 版)卷四,第 19 页下;

乾隆《永北府志》(1765 版)卷十,第 1 页下;

乾隆《云南县志》(1767 版)卷三;

乾隆《东川府志》(1769 版)卷十八,第 1 页下;

《易门县志》(1777 版),卷五,第 23 页;

道光《云南通志》(1835 版),卷六十九第 37 页上、卷七十第 46 页上;

道光《威远厅志》(1837 版)卷三,第 41 页上;

道光《浪穹县志》(1842 版)卷二,第 28 页上;

道光《宣威州志》(1844 版)卷二,第 21 页上;

咸丰《南宁县志》(1852 版)卷四,第 9 页上;

咸丰《呈贡县志》(1855 版)卷五,第 1 页下;

咸丰《邓川州志》(1855 版)卷四,第 6 页下;

咸丰《古越州志》。

贵州省

道光《安平县志》(1827 版)卷四,第 70 页下—71 页上;

道光《大定府志》(1850 版)卷十四,第 20 页上;《黔南识略》(1749 版)卷十六,第 114 页、卷二十六,第 181 页、卷三十一,第 221 页、卷三,第 37 页、卷二十七,第 187 页;

乾隆《普安州志》(1758 版)卷二十四,第 1 页下;

康熙《思州府志》(1722 版)卷四,第 16 页上;

咸丰《玉屏县志》(1757 版)卷二,第 12 页上;

道光《遵义府志》(1841 版)卷十七,第 2 页下;

康熙《余庆县志》(1718 版)卷七,第 7 页上。

表 6.10　1563 年—1850 年间中国西南甜薯传播情况统计表

	地方	年代	地方	年代	地方	年代
云南省	阿迷	1735	景东	1574	新兴	1749
	楚雄	1574	开化	1720	姚安	1574
	大理	1563			宜良	1716
	东川	1761	临安	1574	易门	1777
	碌嘉	1746	马关	1932	云南	1716
	广西	1714	南宁	1852	赵州	1736
	鹤庆	1894	威远	1837	顺宁	1574
贵州省	安平	1827	仁怀	1902	松桃	1746
	开泰	1752				

资料来源:

云南省

嘉靖《大理府志》(1563 版)卷二,第 34 页上;

万历《云南通志》(1574 版)卷三,第 7 页下;

康熙《广西府志》(1714 版)卷一;

康熙《宜良县志》(1716 版)卷一,第 27 页下;

康熙《云南县志》(1716 版)卷一,第 13 页下;

雍正《阿迷州志》(1735 版)卷二十一,第 251 页;

乾隆《赵州志》(1736 版)卷三,第 56 页下;

乾隆《碌嘉志》(1746 版);

乾隆《新兴州志》(1749 版)卷二,第 36 页下;

乾隆《开化府志》(1759 版)卷四,第 20 页;

乾隆《东川府志》(1761 版)卷十八,第 2 页上;
乾隆《易门县志》(1777 版)卷五,第 23 页下;
道光《威远厅志》(1837 版),卷七,第 1 页下;
乾隆《南宁县志》(1752 版)卷四,第 9 页上;
光绪《鹤庆州志》(1894 版)卷十四,第 1 页下;
民国《马关县志》(1932 版)卷十,第 959;
贵州:《黔南识略》(1746 版)卷二十,第 241 页;
乾隆《开泰县志》(1752 版)卷二,15 页下;
道光《安平县志》(1827 版)卷四,第 71 页下;
道光《大定府志》(1850 版)卷四十二,第 23 页下;
民国《贵州通志》(1920 版)。

　这一材料说明,直到 18 世纪晚期和 19 世纪早期,这些农作物都还没有成为西南地区主要的食物来源。例如,16 世纪中期就传到西南的玉米,直到 18 世纪仍没有在整个西南传播开来。即使到 18 世纪晚期,几种西南地方志仍然把玉米归并到"奇物"类或"水果"类加以记载。[43]在一些区域,玉米作为一种与糖相混合的甜食只有小孩才吃。[44]在云南的许多地方,就是进入 19 世纪后,玉米仍旧只是一种庭院作物。[45]新的技术没有立即引发一场人口爆炸。恰好相反,只有在 18 世纪人口增长的情况下,中国人才采用了新的粮食生产技术来解决食物难题。今天这些粮食作物几乎占了西南生产的所有食物来源的一半。[46]

　于是我们能够看到,清代,随着大多数作物新品种的传播,一种以新引进的食物为底层的新的食物层次出现了。一般来说,只有那些没有办法的穷人、山里人、少数民族才吃美洲传入的粮食作物。早在 1576 年,云南地方志记载,在景东府,少数民族"田旧种秫,今皆禾稻"。[47]到 17 世纪早期,玉米已成为哀牢山区彝族的主要粮食作物。[48]更晚的资料证实,这些新的粮食作物在被汉人大规模种植之前,最初往往是少数民族的主食。根据道光《安平县志》

记载：贵州"玉米起初只在少数民族地区种植，只有现在它才扩展到其他地区"。[49]到18世纪，玉米已成为穷人的主要食物。根据道光《云南通志》记载："汉夷贫民率其妇子垦开荒山，广种（包谷）济食，一名玉秫。"[50]然而，另外的资料却记载富人拒绝这种作物[51]。换言之，18世纪人口统计的革命迫使社会等级的食物偏好发生变化。这些偏好一直延续到今天。[52]

在西南，粮食生产增长的主要区域因此多为边缘区，而不是中心区。美州粮食作物主要种植在山坡上，而不是谷地。玉米和甜薯被认为是"山区作物"。到18世纪，它们已经成为边缘区人民的主食，而在中心区，直到19世纪和20世纪，它们才逐渐成为人们的主要食物。例如，根据云南巡抚杜瑞联的说法，在云南腹里地区，1850年后玉米才成为主要粮食作物。[53]一般来说，粮食产量的增加发生在人口密度低的地方。

相比之下，在西南中心区，粮食亩产量和人均粮产量甚至有所下降。一方面，自1700年以来，越来越多的中心区的农民宁愿种植诸如烟草和棉花等经济作物，而不愿种植稻谷等粮食作物。一位18世纪的观察家吴大勋便记述道："蔫……俗作烟……滇省各郡无处不植蔫。……种蔫之地，半占农田；卖蔫之家，倍多米铺。"[54]另一方面，正如我们看到的，在整个18世纪和19世纪早期，特别是在城市贸易增长和矿业繁荣的吸引下，大批非农业移民涌入西南，致使1700年和1850年间，中心区的人口增长了五倍多，而此时种植粮食作物的耕地的比例却相对缩减，人均粮食产量自然下降许多。这样，这些地区不得不依靠不断增加的粮食输入来维持生存。1700年以来，中心区需要不断从边缘区输入粮食，以供给日益增长的人口。

换言之，在清代，人口的扩张与可耕地的发展呈反向联系。从总结在地图 6.3 中的数据我们可以看出,在云南,人口增长最快,而耕地面积的增长却最少。1775 年,云南最核心的两个府——云南府和澂江府,所拥有的人口为 86.3 万口,耕地面积为 200 多万亩,占全省人口的近四分之一,占全省耕地面积的四分之一,所占比例都比较接近。但到了 1825 年,两府人口增长到了 200 多万,几乎占了全省在册人口的三分之一,然而其耕地拥有量却缩减为 160 万亩,不足全省耕地面积总数的六分之一。这就是说,在云南核心区单位耕地面积养活着外围地区单位耕面积 2 倍多的人口。从那时起,这一比例相对较为稳定。今天,这两个府所拥有的人口仍然接近全省的近五分之一,而所拥有的耕地面积却仅为全省的十分之一。

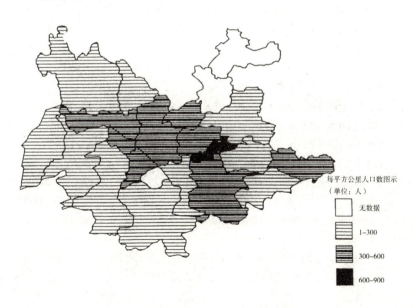

地图 6.3　1825 年云南营养密度图

　　总之，人口与耕地面积的比例，或称为营养密度，是一个很好的指标，它显示了中国西南各地粮食供给负荷的不均衡性。基于现实的和历史的统计数据，我们能够计算出 1825 年云南各府的可耕地面积。[55]谨将结果归纳到地图 6.3 中。根据这些计算结果，云南 1825 年的平均营养密度为每平方公里耕地 375 人。在各府中，澂江府营养密度最高，为每平方公里 900 人。如此失衡的营养密度，意味着必须有很高数额的粮食输入才能支撑中国西南社会的发展。

注　释

1　王毓铨《明代的军屯》一书仍然是关于明代军屯最主要的研究。此外，专门探讨西南军屯的论著则有方国瑜《明代云南的军屯制度与汉族移民》，见《方国瑜文集》第三辑，云南教育出版社，2003 年；江应樑《明代外地移民进入云南考》，见《云南大学学术论文集》第 1—33 页，1963 年 4 月。

2　明代，西南的土地分配似乎比中国其他地方的要少。在云南，据顾炎武（1613—1682）《天下郡国利病书》卷 44 及卷 46 记载，每个士兵领取 18 至 20 亩。在贵州，根据万历《贵州通志》记载，平均分配面积是 10 亩。与此形成对比的是，根据王毓铨《明黔国公沐氏庄田考》（见《历史研究》1962 年 6 期，第 108—127 页），国家规定的分配面积是 40 亩。

3　关于明代的耕地面积，见顾诚《明前期耕地数新探》，见《中国社会科学》1986 年 4 期，193—213 页；王其渠《明初全国土地面积考》，见《历史研究》1981 年 4 期，第 139—148 页。当然，我们还要特别关注何炳棣先生《中国人口研究：1368—1953》（哈佛大学出版社，1959 年）、《南宋至今土地数字考释和评价》（见《中国社会科学》1985 年 2 期，第 133—165 页）。

　　据贵州巡抚刘湘说，1582 年和 1583 年，"贵州决没有全省的土地测量。土地税只是被征税的土官估定为一个总数。"（万历《贵州通志》1597 年版，卷十九，第 9 页下）。

4　据贵州巡抚刘庠（1582—1583 年任职）奏："据贵州布政司呈，查得《大明会典》内开贵州布政司田地，自来原无丈量顷亩，每岁该纳粮差，俱于土官名下自行认纳。"（万历《贵州通志》1597 年版卷十九，第 9 页下）。

5　见王毓铨《明黔国公沐氏庄田考》(见《历史研究》1962 年 6 期,第 108—127 页)、辛
　　法春《明沐氏与中国云南之开发》(台北,文史哲出版社,1985 年)对沐氏家族的详
　　细研究。然而,他们的研究还是低估了沐氏家族庄田的发展程度,因为最完备的资
　　料只有在日本才能获得。

6　邓渼《大旭山房集》卷七,第 2 页下—5 页。

7　《明史》卷一二六,第 3756—3765 页。

8　梁材《梁端肃公奏议》卷十三,第 7 页上—12 页上、第 80 页上—93 页上。

9　顾炎武《天下郡国利病书》卷三十二,第 65 页。较精确的数字请参见邓渼《大旭山
　　房集》卷十三,第 24 页下。

10　邓渼《大旭山房集》卷七,第 1 页下、卷十五第 20—30 页。

11　以宜良为例,直到 1682 年,沐氏家族的庄田仍没有与常规民田合并。见康熙《宜
　　良县志》(1716 年版)卷一,第 12 页下。

12　贵州 15 世纪晚期的彝族土著头人杨辉是这些土地占有者中的一个很好例子。根
　　据明代著名官员何乔新所奏,杨氏拥有 145 个田庄、26 个茶园、28 个蜡场、11 个打
　　猎禁地、13 个鱼塘以及一千多户私属,但无任何赋税。见何乔新(1427 年—1502
　　年)《勘处播州事情疏》。

13　根据郭松义《清代的劳动力状况和各从业人口数大体框测》(见《庆祝杨向奎先生
　　教研六十年论文集》,河北教育出版社,1999 年),全国耕地与登记人口的比例,
　　1700 年为人均 5 亩,1800 年为人均 3 亩。

14　邝璠《便民图纂》,中华书局,1959 年,据 1593 年版影印。

15　李昆声《云南牛耕起源试探》,见《云南文物》1977 年 6 期,第 55—60 页。

16　"自前明开屯设卫以来,江湖之民,云集而耕作于滇,即夷人亦渐习于牛耕,故牛为
　　重。牛分两种:水牛、黄牛。黄牛特多,高大几比水牛,以耕田,以服车。"见檀萃
　　(1725 年—1801 年)《滇海虞衡志》卷七,第 4 页下—5 页上。

17　全国人民代表大会民族委员会云南民族调查组编《明实录有关云南历史资料摘
　　抄》第 90 页,云南人民出版社,1959 年。

18　《明实录有关云南历史资料摘抄》第 115 页。

19　康熙《石屏州志》(1673 年版)。

20　诸葛元声《滇史》卷四,第 7 页上。

21　根据贵州省民族研究所编《明实录贵州资料辑录》(贵州人民出版社,1983 年)第

225 页,在 1513 年,贵州 700 个卫所屯堡共有 93 个灌溉工程——渠塘。

22　方国瑜《滇史论丛》(上海人民出版社,1982 年)第 234—245 页,较为详细地描述了这些水利工程。也可参见《长江水利史略》编写组《长江水利史略》,水利水电出版社,1979 年;于希贤《滇池地区历史地理》(云南人民出版社,1981 年)第 70—77 页。

23　《云南概况》,云南人民出版社,1980 年,第 118 页。徐敬君《云南山区经济》(云南人民出版社,1983 年)所持灌溉面积略高,认为在 980000 亩耕地中,灌溉面积占650000 亩。

24　见彭雨新《清初的垦荒与财政》(见《武汉大学学报》1979 年 1 期)、郭松义《清初封建国垦荒政策分析》(见《清史论丛》第 2 辑,第 111—138 页,1980 年)关于清代政府为扩大可耕地所作的努力的论述。

25　例如,乾隆五年,贵州总督张广泗便奏"山土宜广行垦辟,增种杂粮",经九卿会议后回复说"查黔省山土既多未辟,收获惟恃稻田,应如所议。凡有可垦山土,俱报官勘验,或令业主自垦,或招佃共垦……其无业主之官山,要概招人认垦,官为立界,给照管业。至劝民随时播种杂粮之处,应令地方官酌借谷种。"见中国科学院民族研究所贵州少数民族社会历史调查组、中国科学院贵州分院编《〈清实录〉贵州资料辑要》第 21—22 页,贵州人民出版社,1964 年。

26　"以一夫一妇为一户,给水田三十亩,或旱地五十亩。如有兄弟子侄之成丁者,每丁增给水田十五亩,或旱地二十五亩。若一户内老小丁多,不敷养赡者,临时酌增。……至应令牛种口粮,请照滇省之例,每户给银十二两。仍令五户环保。其水旱田地,定于三年五年外科"。《清世宗实录》卷六十七,第 25—26 页。根据另一份资料,云南为此制定了超过 100000 两白银的预算。

27　郭松义《清初封建国垦荒政策分析》,见《清史论丛》第 2 辑,第 134—135 页,1980 年。

28　关于清代耕地面积估算中的许多问题,请参见何炳棣先生《中国人口研究:1368—1953》第 101—135 页(哈佛大学出版社,1959 年);《南宋至今土地数字的考释和评价》(见《中国社会科学》1985 年 2 期)

29　早在 1854 年,吴振域在《黔语》下卷第 18 页上《田不论亩》中说:"苗疆田无弓口亩数,古州永从诸处皆然。计禾一把,上田值一二金,下者以是为差。"同样,在云南,雍正《景东府志》卷一第 28 页也记载道:在景东,直到 1665 年,少数民族占有的土地(夷田)未经查丈并划定等则。即使在此之后,据乾隆《景东直隶厅志》卷二上第11页下记载,多数少数民族土地仍旧免于按丁估算。据乾隆《镇雄州志》卷三第17页上下记载:镇雄在1729年,即该地改土归流后两年,土地调查才最终得以执行,但在更贫瘠的地区,仍旧免于登记。

30 对开垦梯田最早的描述全部来自云南。在1686年,武定府发现一份对乡村的访查,其中说:没有土地是平坦的,全在山上……这些梯形的土地叫梯田。(康熙《武定府志》1689年版,卷4下,第17页上—21页下)同样,康熙《顺宁府志》卷一第24页上也载:"顺宁地多如斜梯,形似空中弯月。"康熙《平彝县志》卷三《风俗》载:"平彝绝无平原,亩若阶梯,山地无水,种荞麦豆粱之类。"根据刘慰三《滇南志略》卷二临安府载:"所属山多田少,土人依山麓平旷处开作田园,层层相间,远望如画。至山势峻极,躐坎而登,有石梯名曰梯田……至高亢处,待雨播种,曰雷鸣田,亦曰靠天田。"

31 吴振棫《黔语》卷二,第2页上下。李宗昉《黔记》卷二,第15页下也有类似记载。

32 康熙《师宗州志》(1718年版)卷1第37页下—40页下对刀耕火种作了较详细的描述。当然,变为更永久的土地是缓慢的。

33 见谢肇淛《滇略》卷八,第13页对这些耕作技术的描述。

34 乾隆《镇雄州志》卷三,第10页下。

35 许多方志对这种作物轮种进行了较详细的记述。例如,康熙《宜良县志》卷一第27页下、卷二第5页下,道光《遵义府志》卷十六第3页。

36 樊绰著,向达校《蛮书校注》卷七,第171页。

37 见中国第一历史档案馆藏乾隆三十四年十二月五日奏《雨雪粮价》244盒。

38 见中国第一历史档案馆藏乾隆二十四年二月三日奏《雨雪粮价》523盒。

39 何炳棣《美洲作物在引进传播及其对中国粮食生产的影响》,见《大公报复刊三十周年文集》,香港《大公报》1978,第673—731页;郭松义《玉米、番薯在中国传播的一些问题》,见《清史论丛》第七辑,第80—114页。

40 爱必达《黔南识略》(1749年)卷三十一,第221页。

41 刘尧汉《彝族社会历史调查研究文集》第29页,民族出版社,1980年;束世徵《论凉山彝族解放前的社会性质》,见《新建设》1961年6期,第29页。

42 何炳棣《美洲作物在引进传播及其对中国粮食生产的影响》第704—705页。

43 谢圣纶《滇黔志略》(1763年版)卷十,第1页下;康熙《石屏州志》(1673年版)卷一《沿革》,第 12 页。

44 乾隆《镇南府志》(1756 年版)卷四,第 32 页。

45 乾隆《东川州志》(1761 年版)卷十八,第 1 页下;道光《云南通志》(1835 年版)卷六十九,第 37 页上;光绪《云南通志》(1894 年版)卷六十九,第 37 页。

46 《云南大理概况》第 83—84 页,1979 年。

47 万历《云南通志》(1756 年版)卷四,第 11 页。

48 刘尧汉《彝族社会历史调查研究文集》第 71 页,民族出版社,1980 年。

49 道光《安平县志》卷四,第 70 页下—71 页上。

50 道光《云南通志》(1835 版)卷七十,第 38 页上。

51 道光《遵义府志》(1841 年版)卷十七,第 2 页下。

52 例如,我在近年的云南之行中发现,诸如玉米饼、荞饼、甜薯饼之类的西南地方特品仍然被认为是低档的食物,难登大雅之堂。

53 光绪《呈贡县志》(1885 年版)卷七第 76 页下云南总督岑毓英、巡抚杜瑞联《奏永裁夫马恭折》称杜文秀起义前后,滇省"民食多用包谷,糊口维艰"。民国《安宁县志》(1949 年版)卷三、民国《镇康县志》1936 年版也有类似记载。

54 吴大勋《滇南闻见录》卷下,第 40 页下。

55 在进行这些数据的计算中,我在很大程度上依靠了《云南概况》(云南人民出版社,1981 年)第 118 页归纳出的耕地面积数。

第 七 章

粮食再分配[1]

　　像中国其他地区一样，在西南地区，由政府控制的完备的粮食再分配体系补充并加强了地方的粮食生产和市场分配。[2] 政府负责各地区间的粮食流通，以及数额巨大的地方粮食储存与分配。正如我们所看到的，这种政策是政府行为的一种长期传统的产物。对中国的政治思想来说，政府行为总是最重要的。在西南地区，通过各种省际间的互助调剂，政府最初更多地是对军队人口进行粮食分配。然而，自 18 世纪开始，政府转而更多地依靠地方自身的努力，通过政府的谷仓网络，对普通民户实行粮食动员和粮食再分配。在这一章，我将依次对每一种粮食再分配体系进行分析。

　　政府粮食补助的最初受益者是军队。尽管在第五章中我已论述了卫所兵丁等移民群体在扩大粮食生产方面作出了很大的努力，但在最初移民仍不能自给自足。从实际情况看，就我们所知，在云南，明朝为卫所官兵提供了几乎一半的饷需；在贵州，则提供了绝大部分[3]。1373 年，贵州的卫所兵丁仅能生产其所需 70000 石粮食中的 12000 石。即使到了 16 世纪早期，贵州军士也仅能为政府生产 92000 石粮食，不到他们每年所需粮食的一半。[4]

　　17 世纪，明王朝逐渐以募兵制取代卫所军队。募兵制下，士

兵不再从事农业生产,军饷全部由政府提供,这使政府的财政负担
大为恶化。结果,虽然西南士兵的数量减少到 10 万人,但其饷需
却多达 30 万石大米、160 万两白银。我们在第一章已阐述过,将
云贵两省的地方财政收入加在一起,也不可能提供这笔巨额经费。
于是,为了弥补缺额,明政府设计出两个解决方法:开中制度与
协饷。

一、开中制度对西南军队的粮食补给

"开中"制度,即让商人定期向军队提供粮食,作为回报,政府
发给商人"盐引",商人凭引销售食盐。这种制度于 1371 年开始
施行于中国北部,在 1373 年之前很快扩及西南。[5] 表 7.1 列举了我
们目前所知西南开中法实施的数据资料,其中大多是 14 和 15 世
纪的。在开中制下,销盐所获利润各不相同,从两淮、两浙盐运使
司和五处盐课提举司(一处在四川,四处设在云南:即黑盐、白盐、
安宁、五井盐课提举司)将盐引销到云贵两省几乎 20 处的军队驻
防地,所获利润的差别有一百多种。正如我们所发现的,利润的变
化很大程度上取决于到什么地方支盐以及将粮食交到什么地方。
原则上,距离越远,交换的利润越低。但实际上,据表 7.1,交换的
利润很大程度上是因需要而变化的。

表 7.1　明代中国西南开中情况表

年代	纳粮地	支盐地	交换比率	盐引数	纳粮数
洪武	云南	淮或浙江	0.2	–	–
洪武	云南	四川	2.0	–	–
洪武	云南	云南　安宁	2.4	–	–
洪武	云南	云南　黑盐	1.7	–	–

年代	纳粮地	支盐地	交换比率	盐引数	纳粮数
1382	云南	淮	0.6	–	–
1382	云南	浙江	0.5	–	–
1382	云南	四川	1	–	–
1382	普安	淮或浙江	0.6	–	–
1382	普安	四川	2.5	–	–
1382	普定	淮	0.5	–	–
1382	普定	浙江	0.4	–	–
1382	普定	四川	2.5	–	–
1382	乌撒	淮或浙江	0.2	–	–
1382	乌撒	四川	2.5	–	–
1383	曲靖,乌撒		–	–	–
	乌蒙	云南　安宁	2.8	–	–
1383	云南府		–	–	–
	临安	云南　安宁	3.0	–	–
1383	霑益		–	–	–
	东川	云南　安宁	3.5	–	–
1383	普安	云南　安宁	1.8	–	–
1386	金齿		0.1	–	–
1388	毕节	浙江	0.2	–	–
1388	毕节	四川	0.3	–	–
1389	普安	淮或浙江	0.15	–	–
1389	普安	四川和云南	–	–	–
		黑盐	1.5	–	–
1389	普安	云南　安宁	2	–	–
1391	赤水	四川	3.0	–	–
1391	毕节	四川	2.0	–	–
1391	赤水和五开	淮或浙江	0.4	–	–
1391	毕节	淮或浙江	0.3	–	–

续表

年代	纳粮地	支盐地	交换比率	盐引数	纳粮数
约 1400	贵州	四川或云南	–	–	–
		黑盐	1.5	–	–
约 1400	贵州	云南　安宁	2.0	–	–
1403	曲靖	–	1.5	–	–
1413	贵州	四川或云南	–	–	–
		黑盐	1.0	–	–
1413	贵州	云南　安宁	1.5	–	–
1419	普安	四川	0.8	–	–
1428	金齿	云南　安宁	2	–	–
1428	金齿	云南　黑盐	1.5	39000	62400
1428	金齿	云南　诸井	1.3	–	–
1429	–	云南　诸井	–		
1440	金齿	淮、浙江、云南	0.2	–	–
1440	大理	淮、浙江	0.15	300000	66000
1440	大理	云南	0.3	–	–
1442	金齿	四川、云南	0.2	–	–
1442	大理	四川、云南	0.25	–	–
1449	兴隆	四川	1.2	–	–
1450	贵阳	淮	0.2	–	–
1450	贵阳	浙江或四川	0.15	–	–
1450	贵阳	云南	0.35	–	–
1450	普定	浙江或四川	0.2	–	–
1450	普定	云南	0.4	–	–
1450	清浪	云南　白盐	1.2	130000	62400
1450	清浪	云南　安宁	1.0	–	–
1450	清浪	四川	0.8	–	–
1450	普安	淮	0.25	–	–
1450	贵州	云南　四川	0.25	–	–

年代	纳粮地	支盐地	交换比率	盐引数	纳粮数
1451	平越	淮和浙	0.2	300000	60000
1451	清平	都匀、毕节	1.5	—	—
1452	平越	四川	0.25—0.3	71000	19525
1453	平越	淮	0.3	—	—
1453	都匀、毕节	淮	0.25	50000	15000
1453	普定	淮	0.35	—	—
1453	贵州	云南黑、白	0.53—0.55	—	—
1453	贵州	云南　安宁	0.4	100000	43000
1453	贵州	淮	0.35	—	—
1454	毕节	淮	0.45	60000	22500
1454	毕节	浙江	0.3	—	—
1454	贵州	四川	0.3—0.4	109000	38150
1455	贵州	浙江	0.4	53722	21488
1455	贵州	云南黑、白	0.65	40940	26611
1455	贵州	四川	0.45	10047	4521
1457	普安	淮	0.4	—	—
1457	普安	浙江	0.3	—	—
1457	普安	云南	0.6	—	—
1457	普安	四川	0.45	—	—
1457	贵阳	淮	5.3	—	—
1457	贵阳	浙江	3.5	—	—
1457	贵阳	云南	7.5	—	—
1457	贵阳	四川	0.6	—	—
1460	贵州	云南	0.7	—	—
1460	贵州	四川	0.6	—	—
1466	永宁	云南	0.65	70000	45500
1466	普安	云南	0.65	52329	34013
1466	赤水	四川	0.8	106811	85448

续表

年代	纳粮地	支盐地	交换比率	盐引数	纳粮数
1475	云南	云南	0.6	177000	106200
1481	贵州	云南	0.6	47000	28200
1492	都匀、清平	四川、云南		200000	-
1492	都匀、清平	云南		48000	-
1492	都匀、清平	四川		19700	-
1493—					
1494	-	云南	-	-	-
1493	贵州	云南		100000	-
1494	贵州	云南		29500	-
1499—				-	
1500	贵州	云南		179500	-
1516	贵州	淮和浙		150000	-

资料来源:

贵州省民族研究所编《明实录贵州资料辑录》(贵州人民出版社,1983年)第27、37、54、66、77、86、112、142、155、320、329、340、343、344、351、367、372、375、379、385、393、405、417、444、459、507、545、548、576、597、671 页;

《明实录有关云南历史资料摘抄》(云南人民出版社)第405、500、562 页。

　　一般说来,商人在西南地区开中输粮,其利润回报要比全国其他地区高得多。[6] 然而,即便如此,所输纳的粮食远远难以满足军队之需。早在 1389 年,缺粮之怨就已经在社会上出现。[7] 根据 1419 年贵州布政使的说法:没有一个商人向西南开中输粮。[8] 明王朝因而不断采用降低比率的办法来加以鼓励。到 15 世纪,开中比率已降到不足 14 世纪时的一半。最终,开中制度对商人产生了巨大的吸引力,大量的粮食输纳到西南地区。我们仅有的系统数据来自于 15 世纪中期,此时这些开中之法已经中断。表 7.1 开列了云贵两省从 1440 年到 1480 年间交换粮食的盐引数额。根据这些资料,在这40年间,商人将订购的100万石粮食的四分之三交到了西南地区。这意味着每年输入的粮食大约在20000石左右。通过这些数据及我们其他方面的了解,14世纪晚期,粮食的输入有序进行,在15世纪的大多数时期里,即便输入无序,但开中输粮时常进行。直到16世纪设立盐税制度,开中才告停止。

二、协饷制度与西南的粮食再分配

协饷是省际间的粮食互助,这一方法逐渐代替了开中法。所谓协饷是中央政府直接调集邻省粮食帮助西南等地解决军饷不足的问题。在西南,协饷大部分输给贵州。早在15世纪,邻近省份就向贵州协饷200000多石(12000吨)。起初,协饷大部分来自湖广。1450年以后,四川的协饷也占到了一半,即10万石。[9]但实际上,并非所有的协饷都以粮食形式输纳到西南,其中一定比例的协饷系折算为银两输入。到16世纪早期,协饷大都被折换成了银两。显而易见,粮食运输成本过高,很大程度地抑制着政府通过协饷进行粮食的地区间再分配。根据一些官员的说法,运输费用常常数倍于稻谷自身成本。[10]

我们所掌握的有关省际间协饷的大多数资料是关于16世纪晚期和17世纪早期的。此时,我们还没有详细的县一级的四川和湖广向贵州协饷的数据。表7.2汇总了这些资料,地图7.1则标示出了协饷的区域流动情况。那时,每年来自四川的协济粮是109753石,折合为白银为37475两;每年来自湖南的协济粮是102400石,折合白银30720两。

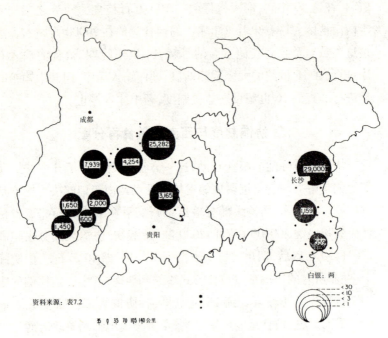

资料来源: 表7.2

地图7.1　贵州所获年度协饷示意图(约1600年)

表7.2　1502年—1599年各省向贵州协饷情况表

年代	湖广协饷粮食（石）	湖广协饷白银（两）	四川协饷粮食（石）	四川协饷白银（两）
1502	109700	—	—	—
1555	102400	30700	109755	29939
1582	102400	30700	—	45000
1597	—	46340	—	30718
1599	—	30720	—	56126

资料来源:

嘉庆《贵州通志》(1555版)卷四,第21页下;

万历《贵州通志》(1597版)卷十八,第13页上—16页下;

《黔记》(1608 版)卷十九,第 17 页上;

《万历会计录》卷十四,第十九页上;

万历《湖广总志》(1591 版)卷二十一,第 1 页上—2 页上,卷二十四,第 12 页下—13 页下、第 23 页上、第 29 页上,卷二十五,第 15 页上下、第 20 页下;

江东之《瑞阳阿集》卷三,第 24 上—27 页下。

有清一代,向西南的协饷延续未绝,尤其是对贵州。实际上,就我们所知,通常由邻近省份向云南和贵州协济粮饷和银两。[11]此外,虽然我们没有县一级的数据,但我们仍然可以看出从明代以来,西南所获协饷的来源较大程度地扩大了。其中,广西和湖南主要向云南协饷,广西、湖南、湖北、四川,甚至云南通常向贵州提供协饷。就每年协饷总额而论,大大超过 500000 两白银和 300000 石大米,大概相当于西南地区所有常规经费的一半。[12]与其他朝代相比,明清王朝采取了一种不从边疆地区抽取财政收入,而是大量地从内地抽取税收以充补边疆地区经费的做法。

三、仓储制度与西南的粮食再分配

协饷虽然解决了西南军队的部分粮食供给问题,但高昂的运输成本使政府不可能对平民百姓实施类似的省际间协济。于是,西南地方政府不得不投入大量精力,通过区域间的政府仓储网络,为平民储备粮食。其基本理论根据是,"滇黔舟楫不通,常平仓积贮较之别省尤为紧要。"[13]

在西南地区,由地方政府修建粮仓已有很长的历史。据说早在 8 世纪,常平仓就在大理地区出现了。[14]13 世纪,元政府在昆明修建过这样的粮仓。[15]到了 17 世纪早期,明朝将这种仓储制度真正地扩大到云南的每一个州县,以及贵州的许多州县。[16]然而,这些早期粮仓,其功能都是非常有限的,主要是为军队人口提供粮食保障。另外,这些粮仓的存储容量并不大,根据一份 16 世纪晚期的材料,云贵两省的平民谷仓仅能存储 1500 吨(27000 石)粮食。其中贵州的不到 100 吨(1800 石),[17]存储容量在中国各省份中几乎是最低的,并且其实际的存储量可能比配额数还要低。

相比之下,清朝的粮仓存粮多达 200000 吨(3600000 石),比明朝有了巨大的增长。表 7.3 和表 7.4 列出了云贵两省 1704 年—1850 年间每年的粮食储存量。这些数字是"实际储存量(实储)",理论上储存于常平仓和社仓。仓储存粮包括了许多不同的粮食品种,如大麦、蚕豆、荞麦、小米、大米和小麦等,在账目上均分单元登记。仓储数量都以年末为准,可进行大体性比较。唯一的例外是云南省 1722 年、1726 年、1738 年记录下来的储量,仅包括常平仓的储量。

表 7.3   1704 年—1850 年云南粮食储备情况表[a]   (单位:石)

年份	云南	年份	云南	年份	云南
		1767[e]	1487156	1819	1264420
1704[b]	327320	1767[e]	1520309	1820	1284846
				1821	1272759
1722	445853	1773[e]	1695982	1822	1227142
				1823	1225799
1725[b]	700000	1775[d]	1582252	1824	1248089
1726[e]	508699				
		1777[e]	1690989	1826	1246168
1732[b]	498547	1778[e]	1695773	1827	1246642
		1779[e]	1743551	1828	1247402
1735[b]	700000	1780[e]	1746040	1829	1247880
		1781[e]	1723856	1830	1248101
1738[e]	701500	1782[d]	1723670	1831	1241500
		1783[e]	1711376	1832	1243036
1742[d]	1014590	1784[d]	1703254	1833	1243841

续表

年份	云南	年份	云南	年份	云南
1834	1196962	1743[d]	974615	1785[d]	1723616
		1786[d]	1718733	1835	1189044
1746[d]	1039770	1787	1717908	1836	1190158
1747[d]	1077429	1788[e]	1718428	1837	1205846
1748[d]	1107758	1789[e]	1717601	1838	1204274
		1790[e]	1718546	1839	1203941
1750[d]	1146215	1791	1706257	1840	1210119
1751[e]	1099817	1792[d]	1687336	1841	1214683
1752[e]	1132772			1842	1210402
1753[e]	1182536	1794	1641648	1843	1215330
1754[e]	1224660	1795	1627953	1844	1220849
				1845	1212168
1759[d]	1405014	1812	1321223	1846	1243710
		1813	1325859	1847	1220908
1763[e]	1459560			1848	1222506
1764[e]	1466896	1816	1324763	1849	1158421
1765[e]	1440401	1817	1284682	1850	1155730

资料来源：

a　除非特别注明，本表各数均基于《全国分省民数谷数清册》，或来自中国第一历史档案馆藏黄册第 497965—497998 号及 6698 号，或来自 1813年、1817 年、1821 年—1824 年诸年份的许多未分目登记的档案。一些相互重叠的民数谷数奏折所记仓储量略有不同，系登记日期不同所致，出入颇小。

b　道光《云南通志》(1835 版)卷六十一，第 1 页上—32 页上；嘉庆《大清会典事例》(1818 版)卷二百零三，第 14 页下所载 1725 年的仓储量为700000 石。然而，这里所列出的 1735 年的 700000 石却比表 7.5 所列出的500000 石要多得多。这很可能是因为这些数字反映的是一年中不同时间的仓储情况。

c　见台北故宫博物院所藏《军机处档》3814 乾隆十三年十月十六日奏《常平仓谷数》，乾隆十五年十月十六日所奏基本相同。

d　这些数字是根据从中国第一历史档案馆所藏《朱批奏折》、《录副奏折》之《内政・保警》和《财政・仓储》中收集到的以下《民数谷数奏折》而得出的。王国斌从《财政·仓储》中收集到了大部分材料。衷心感谢他让我获得了这些资料。乾隆七年十一月十七日《朱批奏折》之《财政·仓储》;乾隆八年十二月二十日《朱批奏折》之《财政·仓储》;乾隆十一年十二月二十一日《朱批奏折》之《财政·仓储》;乾隆十二年十二月二十日《朱批奏折》之《内政·保警》;乾隆十三年十二月十八日《朱批奏折》之《财政·仓储》;乾隆十五年十二月十六日《朱批奏折》之《财政·仓储》;乾隆二十四年十二月二十一日《朱批奏折》之《财政·仓储》;乾隆四十年十二月十一日《录副奏折》之《内政·保警》;乾隆四十二年十一月二十九日《录副奏折》之《内政·保警》;乾隆四十九年十二月八日《录副奏折》之《内政·保警》;乾隆五十年十二月七日《录副奏折》之《内政·保警》;乾隆五十一年十一月二十七日《录副奏折》之《内政·保警》;乾隆五十七年十二月十六日《录副奏折》之《内政·保警》。

　　e 这些数字系从台北故宫博物院所藏《宫中档》、《军机处档》当中的《朱批奏折》和《录副奏折》收集到的以下"民数谷数奏折"为基础而作出的。白诗薇(Sylvie Pasquet)和魏丕信(Pierre-Etienne Will)从《宫中档》中收集到了这些资料的大部分。衷心感谢他们将其提供给我。乾隆十六年十二月七日,《宫中档》000917;乾隆十七年十二月十一日,《宫中档》003117;乾隆十八年十二月二十日,《宫中档》005463;乾隆十九年十二月十一日,《宫中档》008272;乾隆二十八年十一月十七日,《宫中档》016441;乾隆二十九年十一月十二日,《宫中档》019069;乾隆三十年十二月十一日,《宫中档》021990;乾隆三十二年十一月十一日,《宫中档》023308;乾隆三十三年十一月十六日,《宫中档》026346;乾隆三十八年十一月四日,《宫中档》026976;乾隆四十二年十月二十日,《宫中档》032891;乾隆四十三年十月二十八日,《宫中档》036590;乾隆四十三年十二月一日,《军机处档》021779;乾隆四十四年九月十五日,《军机处档》15100;乾隆四十六年十一月七日,《宫中档》039740;乾隆四十七年十月二十八日,《宫中档》041900;乾隆四十八年十一月七日,《宫中档》046313;乾隆五十一年十月十八日,《宫中档》049165;乾隆五十三年十二月四日,《军机处档》042712;乾隆五十四年十二月十日,《军机处档》042713;乾隆五十五年十二月十五日,《军机处档》046480。

表7.4　1704年—1850年间贵州的粮食储备情况表[a]（单位:石）

年份	贵州	年份	贵州	年份	贵州
1704[b]	180000	1733	1745804	1821	1886292
				1822	2021308
1725[b]	250606	1775[d]	1686384	1823	2021464

年份	贵州	年份	贵州	年份	贵州
1726[b]	400000	1776	1611000	1824	2021665
		1777[d]	1444202		
1735[b]	300000	1778[d]	1295915	1826	2021955
		1779[e]	1195070	1827	1819061
1741[e]	1155837			1828	1885853
1742[e]	1226849	1781[d]	1594747	1829	1920815
1743[e]	1211805	1782[d]	1723670	1830	1949220
1774[e]	1265555	1783[d]	1711376	1831	1981491
1745[e]	1303353	1784[e]	1703254	1832	1967804
1746[e]	1366667	1785[e]	1623202	1833	1959441
1747	1360000	1786[e]	1602169	1834	1872728
1748[f]	1400000	1787[e]	1500869	1835	1957776
1749[e]	860000	1788[d]	1681594	1836	1939813
1750[e]	1398713	1789[d]	1641334	1837	1989907
1751[d]	1327635	1790	1698732	1838	2004898
		1791	1870566	1839	2007580
1753[d]	1229329	1792[e]	1749743	1840	2007813
1754[d]	1231246			1841	2009963
1755[d]	1874914	1794	2015565	1842	2005142
1756[d]	1850984	1795	2015779	1843	2015279
				1844	2015406
1760[e]	1953066	1812	1581917	1845	2014473
		1813	1593115	1846	2204556
1763[d]	1418272			1847	2024742
1764[d]	1537684	1816	1851759	1848	2024920
1765[d]	1455088	1817	1897059	1849	1906294
				1850	1907799
1767[d]	1758786	1819	2020819		
1768[d]	1756044	1820	2020972		

资料来源：

a　除非特别注明，本表各数均基于《全国分省民数谷数清册》，或来自中国第一历史档案馆藏黄册·文类第 497965—497998 号及 6698 号，或来自 1813 年、1817 年、1821 年—1824 年、1826 年—1830 年诸年份的许多未分目登记的档案。

b　乾隆《贵州通志》(1741 版)卷十五，第 1 页上—20 页下；嘉庆《大清会典事例》(1818 版)卷一百五十九，第 12 页下。

c　这些数字，系由中国第一历史档案馆所藏《朱批奏折》和《录副奏折》中的《内政·保警》、《财政·仓储》中所收集到的下列"民数谷数奏折"中得出的。王国斌从《财政·仓储》中收集到了这些资料的大部分，衷心地感谢他将其提供给我。乾隆六年十一月二十三日，《朱批奏折》之《内政·保警》；乾隆七年十一月二十四日，《朱批奏折》之《内政·保警》；乾隆八年十一月二十四日，《朱批奏折》之《财政·仓储》；乾隆九年十一月二十四日，《朱批奏折》之《财政·仓储》；乾隆十年十一月二十五日，《朱批奏折》之《内政·保警》；乾隆十一年十二月二十一日，《朱批奏折》之《财政·仓储》；乾隆十三年十二月十六日，《朱批奏折》之《财政·仓储》；乾隆十五年十一月二十四日，《朱批奏折》之《内政·保警》；乾隆二十五年十一月十五日，《朱批奏折》之《内政·保警》；乾隆四十年十一月十二日，《朱批奏折》之《财政·仓储》；乾隆四十年十二月十二日，《录副奏折》之《内政·保警》；乾隆四十四年十一月二十日，《朱批奏折》之《内政·保警》；乾隆四十九年十二月十一日，《录副奏折》之《内政·保警》；乾隆五十年十二月十四日，《录副奏折》之《内政·保警》；乾隆五十一年十二月六日，《录副奏折》之《内政·保警》；乾隆五十二年十一月四日，《录副奏折》之《内政·保警》；乾隆五十七年十一月十八日，《录副奏折》之《内政·保警》

d　这些数字是以从台北故宫博物院所藏的《宫中档》、《军机处档》当中的《朱批奏折》和《录副奏折》收集到的以下"民数谷数奏折"为基础而作出的。白诗薇(Sylvie Pasquet)和魏丕信(Pierre - Etienne Will)从《宫中档》中收集到了这些资料的大部分。衷心感谢他们其将提供给我。乾隆十六年十一月十一日，《宫中档》000736；乾隆十八年十二月四日，《宫中档》005176；乾隆十九年十二月五日，《宫中档》008227；乾隆二十年十一月十五日，《宫中档》010773；乾隆二十一年十一月十二日，《宫中档》013335；乾隆二十八年十一月十九日，《宫中档》016454；乾隆二十九年十一月二十二日，《宫中档》01959；乾隆三十年十一月二十一日，《宫中档》0291919；乾隆三十二年十一月十五日，《宫中档》023047；乾隆三十三年十一月十二日，《宫中档》26415；乾隆四十二年十一月十日，《宫中档》033140；乾隆四十三年十一月十五日，《宫中档》036789；乾隆四十六年十一月二十一日，《宫中档》039956；乾隆四十七年十一月十一日，《宫中档》043089；乾隆四十八年十一月十日，《宫中档》046383；乾隆四十八年十二月十五日，《军机处档》43950；乾隆五十三年十二月三日，《军机处档》038248；乾隆五十上年十二月二十一日，《军机处档》34905。

　　e　张广泗《民数谷数奏折》，见中国第一历史档案馆藏《朱批奏折》，第四类，第 1846 盒，文档 6。

　　f　嘉庆《大清会典事例》卷一百五十九，第 13 页、卷二百三十二，第 15 页、卷二百三十二，第 16 页。

　　就像中国大多数地方一样，自 1725 年—1775 年的半个世纪间，西南的粮仓储量迅速膨胀。在表 7.3 和 7.4 中，我们可识别出两个不同的快速增长时期，每个时期都在新帝登基统治之初。第一个时期为雍正初年，粮食储量成倍增加，从 1723 年的 50 万石增加到 1725 年的 100 万石。第二个时期为乾隆初年，粮食储备也成倍增长，从 1735 年的 100 万石增长到 1740 年的 200 万石。此后，粮食仓储呈稳步增长之势，到 1795 年达到登峰造极的地步。当时，按地方政府的说法，西南储存了 360 多万石粮食，即 200000 多吨的粮储量。此后，尽管云南的粮储量逐渐下降，从 1790 年的 170 万石下降到 1850 年的 110 万石，但贵州的粮储量仍报称保持在 200 万石的水平。到 1850 年，西南地方政府仍宣称，其粮食储存量超过了 300 万石。换言之，中国政府为西南每一个在册人口储备了 10 到 15 公斤的未脱壳的粮食，也即人均一个月的粮食供给量，远远高于全国其他任何地区的人均储量。[18]

　　最初，在康熙和雍正末年，通过捐监、捐纳、捐买和捐输等途径[19]，云南、贵州两省大部分民间粮食都被集中起来。到 1682 年，云南粮食储量增加了 100000 多石，到 1703 年，又增加了 327320 石。1732 年，在云南省的常平仓，捐赠粮的总数为 428638 石。[20]贵州情况也是这样，1739 年捐粮总数为 247000 石。[21]就我们所知，直到 1768 年被停止前，捐粮一直是西南地区粮食积储的来源之一。[22]

比较而言,在乾隆初年,民用仓储量的迅速扩大主要是常平仓和社仓发展的结果。常平仓几乎垄断了省际间粮食的转运和购买,而社仓则主要以谷物的销售和借贷获利。这方面有两个最大的例子:一是 1736 年,来自湖广的 266000 石营运漕粮顿时使贵州常平仓粮食储量增长了 2 倍;一是 1742 年,购自四川的 300000 石稻米也几乎使云南的常平仓储量增长了 2 倍。[23]同时,一系列小规模的省际间粮食的转运与购入也使一些粮食从广西、湖南和四川流入云南和贵州。从所掌握的资料,我们可以再现五个例子。它们说明,另外160000 石粮食也从省外流入西南,扩大了常平仓的储量。[24]

然而,西南仓储量的增长有一半缘于本地社仓制度的显著发展。1724 年,西南开始建立社仓。最初,社仓仅集中于少数地区,储量也不大。[25]1736 年,云南布政使陈弘谋将常平仓的 50000 石到75000 石粮食转入社仓,从而把社仓扩大到云南的每一个州县。[26]1740 年,贵州巡抚张允随也将常平仓的 25000 石至 50000 石粮食转入社仓,在贵州的每一个州县都建立了社仓。[27]清政府在西南建立社仓,其目的是使农村的贫穷人口可以获得粮食,特别是在青黄不接的春季。虽然并无资料来说明这些努力的确切效果,但他们似乎在西南乡村开启了一个轰轰烈烈的谷仓运动时期。在接下来的 25 年里,由于 30% 的出仓率就可带来 10% 的利息,社仓的储粮因此直线上升。与常平仓相比,社仓的扩大主要是就地取粮。我们掌握了云南从 1725 年—1765 年间较详细的仓储资料,从而制成表 7.5,对云南社仓和常平仓的储量做了一个比较。在这 40 年间,虽然总的粮仓储量仅增加了一倍,但社仓的储量却飞跃式增长,从 1725 年的 70000 石增加到 1736 年的 150000 石,到 1747 年增至 260000 石,1758 年又达了 500000 石,到 1765 年高至 600000石。[28]总之,社仓储量占总仓储量的比例由 14% 扩大到了 40%。

相比之下,在其他省份,社仓平均只占所有民用粮仓储量的25%,而且许多省份根本就没有社仓。很明显,在西南地区,地方政府承担了比其他地方政府大得多的救济农村人口的义务。

表7.5　1722年—1765年间云南社仓和常平仓库存情况表

年份	社仓	常平仓	总额
1722	–	445853	–
1726	–	508699	–
1732	69909	428638	498547
1735	71500	–	700000
1738	–	701500	–
1747	260000	817429	1077429
1749	300000	–	–
1758	500000	–	–
1765	569896	844355	1414251

资料来源:
道光《云南通志》卷六十一,第4—8页;图尔炳阿乾隆十三年十月十六日奏《常平仓谷数》,见台北故宫博物院藏《军机处档》3418。

　　粮食的空间分配反映了西南地方政府对农村人口福利问题的强烈关注。在附录D中,表D—1至表D—4列出了云南省1735年和1836年州县的粮食分配,以及贵州省1725年和1835年州县的粮食分配情况。接下来,我将其中云南仓储总数的情况在地图7.2中用图形作一描述,将人均仓储数的情况在地图7.3中用图形也作了描述。对比是十分明显的,乍看上去,粮食分配大体上与人口分布是一致的。澂江、云南、大理三个人口最稠密的府,在1735年持有全省仓储总量的三分之一还多,在1835年也持有全省总储备粮的大约四分之一。然而,如据人均数来计算,情形几乎完全相反。澂江、云南和大理这三个人口最稠密的府,实际上人均占有的仓储存粮最少。相比之下,顺宁和永昌这两个人口最稀少

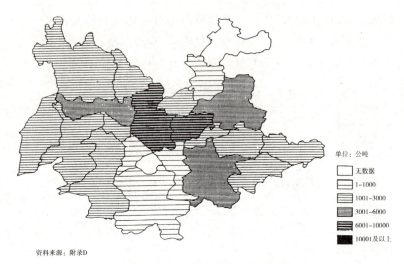

单位:公吨

▢ 无数据
▢ 1—1000
▢ 1001—3000
▢ 3001—6000
▣ 6001—10000
■ 10001 及以上

资料来源:附录D

地图 7.2　1735 年云南仓储存粮示意图

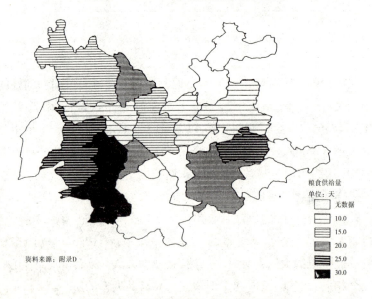

粮食供给量
单位:天

▢ 无数据
▢ 10.0
▢ 15.0
▢ 20.0
▣ 25.0
■ 30.0

资料来源:附录D

地图 7.3　1835 年云南人均仓储量示意图

的府,人均储粮则是最多的。换言之,从省级的情况看,其仓储粮
的空间分配格局与国家一级仓储粮的空间分配格局是一致的,即
国家以诸如西南等边疆省份为仓储重点,而边疆省份又以本省边
远府州作为仓储重点。这种通过仓储福利来促进边疆省份及边疆
省份沿边地区人民繁荣兴旺的努力,无疑是清政府边疆经营的一
大成就。

在西南,这种粮食再分配的重要性,因其地处边疆战略要地,
与今缅甸、老挝、泰国、越南相毗邻而进一步得到了强化和张显。
西南粮仓的运作因此在本质上不同于内地。[29]首先,在西南,民用
粮仓既要供养军队,又要救济老百姓。近10万名肩负重任的士兵
驻扎在西南,他们每年所需的25万石军粮通常由湖南和四川两省
供给,一般储藏于民用粮仓中。这种安排主要有二大优点。一方
面,地方政府通过民用仓储的储存能力,保证了省际间协济来的大
量粮食的顺利接收;另一方面,民用仓储通过接收省际协饷,实现
了仓储之粮的吐故纳新,有效地防止了所储仓粮的霉变。[30]其次,
西南地区的民用粮仓既要供养本地人口,又要供养移民人口。实
际上,大量少数民族人口的存在意味着地方政府不得不常常兼顾
其食物习性。比如,1758年云南巡抚刘藻奏报说:"滇省夷多汉
少,地广山高。夷性喜食杂粮,高原宜种荞麦。常平向例,谷、荞兼
贮。缘有司办理拘泥,以致现在存仓,多系米谷。春夏借粜,既违
夷民食性;买补时,又必卖荞籴谷归仓。向例,每荞一石,抵谷一
石;每麦一石四斗,抵米一石。且荞性耐久,既便民食,更益仓储。
现据曲靖……永善等十一府州县,按该处情形,或请全数贮收,或
请谷荞兼贮,应准其按年出易,陆续改收。"[31]

最后,政府侧重于将粮食分配给农村人口和少数民族,意味着
大量的粮食支出并没有按商业化方式运作。正如许多官员向户部

报告时所说:我们借出的粮食比卖出的多得多。[32]云南省布政使在1753 年详述道:"滇民俗淳朴,每年至青黄不接时,悉向官借,及届秋成,如数缴还,并不拖欠,实与别省不同,无须平粜。"[33]在官方报告中,也有许多类似的材料。[34]明清时期,尽管都市化和商业化在西南地区有了较大的发展,但西南地区的许多人,特别是土著的少数民族仍然居住在边远农村,对广泛的市场联系知之甚少。正如政府的粜粜稳定了都市中心的市场经济一样,政府的借贷增强了边远农村地区的道德经济。

通过借贷和粜粜所分配的粮食,其确切数字很难重新计算出来。当然,其数量视需求而有所变化,只有军队的消费量是固定的。理论上,每年的支出量被确定为粮食储量的三分之一。然而,在西南地区,粮食支出量似乎更少。从我们所掌握的很少几个年份的资料看,其数据无一例外地只包括了粮食售出量。因此我们不知道西南地区借贷的粮食到底有多少,仅仅知道借出的粮食数量远远超过卖出的。现将云贵两省粮食支出的情况综合成表7.6。

表7.6 1738 年—1780 年间中国西南平民粮食分配支出情况表

(单位:石)

年份	省份	初始储量	销售量	销售所占比例	借贷量	借贷所占比例
1738	贵州	–	64000	–	–	–
1742[a]	贵州	1155837	296330	25.6	–	–
1746	云南	1000000	28089	2.8	–	–
1747	云南	1039770	28252	2.7	–	–
1747	贵州	1360000	73868	5.4	–	–
1748[b]	贵州	784066	25833	3.3	154079	19.7
1750[c]	云南	346523	47000	13.6	–	–
1751	云南	1141099	99738	8.7	–	–

续表

年份	省份	初始储量	销售量	销售所占比例	借贷量	借贷所占比例
1752	云南	1099817	13337	1.2	–	–
1753	云南	1132772	9162	0.8	–	–
1754	云南	1182536	11401	1.0	–	–
1755	贵州	1231246	60000	4.4	–	–
1758	贵州	–	80627	–	–	–
1763	云南	1480741	57934	3.9	–	–
1764	云南	1459560	66315	4.5	–	–
1765	云南	1466896	103560	7.1	–	–
1767	云南	1417956	53792	3.8	–	–
1768	云南	1487156	38898	2.6	–	–
1772	贵州	约1600000	90000	5.6	188000	11.8
1772[d]	贵州		377200	–	–	–
1780[e]	贵州	–	90000	–	–	–

资料来源:

除以下所列资料和注解外,还应参考道光《云南通志》卷六十一《积贮》,民国《贵州通志·食货志》。

a 《清高宗实录》卷一百八十九,第25—27页,乾隆八年四月三十日条,贵州总督兼管巡抚张广泗奏报,即总结了"黔省各属平粜买补出入数目",见《清实录贵州资料辑要》第220—221页。

b 常平仓的情况,图尔炳阿乾隆十三年十月十六日奏,见台北故宫博物院藏军机处档《录副奏折》乾隆003418。

c 仅含常平仓过剩谷物的销售。云南巡抚图尔炳阿乾隆十五年十月十六日奏,见台湾故宫博物院藏军机处档《录副奏折》。

d 《清高宗实录》卷一千一百四十一,第43页,乾隆四十六年九月三十日条,转引自《清实录贵州资料辑要》第229页。这批粮食(实际上有一半是有壳谷物)可能已被售出一年以上,其目的是降低贵州的预储总额。见《朱批奏折》之《财政·仓储》卷五百二十九,中国第一历史档案馆。

e 贵州省钱粮道使孙永清乾隆十五年十月十六日所奏《雨雪粮价》第223盒,见中国第一历史档案馆《朱批奏折》。

这些数据说明，政府每年至少支出 50 万石粮食，其中售出部分肯定大大超过 10 万石，借贷部分据说更多，据我们不完全掌握的数据，应在 30 万石以上。此外，军队消耗了 25 万石粮食。我们估计应在 60 万石左右，即为粮食储量的 20%—30%。由于 18 世纪人均每年的粮食消费似乎已达 2.5 石脱壳的谷物，这意味着，政府每年供养着 10 万名士兵，并且为 20 万百姓提供了全年的粮食，或者为 100 万百姓提供 2 个月的饥荒粮。换言之，西南有 5%—20% 的在册人口是靠政府的粮食再分配维持生活的。

虽然军粮很方便为地方政府在饥荒时用以接济为数众多的百姓，但军事因素也常使粮仓在出现特别之需时变得更加脆弱。从 1768 年到 1772 年间不寻常的危机就为我们提供了最好的例证。先是 1765 年至 1777 年间清朝对缅甸战争，一直使地方粮食供给变得非常紧张。接着，1768 年—1770 年间所发生的百年一遇的严重水旱灾害，给云贵两省的经济都造成了严重的破坏。[35]结果，西南的仓储系统受到了双重冲击：正当政府反复投入大量的粮食救济灾民，尤其是在滇西地区，军队对粮食的需求量也大为增长。[36]虽然清军原则上从外部输入军需物资，但地方政府的报国之举及军队的权宜之需，还是使云南省政府从谷仓捐出大量粮食，包括 1768 年从常平仓支出的 35 万石谷物和 1770 年从社仓中支出的近 30 万石谷物。[37]换言之，在两年中除了正常的军粮供给和规模空前的赈灾支出外，云南还向军队支付了约三分之一到一半的粮食储备。就我们所知，这些支出后来就从未得到过补充。

在云南，因军事原因而招致的粮食仓储量的衰颓之势在史籍中确凿可见。虽然，云南地方政府跟全国上下一样，在 18 世纪晚期和 19 世纪初期曾经多次努力，试图维持粮食的再分配，但最终都于事无补。在 1766 年对缅甸战争之初，云南的常平仓储量已经低于正常的仓储指标。[38]到了1767年,据云南巡抚喀宁阿奏:"滇省仓贮,因拨运军粮",云南33个府州县仓储消耗殆尽,这相当于消耗了云南全省粮食储备的三分之一还多。[39]这些储粮以后再没有被补足。1801年,当时的云贵总督奏报说:社仓的亏空仍然很大。1770年,地方缙绅名流无偿地放弃了支援缅甸战事的大量社仓存粮。这些空欠在过去的30年里一直存在。我们审计过的帐目表明,1799年,省级配额总数为605440石粮食,但实际储备粮仅301879石,加上可购买15334石粮食的白银,仓储缺额仍为281349多石。[40]

在贵州,粮食仓储危机的发生进程跟云南差不多。18世纪下半叶,仓储危机开始出现,但情况还不太严重。1752年,贵州巡抚开泰便奏称:"黔省各属仓贮,缺额不及十分之一。"[41]但到了1776年,情况就变得非常严重。贵州布政使郑大旱奏报说:"贵州常平项下额贮米八十万五千七百余石,应折谷一百六十一万一千余石。今查黔省仓储谷数不及十之三四。"[42]也就是说,在20年中,贵州省的粮食储备赤字从不足10%增大到几乎70%。然而,到1781年,贵州又几乎完全重新实现了储备目标。贵州巡抚李本就奏报说:"黔省常平仓米,共额贮一百万石,经三十七年率部议减,共粜过米十八万八千六百余石,旋于四十三年议复原额,应买还折谷三十七万七千三百余石。计四十四、五两年共买谷十三万六千二百余石,今岁秋收,较往年倍丰,臣饬藩司等将复额谷二十四万余石买补,以实仓储。"[43]但是,正如我们所预料的,粮仓粮食缺额情况不久再度出现。例如,一位粮储道官员关于思南府1820年的仓储数字显示,该府实际仓储量距仓储指标还缺3.5万多石粮食,相当于该府近一半的储粮指标。[44]据审计官员们的说法,这些亏欠大多数长期存在。一些粮食卖出后没有被补上。一些仓粮则转做了军

饷。1823 年"明山等奏,查明黔属谷仓缺数⋯⋯黔省各属常平仓
额贮谷石,现今该督等彻底清查,实在短缺谷二十万九千六百七十
五石零"。[45]19 世纪初贵州地方政府试图再次将其补足,但最终都
只是徒有虚名,收效甚微。"道光八年十月三十日,准贵州贵阳等
十六处旧缺仓谷十一万八千三十余石,展限三年买补",即严令在
三年内使储粮达到目标。[46]但结果如何,于史无征。因此,换句话
说,表 7.3 和表 7.4 中所列各地上报之仓储量常常只是官员们的
一种意向,而非实际储量。

　　然而,我们还是应该看到,在粮食存储量日益恶化的情况下,
西南粮储系统为弥补空缺,还是就粮食再分配作出了应有的努力,
使西南地区的粮食储量有所增加。从 1768 年开始,地方政府拟写
了大量的有关云贵两省针对民间人口的粮食分配以及平抑粮食价
格的专门奏折。我找到了 37 份这样的奏折,其日期涵盖了 1768
年到 1822 年的五十多年。[47]其中三分之二(24 份)来自 18 世纪的
最后三十多年,三分之一来自 19 世纪的头 25 年。很明显,这些非
同寻常的活动都是为挽回 1768 年—1722 年对缅战争及天气灾害
而导致的仓储量下降的颓势而采取的,事实上几乎四分之一的奏
折都出自这一时期。政府为调节粮价所进行的积极努力,正如我
们在第 8 章中将要分析的,对 18 世纪西南米价的平稳可能发挥了
积极作用。在西南运输成本很高的情况下,尽管政府为此付出了
高额的运输成本,却非常有助于西南地区在相当大的程度上形成
一个一体化区域性大米市场。十分清楚,正如一些官方结论所指
出的,在西南,政府的粮食供应是政府提供给人民的最重要的
服务。[48]

注　释

1　魏丕信(Pierre-Etienne Will)阅读了本章的最初草稿,并作了评论。他可能不知道,

　　这份最终成果并不是由于研究工作持续时间长而有所中断，而是在王国斌的帮助下，我重新考虑和改写了我的分析。在此，对他们两位的帮助表示衷心感谢。

2　在1991年，在美国密西根州安娜堡(Ann Arbor)，在简(Jean Oi)和璞德培(Peter Perdue)的帮助下，魏丕信(Pierre-Etienne Will)、王国斌(R. Bin Wong)和我共同完成了一篇有关中国研究的论文《清政府的粮仓和食物供给：1650—1850》(State Granaries and Food Supply in Qing China, 1650—1850)。在这篇论文中，我们对粮食再分配系统的一些问题进行了较为详细的讨论。

3　云南的情况，14世纪云南地方官员张紞在其《云南机务抄黄》卷一第19页说，"曲靖播下种子八百余石，验种得粮，不过收稻八千余担，止得四千余米。以守御军士每军一月约用三斗给之，不满四月，自八月食新粮起至十一月终，粮尽矣。欲接明年夏麦，尚有六个月无粮相接，未审那军如何充腹？"

4　在贵州，据17世纪贵州巡抚郭子章所言，"每岁屯粮仅支春三月。若夏秋冬仰于楚蜀，次日协济。"(郭子章《黔记》卷19，第1页下)同样，据16世纪贵州巡抚何起鸣说，"贵州开省，原设贵州黄平等十二卫所，额设屯粮，仅共九万二千有奇，一岁所入不足以供官军半岁之用。国初坐派湖广、四川二省协济以充军饷"。(万历《贵州通志》1597年版，卷十九，第6页下—7页下)

5　从贵州卫所的情况看，"贵州岁计军粮七万余石，岁发征一万二千石，军食不敷，宜募商人于纳米中盐以给军食。从之"。(《洪武实录》卷79，第4页，转引自《明实录贵州资料辑录》第8页)。徐泓博士学位论文《明代的盐法》(台湾大学，1974)对明代盐制有详细描述。而李龙华博士学位论文《明政府在黔蜀地区改土归流的成功典范》(The Control of the Szechwan-Kweichow Frontier Regions During the Late Ming: A Case Study of the Frontier Policy and Tribal Administration of the Ming Government，澳大利亚大学，1978年)，则对谷盐交换制度有详细阐述。

6　见李龙华《明代的开中法》，载香港中文大学《中国文化研究所学报》1971年第2期。

7　贵州省民族研究所编《明实录贵州资料辑录》第66页，贵州人民出版社，1983年。

8　贵州省民族研究所编《明实录贵州资料辑录》第154页，贵州人民出版社，1983年。

9　万历《四川总志》(1619年版)卷二十一，第5页上。

10　嘉靖《贵州通志》(1555年版)卷4，第2页上下；万历《贵州通志》(1597年版)卷18，第13页上—16页上；《黔记》(1608年版)卷19，第17页上；张学颜《万历会计录》卷 14,第 19 页上;江东志之(1577 年前后)《瑞阳阿集》卷 3,第 24 页上—27 页下;万历《湖广总志》(1592 年版)卷 21 第 1—2 页、卷 24 第 12 页下—13 页下、23 页上、29 页上,卷 25 第 15 页上下、20 页。

11　根据《张允随奏稿》乾隆七年七月五日奏,"又如黔省钱粮无多,本地耗羡不敷养廉公用,每年将滇省铜息三万七千余两拨解济用。"

12　根据注释中一段没有注解的翻译,"在 1673 年,贵州有 20000 士兵。每人每月领取 3 斗粮,岁需 72000 石粮、313000 两白银。贵州因此获接济银两 377200 两,以补其不敷之费。"1709 年,贵州巡抚刘荫枢向朝廷上了一个类似的奏折,"军队每年所需 380000 两军粮和现金,由邻近省供应。每年十月,这些协济粮钞被分配之后,直到次年三、四月政府再无资金财源。次年的协济粮钞在五,六个月才送达。"见《宫中档康熙朝奏折》卷二,第 869—872 页。1740 年,云南巡抚张允随奏报说,"黔省地处边隅,山多田少,产米有限……岁需兵米十五万八千石有奇,本省额秋粮不敷放给,多于楚越购运接济,舟楫牵挽之劳,人夫背负之苦,事极烦累,费尤不资;且采买邻省之米,仅可以给兵粮,而不能济民食。脱遇岁欠,告籴无所,官俱束手,民将何资?是积贮一事,在黔尤关紧要。"见《张允随奏稿》乾隆五年八月二十二日奏。

13　1706 年,云贵总督贝和诺首先提出了这一看法,其后这一看法很快变成了一句格言,屡见于许多官员的奏章中。见道光《云南通志》卷六十一,第 3 页上,光绪《云南通志》卷六十一,第 3 页上。

14　《南诏野史》。

15　根据道光《晋宁州志》(1840 年版)卷五第 18 页下,1309 年,云南各州县都受命建立常平仓以平抑粮价。

16　万历《云南通志》(1576 年版)卷五第 11 页下—34 页将这些粮仓的大部分作了罗列,其名称有预备仓、永宁仓、便民仓、常平仓、足粟仓、存留仓、广惠仓等。

17　张学颜《万历会计录》卷四十三,第 15 页上下。

18　关于人均粮食消费量,见嘉庆《大清会典事例》卷二百零三,第 4 页上。根据人口的推算,在中国,1795 年的人均粮食拥有量是 7 公斤,仅为云南人均拥有量的一半。

19　许大龄《清代捐纳制度》,哈佛燕京出版社,1950 年;又见魏丕信(Will, Pierre‑Etienne)、王国斌、李中清《清代政府粮仓与粮食供应:1650—1850》(State Granaries and Food Supply in Qing China, 1650—1850)对捐纳问题的讨论。

20　道光《云南通志》(1835 年版)卷六十一，第 2 页下—5 页上。

21　《清高宗实录》卷九十一，第 15 页，引自《清实录贵州资料辑要》第 119 页。

22　我们虽然不知道在 18 世纪四、五十年代，作为财政收入的一个来源捐纳发挥了一种什么样的作用，但是根据《清高宗实录》卷三百六十四(引自《清实录有关云南资料汇编》卷三，第 555—556 页)载，乾隆十五年(1750 年)，"原任云南巡抚图尔炳阿奏称：滇省常平仓谷，系捐输、捐纳、官庄、义租等积存之项，并无采买之款"。可见捐输和捐纳粮占大部分。此外，根据《清高宗实录》卷 938 第 50 页(转引自《清实录贵州资料辑要》第 121 页)，为了重新储满极度空虚的谷仓，1773 年，贵州一度重新实行捐纳。不过，我们不知道这次努力是否获得成功。

23　贵州的例子见《清高宗实录》卷二十五第 4 页，转引自《清实录贵州资料辑要》第 218 页。云南的例子见《张允随奏稿》乾隆七年十一月十七日奏。

24　据《清世宗实录》(引自《清实录贵州资料辑要》第 217—218 页)载，雍正十一年贵州巡抚元展成疏言："黔省新辟苗疆，安设重镇，亟预筹积贮……请将广西浔州沿河等仓拨谷五万石，分运古州、都江。"户部议复："应如所请。"雍正帝"从之"。《清高宗实录》卷五十九第 7 页(转引自《清实录贵州资料辑要》第 218 页)载乾隆二年(1738 年)，贵州总督张广泗疏称："贵阳、安顺地方兵民杂处，存米不敷，委员赴楚采买二万石交安顺、普定两仓收贮，以实仓储。"在 1748 年，贵州从湖南购买 20000 石大米，并提出一个 50000 石的额外购买计划，其中 40000 石拟购自湖南，10000 石拟购自广西(见中国第一历史档案馆藏《朱批奏折》之《财政·仓储》卷四百六十二张广泗奏折)；在 1744 年，张允随奏称，云南以白银 20000 两向四川南部永宁等地购买 10000 石大米运到昭通和东川(《张允随奏稿》乾隆九年七月三日奏)；在 1745 年，张允随又奏，云南又拿出 27000 两白银，从川南购买了 10428 石军粮(《张允随奏稿》乾隆十年五月七日奏)。

25　云南巡抚杨名时较为详细地奏报了 1724 年西南社仓开始时的情况，"滇省社仓捐输谷石，自雍正二年为始。其储谷实数，请于次年岁终具题，嗣后永为定例。庶每年捐输谷数，并里民借支谷数，以及有无发赈等项，均得稽核。"见《清世宗实录》卷三十七，第 3 页下—4 页上(1725 年 11 月 8 日)，转引自《清实录有关云南史料汇编》卷三，第 553 页。道光《云南通志》卷六十一，第 5 页上载陈宏谋说，1735 年，云南只有约二十个地区有社仓，总储粮 70000 石多一点。张允随在《张允随奏稿》乾隆五年十一月二十日奏中称，1740 年，贵州只有二十七个地区有社仓，总储粮仅为

12000 多石。

26　道光《云南通志》卷六十一，第 5 页上。

27　《张允随奏稿》乾隆五年十一月二十日奏。

28　据 1759 年的一份报告，从 1724 年云南开始建立社仓，其储量已增加了十多倍。见嘉庆《大清会典事例》卷一百六十二，第 6 页下。

29　见魏丕信（Will, Pierre-Etienne）、王国斌、李中清《清代政府粮仓与粮食供应：1650—1850》（*State Granaries and Food Supply in Qing China, 1650—1850*）对全国仓储实施情况的讨论与比较。

30　据嘉庆《大清会典事例》卷一百五十九，第 18 页下—19 页，在 1725 年，户部遵旨议定："云南米五十七万余石……一二年内不能尽易。每年云南应给兵饷十有四万九千六百余石……即将……存仓之米支给，至秋成时征收稻谷补仓。云南存仓米限以四年……尽可改易。"这种做法在贵州也被采用实施，定期以 95600 石仓粮发放军饷，而以田赋秋粮补入缺额，"限以三年尽可改易"。

31　《清高宗实录》卷五百七十一，第 38—39 页，转引自《清实录有关云南史料汇编》卷三，第 557 页。

32　很多官员都作此概述。如图尔炳阿乾隆十五年十月十六日奏，见台北故宫博物院所藏《军机处档》。

33　《清高宗实录》卷四百四十七，第 29—30 页，转引自《清实录有关云南史料汇编》卷三，第 556 页。

34　三个例子就足以说明这一点。(1)根据《清高宗实录》卷四百八十三，第 6—7 页（转引自《清实录贵州资料辑要》第 226 页），在 1755 年 3 月 31 日，贵州巡抚定长奏："黔省常平仓粮一百万石……其借粜岁不过五六万石"；(2)根据康熙《余庆县志》(1718 年版)卷三第 10 页，在第 15 和 16 个月从常平仓借贷是本地经济的一个不可缺少的部分；(3)据云贵总督张允随说，"至滇黔两省，道路崎岖，富户甚少，既无商贩搬运，亦无囤户居奇。夷民火种刀耕，多以杂粮苦荞为食，常年平粜，为数无多，易于买补，与他省情形迥别。"见《清高宗实录》卷三百一十一，第 44—46 页(1748 年 4 月 25 日)，转引自《清实录有关云南史料汇编》卷三，第 555 页。

35　最近，在中国，学术界非常关注自然和人为灾害的研究。贵州省图书馆《贵州历代自然灾害年表》（贵州人民出版社，1981 年）对这五年的灾害史进行了生动的描述。

36　在 1769 年、1770 年、1771 年这三年中,云南地方政府在云南西部和西北部的许多地区不得不再三向洪灾的受灾者提供大规模的救济。见《清高宗实录》卷八百二十六,第 25—26 页(1769 年 2 月 10 日)、卷八百七十二,第 16 页(1770 年 12 月 27 日)、卷八百八十一,第 27 页(1771 年 5 月 13 日)。均转引自《清实录有关云南史料汇编》卷三,第 530—531 页。

37　《清高宗实录》卷八百零九,第 26—28 页,转引自《清实录有关云南史料汇编》卷二,第 14—15 页。也可参见该书第 12—13 页的很多有关军粮供给的段落。

38　云贵总督刘藻奏报说,"各省常平仓贮缺额,例以收捐监谷补足。查滇省通都大邑及铜、铅矿厂聚集多人之处,米价常昂。青黄不接时,必须减价多粜仓谷;秋成亦复价昂,艰于买补。加以捐监人少,仓储多缺,偏僻州县,人少米贱,春间无须多粜,秋成易于买补。报捐之谷,陈陈相因,有红朽之虞。现通融酌办,凡米贵处应补缺额,拨附近州县盈余监谷抵补。"《清高宗实录》卷七百四十九,第 21 页(1766 年 1 月 10 日),转引自《清实录有关云南史料汇编》卷三,第 558 页。

39　《清高宗实录》卷八百三十九,第 13—14 页,1767 年 8 月 22 日,转引自《清实录有关云南史料汇编》卷三,第 559 页;并见光绪《云南通志》卷七十一,第 7 页—8 页上。

40　见琅玕奏,见《朱批奏折》之《财政·仓储》卷四百九十九,中国第一历史档案馆藏;《清仁宗实录》卷八十一,第 13 页,1801 年 5 月 9 日条对其进行了概述,转引自《清实录有关云南史料汇编》卷三,第 560—561 页。

41　《清高宗实录》卷四百一十八,第 13—19 页,转引自《清实录贵州资料辑要》,第 224—225 页。

42　《清高宗实录》卷一千零五,第 41 页,转引自《清实录贵州资料辑要》,第 228 页。

43　《清高宗实录》卷一千一百四十一,第 33 页,转引自《清实录贵州资料辑要》,第 229 页。

44　见中国第一历史档案馆所藏云贵总督庆保嘉庆二十五年六月十二日奏,《朱批奏折》之《财政·仓储》卷五二九。

45　《清宣宗实录》卷五十一,第 17—19 页,1823 年 5 月 26 日,转引自《清实录贵州资料辑要》第 232 页。

46　《清宣宗实录》卷一百四一五,第 39 页,1828 年 12 月 16 日,转引自《清实录贵州资料辑要》第 235 页

47　在我的笔记中,我记录了 27 份贵州省为从地方民用仓储中向民间发放谷物的专门
　　奏折。见乾隆三十三年三月二十八日,第 124 盒;乾隆三十三年四月二十五日,第
　　125 盒;乾隆三十五年四月四日,第 164 盒;乾隆三十五年五月十三日,第 150 盒;
　　乾隆三十五年五月十三日,第 151 盒;乾隆三十七年六月十三日,第 178 盒;乾隆三
　　十八年六月七日,第 200 盒;乾隆五十年四月十一日,第 245 盒;乾隆五十年七月九
　　日,第 246 盒;乾隆五十二年一月六日,第 264 盒;乾隆五十三年二月十日,第 267
　　盒;乾隆五十三年四月六日,第 267 盒;乾隆五十四年四月七日,第 268 盒;乾隆五
　　十七年五月四日,第 291 盒;乾隆五十七年四月七日,第 293 盒;乾隆五十八年四月
　　五日,第 298 盒;乾隆六十年四月二十日,第 313 盒;嘉庆十六年四月十九日,第
　　429 盒;嘉庆十八年三月十五日,第 446 盒;嘉庆十九年二月十七日,第 452 盒;嘉
　　庆二十三年二月二十一日,第 476 盒;嘉庆二十四年二月二十一日,第 478 盒;道光
　　元年七月二十六日,第 101 捆;道光二年五月十六日,第 106 捆;道光二年七月一
　　日,第 106 捆;道光二年三月二十六日,第 105 捆;道光三年三月十三日,第 108 捆。
　　我还记录了 10 份同样的奏折,系云南为从本地民用谷仓向百姓分发谷物而奏,它
　　们是:乾隆三十六年六月二日;乾隆五十六年五月二十二日,第 281 盒;乾隆五十七
　　年四月二十八日,第 287 盒;乾隆五十九年十月八日,第 304 盒;乾隆五十九年十二
　　月四日,第 305 盒;乾隆五十九年三月二十八日,第 310 盒;乾隆五十九年四月二十
　　六日,第 311 盒;嘉庆十六年四月十九日,第 429 盒;嘉庆十八年五月二十六日,第
　　447 盒;嘉庆二十四年三月二十九日,第 478 盒。

48　《清高宗实录》卷一百六十四,第 23 页上—35 下页。

第 八 章

粮食价格[1]

正如我们所预料的,在 18 世纪,市场扩张和渗透的过程与人口和粮食生产的剧增相伴而生。在这一章里,我将重点对一种商品——大米的价格进行讨论,探究西南市场上什么是最大宗同时也最具有局限性的商品。毫无疑问,大米是市场上最常见的商品,同时又是最笨重而不便长途贩运的商品之一。在本章的第一部分,我们先对我们所掌握的价格数据进行一些介绍,并对清代商品价格的变化形式进行讨论;在第二部分,我们将对这些价格数据进行分析,以确定西南大米市场的整合程度。

一、关于中国西南粮食价格的数据资料

我所掌握的价格数据来源于一个全国性粮食状况监测系统。该系统始于康熙统治下的 17 世纪晚期。[2] 起初,只是少数指定的官员报告其所处省会城市的粮食供给情况。[3] 到 18 世纪早期,雍正皇帝将这种职责扩展到各省省级官员。1736 年,乾隆皇帝进一步将其扩展到府甚至府以下的行政单位。到 1738 年,最终在全国形成了一套系统完善的常规粮价奏报体系。在此后的近 200 年里,全国 1500 个府以下的地方官员每 10 天就要向其所属府报告

一次当地粮食供给情况。适当的时候，还包括每种主要粮食的价格、天气状况及粮食的收成情况。各府官员则将所收到的各所属州县上报情况汇总整理，上报省级财政官员；省级财政官员每月依次对各府粮食价格和天气情况进行整理汇总。最后，由巡抚拟定相关奏折，并与汇总报告一起封呈皇帝。现在，各省所上汇总报告绝大多数被保存于中国第一历史档案馆和台北故宫博物院。

我收集到了一千多份西南地区的每月价格奏报，时间多属 18 世纪。[4] 其中，597 份记录了云南五种谷物——大米、红米、小麦、荞麦、豆每月的低价和高价，涉及 21 个府（含土府）；[5] 其余的 440 份记载了贵州六种谷物——上等、中等和下等米、大麦、荞麦和燕麦每月的低价和高价，涉及 17 个府（含土府）。[6]

二、18 世纪（1705 年—1805 年）中国西南的米价

以我们所搜集到的粮食价格数据为基础，在此我们对 18 世纪（1705 年—1805 年）大米或上等米的价格进行一个集中讨论。[7] 为方便分析，我们假定这两种米一般可以互换。当时，这一等级的米不仅商品化程度最高，而且质量也最为稳定。

为保持一致性，并力求准确，我们将分析限定在高价格里。一般而言，每个府都包括几个州县，而报告的价格可能来自这些州县中的任何一个。尽管我们不知道所报价格来自何州县，但可以肯定，它们经常来自不同的州县。因此，在不同的月份里，这些价格较广泛地代表了各个地区。另外，之所以将分析限定在高价格里，一方面是因为低价格变化相当大，难以把握；另一方面，高价格通常来自各府最大的城市，即府治所在地。在云贵两省，极少会有具有一个以上主要城市或中心市镇的府。因此，高价格比低价格更为一致。由于各府都非常容易核对所属州县呈报的价格，所以，这

些价格应该是比较准确的。

尽管我们总共有两万个月度高价格,但这些数据仍远不够完整。许多价格仍属缺失,特别是 18 世纪早期的价格。即使从数据存在最多的时期来看(这一时期始于 1739 年),我们也仅掌握了一半多一点的数据,即 1400 个资料中的 800 个。此外,我们所掌握的价格在空间上和时间上的分布也不均匀。在贵州,我们有 26 年完整的或近乎完整(至少 10 个月)的资料(1748 年、1752 年—1756 年、1758 年—1762 年、1764 年—1767 年、1773 年—1774 年、1776 年—1780 年、1787 年、1798 年—1799 年、1803 年),十一年没有资料(1769 年、1784 年—1786 年、1788 年—1791 年、1794 年—1795 年、1797 年)。在云南,我们有 19 年完整或近乎完整的数据(1748 年、1751 年、1764 年—1771 年、1773 年—1778 年、1798 年—1799 年、1803 年),有两年没有资料(1791 年和 1794 年)。对每个省来说,当米价容易找到时,这个省所有府的价格也容易找到。其他省就未必能够获得。

因为大多数年份缺乏完整的数据,因此,事实上我们不可能简单地计算每年的平均价格并对整个时期的价格进行比较。在表8.1 和表8.2 中,我们尽可能地列出了云贵两省所有可获数据各府的月度平均价格。从这些平均价格看,季节变化可能会高一些。在云南的蒙化、永昌等几个府,价格波动高达35%之多;在贵州的黎平府,价格波动更是高达50%。由于年度间的平均价格变动不超过1%,所以,在一年中,价格变动通常比年度间的要大得多。因此,根据这些不完整的且不一致的数据,简单地计算平均数,极可能产生误解。[8]

表 8.1　云南省 1705 年—1805 年大米平均价格表

(单位:白银两/石)

月份\地方	1	2	3	4	5	6	7	8	9	10	11	12	年平均价
澂江	1.94	1.95	2.00	2.02	2.02	2.02	2.15	2.06	1.97	1.97	2.00	1.84	2.00
楚雄	1.91	1.89	1.96	2.00	1.93	1.88	2.14	2.06	1.98	1.91	1.92	1.84	1.95
大理													
东川	2.33	2.51	2.36	2.39	2.38	2.38	2.51	2.51	2.39	2.36	2.38	2.19	2.39
广南	1.61	1.57	1.58	1.64	1.61	1.56	1.73	1.70	1.62	1.64	1.59	1.53	1.61
广西													
景东	1.88	1.81	1.86	1.96	1.83	1.79	2.11	2.06	1.77	1.81	1.78	1.76	1.87
开化	1.26	1.25	1.28	1.29	1.31	1.29	1.36	1.36	1.28	1.29	1.27	1.23	1.29
丽江	1.97	1.95	2.01	2.09	2.10	1.99	2.24	2.21	2.06	2.08	2.12	1.91	2.06
临安	2.06	1.97	2.02	2.06	2.03	1.97	2.18	2.12	1.98	2.05	1.98	1.91	2.03
蒙化													
曲靖	2.03	2.01	2.06	2.10	2.11	2.03	2.22	2.18	2.05	2.02	2.06	1.85	2.06
顺宁	1.93	1.80	1.87	1.97	1.93	1.77	2.08	2.07	1.88	1.97	1.94	1.73	1.87
武定	1.85	1.82	1.81	1.87	1.85	1.79	2.04	1.95	1.78	1.76	1.76	1.61	1.83
永北	1.64	1.54	1.60	1.72	1.67	1.54	1.94	1.91	1.68	1.70	1.69	1.44	1.67
永昌	2.17	2.10	2.15	2.29	2.18	1.97	2.09	2.42	2.15	2.14	2.16	1.86	2.14
元江	1.66	1.59	1.62	1.68	1.65	1.60	1.79	1.77	1.68	1.71	1.70	1.53	1.67
云南府	2.33	2.31	2.36	2.49	2.47	2.47	2.62	2.60	2.37	2.34	2.33	2.21	2.41
昭通	2.88	2.65	2.94	2.97	2.89	2.98	3.01	3.06	3.02	2.88	2.86	2.87	2.92
镇沅	2.03	2.01	2.07	2.16	2.10	2.08	2.33	2.29	2.09	2.06	2.06	1.91	2.10
全省平均价	1.81	1.79	1.83	1.87	1.87	1.83	1.96	1.95	1.86	1.85	1.85	1.75	

资料来源:见表前的文字说明。

表 8.2　贵州省 1705 年—1805 年大米的平均价格表

（单位：白银两／石）

月份\地方	1	2	3	4	5	6	7	8	9	10	11	12	每年平均价格
安顺	0.91	0.93	0.96	1.00	1.01	1.01	0.98	0.89	0.89	0.88	0.86	0.89	0.93
大定	1.30	1.36	1.37	1.39	1.40	1.42	1.40	1.30	1.31	1.28	1.28	1.29	1.34
都匀	1.23	1.26	1.29	1.32	1.35	1.35	1.33	1.22	1.23	1.22	1.21	1.22	1.27
贵阳	1.13	1.16	1.18	1.25	1.29	1.27	1.24	1.11	1.12	1.11	1.09	1.11	1.17
黎平	1.52	1.54	1.57	1.60	1.61	1.61	1.12	1.52	1.07	1.52	1.52	1.52	1.48
平越	0.97	1.01	1.02	1.07	1.12	1.09	1.05	0.98	0.97	0.95	0.95	0.97	1.01
普安	2.00	1.85	1.89	2.08	2.02	1.97	2.32	2.25	2.07	2.08	2.08	1.78	2.03
石阡	0.93	0.94	0.99	1.02	1.06	1.07	1.03	0.94	0.94	0.93	0.91	0.94	0.98
思南	1.05	1.08	1.10	1.11	1.12	1.14	1.12	1.06	1.07	1.04	1.06	1.05	1.08
思州	1.06	1.08	1.11	1.14	1.15	1.15	1.14	1.06	1.07	1.07	1.06	1.06	1.10
铜仁	1.10	1.12	1.15	1.17	1.19	1.20	1.18	1.11	1.12	1.14	1.12	1.11	1.14
威宁	2.14	2.22	2.22	2.25	2.27	2.20	2.16	2.06	2.07	2.07	2.06	2.05	
兴义	1.11	1.07	1.17	1.15	1.19	1.18	1.15	1.13	1.11	1.08	1.09	1.14	1.13
镇远	1.27	1.29	1.31	1.33	1.36	1.37	1.35	1.25	1.29	1.28	1.27	1.26	1.30
遵义	1.13	1.19	1.19	1.19	1.24	1.26	1.21	1.12	1.11	1.10	1.12	1.11	1.16
全省平均价格	1.22	1.23	1.26	1.29	1.32	1.31	1.27	1.22	1.20	1.22	1.22	1.21	

资料来源：见表前的文字说明。

为了更准确地分析这些数据，我们首先必须补入那些缺失月份的数值，这样我们才能计算出每年的平均价格。我们将缺失的月价格作为一个平均价格因子，依据整个时期的月平均价及紧邻月份的市场流通价格，对其作出估算。[9]换言之，我们假定缺失的价格与我们所掌握的价格数据具有一致性。[10]在附录 E 中,我们列出了真实价格和后来经推算而补入的价格,真实价格用黑体字标出,补入的价格用斜体字标出。为计算的方便,我们仅仅估算了1748 年至 1803 年间的缺失价格。当然,时间间隔愈长,这些推算的价格数字就越有待考证。

图 8.1 和图 8.2 说明,从 1705 年至 1805 年,云贵两省的价格曲线维持在每石米数两白银的水平上。[11]1738 年以前,这些数据是不连贯的,而且大部分来自省会城市。1738 年后,数据变得连贯,也更能代表全省的情况。水平线描绘了该年府一级价格变化的幅度。黑线为省一级的平均价格,即所有各府的价格平均数。根据这些资料,在 18 世纪的上半叶,两个省的大米价格均呈稳步上升之势,并在中期(1743 年、1768 年—1772 年)上涨两倍,达到峰值。其后,总体上继续保持平稳,到 19 世纪初又有所上升。但是,在云南,实际上各府的米价似乎前后忽上忽下,而在贵州,仅有少数府(如安顺、贵阳、普安和威宁)有过大的变化,大多数府的米价保持平稳,特别是在 1772 年后。这可能是许多明显不可靠的米价报告不断出现的结果。[12]

此外,在 18 世纪晚期,白银所表示的平稳米价掩盖了铜钱所表示的米价急剧上涨的事实。我们知道,清代实行铜钱和银两的复本位货币制度。[13]在大米市场上,白银通常为大宗批发的通货,而铜钱则为一般零售贸易的通货。虽然我们没有铜钱所表示的米价资料,但我搜集到了云南 12 年中的铜银兑换比率的数据,而这 12 年正好我们有以白银表示的米价。表 8.3 和图 8.3 列出了这些资料,并对铜钱和白银所表示的米价进行对比。根据这些计算,铜钱所表示的米价急剧上升,并在 18 世纪末期又一次达到与 18 世纪中期最高点同样高的峰值。这种铜钱对白银的贬值是全国性的现象。[14]

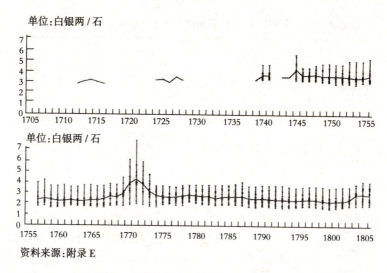

资料来源：附录 E

图8.1　云南省府级粮价变化示意图

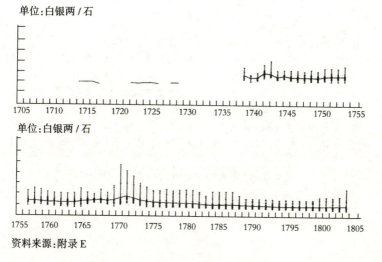

资料来源：附录 E

图8.2　贵州省府级粮价变化示意图

表 8.3　1725 年—1794 年间云南部分年份银钱兑换率与稻米价格表

年代	每两白银兑换铜钱文	以白银表示的米价（两/石）	以铜钱表示的米价（文/石）
1725	1220	0.9	1098
1726	1400	1.33	1862
1747	1200	1.55	1855
1752	1200	1.46	1752
1766	1100	1.89	2.079
1770	1150	3.38	3.887
1771	1200	2.98	3576
1772	1150	2.37	2725
1773	1200	2.03	2436
1778	1200	2.07	2484
1781	1500	1.93	2895
1772	1600	1.81	2896
1794	2400	1.77	4337

资料来源:

1725 年:宫中档 4.423;5:354;

1726 年:《雍正朝朱批谕旨》卷一,28 页下,鄂尔泰奏;

1752 年:《清高宗实录》卷四百一十四,第 9 页下—10 页上;

1766 年:《清高宗实录》卷九百四十一,第 4 页上—5 页下;

1778 年:彭信威《中国货币史》上海,上海群联出版社,1965,第 823 页;

1770 年:《清高宗实录》卷八百六十六,第 12 页;

1771 年:《滇中奏议》卷三;

1772 年、1781 年、1782 年:吴大勋《滇南闻见录》卷二,第 1 页下—2 页下;

1773 年:《清高宗实录》卷九百四十四,第 4 页上;

1794 年:《清高宗实录》卷一千四百五十四,第 23 页下;

民国《新纂云南通志》卷一百五十八,第 32 页上。

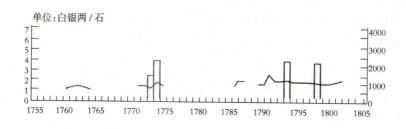

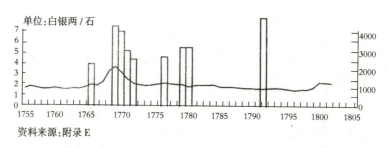

资料来源:附录E

图8.3　云南稻米的铜钱和白银交换价示意图

　　实际上,在整个18世纪,西南大米价格的变化与中国其他地方的大米价格变化都体现出一个显著的共同点。例如,在长江下游地区,王业键最近也发现,在18世纪的头50年,以白银表示的米价已适度上涨,并在60年代达到峰值,在接下来的时期里,逐步趋于平衡,到19世纪又再次回升。[15]王教授对西南和其他地方米价上升的解释,更多是站在货币主义者的立场上做出的。[16]在18世纪早期,货币供应开始增加,日益增加的货币供应导致了清朝此后整个时期的通货膨胀。而在18世纪晚期,因为收成异常地好,通货膨胀曾经一度中断。[17]

　　然而,在西南地区,18世纪早期大米价格的上涨不仅缘于货币发行量的增加,也是对大米需求增长的结果,这一点现在已非常清楚。据我们所知,在清代,300万移民在西南地区定居下来,其中包括在 1725 年和 1825 年移居到西南地区的数十万矿工。根据同时代人的所见所闻,这些移民使得大米需求量猛增。[18]而当时显示的大米供应量并不能满足这种要求。大米价格因此在 1725年—1750 年呈上升趋势,特别是在矿区。[19]以此而论,移民是改变西南地区大米价格最基本的因素。

而且,18 世纪早期米价的迅猛上升主要为气候和战争所致,而非通货膨胀。在中国,灾害史(包括地震、霍乱、干旱、水灾、饥荒、冰雹、蝗灾等自然灾害和战乱等人为灾害)近来已引起人们的极大关注。[20]据研究,每一价格突升的时期也是一个灾害突发时期。通常云南是洪灾,贵州是旱灾。[21]从 1768 年到 1772 年间即是一个典型例子。首先,自 1765 年至 1770 年对缅甸的战争使本地的食物供应变得异常紧张。然后,水旱灾害交织而至。因此,从1768 至 1770 年云南、贵州两省都遭受了严重的灾害破坏。[22]结果是,米价突升,在贵州平均从每石不到 1.5 两上升到几乎 2 两,在云南平均从每石不到 2 两上升到 4 两。正如我们所料想的,短期米价的上涨更多的是天气肆虐和战争突然影响的结果,而不是市场价值规律的产物。

三、米价与中国西南的市场整合

正如我们在第三章中所看到的,早在 16 世纪,在西南的多数地区,特别是在云南东部,一个形式上一体化的市场结构已开始出现。但不幸的是,我们几乎找不到关于米市的同时代的描述。可获得的有限信息表明,晚至 17 世纪初期,西南地区的大米贸易仍微乎其微。[23]然而,对米价的定量分析能揭示出 18 世纪这一市场的很多信息。在此,我将对市场整合情况进行两种检测。

第一种检测很简单,在某一固定的时间点上,看区域内所有地方的米价是否一致。其假设理论是,米价越是接近,米市整合程度就越高。地图8.1描述了1746年到1805年的60年间西南地区实际每个府的平均米价。在地图上,我们能轻易地找出4个价格带:一个是低价格带,分布在贵州大部分地区,低于1.5两/石;一个是高价格带,在云南东部区域,超过2两/石;一个是中等价格带,为云南的中心区,1.5两—2两/石;最后一个是另一个高价格带,分布在云南西部,超过2两/石。这些高米价地区与第四章确认的人口高密集区刚巧大致吻合,也就是说,这些地区是云南内部和外部的核心区。可能性最大的是,核心区的高人口密度引起了对粮食需求,提升了大米价格。

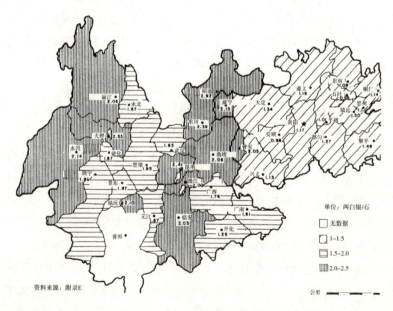

地图8.1　1746年—1805年中国西南平均价格示意图

然而,府这一级价格的同一性并非必然意味着贸易的存在。事实上,没有足够的价格差距以补偿相当数额的商品储存和运输成本,贸易是不可能发生的。正如我们所看到的,在中国西南,运输费用特别昂贵。平均算来,一石谷子一天的运费就要花 0.15两—0.2 两白银。由于几乎所有的府治之间至少都有三天的路程,所以在每个价格带内部不可能有太多的直接贸易。

但是,我们的米价来自府治所在地,它们并不代表整个府的价格情况。因此,一个小的价格差仅仅意味着府治之间无贸易,而绝非府与府之间。任何一个府治城镇可能已很好地和我们没有数据的其他地区进行着广泛的贸易。到 18 世纪,一个周期性的市场网络已把西南大部分地区联系在一起。随着这个时期城镇人口的剧增,许多城市不得不到很远的与之最为接近的内地输入粮食。举个例子,就我们所知,到 19 世纪晚期,东川府就从曲靖府和云南府输入粮食。[24]在这种情况下,基于它们相互间的内在联系,我们应该有望发现以上三个府府治之间在米价方面的某种关系。

第二种检测,对市场整合情况更为敏感,能够捕捉这种关系,主要看整个空间和所有时间上价格的相互关系。这一检测的假设理论是,如果区域内的城市都直接或间接地因大米贸易而广泛地联系在一起,那么,其价格就会以同步的方式涨落;市场整合程度越高,同步性也就越高。不幸的是,现在我们无法找到单独的价格同步统计数字。从戴维·韦尔(David Weir)最近的论文《法国的市场与死亡率:1600—1784》(*Markets and Mortality in France,1600—1784*)[25]中,我们借鉴了价格分析的第一种方法。在这篇文章中,他测定了 17 世纪和 18 世纪法国价格的同步性。统计数字的有效性是基于这样的事实,即如果一些府的价格真正是同步的,那么,府一级的平均价格变量应该与所有府的变量平均值相等。

据此,我们计算了每个府每一年的平均价格、整个时段价格的变量、所有府这些变量的平均值、府一级价格的平均数,以及整个时段平均价格的变量,以便最终计算府一级平均价格的变量与所有府变量平均值的比率。然后,把我们所得出的结果规格化,使它们在 –1 到 1 中变化。其中,1 表示完全相关,0 表示不相关, –1 表示完全负相关。我们把这些值叫做价格变量的相关系数。

表 8.4　1748 年—1802 年西南价格同步值——价格方差系数表

(以 10 年为一期叠加)

时间	西南	云南	贵州
1748—1757	0.19	0.28	0.21
1753—1762	0.26	0.45	0.23
1758—1767	0.37	0.39	0.49
1763—1772	0.42	0.61	0.13
1768—1777	0.46	0.58	0.40
1773—1782	0.09	0.09	0.26
1778—1787	0.12	0.19	0.04
1783—1792	0.13	0.26	–0.05
1788—1797	0.10	0.18	0.11
1793—1802	0.08	0.47	0.00
1748—1802	0.39	0.57	0.20
1748—1767, 1773—1802	0.19	0.40	0.08

资料来源:根据附录 E 有关资料计算。

我们得到的结果表明,到 18 世纪中期,在整个西南地区,已经有范围十分广泛的价格同步性。在表 8.4 中,我们列出了从 1748 年到 1802 年的价格相关系数,既有西南作为一个整体的相关系数,也有云南和贵州各自的相关系数,还有相同的十年间的相关系数。根据这些统计,在 18 世纪后半叶,贵州价格的同步值是 0.

20,云南是0.57,两个省合在一起是0.39。而令人惊奇的是,大约同一时期(1750年—1850年)的法国,其市场的整合快速向前发展,价格同步值也为0.38,[26]竟与中国西南地区相一致。这就是说,在18世纪晚期,中国西南地区价格变化的同步值与同时期的法国一样。[27]

在西南,这种显著的价格同步性的根源在于诸如天气和战争的强烈冲击,而不是广泛的贸易。但这种冲击究竟达到什么程度,仅靠价格分析是不可能得出判断的。一方面,假如天气对收成的影响完全不变,那么,不管市场间的联系如何,价格应该有紧密的联系;另一方面,假如市场已完全整合,那么,即使各地的收成彼此不同,价格也应该有紧密的联系。尽管我们不能肯定,这种紧密的联系是由于相似的收成波动,还是由于需求方面有很强的可替代性。但是,从一种微弱的市场相关联系我们却能够推断出各地的收成是不同的,市场的整合程度是很低的。

为了更好地估价西南市场整合的"正常"程度,于是我们从对价格同步性的计算中排除了五个存在天气和战争影响的坏年份——1768年至1772年。结果,这50年间(1748年—1767年,1773年—1802年)的价格同步性比排除前更低,贵州仅为0.08,几乎不存在价格同步性,云南是0.40,仍处较高水平,两省总的价格同步性为0.19。因此,从我们的计算结果看,作为一个整体,整个西南地区粮食市场的整合程度是很差的,只是在云南,市场联系较为紧密——整合程度与18世纪晚期法国粮食市场大体一致。

但是,与法国相比,不论云南还是贵州,其价格同步性的发展趋势是走向弱化。根据表8.4,在整个西南地区,价格同步性的模式走向大致是相同的,即1750年—1775年价格同步性较为适度,在接下来的18世纪60年代和70年代价格同步性迅猛上升,世纪末的最后 25 年价格同步性却急剧下落。正如在下一章我们将看到的,18 世纪中期的灾难促使政府在粮食分配问题上做出各种努力,正是这些稳定价格的努力打乱了价格行为的同步性。

　　然而,以每个省作为一个整体,计算其价格的同步性,模糊了府与府之间的价格同步性。即使在贵州,在同步程度最低的时期(1772 年后),一些个别府事实上可能已直接或间接地进行粮食贸易。虽然我们实际上并没有关于这种贸易的任何记述,但一项两个府之间价格同步性的研究非常能够证明这样的关系。这里,我们可以对价格的同步性作三种不同的统计分析:价格相关分析(the correlation of the prices themselves)、价格差相关分析(the correlation of the price differences)、价格方差相关分析(the correlation of the price variances)。我们先来完整地计算一下 1748年—1802 年这一时段的各项数值;然后,我们将 1768 年—1772年这段受战争和天气影响的时间排除在外,再次计算同一时期的数值。

　　在附录 E 中,我们计算出了所有 35 个城市的结果。在表 E4和 E8 中,我们将这些结果平均,以便求出价格同步性的一个平均指数。在这里,我们把相关系数中的 0.45—0.59 部分设定为弱度,0.60—0.74 设定为适度,0.75(含 0.75)以上视为强度。在此,我们也假定所有的其他关系实际上不存在,并将其忽略。这样,地图 8.2 就为我们描绘出了整个时期邻近的各府府治间的价格同步性,而地图 8.3 则排除受恶劣天气和战争影响的年份,又为我们描绘了相同时期的另一个价格同步性。这里,我们没有考虑相距甚远的府与府之间的价格同步性。

　　根据这一分类体系进行判断,多数城市的米价与其邻近城市的米价是一致的。实际上,从两幅地图来看,最大的城市已同许多城市建立了广泛的联系,只有广南、黎平、兴义和昭通等较偏远府,这种联系尚未在其府治建立。因此,我们可以设想有一条有内在联系或表面上相关联的价格纽带存在于两省之间,从云南西部的永昌一直延伸到贵州东部的铜仁,长达一千多公里。我们提出这些价格同步性系数,目的是以其作为西南市场联系的证据。

这样一种价格同步性并非意味着巨大贸易的存在,也不说明城镇间可能存在直接贸易的产品。大米贸易相对而言多属短距离的小额贸易,范围从最近的周围农村到权贵的庄园。仅有府治所在地和少数其他一些城市需要输入大量的大米。一张短期和长久性的市场网把这些城市连结在一起,以致在一个府治所在地中所发生的事必然影响到周边的府治。当然,距离会冲淡这些城市间的价格同步性。尽管如此,即使价格的微小波动也常常对其他地方产生很大的影响。这就意味着,西南的大米贸易是十分有效的。这就是我们所界定的"市场整合"的内容。

假如我们逐省和逐个时期地在邻近各府间比较价格的同步性,就会比较出几种形式:

首先,从地图8.2中,我们能够看出东川和威宁之间有某种微弱的联系,其中,东川在云南,威宁在贵州。正如我们所预料的,云南米价的同步性要高得多。一张关联价格的紧密网络实际上已延伸至全省,从西部的永昌一直延伸到东部的曲靖。相比之下,在贵州,价格的同步性要远远低于云南。总的来说,贵州的14个府,就其城市间的交互关系看,仅有16组存在相互联系,且这种联系的四分之三属于中度或弱度水平;而云南的19个府,这样的联系有34组之多,且四分之三的联系属于中度或强度水平。

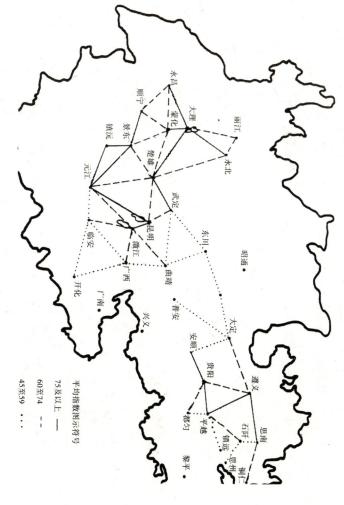

地图 8.2　1748 年—1805 年中国西南城市价格同步性平均指数示意图

地图 8.3　1748 年—1767 年及 1773 年—1802 年
中国西南城市价格同步性平均指数示意图

　　其次,一旦我们排除天气和战争的年份,则正如在地图8.3中所显示的那样,西南贸易关系的数量戏剧性地跌落了。具体来说,有四分之一的贸易关系一起消失了。我们曾经揭示有35组关系属中度或强度,16组属弱度;而现在只有21组弱度的关系,仅有18组较强一点。除了两个大的市场区域,我们现在发现了三个更小的市场区域,分别以大理、昆明和遵义为中心,包括其附近地区。它们依附在一个更大的但更加微弱的市场联系网络之上。换言之,所谓"正常"的大米市场比地图8.2中描述的省一级市场范围还要更小。这些更小的市场,平均每个的范围只有300公里至400公里的距离。

　　第三,尽管整体上同步性有很大的减弱,但整个西南地区,米价间的微弱关系仍得以维持。这仍旧可能是天气影响的结果,同时,也可能是如地图4-3中所描述的,系水田分布不均所致。正如我们在第五章中所看到的,大米生产主要集中在云南东部。结果,一些诸如昆明那样的东部城市可以从附近进口粮食。相反,云南西部因很少产稻米,诸如大理等城不得不从很远的地方进口大量的大米。两张地图所描绘的云南西部强烈的大米价格同步性行为就是这样一种广泛贸易的产物。

　　目前,在中国价格史上,唯一可比较的统计是芭芭拉·桑兹(Barbara Sands)最近计算得出的从1928年到1936年这9年中山西的麦价关系。[28]我们把18世纪西南的大米市场与20世纪早期山西的小麦市场进行比较,其间的反差是十分明显的。在表8.5中,我们将从1748年至1803年这54年云贵两省府一级价格间"重要"的联系列出。为进行比较起见,作为一种相连系数,我们采取桑兹关于"重要"的界定,并以0.95为有效值。这样,根据我们所得出的结果,山西的11个府级单位,在可能存在的55种关系

中,仅有 16 种为"重要"关系;而在贵州的 15 个府中,在可能存在
的 105 种关系中,平均说来有 55 种属于"重要"关系;在云南的 20
个府中,在可能存在的 190 种关系中,平均说来有 115 种属于"重
要"关系。这就是说,山西小麦市场的同步性远远低于云贵两省
的粮食市场。根据桑兹的说法,山西同步性的缺乏部分是由于 20
世纪早期世界经济危机所造成的。尽管这样,令人吃惊的是,山西
小麦价格的同步性比贵州的大米价格的同步性都小得多,还没有
达到云南一半的水平。

表 8.5　1748 年—1801 年中国西南府际"重要"价格关系表

时期	云南 （可能存在的关系为 190）	贵州 （可能存在的关系为 105）
1748—1756	110	48
1757—1765	77	53
1766—1774	150	69
1775—1783	81	47
1784—1792	133	59
1793—1801	137	54
平均值	115	55

　　就我们所知,气候仍然是解释中国北方和西南地区米价同步
性显著不同的原因。我们已经看到,在西南,气候和战争是如何使
得价格行为的一致性增强的。然而,价格方面的这种强度关系恰
恰不是由于与之有联系的收成。尽管从 1768 年至 1772 年这段时
间整个西南地区的价格有了增长,但城市越大,价格涨得越高,在
云南西部尤其如此。由于这些城市需要想办法从农村输入粮食,
由此所产生的价格差距无疑引起了更多的大米贸易,从而使当时
的贸易关系得到了发展。

我们总的结论是,到 18 世纪,尽管地理环境对贸易造成很大
的阻碍,但在西南地区,一个大的粮食市场确实得到了发展。虽然
这个市场的发展谈不上很完善,地区市场整合程度却显然达到了
一个出人意料的高水平。至少在云南和贵州的某些区域是这样。
结果,大米价格的变化具有显著的同步性。市场、气候和战争因素
合在一起,使西南多数城市粮食经济的一体化达到了相当高的
程度。

注 释

1 我于 1986 年夏完成了本章初稿,并向大家征询意见。马克·埃尔文(Mark Elvin)、
周锡瑞(Joseph Esherick)、罗友枝(Evelyn Rawski)、罗威廉(William Rowe)、查尔斯
(Charles Tilly)、王国斌(Bin Wong)、吴承明给予了答复,在此谨向他们致以诚挚的
感谢。另外,芭芭拉(Barbara Calli)帮我设计了表格,詹姆斯·李(James Li)帮我制
图,尼古拉斯·拉迪(Nicholas Lardy)和马若孟(Ramon Myers)专门对我们的分析进
行了较深刻的评论。李政道先生指出了我们计算方面的一个很大错误。在此,一
并向他们表示感谢。

2 刘伟《清代粮价奏折制度浅议》,见《清史研究通讯》1984 年 8 期。

3 吴秀良(Silas Wu)《通讯与中国帝国控制》(*Communication and Imperial Control in
China*),第 34—35 页,哈佛大学出版社,1970 年。

4 这些粮价奏折中的 790 份来自于北京,247 份来自于台北。王业键博士慨然从他的
研究中向我提供了很多台北故宫博物院收藏的奏折,我在我的分析中使用了其中
的 41 份。另外,舍瓦(Seva Chau)和黄志泰(Chih-tai Huang)帮助将这些数据转换成
计算机可读取的形式。在此,我对他们的帮助深表谢意。

5 它们是澂江、楚雄、大理、东川、广南、广西、鹤庆(1770 年前)、景东、开化、丽江、临
安、蒙化、曲靖、顺宁、武定、永昌、永北、元江、云南、镇沅和昭通等 21 府。在我的分
析中,不包括鹤庆府。普洱府缺乏价格记录。

6 它们分别是安顺、大定、都匀、贵阳、黎平、平越、普安、仁怀(始设于 1776 年)、石阡、
思南、思州、松桃(始设于 1798 年)、铜仁、威宁、兴义、镇远、遵义等十七府。在我的
分析中,不包括仁怀和松桃二府。

7　审视一下云南、贵州两省都上报的有关荞麦、小麦和其他两种粮食的数据，我们便可发现，其价格走势与大米大体相同。同大多数历史学家一样，我对中国第一历史档案馆龚高发、张丕远等所编有关气候和产量的资料满怀期待。一旦获得这些具有永久价值的数据汇编，我们应该能对清代的粮食经济作更准确的分析。

8　一个非常好的例子是 1770 年。在这一年，米价达到整个 18 世纪的峰值。虽然只获得了 7 个月的资料，但它们刚好包括了该年四个最高的月份。对这 7 个月进行平均值计算，我们获得了贵阳每年的膨胀值为 2.12。再根据我们的补充，我们将这一年 12 个月的平均数修正为 1.81。

9　每一个补入的价格（Iy），与相邻月份的记录价格（Px 和 Pz）、相邻月份的平均价格（Ax 和 Az），以及缺失月份的平均价格（Ay）呈一定的函数关系。第一个相邻月份的价格由因子（Ay /Ax）来确定其价格走势，并根据因子（y—x）/（z—x）作进一步调整。我们对 Pz 作了类似的计算，最后两个结果相综合就得到 Iy。

10　为了这些补入的数据，在技术方法方面我们引入了一些在月份数据方面的内在关系（不过，我们没有进行分析），但它同样不影响每年的数据（我们作了分析）。实际上，在研究中我们发现，即使在最低价格也可同时获得的时期，补入值的数量越大，相关系数就越低。但是在任何情况下，根据许多对价格关系的标准测验，如果没有这样的补入值，我们就不可能对数据进行分析。

11　很遗憾，我们不能将此系列延伸回 18 世纪之前。然而，我已收集了少部分更早的价格，现列举如下：1452 年，贵州 0.40；1481 年，云南 0.65；1481 年，贵州 0.30（以上数据见黄冕堂《明史管见》第 349—350 页，齐鲁书社，1985 年）；1626 年，云南 0.60（闵洪学《抚滇奏草》（1598）卷九第 31 页上）；1654 年，云南 1.00（秦佩珩《明清社会经济史论稿》第 205 页，中州古籍出版社，1984 年）；1660 年，云南 0.85（刘健《庭闻录》（1700）卷十七第 112 页）。这些数据意味着：第一，云南的米价总是比贵州要高；第二，在云南，整个明代期间，米价保持稳定，明清之际却一直上扬。

12　魏丕信在其与王国斌、李中清合作的《清代中国的政府粮仓和粮食供应：1650—1850》（State Granaries and Food Supply in Qing China, 1650—1850）中分析了 18 世纪晚期和 19 世纪清代会计制度的瓦解情况。当然，政府官员也觉察到这些问题，并试图进行纠正。例如，在 1789 年，贵州钱粮道使王昕向乾隆帝上奏道：在六月的价格报告中，上米和中米的价格与此前的价格如出一辙……此必臣未加留意而司吏简单地抄录报告所致……贵州形势复杂，每月粮价应有所波动。（见该臣乾隆

五十四年九月二十三日奏，藏于中国第一历史档案馆《雨雪奏折》第 267 和 268
盒)不管王昕和其他官员如何努力，我还是发现贵州所报价格与其他同时代资料
所记录的情况存在很多矛盾之处，特别是 1772 年后。例如，在遵义，1841 年的地
方志记载 1778 年、1779 年和 1797 年的米价都很高，甚至还生动地描述说:5 月至 8
月，大旱。竹子多因缺水而死，斗米值银一两，人竟以树皮为食。(贵州图书馆编
《贵州历代自然灾害年表》，贵州人民出版社，1981 年，第 227 页)。而《雨雪粮价》
所奏报的价格却一点也没有上升。

13　王业键《中国货币体制的演变 1644—1850》(*Evolution of the Chinese Monetary Sys-
　　 tem, 1644—1850*)，收入侯继明(Hou Chi-ming)和于宗先(Yu Tzong-shian)编《近代
　　 中国经济史》(*Modern Chinese Economic History*)，台北，中央研究院经济研究所，第
　　 425—452 页，1979 年。

14　见傅汉斯《清代前期中国中央货币政策与云南铜的冶炼:1644—1800》(*Chinese
　　 Central Monetary Policy and Yunnan Copper Mining During the Early Qing, 1644—
　　 1800*，书稿，1987 年)第 32—75 页汇编的其他省份的铜银兑换率说明表。然而，在
　　 云南通货膨胀率似乎比其他地方要高。18 世纪一位观察家所说:云南"百物皆贵，
　　 惟钱最贱。予初到时，纹银一两，易大钱一千一百五十六十文。日渐平贱，至四十六
　　 七年，易大钱一千五百余文，大理、永昌竟至二千余文。故物价虽贵，合之银数，其
　　 实与他省相似。"(吴大勋《滇南闻见录》卷二，第 1 页下—2 页下)结果，银的商品
　　 价格与在其他省大约相同，但它们的实际价值要贵得多。

15　王业键《十八世纪福建的粮食供给》(*Food Supply in Eighteenth-Century Fukien*)，见
　　 《晚期中华帝国》(*Late Imperial China*)卷七，第 2 号，第 80—117 页，1986 年。

16　王业键《清代粮价的长期变动:1760—1910》，中美"宋代至今社会经济史座谈会"
　　 提交论文，北京;《中国谷物价格的时空模式，1740—1910》(*Spatial and Temporal
　　 Patterns of Grain Prices in China, 1740—1910*)，980—1980 年中国经济史的时空趋
　　 势与循环会议提交论文，意大利，贝拉吉奥，1984 年。

17　王业键《十八世纪福建的粮食供给》(*Food Supply in Eighteenth-Century Fukien*)，见
　　 《晚期中华帝国》(*Late Imperial China*)卷七，第 2 号，第 80—117 页，1986 年。

18　矿工因嗜爱大米而出名。据云南巡抚汤聘说:在云南，几乎所有的大米被矿工和
　　 外来商人所垄断，本地人和士兵主要吃红米，边疆的土著则吃荞麦和粟。(见中国
　　 第一历史档案馆所藏《雨雪粮价》第 123 盒，乾隆三十一年八月十日奏);另据王韬

《滇南铜政考·论铜政利弊状》载,在云南,仅矿工每年就消费 40000 吨谷物,即绝大部分大米。衷心感谢上海图书馆的吴织女士为我提供了这一善本书的复制本。

19 实际上,所有同时代的观察家都将米价的长期上涨与人口的增长联系在一起。三个例子足以说明这一点。早在 1720 年,一位四川官员写道:云南和四川南部有许多矿……这导致谷物价格上升。现在,一斗米值一二钱。(陈业恒《边남闻见录》卷七,第 8 页)1748 年,云贵总督张允随奏说:"滇地远居天末,一遇荒歉,米价腾贵,较他省过数倍。近年汤丹等厂,厂民云集,米价日昂。"(见《张允随奏稿》乾隆九年九月二十八日奏)1753 年,贵州巡抚开泰疏称:"大定府属威宁山多地寒,米谷稀少,近年生齿日繁,铜铅各厂人夫云集,食者益众,兵丁领支折色,自行买食,每值青黄不接或阴雨绵连,兵民争籴,往往悬釜待炊。"(《清实录贵州资料辑要》第 242 页)。

20 有关灾害史的研究成果已有数百项。其中,《中国近五百年旱涝分布图集》(中国地图出版社,1981 年)涉及整个中国,贵州图书馆编《贵州历代自然灾害年表》(贵阳,贵州人民出版社,1981 年),尤其侧重贵州。衷心感谢地理研究所的张培源教授为我复制了这部书的一个副本。遗憾的是,学术界尚乏云南气候史的研究成果。这里我只有依靠我自己从地方志所获记录。

21 《中国近五百年旱涝分布图集》把从非常湿润到非常干旱依次分为从 1 到 5 五个等级,以此来归纳年降水情况,再配以对重大旱涝情况的说明。根据该书分析,云南在 1743 年、1745 年、1769 年、1770 年、1795 年、1804 年和 1805 年属"非常湿润"型,在 1747 年、1755 年、1764 年和 1791 年属"非常干旱"型;贵州在 1742 年属"非常湿润"型,在 1796 年属"非常干旱"型。其中 1768 年、1769 年、1779 年、1801 年和 1802 年遭受了重大的旱灾。

22 《中国近五百年旱涝分布图集》所描述的气候史对云南来说大体上是正确的。洪灾主要分布在西部和西北部,特别是大理和丽江府。(见《清实录有关云南史料汇编》卷三,第 530—531 页)可是,在贵州,《贵州历代自然灾害年表》所作灾害编年却与《中国近五百年旱涝分布图集》有所不同。在 1768 年,贵州似乎没有关于旱灾的同时代记录,仅在 1769 年有一个记录。绝大部分旱灾和饥荒的记录出现在 1770 年。有这一可选择的灾害编年,我们的价格数据记录就可做得更好一些。根据这些关于灾害的具体描述,1769 年,"在遵义,自 6 月以来持续干旱,直到 8 月均未降雨。秋收产量大减。"(《贵州历代自然灾害年表》第 224 页)在 1770 年,"饥荒见于记录的有安顺、大定、贵阳、平越和遵义府",“修文县(属贵阳府)遭饥荒袭击,数千人不得不依靠救济为生。在这个地区,上等米值0.8两银,数百流民死亡"。“广顺州(贵阳府)为主要的饥荒区,一斗米值1.2两银"。“定番州(贵阳府),亦为旱灾主要地区,斗米值银0.8两"。“在平远州(大定府),嫩苗尽数枯萎,斗米值银二两"。“在铜梓县(遵义府),旱灾严重,斗米千钱"。(《贵州历代自然灾害年表》第224页、第409—410页)

23　据云南巡抚谢淐说,“丰年米价甚贱,即遇凶荒,斗米不及百钱。其斗斛大,倍于他方。当有秋时,粒米狼戾,四远无复转贩,足谷之家亦时以此为苦。"(《滇略》卷四,第13页上)

24　乾隆《东川府志》卷十八,第1页上载:“东川府气候寒冷,不宜大小麦,……有零市所糶者,皆来自嵩明、寻甸、曲靖。"

25　见罗格(Roger Schofield)和约翰(John Walter)编《近代社会早期的饥荒、疾病与社会秩序》(*Famine, Disease and the Social Order in Early Modern Society*),剑桥大学出版社,1984年。

26　戴维·韦尔(David Weir)《法国的市场与死亡率:1600—1784》(*Markets and Mortality in France, 1600—1784*),见《近代社会早期的饥荒、疾病与社会秩序》第201页—234页,剑桥大学出版社,1984年。

27　法国的面积大约与西南的面积相等,即约为200000平方英里。

28　《中国的国家与市场程度:山西省,1928—1945》(*The Nation and Extent of the Market in China: Shanxi Province 1928—1945*),华盛顿大学博士学位论文,1985年。

第 九 章

矿业的发展[1]

明代,西南的矿冶为政府所垄断。直到 1600 年以后,云南的矿冶业才逐渐从官营的桎梏中解脱出来。十六世纪晚期,仕宦于西南地区的王士性对明代云南私人矿业的基本情况作了较为生动的描述:

采矿事唯滇为善。滇中矿硐,自国初开采至今以代赋税之缺,未尝辍也。滇中凡土皆生矿苗。其未成硐者,细民自挖掘之,一日仅足衣食一日之用,于法无禁。其成硐者,某处出矿苗,其硐头领之,陈之官而准焉,则视硐大小,召义夫若干人。义夫者,即采矿之人,唯硐头约束者也。择某日入采,其先未成硐,则一切工作公私用度之费皆硐头任之,硐大或用至千百金者。及硐已成,矿可煎验矣,有司验之。每日义夫若干人入硐,至暮尽出硐中矿为堆,画其中为四聚瓜分之。一聚为官课,则监官领煎之以解藩司者;一聚为公费,则一切公私经费,硐头领之以入簿支销者也;一聚为硐头自得之;一聚为义夫平分之。其煎也,皆任其积聚而自为焉。硐口列炉若干具,炉户则每炉输五六金于官以给札而领煅之。商贾则酤者、屠者、渔者、采者,任其环居矿外,不知矿之可盗,不知硐之当防,亦不知何者名为矿徒。是他省之矿,所谓"走兔在野,人竞逐之"；滇中之矿，所谓"聚兔在市，过者不顾"也。采矿若此，以补民间无名之需、荒政之备，未尝不善。[2]

可以看出，明代西南私营矿业的组织还很简单。正如我们将看到的，它的生产水平因此也很低，矿业对地方的影响并不突出。

康熙元年(1662 年)，清王朝对云南的统治逐步稳定下来，云南的矿冶业也随之发生巨大的变化。到 18 世纪，以富有铜、铁、锡、锌、水银、白银和黄金而久负盛名的云南高原，因矿产资源的大规模开采而使其财富爆炸性地释放出来。在 1700 年到 1800 年之间，云南黄金和白银的生产成倍地增加，铜、锌和锡的产量增长了 10 倍，从而将云南经济的发展推进到了一个新的历史阶段。

在一个多世纪的时期里，云南矿冶业的发展对中原内地的资金和劳动力产生了巨大的吸引力。因此而导致了西南人口的增长，耕地面积的扩大，商业活动的频繁，以及货币供给的增长。到 1750 年，云南非农业人口的收入达到中国最富裕地区同类人口的水平。在 1253 年蒙古征服近 500 年后，云南突然从一个处于早期发展阶段的边疆社会，一跃而成为一个充满活力的经济区域。

一、西南矿冶发展的历史序幕：元明时期西南的矿业

元明王朝已意识到西南矿业的重要性，开始了对云南矿冶的垄断性经营，获益颇多。元明两朝为西南矿业发展所做的努力，在相当程度上预示着西南矿业在清代的大发展。

然而，元明王朝的矿冶政策主要是针对黄金和白银，而不是铜。[3] 其动机在于充裕国库而非省级预算，中央事实上垄断了所有的矿业收益。例如，元朝便宣布矿业为国家垄断并建立了诸如云南矿课提举司、云南淘金总管府等机构。[4] 就整体而论，尽管官府特许的私商也经营着一些矿，但与清代相比，真正直接操纵矿业的

还是官营机构。官府甚至直接征召矿夫从事采矿。元朝大多依靠当地的罪犯[5]，明代则使用征召的移民。[6]这些政策的结果，似乎直接导致了金银，特别是白银生产的净增长。

　　表 9.1 列出了 1328 年的矿课数。从中可以看出，到 14 世纪早期，云南黄金和白银的产量占到了全国的一半，铜和铁的产量也占了全国的大部分。然而，如果从绝对数看，矿产数额并不高，只有把三个多世纪的数字累计起来，其产量才稍觉可观。相对而言，有关白银产量的资料较充分，我们可对其进行很好的分析说明。表 9.2 列出了从 1328 年到 1600 年的一组银课额。事实上，所有这些数字似乎都是限额，而不是产量数。只有 1328 年和 1473 年的数字看起来是正确的。尽管如此，我们仍可得出结论，在元代和明代，云南每年生产的白银在 10 万两到 40 万两之间。这意味着，元朝和明朝的总产量达 6600 万两或 250 万公斤，约占国内总产量的四分之三。根据威廉·阿特维尔（William Atwell）重新整理，在 16 世纪和 17 世纪，从外国流入中国的白银数额最多为 750 万公斤。[7]这样，既使和葡萄牙人的贸易相比，云南各矿为中国经济发展所提供的巨大的支撑作用也毫不逊色。

表 9.1　1328 年元政府矿课收入情况表

省区	金（锭）	银（锭）	铜（斤）	铁（斤）
腹里	40.00			
江浙	180.00	115.00		245867
江西	2.00	462.00		217450
湖广	80.00	236.00		282595
河南	0.38			3930
四川	0.70			
陕西				10000
云南	184.00	735.00	2380	124701

资料来源：《元史》卷九十四，第 2382—2384 页。

表9.2　元明两代云南银课额及产量估算情况表（两）

年代	课额	税课率	产量估算
1328	36784	0.25	147136
1458	102380	0.25	409520
1459	52300	0.25	209200
1460	102.380	0.25	409520
1462	102380	0.25	409520
1467	52300	0.25	209200
1473	26100	0.25	104400
1482	102380	0.25	409520
1483	102380	0.25	409520
1484	72380	0.25	289520
1488	52380	0.25	209520
1504	31900	0.25	127600
1520	31900	0.25	127680
1600	20000	0.25	80000
1625	20000	0.25	80000

资料来源：

　　本表主要据全汉升《明清时代云南的银课与银产额》（见《新亚学报》第11卷，第1期，第1—28页，1974）制成。1520年的数据，参见何孟春（1474年—1536年）《何恭简公笔记》卷四，第1页上；1600年的数据，据谢肇淛（1567年—1624年）《滇略》卷三，第21页下；1625年的数据，参见朱泰祯《云中约草》卷二，第3页上—4页下。

　　然而，在16世纪，政府的白银收入逐渐衰减。其主要原因并非海外廉价银块的流入而导致实际产量减少，而是政府经营管理的失败，黄仁宇用大量中国16世纪的文献资料较好地说明了这一点。[8]白银在云南仍旧是一种有价值的商品。实际上，表9.3的材料说明，与中国其他地方白银的明显贬值情况不同，在西南白银一直在稳步增值。只有地方性货币——贝币因自身的膨胀贬值而被铜钱所取代。[9]

表9.3　一次货币游戏:白银的通货紧缩与贝币流通——
1282年—1675年间西南一两白银的贝币兑换量表

年份	贝币(枚或称手)
1282	1600
1285	2000
1481	4000
1524	7200
1547	7200
1591	7520
晚明	7200
1610	10400
1615	13600
约1620	13333
1623	8000
1626	13333
1627	14260
晚明	28000
1640	28000
1647	40000
1647	56000
1647	56000

资料来源:(以年代为序):

1282年:《元史》卷十二,第246页;

1285年:亨利·玉尔(Henry Yule)《马可波罗游记》2.52;

1481年:《明实录》卷二百二十二,第4页,根据《续文献通考》卷十,第2864页,在1480年,一贯铜钱值银0.0005两;

1524年:杨慎(1488—1559)《滇程纪》卷十五,第103页;

1547年:童梁伟(Lianwei Tong)家地契(1547年);

1591年:石弘宝(Hongbao shi)地契(1591年);

顾炎武(1613—1682)《肇域志》卷二,第48页;

1610年:闵洪学《抚滇奏草》卷四,第21页;

1615年:康熙《广西府志》(1714版)卷四;

1620年:谢肇淛(1567—1624)《滇略》卷四,第1页下;

1623 年：朱泰祯《云中约草》卷二，第 34 页上；

1626 年：根据闵洪学《抚滇奏草》卷五，第 29 页、卷九，第 31 页有关记载计算；

1627 年：源于一本日期为 1627 年的《华严经》抄本之背注；

晚明：乾隆《新兴州志》(1749 版)卷二，第 39 页下；

1640 年：雍正《东川府志》卷三，第 20 页下；

1647 年：康熙《寻甸州志》(1720 年版)卷三，第 23 页下；

1675 年：康熙《平彝县志》(1705 年版)卷三，第 7 页。

可是，因为政府管理不善，绝大部分矿产品损耗殆尽，政府收入因此萎缩。16 世纪晚期云南巡抚萧彦便认为，"云南矿课，取天地自然之利，供经常之用。近自迤西多事，题留兵饷，抑又重矣。乃历年以来，逋负过半，而大理为甚，完者十一，负者十九。其负者又不皆遗之民也，有司之公用有之，委官之分利有之，硐头之敛而为己利者有之。上不在官，下不在民，弊也极也"。[10]矿场的不良经营对地方政府形成的压力，使明王朝降低了对官营矿场的支持力度。自 1500 年以来，官营矿井纷纷关闭，矿业转移到私人手中。不过，根据王士性的记述，当地人并没有利用这个机会扩大矿冶。直到 1600 年，云南仍然只有 23 个银矿、19 个铜矿、15 个金矿、8 个铁矿、4 个锌矿和 1 个大的锡矿。[11]我们并没有看到明代矿业在数量或者规模上的明显增长。私有矿业的产量与国家专营时期的最大限额基本持平。例如，每年的铜产量仍然保在 25 万斤的水平上，毫无进展。

二、清代矿冶的兴盛与衰退

与明代相比，清代矿冶发展的重点集中在铸币所需的锌、铜、铁和铅等原料上，[12]而不再是贵重金属银。这一关注点的转移主要缘于 1680 年到 1730 年间清政府的两大需要：第一，省级地方岁收不足;第二,国家货币原料的短缺。在 18 世纪早期,省级地方和中央的财政利益逐渐趋同,促成了中国西南矿业新的发展。这里,我集中讨论最具有典型性的铜冶业。[13]

(一)清政府发展矿业的动机与相关政策的实施

首先,清代云南铜冶业的发展,是云南省地方政府新辟财源,增加财政收入的需要。从明朝晚期到清朝初期(1596 年—1681 年),云南地方财政入不敷出,日积月累,形成了巨大的亏空。大体上,从收入方面看,云南省每年的岁入总额最多不过 20 万两白银,而从支出方面看,仅军费一项每年就达 200 万两白银,甚至更多。[14]因此,云南地方政府不得不苦心寻找新的财源。而当 17 世纪晚期,云南地方政府将扩大铜产量作为省级再发展综合计划的一部分提出时[15],也得到了中央政府的欣然认可。

1705 年,为监督管理铜矿的生产、分配和课税,云南地方政府在昆明创设了铜店。与明代的矿课提举司不同,铜店不但授权商人开矿,同时还通过预付购买价——"工本"和补助费——"厂欠"的方式为厂商提供资金。这笔资金可用于购买食物、燃料、劳力和设备。运费、粮食再分配和其他一些支出则可通过贷款解决。矿厂监官负责稽查矿业生产并垄断购买所有生产出来的铜,铜店再按一定的利润将铜卖给北京和各省官营钱局。这套制度的目的是降低商贾矿业经营的风险,并通过控制价格保障政府从矿业发展中获取铜产供应。最终,既对铜矿业形成了严密的管理,又对官营工业给予了有效的保护。根据 1723 年云南总督高其倬的说法,这些管理和保护对铜矿业的发展是必不可少的。

这样,就形成了铜矿均以政府提供资金的方式进行生产,而银矿则以客商投资的方式进行生产的不同模式。应该说,银铜两种矿产对国计民生都非常重要,清政府为何以不同的方式对待它们呢？主要目的在于降低交换风险。我们知道,所有的矿厂都必须购买诸如盐、大米、油、柴薪、工具、绳索、衣服等生产生活用品。另外,冶铜所需的炭薪远远多于银。但是,从产品的销售和成本和利润的获得方面看,银矿可以用冶炼出的产品来直接支付所消耗的成本,铜矿则必须首先出售其矿产品,再换取银两进行支付。当铜供不应求的时候,铜矿经营者能顺利售出其矿产品,在半年到一年内补偿其投入。但是,在铜产品需求较低的时候,铜商可能必须等待长达二三年的时间才能获利。只有富商巨贾才能预先筹集二三年的资本。在这种情况下,政府才决定对铜矿生产者借贷大多数资本,并派官员监督铜矿的生产,收取铜课。这就是为什么政府要提供资金,募集矿民去开采铜矿的原因。[16]

起初,云南地方政府所推行的这一政策仅在一定程度上获得了成功。正像因利润率的回报很慢、很低而阻碍了私人的投资一样,云南地方政府也缺乏足够的资金,因而也限制了其对铜矿生产投资的充分程度。再者,当时铜的消费状况也影响了云南地方政府的拨款。除云南外,全国所有的钱局更倾向于从日本进口铸钱所需之铜。结果,1710 年的税收利润说明,云南铜的产量最多只有 50 万斤。[17]因此,除非安全稳定地获得充足的资本和更多的消费者,云南对铜政的改革才可能取得成功。

对于西南矿冶的发展来说,幸运的是,日本德川政府不久对日本铜源源不断地流出产生恐慌。[18]中国对铜的进口给日本铜的生产造成很大压力。1715 年,德川政府戏剧性地对这种情况作出了反应。他们削减了日本铜出口额的 50%。随之发生的铜进口的衰减,迫使清政府把注意力转向云南。1724 年,政府开始购买云南铜,最初的购买似乎是时有时无的。可是,自 1727 年以后,各省钱局开始固定地从云南采买上百万斤的铜。云南铜店每年向省外输出的铜达到了 800 万到 1000 万斤，其中 600 万至 800 万斤输出到北京各钱局（京局），100 万至 300 万斤输出到各省钱局（省局）。而且，从 1739 年开始，应云贵总督的请求，户部每年向云南拨解一百万两的铜本，作为预支京铜的购买价和运输费用。[19]这笔资金为云南铜矿业的发展提供了充足的资本。我把 1750 年前后云南铜政制度下之铜的岁入和流动情况列于图 9.1 之中。

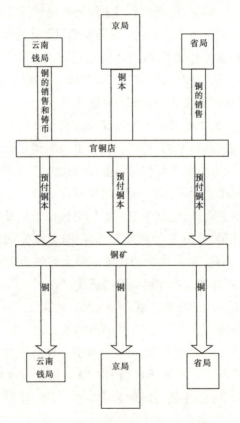

图 9.1　18 世纪中国的采矿与铸币

这样,官铜店就为铜产量的提高提供了三个系列的政府激励因素:政府的补贴——厂费,降低了生产成本;政府发放的工本,减低了信用花费;而政府的采买,则保证了稳定的产品需求。三者交互作用——厂费补贴、畅快的信用和稳定的收益——促成了云南铜矿业的大发展。

(二)铜产量的变化

在政府的调节下,云南铜矿业逐步兴旺起来。新矿一个个被开采,旧矿复苏兴旺,铜产量加速递增。1710 年,云南产铜不到 50 万斤。到 1725 年,每年的铜产量达到 100 万斤。1737 年,又上升到 1000 万斤。在不到 20 年的时间里,云南的铜产量增长了 20 倍。其后,在 18 世纪余下的时间里,云南平均每年的铜产量都保持在近 1000 万斤的水平上。直到 19 世纪中期,铜产量仍未明显衰减。那时,云南铜矿已经生产了超过 50 万吨的铜,相当于同期世界铜产量的五分之一,中国铜产量的一半。[20]

清代云南新的矿业中心是东北部的东川府。[21] 1726 年,云南地方政府在东川开了一些富矿。矿产量迅猛增加,1728 年达 200 万斤,1730 年达 400 万斤,1736 年达到了 600 万斤。到 1746 年,东川产铜已逾 10510 万斤。[22]正如我们将要看到的,那是云南铜产量的四分之三还多。地图 9.1 和地图 9.2 描绘了 1778 年和 1845 年这些矿的相对产量数。尽管它们明显地衰减了,但东川仍旧继续支配着云南的铜矿业,这一点却是很清楚的。

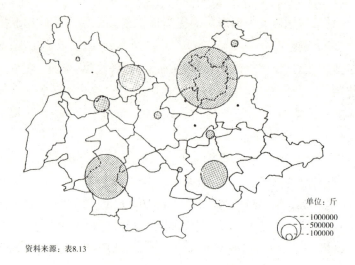

资料来源：表8.13

地图 9.1　1778 年云南各地额铜量示意图

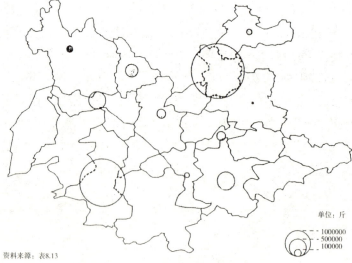

资料来源：表8.13

地图 9.2　1845 年云南各地额铜量示意图

　　直到最近,我们仍旧只有很少的几个云南全省铜产量的数据。绝大多数情况下,我们只有销售和铸币方面铜的消耗量。因此,我们只得通过消耗量来对铜产量进行估算。[23]然而,铜店关于"办获铜"数的零星分散的记录却被较好地保存在政府定期的审计账目中。这些数字提供了一个比原先的估计更为精确的铜产量的描述。从中我们可以看出,自 1723 年至 1771 年国家购买全部铜产品,及 1772 年之后购买大部分铜产品以来,"办获铜"数事实上和产量数是保持一致的。[24]我已经从北京和台北的档案馆收集了这些"办获铜"数的 63 个数据。在表 9.4 和图 9.2 中,我把这 63 个数字和严中平对消耗量的常规估计作了对比。[25]这种比较迫使我们对铜产量给予重新推算。

表 9.4　1721 年—1814 年间云南铜产量:办获铜与消耗铜情况表(单位:斤)

年份	政府办获铜[a]	估计消耗铜[b]	差额
1721[c]	809260		
1722[c]	700000		
1723	900000		
1724	1000000		
1725[d]	1300000		
1726	2150000		
1727[e]	4013000		
1728[f]	2700000		
1729[g]	4000000		
1733[h]	3830000		
1734[i]	4300000		
1735[j]	4850000		
1736	7598000		
1737	10089100		
1738	10457900		

续表

年份	政府办获铜[a]	估计消耗铜[b]	差额
1739[k]	9420500		
1740	8434600	10386277	1951677
1741	7545500	9349998	1804498
1742	8757800	10295401	1537601
1743	9290700	8985049	−305651
1744	9249200	10252783	1003583
1745	8282300	9272782	990482
1746[l]	8421100	10577662	2156562
1747	8542700	10967901	2425201
1748[m]	10347700	10352100	4400
1749[n]	11192400	10205437	−986963
1750	10056200	9155974	−900226
1751	10702000	10955144	253144
1752	8151800	10271331	2119531
1753	7510100	11496527	3986427
1754	10950200	11595694	645494
1755	8387100	10888783	2501683
1756	6262400	11155003	4892603
1757	9824900	11463102	1638202
1758	10173100	11463102	1290002
1759	12760100	11995559	−764541
1760[o]	12128800	11706966	−421834
1761	11712500	12324989	621489
1762	12262500	12647858	385358
1763	12766000	11988040	−777960
1764	13781000	12685821	1095179
1765	11875900	12504668	628768
1766[p]	8123300	14674481	6511181
1767	7394000	14127249	6733249
1768	7757000	13792711	6035711

续表

年份	政府办获铜[a]	估计消耗铜[b]	差额
1769	9743800	14567697	4823896
1770[q]	约10000000	11844596	1844596
1772[r]	约8000000	11891110	3891110
1774[s]	约12000000	12357442	357442
1775	12350000	13307975	957975
1776	12480392	13088522	608130
1777[t]	8599500	14018172	5418672
1778[t]	11121828	13363786	
1780[u]	11270000	10945059	− 324941
1784	12050251	11115406	− 484594
1785[v]	约11600000	11049678	1000573
1786[v]	约11600000	11115406	− 484594
1787[v]	约11600000	11049678	− 550322
1788[v]	约11600000	11049678	− 550322
1789[v]	约11600000	11115406	− 484594
1803	6477790	9611783	3133993
1806	约11000000	10355363	355363
1814	约900000		

资料来源:

a 1736 年—1769 年、1774 年、1776 年、1784 年、1803 年的产量数字出自中国第一历史档案馆所藏奏折,转引自韦庆远《档房论史文编》第 165 页(福州,福建人民出版社,1984 年);韦庆远《清代的矿业》(中华书局,1983 年,下同)第 250—152、157、160、164、197—198 页。

b 严中平《清代云南铜政考》(中华书局,1957 年)第 81—84 页。

c 《宫中档雍正朝奏折》(台北故宫博物院,1981 年)第 2 辑,第 185—189 页。根据这一奏折,1721 年的数字包括了自 1720 年 5 月到 1721 年 3 月末的所有产量。1722 年和 1723 年所列出的产量总数是 1618530 斤。

d 《宫中档雍正朝奏折》第 5 辑,第 2600 页。衷心感谢傅汉斯(Hans Ulrich Vogel)为我介绍这一资料。

e 《清高宗实录》卷五十八,第 34 页上。又见韦庆远《清代的矿业》第 124 页。

f　韦庆远《清代的矿业》第 126 页。根据云贵总督鄂尔泰的说法，1728 年产量减少是因为恶劣的天气迫使不少矿工关闭矿井。

g　《宫中档雍正朝奏折》第 5 辑，第 2897 页。再次感谢傅汉斯(Hans - Ulrich Vogel)为我介绍这一资料。

h　韦庆远《清代的矿业》第 133 页。

i　见《张允随奏稿》雍正十二年十一月二十九日奏。

j　见《张允随奏稿》乾隆元年四月十六日奏、雍正十三年七月十三日奏。

k　见《张允随奏稿》乾隆四年十一月二十二日奏。

l　据云贵总督张允随奏称，1746 年，矿产量超过 900 万斤，超过了这里记载的 840 万斤。详见《张允随奏稿》乾隆十二年三月十日奏。

m　据云南巡抚图尔炳阿奏：在大雪山新开了一个矿，月产铜 6 万至 8 万斤，年产量近百万斤。另，朵纳厂在开挖时碰上了一个很厚的矿脉，月产量已增至 6 至 7 万斤，1748 年铜产量的陡然增长盖缘于此。见《清高宗实录》卷二百九十九，第 59 页下—60 页上。根据《张允随奏稿》乾隆十四年十二月二十九日奏，"现产铜较乾隆十一、二年(1746 年或 1747 年)高 200 万斤"，意即 1746 年和 1747 年的铜产量是 900 万斤左右，而不是表中所列出的 800 万斤。这一数字还见于《张允随奏稿》乾隆十四年六月二十六日奏。

n　据调任浙江巡抚永德奏，"查滇省各厂每年产铜一千三百余万斤，供应京局及各省配铸，共需铜一千二百余万斤。原属有余，向因经理不善，积成亏欠。"见《清高宗实录》卷八百四十九，第 16 - 19 页。另云贵总督爱必达奏称："其汤丹、大碌等各厂二十四、五两年办铜二千六百余万斤，共得额课息银五十余万两。"见《清高宗实录》卷六三六，第 17 - 18 页。亦见韦庆远《清代的矿业》第 140 页。

o　根据云贵总督杨应琚的说法，1766 年的矿产量是 1200 万斤或 1300 万斤，比这里记录的 800 万斤要高得多。见《清高宗实录》卷七百六十四，第 7 页下—9 页上。

p　根据《清高宗实录》卷八百六十六，第 12 页下—13 页下，1770 年的铜产量超过了 1000 万斤。

q　韦庆远《清代的矿业》第 153 页。

r　《九通分类总纂》卷十四，第 21 页上。

s　《滇省各厂办获铜斤》，见台湾故宫博物院藏《军机处档》023550，乾隆四十四年五月四日。

t　《清高宗实录》卷一千一百三十五，第 14 页上—15 页下。

u　据云南巡抚富纲说，1784 至 1790 年，铜的总产量大大超过 7000 万斤，比严中平的估计数几乎多了 500 万斤。见《清高宗实录》卷一千三百七十二,第 19 页下—21 页上。我因此将 7000 万斤按 5 年平摊,每年不到 1200 万斤,为 1160 万斤。

  v 参见表 9.8 的计算结果。

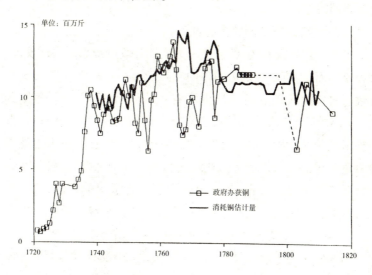

图 9.2 云南的铜产量:办获铜与消耗铜情况示意图

新的办获铜数与原来估计的铜的消耗量之间的出入非常大。铜的消耗量给我们一个错误的印象:自 1740 年开始,产量平稳地增长,1765 年到 1778 年,产量达到峰值,接着慢慢地衰减。而办获铜数则为我们描述了一种更为真实的情况。事实上,铜产量的波动越来越大。这一点,我们至少可以从目前能够确认的 1728 年、1741 年、1753 年、1756 年、1767 年、1772 年、1777 年和 1798 年等 8 个年份的情况来加以证实。在 1728 年、1767 年和 1772 年,气候灾难迫使许多矿主放弃矿井。[26] 而 1727 年、1754 年和 1777 年度,则由于铜价上涨的推动,铜产量急剧上升。[27] 因而,铜产量的周期和我们所想象的是根本不同的。最令人注目的是,从 1765 年至

1772 年和从 1777 年至 1778 年这两个时段。从铜的消耗量看,这些年将被认为是铜矿业空前繁荣发展的时期,而事实上,它们是大灾大难的时期。

(三) 政府从铜矿业获得的收入

正如我们所预料的,铜矿业为云南地方政府带来了巨额收入。对省政府而言,有二项最为明显的收入来源:一为"铜息",系云南省政府每年向其他省份及云南本省各钱局所售数百万斤铜(其中,70% 销售给北京,称京铜;15% 销售到其他省,称采买;15% 销售到云南钱局,称局铜)而获得的利润;二为"铸息",系云南地方政府通过铸造并销售铜币而获取的利润。这两大财源,对云南省级财政至关重要。根据 1775 年云南巡抚裴宗锡的说法,滇省岁入,铜产所获居其半。[28]这些收入均用于云南省军费和福利支出。

可是,准确估算出省级财政中来自铜矿业的收入是非常困难的。因为省级地方政府没有详细收入报告,也没有定期的审计制度,矿与矿之间、钱局与钱局之间价格和费用的波动又很大。此外,所奏报的岁入数又往往将一些收入重复计算并忽视了其他成本。因此,我们不可能做出一个财政收支结算单,难以提供清晰明了的收支对照表。

根据当时人的估计,云南省政府每年来自铜业的白银收入,在三四十万两之间波动。1750 年,云南巡抚张允随奏报说,在 1739 年至 1748 年的 10 年间,政府从铜矿业中总共获利 300 万两,其中 200 万两来自京局售铜款,100 万来源于云南各钱局所铸铜币的销售和向各省钱局售铜的收入。京局购铜款 190 万,各省局采买款 180 万。[29]最近,彭泽益和傅汉斯(Hans Ulrich Vogel)对云南省财政中来自铜矿业的收入分别进行了估计。[30]依据其计算结果,我制成了表 9.5 和表 9.6。从表中可以看出,云南省政府通过向外省钱局售铜所获铜息,平均每年为 20 万两,同时通过向云南钱局售铜所获铜息及销售铜钱所获铸息,又可获益 20 万两。加上铜课收入,全省从铜矿业中所获总收入有时可能已经接近 50 万,大大超过了我们在表 2.11 中所列出的全省田赋收入额。

表 9.5　云南省 1725 年—1776 年间向钱局售铜所获铜息情况表

年份	铜额 (斤)	毛收入 (白银两)	铜成本 (白银两)	运费 (白银两)	铜息 (白银两)	利润率 (%)
1725					17960	
1726					47000	
1727					147300	
1728					140000	
1729					140330	
1733	3186425				161366	
1734	3819024	389257	207127	39813	142317	37
1735		560492	341135	43455	175902	31
1736		684432			251430	37
1738					约200000	
1757		816009	587823	46309	181877	22
1758		847339	616208	41015	190116	22
1776		758009	474348	48645	235016	31

资料来源:

1725 年、1726 年、1727 年、1728 年、1729 年、1733 年、1734 年,见韦庆远《清代的矿业》(北京,中华书局,1983)第 121、122、124、130、133 页,《清高宗实录》卷八十二,第 26 页下—27 页上;

1735 年、1736 年、1757 年、1758 年、1776 年,见彭泽益《清代采铜售钱工业的铸息和铜息问题考查》(《中国古代史论丛》第 1 辑,福建人民出版社,1982 年)第 54 页。

表 9.6　1723 年—1750 年间云南铸币所获铸息情况表

年份	铸钱数（贯）	铸息（白银两）	利润率（%）	年份	铸钱数（贯）	铸息（白银两）	利润率（%）
1723	14664	1777	12	1768	554125	101928	19
1724	190632	23097	12	1769	543125	101026	19
1725	175968	28086	16	1770	471307	90431	19
1726	175968	28086	16	1771	201989	39034	19
1727	176256	26998	15	1772	201989	39034	19
1728	161592	25221	16	1773	243137	47027	19
1729	175058	27323	16	1774	224434	43410	19
1730	161592	25221	16	1775	243137	47027	19
1731	161592	25221	16	1776	381534	67546	18
1732	175058	27323	16	1779	289517	55563	19
1733	161592	25221	16	1778	521056	98362	19
1734	203486	38289	19	1779	289517	55563	19
1735	311215	78005	25	1780	215445	40344	19
1736	509465	31061	6	1781	184782	35597	19
1737	632155	25108	4	1782	170568	32859	19
1738	583528	23177	4	1783	170568	32859	19
1739	583528	23177	4	1784	184782	35597	19
1740	280542	25108	9	1785	170568	32859	19
1741	288771	41935	15	1786	184782	35597	19
1742	318696	58470	18	1787	170568	32859	19
1743	345254	63344	18	1788	170568	32859	19
1744	329917	59932	18	1789	184782	35597	19
1745	386026	67251	17	1790	170568	32859	19
1746	418195	72855	17	1791	170568	32859	19
1747	386026	67251	17	1792	184782	35597	19
1748	418195	72855	17	1793	170568	32859	19
1749	386026	67251	17	1794	85284	16429	19
1750	305230	52463	17	1795			

续表

年份	铸钱数 （贯）	铸息 （白银两）	利润率 （%）	年份	铸钱数 （贯）	铸息 （白银两）	利润率 （%）
1751	403606	72924	18	1796			
1752	372559	68425	18	1797	125684	17412	14
1753	596992	115892	19	1798	125684	17412	14
1754	669187	129997	19	1799	368072		
1755	619438	1203334	19	1800	398745		
1756	792626	153996	19	1801	224434		
1757	731654	142151	19	1802	224434		
1758	731654	142151	19	1803	136158	23506	17
1759	792626	154464	19	1804	125684	21696	17
1760	805718	158173	20	1805	136158	23506	17
1761	805718	158604	20	1806	125684	21969	17
1762	760708	150043	20	1807	125684	21696	17
1763	609339	120445	20	1808	136158	23506	17
1764	589140	111432	19	1809	125684	21696	17
1765	638259	119099	19	1810	155609	27755	18
1766	927340	175325	19	1811— 1850	184785	33350	18
1767	831520	157693	19	1811— 1850	170571	30785	18
铸钱总数 （贯）	29576598			平均铸钱数（贯）		343914	
铸息总额 （白银两）：	4921826			平均铸息（白银两）：		57230	

资料来源：

严中平《清代云南铜政考》（中华书局，1957 年）；

傅汉斯（Hans Ulrich Vogel）《清代前期中央货币政策与云南的铜矿业：1644—1800》（*Chinese Central Monetary Policy and Yunnan Copper Mining During the Early Qing, 1644—1800*），书稿，1987 年。

按：铜钱一贯等于 1000 文。

(四)铜产品生产成本的上升

我们应该注意,在铜消耗量的固定等高线下面隐含着铜价的上升。从1736年至1800年,铜产量在700万斤到1200万斤之间波动,而云南地方政府每100斤铜所支付的价格则从5两白银上升到10两。因此,从18世纪中叶,云南省政府从铜矿业所获收入随之减少。1760年以后,在食物和燃料价格不时上升的情况下,劳动生产力衰退,由此而引发了生产成本的骤然增加。相应地,省政府对铜矿业的食物、燃料、设备和劳力等方面的补助也增加了。到19世纪末20世纪初,云南省政府从铜矿业实际上已一无所获。接下来,我试图计算从1700年到1800年铜的实际成本的上升情况。

(五)中央政府的支持与云南铜矿业的早期发展(1700年—1768年)

起初,铜矿生产成本的大部分由中央政府拨解铜本给予支付。然而,户部并没有根据成本的增加相应地提高铜本发放额。到1773年,几乎所有追加部分的铜本都由云南省政府从铜矿收入中支付。铜矿业因此从一个省的财源逐渐转化成一种实际的负担。因而,我们应该将政府对铜矿生产成本的资助区别为两个时期:一个是中央支持时期,从1739年到1768年,具有生产成本低增长的特征;一个是省级支持不断增多的时期,自1768年以后,具有生产成本高增长的特征。

铜店的主要开支是预付铜本。铜本数额的确定既依据估计的铜产量,又依据政府所制定的铜价。而中央政府制定铜价又主要根据矿石的品质和开矿的难度。各矿的产铜额根据矿床的大小规模而变化。尽管有这一系列的变化因素,每个矿普遍的趋势还是非常清楚的:在年产铜额相对稳定的情况下,铜本数额越大,价格必然逐渐上升。

纵而观之,在 1726 年到 1765 年之间,政府五次提高铜价,以刺激生产。而价格增长的幅度,每个矿各有不同。一些矿成倍地增长,另外一些矿几乎没有变化。云南最大的汤丹矿,是已为材料证明了的最好例子。我因而笼统地使用这些价格作为铜矿业的典型。表 9.7 列举了一些铜价,并根据政府当年办获铜的数量计算出预付铜本。根据这些计算,在 1727 年至 1776 年间,每年的预付铜本增加了四倍,从 20 万两增加到 80 多万两。正如我们已看到的,每一次价格上涨都使铜的生产相应地出现一次短暂而剧烈的跃进。

表 9.7　云南省 1710 年—1776 年间部分年份铜价上涨情况表

年份	国家定价 (两白银/百斤)	登记产量 (斤)	预付铜本 (白银两)
1710	4.0	约 481000	19240
1727	4.5	4000000	180000
1738	5.2	10457900	543811
1754[a]	5.6	10950000	613200
1755	6.0	12128800	727728
1762	6.4	12262500	784800
1768	7.0	7757000	542900
1776[b]	7.5	约 11000000	825000

资料来源:

严中平《清代云南铜政考》(中华书局,1957 年)第 38—39 页;云南大学历史系等编《云南冶金史》,云南人民出版社,1980 年,第 52 页;全汉升《清代云南铜矿工业》,见香港中文大学《中国文化研究所学报》第 7 卷第 1 期,1974 年,第 176 页。

a　根据《九通分类总纂》卷十四,第 186 页,1754 年每 100 斤铜的生产成本为白银 6 两。

b　根据道光《云南通志》(1835 年),卷七十四,第 27 页上,1775 年每 100 斤铜的生产成本为白银 8 两。

（六）云南省政府的支持与云南铜矿业的后期发展（1768 年—1798 年）

政府支持铜矿的第二个时期开始于 1760 年代，支持者由中央变为云南地方政府。这一时期铜的生产成本急转直上。曾经在 1756 年降低到 600 万吨的云南铜产量，在云南省政府的补助下，很快就于 1764 年上升到近 1400 万斤的峰值，为有清一代被记录下来的最高铜产量。但是其后，灾难频发，在 1765 年—1770 的数年间，雨水过度，西南地区洪涝成灾。与此同时，1763 年—1769 年，清政府对缅甸战争又不断消耗云南各地的资源。正如图 9.3 所示，云南食物价格飞涨。结果，从 1765 年到 1770 年，云南实际铜产量急剧衰落。尽管一些比较早的估计使人觉得没有这么严重的衰退，但一些定性资料还是证实，从各方面看，西南经济发生了整体性的衰溃。1768 年，云南巡抚李湖便描述道：铜矿皆处山中，食物均赖邻县输入。在昔米价低平，矿主购食外，尚有余钱预支。故商贾能雇募矿夫，获铜颇多。而今，矿夫鲜有获矿者，粮价腾升至每担十两，矿夫唯有倾其银钱以购食，去者甚众，所余无几，铜产随之低落。[31]

在云南最大的汤丹矿，这种衰退也是最大的。据李湖的奏报，汤丹以前拥有 30000 多名矿工和 100 家冶户。到 1772 年，下降为 10000 名矿工和 28 家冶户。产量从 600 万斤衰减到 100 万斤。十分清楚，1765 年到 1772 年是云南地方经济的萧条时期，这与此时全国经济的繁荣形成了鲜明的对比。

在云南铜矿业走向衰退的情况下，出于某种原因，中央政府没有作出任何努力以复兴矿业，户部拨解的铜本几乎没有增加。结果，云南省政府不得不孤注一掷，以遏制铜矿生产的衰退。首先，允许商人将所产铜的十分之一在市面上自由出售，称通商铜；第二，对铜矿生产者提供额外的补助金和贷款，以化解成本的增加。

结果,铜产量是增加了,但云南省政府的收入却降低了。

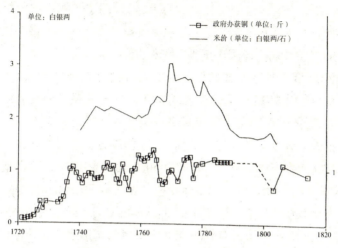

图9.3　东川米价与云南铜产量

虽然,我们不可能确知直接用于食物和燃料补助的总成本是多少,但可以肯定,这笔补助是巨大的,云南省政府从本省售铜收入中支付了这一笔补助金。自18世纪中期以后,铜店增大用于食物和燃料的"救济贷款"总额,有时这笔款项被叫做"接济银两"。没有人记录下这些贷款的总规模。依据分散的资料,我们所获得的总的印象是,整个18世纪,省级贷款一直在稳步地增长,接下来到了19世纪突然跌落。1725年,一年的贷款额仅只是12000两多一点。之后,在1765年,贷款额开始呈指数增长。到1800年,已上升到每年超过120000两。1771年,政府试图将这些贷款稳定在铜本的六分之一水平上。这意味着,每一百斤铜将进一步增加一两的成本。

除了这些贷款外,1771年,云南省级地方政府还命令铜店在每个矿的附近储备半年的谷物、一年的油料和煤,以备不足时使用。这意味着全省总储存量将达到 20000 吨谷物(4000000 担)、50000 吨煤。[32]这一计划将耗银数百万,远远超出了铜店的负担能力。我们无法确知政府到底为此项储备花了多少钱。但最明显的效果是,在诸如东川这样的矿区,稻米的价格立即降了下来。

目前,我们唯一掌握的较详细的直接制度性补助款项称"水泄工费"(抽水补贴),系云南省政府从来自云南钱局的收入中支付。[33]从理论上讲,这笔款项是用来抵消洪水泛滥对铜矿生产所造成的损失。补助金的标准因矿而异,但全省的总额却逐渐稳步增长。1766 年为 3000 两,1777 年为 5000 两,到 1806 年已递增到 26000 两以上,1830 年达到 30000 两。在不到 70 年的时间里,水泄工费增长了 10 倍。到 1830 年,此款项已用去了云南钱局的所有收入。表 9.8 归纳了云南 1806 年 8 个最大的矿的水泄工费。加在一起,这些矿所产铜达到了全省产量的 90%。如此数额的水泄工费补助,意味着在 1806 年铜产量仍可恢复到 1100 万斤的高度。

表 9.8   1806 年云南省水泄工费发放情况表

矿厂名称	每 100 斤铜所补水泄工费(白银两)	水泄工费总额(白银两)	估计铜产量(斤)
义都	0.65	500	80000
汤丹	0.20	6000	3000000
碌碌	0.22	4000	1800000
大水沟	0.25	1500	600000
茂麓	0.25	1500	600000
大功	0.65	3000	460000
宁台	0.16	5000	3125000
得宝坪	0.16	2000	1250000
总计		23500	约 11000000

资料来源:
光绪《续云南通志稿》(1901 年版)卷四十四,第 27 页上。亦见韦庆远《清代的矿业》(中华书局,1983 年)第 181—182 页。

　　然而,需要指出的是,政府通过蠲免贷款和预支铜本而形成的对铜矿业的迫不得已的补助,可能至少与直接的补助额一样大。只要国家规定的铜价低到每百斤 7 两,那么,政府对铜矿生产者的任何贷款和补助金都将自然转化为生产者的债务——厂欠。越来越多的商贾因此而破产逃亡。最终,从 1772 年开始,云南地方政府不得不再三请求蠲免这些厂欠。我们无法确知政府因此损失了多少钱,因为清政府只是偶尔对厂欠进行清查。《清实录》保存了 1778 年、1790 年、1795 年和 1801 年的主要清查资料。我们将这些已知的因蠲免而形成的政府损失数据制成表 9.9。从表中可以看出,整个 18 世纪,政府的损失都在直线上升。在从 1768 年—1795 年的四分之一个世纪里,政府总的损失就大大超过了 150 万两。这些损失实际上也是政府对铜矿业的补助。

表 9.9　云南省政府 1720 年—1814 年间部分年份铜矿厂欠损失情况表

(单位:白银两)

年代	厂欠累计	蠲免厂欠	年平均损失
1720	54985		
1758	90500		
1761	110000		
1767	137000		
1768	213000		
1771	276000		
1778	301261	301000	30000
1784	510000	397000	66167
1790	527000	398000	79000
1795	496000	496000	99200
1801	394000		
1805		12200	12200
1806		14430	14430

年代	厂欠累计	蠲免厂欠	年平均损失
1807		12880	12880
1808		13900	13900
1809		13850	13850
1810		13213	13230
1811		13746	13746
1812		13495	13495
1814		9665	9665

资料来源:

1720 年:高其倬雍正元年十二月二十日奏"铜斤利弊事",见台北故宫博物院藏《宫中档》;

1758 年:《清高宗实录》卷五百六十,第 23 页上;

1761 年:《清高宗实录》卷六百三十六,第 17 页上—18 页上;

1768 年:《清高宗实录》卷八百一十四,第 13 页下—14 下,卷八百一十八,第 23 页下—25 页下;

1778 年:《清高宗实录》卷一千零七十六,第 8 页下—9 页下;

1784 年:《清高宗实录》卷一千二百零八,第 16 页下—19 页上;

1790 年:《清高宗实录》卷一千三百七十二,第 19 页下—21 页上;

1795 年:《云南铜志》卷八;

1805 年—1814 年:韦庆远《清代的矿业》,中华书局,1983 年,第 183、187、198 页。

图 9.4 反映了 18 世纪晚期复杂的补助金制度。通过这些政策和措施,云南省级地方政府又把铜产量推回到 1000 万斤以上。1767 年铜产量攀升到 700 万斤,1780 年又上升到 1100 万斤。就我们所知,从 1765 到 1805 年,平均每年的铜产量至少和以前时期持平。因此,云南铜矿业的繁盛期可能已经过去,但其下滑却被延搁了 40 年。这一业绩,在一个主要的工业中存续了几乎近半个世纪并支持了地方经济,不能不说是清政府的主要成就之一。

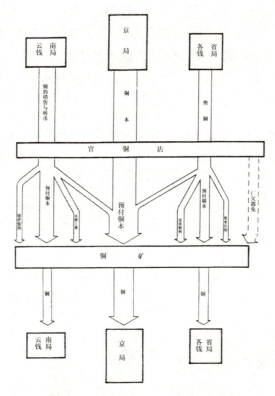

图9.4 中国18世纪的矿业补助金

(七)政府补助金的减少与云南铜矿业的衰落

当然,云南省政府对本省铜矿业的救助最后还是以失败而告终。到18世纪末,贷款和补助的总和已相当于铜成本的双倍还多。随着铜生产成本的上升,省级的收入收缩并最终消失。表9.10分析了1705年至1800年成本的上升情况。1700年,每100斤铜的成本不到4两,到1800年则接近10两。然而,增长率并不是持续不断的。从1700年至1760年和自1785年以来,成本仅只

是适度地上升。可是,在1760年到1785年之间,由于省级地方政
府面对恶劣的天气、战争和灾难,为将产量维持在1000万斤以上
而采取了一些扶持措施,铜的生产成本迅猛上升。因此,"后期增
长"的这些年份,代表着西南历史上的一个转折点。自1800年以
后,云南进入了一个缓慢衰落的时期。

表9.10 1705年—1800年间部分年份云南省产铜成本增加情况表

(单位:两/每百斤)

年份	预付铜本	额外贷款	水泄工费	注销厂欠	总数
1705	4.0				4.0
1727	4.5				4.5
1738	5.2				5.2
1754	5.6				5.6
1760	6.0				6.0
1762	6.4				6.4
1768	7.0		0.03	0.10	7.1
1771	7.0	1.0	0.03	0.25	8.3
1777	7.0	1.0	0.05	0.46	8.5
1781	7.5	1.0	0.05	0.59	9.1
1784	7.5	1.0	0.05	0.70	9.3
1790	7.5	1.0	0.05	0.90	9.5
1795	7.5	1.0	0.05	1.07	9.5
1800	7.5	1.0	0.24	1.10	9.8

资料来源:根据本章各表数据计算而出。

到1800年,不断增长的生产成本抵消了云南地方政府几乎所
有来自铜矿业的岁入。而18世纪中期以后矿利的衰减,又使得云
南地方政府的财政收入举步维艰,求助无门。中央政府又将京铜
的价格固定为每百斤10两。因此,铜店不得不越来越多地利用其
他资源,如将铜转售给各省钱局,特别是云南钱局以获得收入。铜

币的铸造成了云南地方政府可以完全自由支配的唯一收入来源。表 9.6 列举了从 1723 年到 1810 年间云南钱局每年所铸造的铜钱情况。从中我们也可以看出,18 世纪中期,铸钱量突然增加。在1753 年—1778 年这 26 年中,云南铸制了较此前三十年(1723年—1752 年)和此后 30 年(1779 年—1810 年)还要多的钱币。在这近一个世纪的时期里,云南省所铸钱币几乎达到了 300 亿,为全国现金供给量的十分之一。[34]

　　起初,铸造钱币的收入见效很快,政府收入量马上翻了两倍还多,从 1752 年的 68000 两增加到 1760 年的 160000 两。然而,到19 世纪晚期,(铜)钱与银的全国性通货膨胀迫使政府从 1794 到1796 年一度关闭了包括云南在内的所有钱局,并削减铜的销售。表 9.11 概要列出了我们所能查到的关于铜——银比价的资料。从理论上讲,政府确定一两银的价值为 1000 文(即 1 贯)。到1794 年,当铜通货膨胀达到峰值时,一两银的市场价已上升到2450 文。铜钱的通货膨胀导致了其需求量的降低。而低需求和高成本的交互作用最终又加快了云南铜矿业的衰落。

表 9.11　1688 年—1846 年间部分年份云南一两白银的铜钱兑换量

单位:文

年份	铜钱兑换量
1688	2500
1723	1800
1725	1220
1726	1400
1735	1150
1737	1100
1741	1200
1747	1200
1752	1200

续表

年份	铜钱兑换量
1766	1100
1770	1150
1771	1200
1772	1150
1773	1200
1778	1200
1781	1500
1782	1600
1794	2450
1838	1430

资料来源:

1688 年:严中平《清代云南铜政考》,中华书局,1957 年,第 14 页;

1723 年:倪蜕《滇云历年传》卷十二;

1725 年:《宫中档雍正朝奏折》第四辑第 423 页、第五辑第 354 页;

1726 年:《雍正朱批谕旨》第 1 册,第 28 页下;

1735 年:《张允随奏稿》雍正十三年十二月二十日奏;

1737 年:道光《云南通志》(1835 年版)卷七十七,第 14 上;

1741 年:《张允随奏稿》乾隆六年二月二十九日奏;

1752 年:《清高宗实录》卷四百一十四,第 9 页下—10 页上;

1766 年:《清高宗实录》卷九百四十四,第 4 页上—5 页下;

1778 年:彭信威《中国货币史》,上海人民出版社,1965 年,第 823 页;

1770 年:《清高宗实录》卷八百六十六,第 12 页;

1771 年:《滇中奏议》卷三;

1772、1781、1782 年:吴大勋《滇南闻见录》卷二,第 1 页下—2 页下;

1773 年:《清高宗实录》卷九百四十四,第 4 页上;

1794 年:《清高宗实录》卷一千四百五十四,第 23 页下;民国《新纂云南通志》卷一百五十八,第 32 页上;

1838 年:《中国近代货币史资料》,中华书局,1964 年,第 82、120 页。

　　回首这段历史,假如中央政府继续给予云南铜矿业以补助的话,破产或许已经避免。京铜销售是云南铜店的主要收入来源,但销售价格和利润却由中央政府确定。自 18 世纪早期以后,每 100

斤铜的售价被确定在 10 两银上下。由于最初的铜的生产成本刚好是 4 两,省级地方政府起初大获其利。但是,当铜的成本攀升到和价格一样高时,结果就可想而知了。云南省级收入由此萎缩,到 1800 年时几乎荡然无存。中央政府提高价格的失败注定了云南铜矿业的厄运。

到 1800 年,云南四分之一的铜矿已经关闭。表 9.12 列举了 1685 年至 1806 年云南的铜矿数量。该表说明,高成本明显地使各矿徒劳无益,一无所获,矿厂不得不关闭。因此,在 18 世纪下半叶(1752 年—1806 年)开的 77 个新矿中,有 66 个最终关闭,约为 18 世纪上半叶矿厂关闭率的 2 倍。[35]

表 9.12　1685 年—1806 年间云南矿场数量情况表

年份	新开	关闭	总数	年份	新开	关闭	总数
1685	0	0	1	1752	4	1	30
				1753	2	3	29
1705	17	0	18	1754	2	0	31
1707			14	1755	0	1	30
1708			15	1756	0	1	29
1709			15	1757	4	1	32
				1758	8	3	37
1710			15	1759	6	3	40
1711			15				
1712			16	1760	6	10	36
1714			16	1761	3	2	37
1718			16	1762	3	2	37
				1763	3	3	37
1721			18	1764	2	3	36
1724	3	0	21	1765	1	1	36
1726	4	0	25	1766	0	2	34

续表

年份	新开	关闭	总数	年份	新开	关闭	总数
1727	1	0	26	1767	0	1	33
1728	1	0	27	1768	5	1	37
1729	1	0	28	1769	1	0	38
1731	1	0	29	1770	1	1	38
1733	1	0	30	1771	2	0	40
1734	2	1	31	1772	6	0	46
1735	4	0	35	1773	2	4	44
1737	1	1	35	1774	3	6	41
1738	2	8	29	1775	1	1	41
1739	0	1	28	1776	0	4	37
				1777	0	1	36
1740	1	6	23	1778	2	1	37
1741	2	0	25	1779	2	0	39
1742	1	3	23	1780	1	1	39
1743	3	0	28	1781	4	2	41
1744	8	1	32	1782	1	0	42
1745	6	2	37	1784	0	1	41
1746	0	5	32				
1747	1	1	32				
1748	1	1	32	1793	1	0	42
1749	0	3	29				
				1801	1	0	39
1750	1	2	28	1804	0	3	38
1751	0	1	27	1806	1	0	39

资料来源:

严中平《清代云南铜政考》,中华书局,1957 年,第 79—80 页;

全汉昇《清代云南铜矿工业》,见香港中文大学《中国文化研究所学报》第 7 卷第 1 期,第 159—160 页。

注:应该指出,据其他资料,云南还有很多铜矿。例如,根据台湾故宫博物院所藏《军机处档》023550 裴宗锡乾隆四十四年五月四日奏"滇省各厂办获铜斤",1778 年的矿井数是 41 而不是 37。

整个 19 世纪,云南的铜产量一直在衰减。虽然没有这个时期真实的产量数,但仅从铜政制度下的额铜量(即政府规定的产铜指标),我们还是可以看出这一趋势。在这一时期,几乎每个矿的额铜都在衰减。表 9.13 统计了 1778 年—1845 年间额铜的下降情况。加起来,这些额铜量至少衰减了三分之一。实际产量可能比额铜量下降得更多。到 1856 年,云南的大多数矿厂已经停产关闭。这样,从 1682 年到 1850 年,云南的铜矿业在发展兴盛了两个世纪后,最终偃旗息鼓,销声匿迹了。而这一变故又在西南地区引起了巨大的人力和物力震荡。

表 9.13　1778 年—1845 年间云南铜矿产铜年额衰减情况表

(单位:斤)

矿厂	1778 年铜额	1800 年前后铜额	1845 年铜额
澂江府	168000		151200[a]
凤凰坡厂	12000		10800[a]
红石岩厂	12000		10800[a]
红坡厂	48000		43200[a]
大兴厂	48000		43200[a]
发古厂	48000		43200[a]
楚雄府	119700		148360
寨子箐厂	11200		10800
马龙厂	4400		3960[a]
香树坡厂	10000		130000
秀春厂	4500		3600[b]
大理府	508000		459199
白羊厂	108000		97200[a]
大功厂	400000		361000
东川府	5307000		3359693
汤丹厂	3160000	2300000	2081499[c]
碌碌厂[d]	1244000	620000	561100[c]
茂麓厂	280000		253395[a]

续表

矿厂	1778 年铜额	1800 年前后铜额	1845 年铜额
大水沟厂	510000	400000	361999[c]
大风岭厂	80000		72000[a]
紫牛坡厂	33000		29700
丽江府	70000		83000
回龙厂	70000		83000
临安府	1292000		481700
金钗厂	900000		400000
义都厂	80000		72000[a]
万宝厂	300000		
绿碛硐厂	12000		9700
曲靖府	13500		10800[b]
双龙厂	13500		10800[b]
武定府	13200		
狮子尾厂	3600		
大宝厂	9600		
顺宁府	2900000	1900000	2589537
宁台厂	2900000	1900000	2589537
永北府	1200000		270000
得宝坪厂	1200000		270000
元江府	60000		54000[a]
青龙厂	60000		54000[a]
云南府	12000		
大美厂	12000		
昭通府	119000		66060
人老山厂	4200		3780[a]
箭竹塘厂	4200		3780[a]
乐马厂	36000	14000	9000
梅子沱厂	40000	20000	18000[c]
小岩坊厂	22000		19800[a]
长发坡厂	13000		11700[a]
总计[e]	11782800	9146800	7673549

资料来源:

《云南铜志》(1807 版)卷一、卷二;

道光《云南通志》(1835 版)卷七十四,第 22 页上—34 下、卷七十五第 1

页上—30 页下；

《铜政便览》(道光版)卷五、卷六。

a　1845 年的铜额正好比 1778 年少 10%。

b　1845 的铜额正好比 1778 年少 20%。

c　这些铜额数正好比 1800 年少 10%。

d　根据《云南铜志》卷一的记载,1781 年,碌碌厂的铜额已低到 823992 斤。根据云贵总督富纲的说法,碌碌矿仅生产 420000 斤。见《朱批奏折》乾隆四十九年九月十日奏,中国第一历史档案馆。

e　据裴宗锡乾隆四十四年五月四日奏"滇省各厂办获铜斤",1778 年的铜产量应该是 11174320 斤。见《军机处档》023550《朱批奏折》,台北故宫博物院。

三、铜矿业对西南地区的影响

正如我们所看到的,从 1700 年到 1850 年,云南的矿业为西南经济发展提供了强大的动力。[36]数十万矿工在云南各矿区劳作,他们几乎都是被高额报酬和快捷效益吸引而来的移民。18 世纪的观察家们估计,七成矿工来自于湖广和江西,其余来自四川。其移民入滇的大致情况是很清楚的。到 18 世纪早期,入滇移民已经接近十万人。仅蒙自的银矿和锡矿就聚集了一万矿工。随着铜产量的增加,更多的移民不断涌入云南。从 18 世纪中期的几份记录看,云南的矿工已多达 20 万人。一份略显夸张的记载常为史家所引证,称东川府一个矿所雇佣的矿工就多达 10 万人。事实上,汤丹,作为云南最大的矿区,其矿工人数也仅只有 3 万多一点,大多数矿属不到 100 人的小厂,在其极盛期,可能不多于 20 万矿工,其中至多一半在铜矿业,另一半在其他矿业。这些人大约占全省男性劳动力的八分之一,[37]与全国劳动力中非农人口不超过劳动力总数的百分之五形成了鲜明的对比。

外来劳动力在矿厂周围的聚集,改变了云南人口的定居状况和职业分布。一方面,这些矿工的到来使云南东北部的面貌得到了很大的改观,使之从一个山区外围地区转变为西南核心区的一部分。地图 5.3 至地图 5.6 描绘了云南省各府 1725 年、1775 年和 1825 年的人口密度。在 1725 年,人口密度每平方公里至多是 4 人。自 1726 年起开始上升。到 1775 年,东川府的人口密度达到了每平方公里 16 人,到 1825 年又上升到每平方公里 42 人。在 100 年中,云南的人口状况已发生了深刻的变化。

另一方面,外来劳动力在矿厂的汇集同样深刻地改变了云南全省的商业状况。人口的大量聚集,使矿区成了云南最重要的食物和燃料的消费区域。根据同时代的估计,在云南,各矿每年要吃掉 80000 吨以上的谷物,即 800000 多担大米。需求的上升拉动了谷物市场的食物供给能力。正如我们所看到的,政府因此建立起了一套复杂的食物再分配系统来补充谷物的市场分配。

谷物价格的变动影响着食物供给与需求的空间和时间模式。[38]地图 8.1 比较了 1748 年至 1803 年云南 20 个府的大米价格。由此我们可得出三个结论:

第一、矿区食物市场的发展使食物价格在空间上形成巨大的差异。例如,东川、昭通、威宁的谷物价格就比其他地区要高得多。换言之,矿业经济的需求改变了云南商业的空间模式。

第二,政府对云南矿区所实行的谷物再分配打破了正常的市场行为模式。正如我们所看到的,在云南矿区的核心区域,谷物的价格要更高一些。据此,我们通常会认为这些区域的价格变化会很大。[39]而实际上,我们所发现的正好相反。在核心区,价格变动比在边缘区要小得多。1775 年,以上三个府的大米、小麦和荞麦的年平均价格波动比全省其他地区都要低。最明显的是,在我们所认为波动可能最大的东川,价格变动实际上常常是最低的。这一奇异而且是反常的价格模式的存在,只能是政府干预食物市场的结果。

　　最后,以食物价格和铜产量相比较,我们就能看到,在某种意义上,与现代生活极为相似,铜产量的脉动决定着谷物市场的变化节奏。图 9.3 显示,从 1740 年到 1800 年,食物价格的波动是如何像一面镜子一样地反映了铜产量极为相似的变化。图 9.5 也对1758 年至 1770 年间的这种相同的关系作了检验。

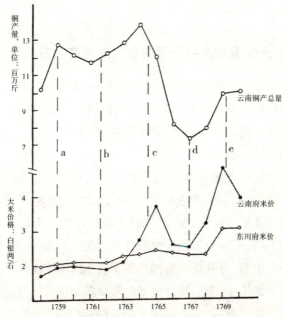

从1758年—1759年间云南铜产量与大米价格的关联性我们可以看出,铜产量的峰值与大米价格的峰值(见虚线a、c、e)是相对应的。然而,铜产量曲线与米价曲线却并不相似。平均而言,米价的上升事实上是由铜产量的总体下降造成的。最后,非常有趣的是,我们注意到东川府矿区的米价是相对稳定的。这无疑是我们在文中已讨论过的政府对粮价的平抑所致。

图 9.5　1758 年—1770 年间东川府米价与云南铜产量

在这几年,我们获得了最详细的资料。正如我们所预料的,在以东川为中心的东部价格区,相互间的变化是最大的。我们甚至能在遥远的昆明找到这种价格的影响。我们不难想象,矿业生产的其他必需品——燃料和房屋等同样受到了影响。食物的供不应求可能已引起了铜价的上升,甚至推动了铜产量的增加,但铜矿市场不断增长的需求也引起了食物价格的上升。所有这一切不仅证明了我们产铜数中波动的精确度,而且清楚地突出了铜矿业的区域性优势。

四、云南铜矿业中所谓资本主义生产关系的讨论

云南矿业的发展是清代商业发展史上的巨大成就之一。许多历史学家因此而对其进行了许多分析研究。[40]他们的研究将西南矿业的发展认同为中国 16 世纪开始的"资本主义萌芽"。

根据多数学者的看法,与明代初期矿业的发展相比较,西南矿业中包含四个显著的资本主义特征:第一,矿工以获利为唯一目的,他们不是被强制的罪犯和士兵;第二,从 18 世纪开始,大多数矿工受雇于矿主,佣工取酬,发展起了较完备的工资制度,他们不再是集资采冶,按资分矿的简单合作者;第三,工矿企业已形成了高度复杂的组织,有着很细密的职能分工和职业区别。一些矿拥有十万上下的工人,他们被分别组织在众多的狭长竖坑、地下坑道和洞穴里工作。最后,也是最重要的,这些矿规模如此之庞大,以至于它们往往被看成资本主义企业。[41]

然而,事实上绝大多数矿工并没有在大的有组织的企业中工作。尽管一些矿厂可能拥有数千工人,但大多数矿是散布于广大山区的小而短暂的企业。根据一份 18 世纪的原始资料,多数矿厂只是一些单独的狭长竖坑,备有 10 到 12 担粮食。[42]这样的粮食储

备,只够 5 至 10 人食用。实际上,每一个矿只是由被挖掘的几个狭长竖坑所组成。根据我个人 1982 年对汤丹矿的观察,这个云南最大的"矿",几乎所有被挖掘的狭长竖坑之间都距离几天的路程,一些不过是地表上的洞坑。我们很难将其视为一个有着内在联系的商业企业的组成部分。那似乎只是一个管理上的假定。铜店称之为"矿"的东西,实际上也只是在该司官吏控制下的一个矿区。

如我们所见,最重要的问题是,云南各矿不是一个自发的经济增长的产物,而是政府计划、管理、政府发展的结果。一些商人也许已组织和管理着一些矿,矿工在劳动力市场的吸引下可能已向西南流动。但是,清政府调节着供给和需求,矿工依赖于政府的投资和补助。求利精神可能已使矿工受到驱动,但政府决定着利润的大小,并将矿主一个个地置于自己的控制之下。内部制度与其说是自由的,还不如说是受控制的。

换言之,西南经济的发展是政府政策的产物,政府对价格和产量的调节取代了"自由"市场对经济生活的调节。经济制度的周期性振荡、经济繁荣和萧条的节奏,这些资本主义所特有的特征均被政府政策所削弱。这样的政府管理模式在清代其他的经济部门中也同时存在。食盐专卖便是一个众所周知的例子。产量的稳定只不过是明清政府的目标和成就。一旦政府政策骤变而使国家控制的骨架削弱时,就很少有企业主能够再把经济支撑起来。

尽管如此,国内外学术界仍普遍认为,中国私人经济的发展是一个连续不断的过程,这一过程在 16 世纪后期突然开始,并持续到 19 世纪的大部分时期。所有历史学家,从吴承明、李伯重到马若孟(Ramon Myers)和彭慕兰(Kenneth Pomerantz),都把这种发展当作私人资本的成就来加以分析。可是,在云南,情况几乎不是这

样。在整个明代，可能甚至沿袭至整个清代，矿冶业可能是一项私
有工业。但私有的发展需要社会权力的支持。我们今天在云南看
到的国有经济不只是中国革命的一项产物，事实上近代西南经济
的许多结构性特征也是明清政府的一项遗产。

注　释

1　本章完成于 1983 年 7 月，1984 年我将初稿寄给一些同仁，以征求意见。卜正民（T.
　　Brook）、戴福士（R. Des Forges）、哈特维尔（R. Hartwell）、威廉·麦克内尔（W. Mc-
　　Neill）、罗友枝（E. Rawski）、罗威廉（W. Rowe）、孙任以都（E - tu Zen Sun）、童（J.
　　Tong）和黄（S. Wong）等给予了回复，邓海伦（Helen Dunstan）为本文写了一个长篇
　　评论，马若孟（Ramon Myers）则从研究方法方面对本章进行了细致入微的评论，傅
　　汉斯（Hans Ulrich Vogel）也对本文进行了实事求是的评论。从初稿到每一次修改，
　　李中汉（Stephen Lee）和王国斌一如既往地给予我很多帮助。在此，衷心地向他们
　　表示感谢。

2　王士性《广志绎》卷五，第 121 页。

3　关于元明两代的矿业，见全汉昇《明清时代云南的银课与银产额》，见《新亚学报》第
　　11 卷，第 1 期，第 1—28 页，1974；李龙潜《试论明代矿业中资本主义因素的萌芽及
　　特点》，见《中国资本主义萌芽问题讨论集续集》，三联书店，第 218—232 页，1960
　　年；宁超《元明时期云南矿冶发展概况》，见《学术研究》（云南），1962 年 1 期，第
　　13—26 页。

4　《元史》卷九十四《食货志二》。

5　《元史》卷九十四《食货志二》。

6　根据何孟春（1474—1531）《何恭简公笔记》（收录于《余冬序录》）卷六，第 22—30
　　页载，在 16 世纪，在云南的 9 个银矿里，仍然有 17404 名士兵。

7　威廉·阿特维尔（Willian Atwell）《国际白银流通与中国经济：大约 1530—1650 年》
　　（*International Bullion Flows and the Chinese Economy*，*Circa 1530—1650*），见《过去与
　　现在》（Past and Present）95，1982 年 5 月，第 68—90 页。衷心感谢王国斌帮助我做
　　了这些计算。

8　黄仁宇《十六世纪明代中国之财政与税收》（*Taxation and Governmental Finance in*

Sixteenth Century Ming China），剑桥大学出版社，1974 年；《万历十五年》(1587, *A Year of No Significance：The Ming Dynasty in Decline*)，耶鲁大学出版社，1981 年。

9 关于云南货币制度的文章已经很多。最具代表性的成果是方国瑜的《云南用贝作货币的时代及贝的来源》，见《云南大学学报》1957 年 2 期，第 46—57 页。

10 天启《滇志》(1625 年版)卷二十二第 20 页上—29 页上，萧彦《敷陈末议以备采择疏》。

11 谢肇淛《滇略》卷三，第 21 页下—22 页上。

12 接下来的数字很大程度上是根据戴瑞徵的《云南铜志》(1807 年版)。衷心感谢云南省社会科学院的陈吕范先生让我关注这部书。

13 应该指出，作为铸钱辅料，锌和铅经历了一个与铜并行发展的历程，因此，对矿业来说，我的叙述大都带有宽泛的含意。

14 据刘健《庭闻录》卷三，第 24 页载，吴三桂在入滇后的第一年便糜费六百万两。

15 肯特·史密斯(Kent Smith)《清政府的政策与中国西南的发展：以总督鄂尔泰为例 1726—1731》(*Ch'ing Policy and the Development of Southwest China：Aspects of Ortai's Governor-Generalship*, *1726—1731*)(耶鲁大学博士学位论文，1970 年)。韦庆远等《论清初商办矿业中资本主义萌芽未能成长的原因》(见《中国史研究》1982 年 4 期)对这一计划进行了较详细的讨论。

16 《宫中档雍正朝奏折》第 2 辑，第 186 页，台北故宫博物院，1981。感谢王国斌为我翻译这段文字。

17 在 1710 年，铜课收入为 9620 两。既然税率是铜产量的 20%，100 斤铜花费 10 两银，那么，铜产量大约是 481000 斤。见《宫中档雍正朝奏折》第 2 辑，第 431 页，台北故宫博物院，1981 年。

18 约翰·惠特尼·霍尔(John Whitney Hall)《清代前期与日本的铜交易解说》(*Notes on the Early Ch'ing Copper Trade with Japan*)，见《哈佛亚洲研究杂志》第 12 期，第 444—461 页，1949 年。感谢罗威廉(William Rowe)向我推荐了这篇论文。

19 见《张允随奏稿》乾隆三年五月三十日奏。张允随奏称，"查汤丹等厂每年约办铜七八百万斤，所需工本、厂费等项，不下五六十万两，又每年办运京铜四百万两，约需脚费、官役盘费银十余万两，又每年应解司库余息银二十余万两，应请每年预拨银一百万两解贮司库，除按年支销外，如有余剩，照升任督臣尹继善题定之例，即归余息项下充公。如再有余剩，截做下年工本、脚费，每年于铜务并运铜案内据实报销。"

20　这些数据见全汉昇《清代云南铜矿工业》（见香港中文大学《中国文化研究所学报》第 7 卷第 1 期，第 157—182 页，1974）的相关计算。

21　陈吕范等《东川铜矿史》（云南人民出版社，1961 年）详细阐述了这些矿的发展历史。

22　张允随《为敬陈滇省铜厂情形，预筹开采接济，以裕京局鼓铸事》，见《张允随奏稿》乾隆十二年三月十日奏。

23　直到最近，几乎所有的历史学家都混淆了这两类数据。最近的例子如：全汉昇《清代云南铜矿工业》，见香港中文大学《中国文化研究所学报》第 7 卷第 1 期，第 157—182 页，1974；马曜主编《云南各族古代史略》，云南人民出版社，1977 年；云南大学历史系等编《云南冶金史》，云南人民出版社，1980 年。

24　在 1772 年后，政府"办获铜"的数额应该是总产量除去百分之十的通商铜，在 1800 年后，则应除去百分之二十。

25　这些估计见严中平《清代云南铜政考》（中华书局，1957 年）第 81—84 页。我认为，即使作为对消耗量的估计，他的数字也显得太高。我私下得知，傅汉斯（Hans Ulrich Vogel）已重新计算了清代铜的消耗量。他的结论是，只有百分之一的铜产量未被纳入政府的"办获铜"数，目前，这一结论尚未公布。

26　见中国第一历史档案馆藏《财政·仓储》462，乾隆三年六月二十八日奏、乾隆三十一年八月二十一日奏，以及《雨雪粮价》123 盒和 419 盒，乾隆四十七年五月十二日奏。

27　见《清高宗实录》卷二百九十九，第 59 页下—60 页上，图尔炳阿奏，表 9.4 注释 m 有引文。

28　见《滇黔奏稿录要》所载奏折。

29　《张允随奏稿》乾隆十四年十二月二十九日奏说："乾隆四年，奉旨将额办洋铜四百四十万斤改归滇省办解，又令广西局停铸铜一百九十万斤一并解京，年共运京铜六百三十万斤，迄今十一年，共解过京局铜六千余万斤。查洋铜每百斤价银一十四两五钱，水脚银三两，共银一十七两五钱。滇铜每百斤定价银九两二钱，连水陆运脚，比洋铜每百斤节省三两有奇。自改办滇铜至今，约计节省银一百九十余万两，又节年办获铜息银一百八十余万两。又各省购买滇铜鼓铸及滇省四局鼓铸，铸出钱搭放兵饷，易银归欠，所获息钱合计亦不下十百余万。统计自乾隆四年至今,办运滇铜较之办洋铜,节省国帑不下五百万两。"

30　彭泽益《清代采铜铸钱工业的铸息和铜息问题考查》,见《中国古代史论丛》第 1
　　辑,第 30—65 页,福建人民出版社,1982 年;傅汉斯(Hans Ulrich Vogel)《清代前期
　　中央货币政策与云南的铜矿业:1644—1800》(*Chinese Central Monetary Policy and
　　Yunnan Copper Mining During the Early Qing, 1644—1800*),书稿,1987。傅汉斯认
　　为,云南钱局每百斤铜须向监铸官支付 9.2 两白银。这意味着政府财政将获得一
　　个 100000 两的额外收入。

31　李湖《铜厂事宜十条》,见台湾故宫博物院《军机处档》616908。

32　吴其浚(约 1800 年):《滇南矿产图略》卷三载,每炼 100 斤铜需要 1000 斤木炭。

33　这些补助额详见戴瑞徵《云南铜志》(1807 年手抄本)。

34　关于国家的现金供给,见彭信威《中国货币史》,上海人民出版社,1965 年。这里应
　　该指出,过去,全国性通货膨胀趋势一点也未波及云南。

35　感谢马若孟(Ramon Myers)为我提供了这些观察资料。

36　见李中清《1250—1850 年间中国西南的粮食供给和人口增长》(*Food Supply and
　　Population Growth in Southwest China, 1250—1850*),见《亚洲研究杂志》41 卷第 4
　　期,1982,第 711—746 页;《中国西南的移民遗产:1250—1850》(*The Legacy of Im-
　　migration in Southwest China, 1250—1850*),见《人口学史年鉴》(*Annales de demog-
　　raphie historique*),第 279—304 页,1982 年。

37　我将总人口一分为二,乘以三分之二即得出成年男性劳动力。

38　详见第七章。

39　根据全汉昇等的说法,"在稻米是主食而又生产正常的地区,稻米的价格比稻米是
　　主食但供给短缺而替代食品又少的地区更稳定。"见全汉昇和克劳斯(Richard A
　　Kraus)《清中期的稻米市场和贸易》(*Mid-Ching Rice Markets and Trade: An Essay in
　　Price History*),哈佛大学出版社,1975 年,第 43 页。

40　据我统计,这方面已有 7 部专著和 16 篇文章,它们是:汪明伦《鸦片战争前云南铜
　　矿业的资本主义萌芽》,见《中国资本主义萌芽问题讨论集》第 673—684 页,三联
　　书店,1957 年;严中平《清代云南铜政考》,中华书局,1957 年;白寿彝《明代矿业的
　　发展》,亦见《中国资本主义萌芽问题讨论集》;李龙潜《试论明代矿业中资本主义
　　因素的萌芽及特点》,见《中国资本主义萌芽问题讨论集续编》第 219—232 页,三
　　联书店,1960 年;陈吕范《东川铜矿史》,云南人民出版社,1961 年;宁超《元明时期

云南矿业发展概况》，见《学术研究》（云南），1962 年 1 期，第 13—26 页；张煜荣《关于清代前期云南矿业的资本主义萌芽问题》，见《学术研究》（云南），1963 年 3 期。孙任以都（E-tu Zen Sun）《滇铜历史概观》（*The Copper of Yunnan: An Historical Sketch*），见《矿业工程》（*Mining Engineering*），第 118—124 页，1964 年 7 月；《清代的矿业劳动》（*Mining Labor in the Ch'ing Period*），收入费惟凯、罗兹·墨菲（Rhoads Murphey）和芮玛丽（Mary C. Wright）等编《走近近代中国历史》（*Approaches to Modern Chinese History*），加利福尼亚大学出版社，1967 年；《清政府与 1800 年以前的矿业》（*Ch'ing Government and the Mineral Industries Before* 1800），见《亚洲研究杂志》28 卷，第 4 期，第 835—845 页，1968；《清代滇铜的京运》（*The Transportation of Yunnan Copper to Peking in the Ch'ing Period*），见《东方文化》（*Journal of Oriental Studies*）卷 9，第 132—148 页，1971）。全汉昇《明清时代云南的银课与银产额》，见《新亚学报》11 卷 1 册，第 1—28 页，1974 年 9 月；《清代云南铜矿工业》，见香港中文大学《中国文化研究所学报》第 7 卷第 1 期，第 157—182 页，1974。马曜主编《云南各族古代史略》，云南人民出版社，1977 年；云南大学历史系等《云南冶金史》，云南人民出版社，1980 年；夏湘蓉等《中国古代矿业开发史》，地质出版社，1980 年；韦庆远等《论清初商办矿业中资本主义萌芽未能茁壮成长的原因》，见《中国史研究》1982 年 4 期；彭泽益《清代采铜铸钱工业的铸息和铜息问题考查》见《中国古代史论丛》第 1 辑，第 30—65 页，福州，福建人民出版社，1982 年；傅汉斯（Hans Ulrich Vogel）《清代前期中央政府的货币政策与云南铜矿业》（*Chinese Central Monetary Policy and Yunnan Copper Mining During the Early Qing, 1644—1800*），书稿，1987；梁方仲《梁方仲经济史论文集补编》，中州古籍出版社，1984 年。

41　这些归纳适合于中华人民共和国所有相关出版物。当然，它们不适用于孙任以都（E-tu Zen Sun）的研究，其研究首先注意到清代矿业发展中政府的强烈作用。相比之下，国内西南矿业史论者，几乎没有人提及政府对矿业补贴的存在。

42　乾隆《蒙自县志》（1791 年版），卷三。

第 十 章
结　　语

正如我们在第一章里已经提到的,中国是世界上人口最多、领土面积居第三位的国家。地大物博、人口众多是其主要特点。在广阔的疆域范围内,中国的自然环境异常复杂。就地形地势而言,自西向东依次有青藏高原第一阶梯区,内蒙古高原、黄土高原、云贵高原、塔里木盆地、准噶尔盆地、四川盆地等第二阶梯区,东北平原、华北平原、长江中下游平原,以及辽东半岛、山东半岛、闽浙、两广丘陵区等第三阶梯区;就气候、生态诸方面而言,又形成了东部季风区、西北干旱半干旱区、青藏高寒区三个景观互异的自然地理区。[1]

中国又是一个民族众多的国家,居住在黄河、长江中下游等地区的华夏—汉民族,与众多的主要分布在边疆地区的各少数民族共同构成了中华民族,是中国历史的共同创造者。各少数民族由于地理环境、历史发展传统、受汉民族影响程度等方面的差异,而在社会历史发展的状貌、进程和特点等方面异彩纷呈、各不相同。

因此之故,在中国历史的研究中,除像传统史学那样继续探讨中国历代帝制王朝的历史(主要以内地汉民族分布区为研究空间)外,我们还必须深入研究中国各地方的历史,尤其是边疆地区的历史。只有这样，才能全面客观地反映错综复杂的中国历史，也才能更加科学地总结中国历史发展的规律。正如汪荣祖先生所指出的，"地方史作为国史的一部分，国史从地方史入手，才有稳固的基础。地方史料、色彩、观点很可能对国史里面的重要事件提出不同的看法与解释，并挑战或修正以党见或任何意识形态为主的中央史观……地方史研究往往能发现新史料，使国史的内容更加丰盛。"[2] 虽然，如我们在第一章里提到的，中国和国外的一些史学研究者早已开始了中国区域史的研究，并取得了不少成果。然而，这毕竟为数不多，与难以计数的内地王朝史研究相比，只不过是沧海一粟罢了，中国边疆史的研究还必须加强和拓展。

然而，在地方史或边疆史的研究中，切忌从地方史料入手，孤立地探讨某个地方或某个民族发展的历史。而应该把所探讨的区域和民族放在广阔的历史视角之下，充分考虑到内外各种因素对地方或边疆社会历史发展的影响，尤其应该注意帝制中央政府对地方的作用和影响，注意内地汉民族对边疆各少数民族的影响。只有这样才不至于割断历史的联系性，更加客观合理地诠释地方和民族历史发展变化的原因、历程和特点，也才能更好地反映中央与地方、内地与边疆、汉族与各少数民族在历史上形成的混然天成的关系，体现中国历史发展的整体性特征，更加全面、客观地梳理、反映中国历史整体与边疆历史的发展历程及相互作用，探讨其中存在的规律。

从以上我们对 1250 年至 1850 年 600 年间中国西南边疆社会经济发展的研究可以看出，西南边疆的历史虽有自身的发展历程和特点，但也深受元明清中央政府的影响和作用。政府的巨大努力和投入是这一时期西南边疆社会经济发展变化的根本原因。

首先，中国自帝制酝酿、形成时期便开始形成的政治上的正统观与大一统观,以及传统的经济思想,使元明清王朝将经营西南边疆与发展边疆经济作为自己的责任,将稳定西南作为巩固帝国统治的重要组成部分。为此,元明清政府在西南地区推行了诸多措施,使中央政府对西南的政治统治不断深入和加强,为西南社会经济的发展提供了较为稳定的社会环境。同时,中央及西南地方政府还推行了许多稳定社会、发展经济的措施。这些措施,涉及面较为广泛,包括改善交通、移民、屯田、鼓励垦荒、提供畜力、传播先进农作技术、农作物品种、兴修水利、建立和发展仓储、鼓励矿业发展等诸多领域。从历史进程看,元代主要以滇池地区为中心,实施了兴修水利,传播先进生产技术,修建驿路,矿业官营等方面的措施;明代则将发展社会经济的范围扩大到了滇池、洱海及其他内地平坝地区,形成了以移民、军屯、水利兴修、交通道路体系的完善、官营矿业的发展为特色的经济发展形势;清代则在清初以西南中心区发展为基础的前提下,在雍正、乾隆以后将经济发展的范围推进到更为广阔的缘边地区和山区,形成了以开发范围的扩大、耕地面积的进一步增长、玉米、马铃薯等新的粮食作物广泛传播、铜矿与铸钱业的大发展,各级仓储体系的建立和发展,西南区域市场的形成为特征的经济发展态势。

我们应该肯定的是,元明清政府对西南社会经济发展的努力,不但持续时间长、涉及面广,而且投入巨大。

在发展和改善西南交通方面,元明清政府投入了巨大的人力和物力进行水陆交通的兴建和改造。如重庆道贵州赤水部分的修建即开支白银 12 万两,云南从昭通到盐津运铜驿道的修建也花费白银 14 万两。大致说来,西南地区每平方米驿道的修建费用为 0.1 到 0.2 两白银。按此计算,整个西南驿道网络的建设政府就需要投入几百万两白银。另外,政府还持续不断地投资维护驿路。

在 18 世纪,贵州每年用于驿道维护的开支为 8 万两白银,相当于全省一年的田赋收入,云南的开支稍少,也达到了 4500 两白银。如此年复一年地支出,其数目也是巨大的。

在向西南移民方面,13 世纪后期,元王朝将 5 万多士兵及其家属迁移到西南进行屯垦。明朝则先后向西南移民三四十万。清代仅在顺治末年到康熙初年(1647 年—1662 年),即将吴三桂统率的六万多士兵安置在云贵两省。[3] 总起来,元、明、清政府从内地迁往西南的移民远远超过 100 万,甚至更多。[4] 此外,元、明、清政府(尤其是清政府)还通过政策的调节与鼓励,使大批移民进入西南,从而使西南的移民总数超过了 300 万人。在中国历史上,像西南这样有计划的移民,其规模之大,持续时间之长,实属罕见。如此庞大的移民,极大地改变了西南的民族构成,形成了西南人口增长的重要基数,也是西南经济建设的重要力量,先进生产工具、技术在西南有效传播的重要载体。

为保证西南的稳定与发展,尤其为保障移入西南人口的粮食供给,元明清政府还在西南建立起了以开中、协饷、粮食仓储为主的较为有效的粮食再分配体系。通过开中、协饷等方法,政府向西南提供了大量的粮食和货币补助。粮食补助的最初受益者是军队。在云南,明政府为卫所官兵提供了几乎一半的饷需;在贵州,即使到了 16 世纪早期,卫所军士也仅能生产 9.2 万石粮食,不到他们每年所需粮食的一半,[5] 其余部分需由政府补贴。因此,从 14 世纪晚期,明政府即通过开中之法,有序地向西南输入粮食。在 15 世纪的大多数时期,即便输入无序,但开中输粮仍时常进行。直到 16 世纪设立盐税制度,开中才告停止。其间,从 1440 年到 1480 年,政府通过开中,使商人将订购的 100 万石粮食的四分之三交到了西南地区,平均每年约输入 2 万石。另外,中央政府还通过协饷,直接将湖南、四川等邻省粮食调集到西南,解决西南军饷不足的问题。早在 15 世纪,邻近省份就向贵州协饷 20 多万石。到 16 世纪早期,协饷大都被折换成银两。有清一代,向西南的协饷延续未绝,每年协饷总额一般都超过 50 万两白银和 30 万石大米,大概相当于西南地区所有常规经费的一半。与其他朝代相比,明清王朝采取了一种不从边疆地区抽取财政收入,而是大量地从内地抽取税收以充补边疆地区经费的做法。

西南的仓储自建立以来,系由政府操作。常平仓自元代在西南建立始,就是主要仓储种类。除了捐监、捐纳、捐买和捐输等途径外,西南的常平仓主要通过政府省际间粮食的转运和购买来积储仓粮。如 1736 年,来自湖广的 26.6 万石营运漕粮顿时使贵州常平仓粮食储量增长了 2 倍,1742 年购自四川的 30 万石稻米也几乎使云南的常平仓储量增长了 2 倍。[6] 其他一系列省际间粮食的转运与购入也使 16 万石粮食从广西、湖南和四川流入云南和贵州的常平仓。西南的社仓则自雍正年间建立始,政府拨粮即为其发展的重要因素。[7] 尤其是 1736 年,云南布政使陈宏谋将常平仓的 5 万到 7.5 万石粮食转入社仓,从而把社仓扩大到云南的每一个州县,[8]1740 年贵州巡抚张允随也将常平仓的 2.5 万石至 5 万石粮食转入社仓,在贵州的每一个州县都建立了社仓。[9] 当然,清中后期,地方政府也一直在为补足因战争和灾荒等原因而减少的仓储额而努力。

元明清时期,政府对矿业的影响和投入尤其显著。元明两代,国家专矿冶之利,西南以金银为主要生产重点的矿冶业,主要由政府垄断经营。虽然产量及效益有限,但到元朝末期的 1328 年,云南黄金和白银的产量还是占到了全国产量的一半,铜和铁的产量也占了全国的大部分。

　　清康熙年间以后,政府将矿冶权向民间开放,为了保障铸币之需,又对以铜为中心的西南矿冶业采取向产铜的厂商支付"铜本"(也称工本,以预先向铜商收购铜产品)、"厂欠"(政府借贷给厂商,用于购买食物、燃料、劳力和设备的款项)、水泄工费(矿井抽水补助费)、"接济银两"(用于运费和其他一些支出的救济贷款)等方式,给予了多方的保障、投入和补助。所支付的铜本,在1727年为20万两,至1776年增加到80多万两;接济银两到1800年后每年也超过12万两;水泄工费则由1766年的3千两,上升为1830年的3万两,在不到70年的时间里,增长了10倍。对于厂商无力偿还的"厂欠",政府也经常给予蠲免。1768年—1795年间,蠲免总额已超过了150万两白银,形成了政府对铜矿业的一笔巨额补助。此外,1771年,云南省级地方政府还命令铜店在各矿附近储备半年的谷物、一年的油料和煤,以备厂商不足之需。云南全省为此而耗费了数百万两白银,为铜矿储存了2万吨谷物、5万吨煤。这些投入和补贴,是清代铜矿业不断发展并走向繁荣的重要保障。

　　正因为如此,云南铜矿业虽然取得巨大的成就,却并非一个自发的经济增长的产物,而是政府计划、管理、政府发展的结果。一些商人也许已组织和管理着一些矿,矿工在劳动力市场的吸引下可能已向西南流动。但是,清政府调节供给和需求,矿工依赖于政府的投资和补助。求利精神可能已使矿工受到驱动,但政府决定着利润的大小,并将矿主置于自己的控制之下。内部制度与其说是自由的,还不如说是受控制的。换言之,西南矿业经济的发展是政府政策的产物,政府对价格和产量的调节取代了"自由"市场对经济生活的调节。经济制度的周期性振荡、经济繁荣和萧条的节奏,这些资本主义所特有的特征均被政府政策所削弱。清代西南矿业经济并非真正意义的资本主义经济。

　　总而言之,元明清时期中央和西南地方政府对西南的稳定与发展所作出的努力和投入,不但涉及面广,而且数额巨大,是西南社会经济发展的重要前提和原因。

　　另外,元明清时期政府在西南的投入和努力、经济政策的变化,以及一些政治、军事行为,也对西南经济发展的地理空间和方向、经济发展的程度、经济形势的变化产生了较大的影响。元代中央对西南的有效控制显然集中在以滇池地区为中心的滇东地区(大理等滇西地区尚在段氏等地方势力的控制下),滇池地区水利、农业、交通及其他经济领域的发展是西南地区较先进的部分。明代则由于国家在西南腹心及广大平坝地区分驻卫所,开展屯田,设置驿递,推动了这些区域经济的发展,带动西南整体经济的进步。清代则在清初(康熙朝以前)稳定西南局势的前提下,自雍正年间始,对相对偏远的少数民族地区开展规模空前的改土归流活动,并随之将驻军与屯垦范围扩展到这些区域;加之在经济上采取对"山头地角"、"水滨河尾"的新垦土地免于查丈,不予升科的政策,在矿冶方面对僻处深山的铜矿采取大力扶持发展的政策,西南地区人口增殖、经济开发的方向由内地平坝地区转向了缘边地区。另外,西南地区的稻米价格、市场的发育与整合、起伏兴衰,以及仓储系统储粮量的盈缩,除生产发展、自然灾害等因素的影响外,很大程度上与战争、矿冶等政府行为密切相关。当然,矿冶与仓储的兴衰受政府影响的现象就再明显不过了。

　　正是由于元明清王朝在西南统治的不断加强,一系列经济政策的实施和在西南的巨大投入,由于移民与西南各族的共同努力,元明清时期西南的社会经济获得了前所未有的发展。

　　交通运输方面,在1250年至1850年间,西南的主要道路仍然是古代以来即形成的六条干道,这六道路均以昆明为中心,分别通往省外和缅甸、越南等国。它们是经过西昌到四川的成都道；经过宜宾到川东的重庆道；通过贵阳的到湖南、湖北的汉口道；经过广西府到南宁的南宁道；经景洪至越南的越南道；经大理到缅甸的缅甸道。

13世纪以来，中央政府持继不断地投资改善越南道以外的其他五条道路，设置驿站，将其建设成为国家驿道。其中，元朝于1278年至1286年间，修建了重庆道，在1283年修建了成都道，1290年建成了汉口道；明朝在1381年拓展了经大理至缅甸的驿道，完善了缅甸道；清朝则于1729年修建了南宁道，在1784年把重庆道修建到了贵州北部。另外，元明清政府还对驿道很多路段进行了改善和扩修。

同时，元明清各级政府还修建和改善了西南的水路交通。元明两朝对乌江等河道进行了疏浚和清理，清朝则对乌江都柳江、从滇东北到四川南部的金沙江段、赤水河、螳螂川等河进行了疏浚和修理。1729年、1738年，鄂尔泰和张广泗还组织开挖了一条从贵州都匀到湖南黔阳的连接河道——清水。尽管这些航道中没有一条能够深入西南腹心地带，但它们还是在很大程度上改善了西南的交通状况，极大地促进了西南地区的商贸往来，尤其是经过清朝的努力，西南地区增加了一千多公里运输成本低廉的内河航道，为铜、大米等物的运输提供了巨大的方便。

虽然元明清政府在西南地区改善交通的努力并没有改变在西南旅行的时间，但还是使西南货物的运输费用逐渐降低。从1600年起，西南的运输费用开始下降。如从曲靖到昆明每担粮食的脚夫运价，就从1623年的1.25两白银，下降为1743年的1两，1818年的0.6两。从1718年至1800年马匹的运价也降低了三分之二，从30两白银降到了10两白银。并且，我们对所掌握资料的分析还显示,这一时期越靠近昆明的道路,费用越低;离交通干道越远,费用就越高。最终,政府对西南交通的投资使市场的力量得到释放,促进了西南地区贸易的发展。

在西南边疆社会经济发展的前提和重要表现——人口的发展方面,以史志中西南人口数记载和明清时期政府西南人口登记制度的考察分析为基础,我们又以所获西南(主要是云南)食盐消费的官方数字对人口数进行了估计和校正。我们发现,西南的人口数在 1250 年约为 300 万人,至 17 世纪初增长到 500 万,翻了一番。明末清初(1596 年—1681 年),极度的社会动荡使西南农业发展陷于停顿,人口的增长一度停滞。直到 1681 年清政府平定三藩之乱后,随社会的稳定、经济的恢复发展,西南人口再度增长。到 1700 年,西南人口恢复到了 16 世纪的水平,即 400 万到 500 万。1775 年,又增加了 1 倍多,达到 1100 万以上。1850 年,西南人口又增加了一倍,接近 2100 万。在一个半世纪中,中国西南的人口增长了 5 倍。这样,在这六个世纪中,相对于全国人口从不到一亿增长到四亿的情况而言,西南地区的人口增长率比全国快两倍多。

这一时期西南的人口增长除呈现出以上明显的时间差异外,也存在空间上的不同。明末清初以前,西南人口的增长主要集中在政府重点开发的地区,即贵州和云南的中部地区。此后,西南人口的上升趋势开始于 17 世纪中期的贵州。到 1733 年,贵州在册人口可能达到三百万人,是 1550 年登记数的 4 倍,也是 16 世纪人口数 150 万的 2 倍。在 1740 年之后,西南人口增长的中心又回到了云南,西南人口获得了普遍增长。到 1850 年,最终形成了云南 1000 万,贵州 700 多万,四川南部 400 多万的人口分布格局。

另外,在中心区和边缘区之间,人口的增长也呈现出一种此消彼长的态势,这在云南表现得尤为突出。正如我们从图 5.2 所看到的,在 1775 年到 1825 年间,云南中心区的府几乎拥有全省登记人口的一半,虽然它们与全省的人口同样增长,但增长速度则要快得多。只有 1810 年至 1811 年间有所例外。与此形成对照的是,虽然边缘区的人口增长比中心区要慢,但它的增长率的高峰比中心区和全省要更晚。此外,虽然中心区和边缘区在这一时期人口都在稳步增加,但其增长率的变化却是此消彼长。当 1775 年至 1785 年中心区的人口增长率加快时,边缘区的人口增长率放慢;当 1785 年至 1790 年以及 1800 年之后中心区的人口增长率减缓时,边缘区的人口增长率则加快或保持稳定。直到 1810 年以后,当地区性的人口增长周期处于无可挽回的下降阶段以后,中心区和边缘区的增长率才趋于一致。这就意味着,当中心区的工业发展和城市扩大时,人口增长得较快,而当中心区增长率下降时,更多的人口为了寻求土地的保障迁移到了边缘区。

学术界很多学者认为,13 世纪以来农业生产的加速发展,16 世纪以来美洲粮食作物品种的传播,以及这一时期可耕地的持续扩大,是推动中国人口增长的主要因素。西南人口的增长,除了这些因素外,更为重要的原因是移民。在这一时期,政府有组织的移民加上国家政策(零星山地及河滩地免税政策、矿冶政策等)的鼓励和扶持,300 多万人口移入西南。移民的到来,不仅扩大了西南人口增长的基数,而且政府为保障和改善移民生存而在食物等农业性产品、非农业性生产的生产、分配和再分配方面所做出的努力,也共同扩大了支持人口增长的经济基础。

对于元明清时期西南农业的发展,我们主要是从耕地面积、土地利用方面进行了考察和研究。

在耕地面积的变化方面,尽管云南、贵州两省到 14 世纪以后才有一些不完整的土地数字,但从卫所官兵和其他移民开垦土地的情况,我们仍然可以肯定,1250 年以来西南的耕地面积在不断增长。在云南、贵州在册土地数的基础上,我们适当补充了两省未进行土地登记地区的耕地和豪族势要隐匿未报的耕地。结果,到1600 年西南的耕地面积可能是在册土地面积的两倍,即至少为一千五百万亩,人均耕地面积约为 3 亩。如此看来,整个明代耕地面积与人口大体上成比例大幅度增长。西南在册人口的耕地拥有量与国内其他地区基本一致。清代,西南的耕地面积进一步增长,到清末时已经达到了 4000 万亩以上,是明末耕地面积的 3 倍多。在同一个时期,西南的人口从 500 万增加到 2100 万,增长了 4 倍,而人均占有耕地的面积则从 3 亩下降到 2 亩。换句话说,在 1850年,人口与耕地的比率大约与 1950 年的相同。人均占有耕地的减少也意味着为了支撑不断增长的人口,清代土地的承载能力得到了相应的提高。

　　这一时期,西南土地利用获得了较大进步。明代随着军屯的开展,牛耕在西南已较为普遍。明政府不仅在西南地区推广犁的使用,还从其他地方征募了大量耕牛调入西南以备犁耕之用。例如,1387 年,明政府从湖南将 20000 头牛运送到云南。[10]1390 年,又将 6700 头牛从湖南调入贵州。[11]据我们统计,1378 年—1575 年的200 年间,西南各卫所的耕牛保持在 2 万头左右。当然,民屯、民间所拥有的耕牛也应该很多。因此,清代在云南仕宦 20 余年的檀萃认为:"自前明开屯设卫以来,江湖之民,云集而耕作于滇,即夷人亦渐习于牛耕,故牛为重。牛分两种:水牛、黄牛。黄牛特多,高大几比水牛,以耕田。"[12]

　　这一时期,西南土地利用的进步还表现为可灌溉土地面积的扩大。元明两代都致力于在西南建立水利系统,使西南耕地的可灌溉面积有了较大增长。如贵州，可灌溉的在册耕地从1555年的42万亩增加到1597年的119万余亩。在云南，政府通过修建坝、塘、水闸和沟渠，疏浚河道等工作，有效地解除了滇池地区的水患和灌溉问题。到1600年，云南府近一半的土地，即100万亩中的45万亩都得到了灌溉，与今天的灌溉面积50万亩几乎没有多大差别。[13]清代，随着山地的开发利用，可灌溉的梯田面积不断增加，如吴振棫所记述："黔，山田多，平田少。山田依山高下层级开垦如梯，故曰梯田。畏旱，冬必蓄水，曰冬水。水先成罫，山巅俯视，如万镜开奁也。"[14]到19世纪早期，梯田在整个西南已非常普遍，以至于我们现在仍可在中国西南领略得到这一独特风景。当然，并非所有的梯田都可灌溉，但梯田的发展还是极大地扩大了西南的可灌溉面积，这对于三分之二的耕地面积都是山地的云南来说，梯田的发展不能不说是土地利用的一大进步。

　　明清时期，新的农作物品种的传入和推广也极大地改进了西南的土地利用状况。首先，随着可灌溉面积的扩大，西南的水稻种植区域有所扩大。一些山地梯田和原来很少种稻的贵州，水稻的种植获得了较大发展。贵州在明代以前，多数农民还在以刀耕火种的原始方法种植大麦和黍。明代以后，如嘉靖《思南府志》等记载，该府主要农作物品种中已包含了9种水稻。各方志所载农作物品种，通常先是原先在旱地里种植的品种，紧随其后的是后来在水田中种植的水稻品种。在两省原先即种水稻的中部和其他平坝地区，水稻的种植面积的拓展和巩固则更为明显，即便是在云南南部景东府这样的少数民族地区，"田旧种秫，今（万历年间）皆禾稻"[15]，水稻种植已代替了传统的秫类作物。

　　然而，对于西南来说，作物品种变化最有意义的还是玉米、甜薯等山地高产作物的引种和推广。玉米和甜薯于16世纪早期传入西南,花生到 17 世纪早期也传入云南,至清代种植区域有了较大的扩大。据我统计,1717 年至 1841 年间,玉米在云南的 36 个府州县、贵州的 12 个府州县均有种植;1563 年至 1850 年间,甜薯则在云南的 20 个府州县、贵州的 4 个府州县有种植记录。传播的路线是从云南向东北进入贵州。事实上,并非这些地区都种这些作物,直到 18 世纪晚期,这些农作物都还没有成为西南地区主要的食物来源,当时几种西南地方志仍然把玉米归并到"奇物"类或"水果"类加以记载。[16]在云南的许多地方,就是进入 19 世纪后,玉米仍旧只是一种庭院作物。[17]新的技术并没有如人们所想象的那样,立即引发一场人口爆炸。恰好相反,只有在 18 世纪人口增长的巨大压力下,中国人才采用了新的粮食生产技术来解决食物难题。最终,随着大多数作物新品种的传播,一种以新引进的食物为底层的新的食物层次出现了。一般来说,只有那些没有办法的穷人、山里人、少数民族才吃美洲传入的粮食作物。到 17、18 世纪逐渐成为他们的主要食物。因此,18 世纪后期以来,美洲新作物品种的传入和推广,改变了西南土地利用的空间格局,推动了山区和边远地区土地的开垦和经济发展。

总之,元明清时期,西南的耕地面积不断扩大,牛耕日益普遍,水利兴修获得较大发展,水田、梯田等可灌溉土地不断增多。在清代随山区和边缘区人口的增长、美洲新粮食品种的传入和扩散,边缘区的土地利用获得了前所未有的发展,代替了腹心平坝地区,上升为西南主要粮食生产区,为缓解西南的人口对土地的压力做出了很大的贡献,成为人多地少的腹心地区的重要粮食供给地。

在粮食再分配方面,政府主要是通过食盐开中、协饷两种主要方式,将邻近省份的钱粮输入西南,保障军队官兵的粮食需要,同时在西南本地建立仓储系统,储备粮食,平抑粮价,救济灾荒,稳定西南边疆。关于开中和协饷，我们已在上文关于政府对西南的努力和投入中作过总结。至于仓储，我们则在上文阐述政府在西南建立仓储的投入与努力的基础上，再对其发展情况与作用作一个总结。13 世纪，元政府开始在昆明等地修建常平仓。到了 17 世纪早期，明朝将这种仓储制度扩大到云南的每一个州县，以及贵州的许多州县。[18]清朝作出了更大的努力和投入，改变了明朝主要是为军队人口提供粮食保障、存储容量不大（16 世纪晚期，云贵两省的民用谷仓仅能存储 1500 吨，也即 2.7 万石粮食）的状况，并增加了社仓这一新的粮储类型。从而使粮仓存粮不断增长，在 1723 年达到了 50 万石，1725 年又增至 100 万石，1740 年又突破了 200 万石，到 1795 年更达到登峰造极的地步，储存了 360 多万石粮食。此后，粮储量虽有下降，但到 1850 年，西南地方政府的粮食储存量仍然超过了 300 万石。这就意味着清政府为西南每一个在册人口储备了 10 公斤到 15 公斤的未脱壳粮食，也即人均一个月的粮食供给量，远远高于全国其他任何地区人均 7 公斤的储量。尤其值得注意的是，西南仓储尽管以常平仓为主，但社仓的发展也很突出。自雍正时期西南开始建立社仓后，社仓发展较快，在 1725 年即达到了 7 万石，1736 年增加到 15 万石，1747 年增至 26 万石，到 1765 年达到峰值，为 60 万石，已占当时西南仓储总量的 40%。与其他省份社仓平均只占所有民用粮仓储量的 25%（许多省份根本就没有社仓）的情况相比，西南地方政府明显承担了比其他地方大得多的救济农村人口的义务。

值得注意的是，西南粮食仓储的空间分配表现出较强烈的以边疆地区为重点的趋势。以云南省 1735 年和 1836 年各州县的仓储情况为例。表面上，粮食仓储大体上与人口分布是一致的。澂江、云南、大理三个人口最稠密的府，在 1735 年持有全省仓储总量的三分之一还多,在 1835 年也持有全省总储备粮的大约四分之一。然而,如据人均数来计算,澂江、云南和大理三府,实际上人均占有的仓储存粮最少。相比之下,顺宁和永昌这两个人口最稀少的府,人均储粮则是最多的。这表明,从省级的情况看,其仓储粮的空间分配格局与国家一级仓储粮的空间分配格局是一致的,即国家以诸如西南等边疆省份为仓储重点,而边疆省份又以本省边远府州作为仓储重点。这种通过仓储福利来促进边疆省份及边疆省份沿边地区人民稳定、兴旺的努力,是清代西南粮食再分配的一大特点。

关于西南的粮食价格与市场整合,限于资料的缘故,我们重点对 17 世纪晚期至 19 世纪中期的情况进行了考察和分析。以中国第一历史档案馆和台北故宫博物院所藏一千多份西南粮价奏报所提供的 1705 年至 1805 年的月份粮价为基础,我们将缺失月的价格作为一个平均价格因子,依据整个时期的月平均价及紧邻月份的市场流通价格,对缺失月份的粮价作出估算,补出了 1748 年至 1803 年各缺失月份的粮价数据,[19] 再计算出各年份的平均粮价。通过对这些粮价进行分析,我们发现,在 1705 年至 1805 年间,云贵两省的大米价格在 18 世纪的上半叶均呈稳步上升之势,并在中期(1743 年、1768 年—1772 年)上涨两倍,达到峰值。其后,米价总体上保持平稳,到 19 世纪初又有所上升。但是,在云南,实际上各府的米价似乎前后忽上忽下,而在贵州,仅有少数府(如安顺、贵阳、普安和威宁)有过大的变化,大多数府的米价保持平稳,特别是在 1772 年后。通过我们所掌握的云南从 1725 年到 1794 年间的 12 个年份的铜银兑换比率,我们进一步看到,在 18 世纪晚期,白银所表示的平稳米价掩盖了铜钱所表示的米价的急剧上涨,事实上铜钱所表示的米价急剧上升,并在 18 世纪末期又一次达到与 18 世纪中期最高点同样高的峰值。这种铜钱对白银的贬值是全国性的现象。在整个 18 世纪,西南大米价格的变化与中国其他地方的大米价格变化都体现出一个显著的共同点。在 18 世纪早期,货币供应开始增加,日益增加的货币供应导致了清朝此后整个时期的通货膨胀。

另外,18 世纪早期西南地区大米价格的上涨不仅缘于货币发行量的增加,也是对大米需求增长的结果。在清代,300 万移民在西南地区定居下来,其中包括在 1725 年和 1825 年移居到西南地区的数十万矿工。这些移民使得大米需求量猛增,是大米价格在 1725 年—1750 年呈上升趋势的重要原因。因此,移民是改变西南地区大米价格最基本的因素。

再者,18 世纪早期西南米价的迅猛上升主要为气候和战争所致,而非通货膨胀。首先,自 1765 年至 1770 年对缅甸的战争使西南本地的食物供应变得异常紧张。然后,水旱灾害交织而至。因此,从 1768 年至 1770 年云南、贵州两省都遭受了严重的灾害破坏。结果,贵州的平均米价从每石不到 1.5 两上升到近 2 两,云南的平均米价从每石不到 2 两上升到 4 两。于此可见,西南短期米价的上涨更多是天气肆虐和战争突然影响的结果,而非市场价值规律的产物。

进而,我们通过对所掌握的米价进行一致性、同步性分析,以考察、认识西南市场的整合程度。为此,我们借鉴了戴维·韦尔(David Weir)《法国的市场与死亡率:1600—1784》(*Markets and Mortality in France*, *1600—1784*)一文中的价格分析方法,对所掌握的西南米价用价格相关分析(the correlation of the prices themselves)、价格差相关分析(the correlation of the price differences)、价格方差相关分析(the correlation of the price variances)三种方

法,对西南米价价格同步性指数和平均值进行计算,最终通过米价的同步性数值进行检测和分析,来探讨西南市场的整合程度。

结果,根据 1746 年到 1805 年六十年间西南地区实际每个府的平均米价,我们能轻易地找出 4 个价格带:一个是低价格带,分布在贵州大部分地区,低于 1.5 两/石;一个是高价格带,在云南东部区域,超过 2 两/石;一个是中等价格带,为云南的中心区,1.5—2 两/石;最后一个是另一个高价格带,分布在云南西部,超过 2 两/石。这些高米价地区与我们确认的人口高密集区大致吻合,说明这些地区是云南内部和外部的核心区。可能性最大的是,核心区的高人口密度引起了对粮食需求,提升了大米价格。

通过对价格同步性进行计算检测我们发现,到 18 世纪中期,在整个西南地区,已经有范围十分广泛的价格同步性。从我们计算出的 1748 年到 1802 年间西南整体和云南、贵州各自的价格相关系数看,在 18 世纪后半叶,贵州价格的同步值是 0.20,云南是 0.57,两个省合在一起是 0.39,略高于同一时期(1750—1850 年)市场整合快速向前发展的法国的价格同步值 0.38[20]。也就是说,在 18 世纪晚期,中国西南地区价格变化的同步值与同时期的法国一样,[21]表明西南的市场整合已达到很高的程度。

与芭芭拉·桑兹(Barbara Sands)计算得出的从 1928 年到 1936 年这 9 年中山西的麦价关系[22]作一比较,山西小麦价格的同步性比贵州的大米价格的同步性小得多,还没有达到云南大米价格同步性一半的水平,西南从 18 世纪中期至 19 世纪中期米价同步性的水平,居然比 20 世纪二三十年代山西小麦市场的同步性水平高,表明 19 世纪中期时西南区域市场的整合程度已经达到了很高的水平。

我们总的结论是,到 18 世纪,尽管地理环境对贸易造成很大

的阻碍,但在西南地区,一个大的粮食市场确实得到了发展。虽然
这个市场的发展谈不上很完善,地区市场整合程度却显然达到了
一个出人意料的高水平。至少在云南和贵州的某些区域是这样。
结果,大米价格的变化具有显著的同步性。市场、气候和战争因素
合在一起,使西南多数城市粮食经济的一体化达到了相当高的
程度。

在矿冶方面,经元明政府的努力,西南以官营为主的金银等矿
的生产已在全国居重要地位。清代,中央及地方政府的各种扶持
与补助政策和措施,极大地推动了西南以铜矿为中心的矿业发展。
云南铜产量从 1710 年的 50 万斤,增加到 1725 年的 100 万斤,
1737 年又上升到 1000 万斤。在不到 20 年的时间里,云南的铜产
量增长了 20 倍。其后,在 18 世纪余下的时间里,云南平均每年的
铜产量都保持在近 1000 万斤的水平上。直到 19 世纪中期,铜产
量仍未明显衰减。云南铜矿生产了超过 50 万吨的铜,相当于同期
世界铜产量的五分之一,中国铜产量的一半。[23]

云南铜矿业的发展有效弥补了 18 世纪初以来日本对中国铜
出口数的锐减后中国铜产品的需求,支撑并保障了中国货币与金
融的稳定与发展。1724 年,清政府开始购买滇铜用以铸币,自
1727 年以后,北京中央钱局(京局)和各省钱局(省局)开始固定
地从云南采买铸钱所用铜。云南铜店每年向省外输出的铜达到了
800 万到 1000 万斤,其中 600 万至 800 万斤输往京局,100 万至
300 万斤输出到各省省局,滇铜成为中央和地方铸钱所需铜的最
重要来源。对于云南地方政府来说,铜矿业的发展也为其带来了
较大的财政支持。在云南铜矿的发展时期,云南省政府向全国各
钱局(含云南)售铜所获利润(铜息)、云南省钱局销铸铜钱所获铸
钱利润(铸息),加上铜课收入,每年达到了四五十万两白银,大大

超过了全省田赋收入额。中央和西南地方政府的投入与扶持而导致的云南铜业大发展,使西南的资源与经济在中华帝国的货币与金融运作、财政增收、社会与政治稳定等方面发挥前所未有的巨大作用。

不但如此,在一个多世纪的时期里,云南矿冶业的发展对中国内地的资金和劳动力产生了巨大的吸引力。因此而导致了西南人口的增长,耕地面积的扩大,商业活动的频繁,以及货币供给的增长。到1750年,云南非农业人口的收入达到中国最富裕地区同类人口的水平。在1253年蒙古征服近500年后,云南突然从一个处于早期发展阶段的边疆社会,一跃而成为一个充满活力的经济区域。

总而言之,元明清时期西南社会经济的发展与帝国在西南政治脉动大体一致,中央政府对西南的经营治理与巨大投入,使西南的人口、交通、农业生产、粮食再分配、商品交换和市场、矿冶业获得了前所未有的大发展。这种发展,打破了以往西南经济的发展主局限在中心地区(如滇池地区、洱海地区和贵州中部地区)的状况,不但很多平坝地区获得了发展,广大河谷、山区和边远地区也得到了开发,西南经济发展水平因此而在整体上有了巨大提升。西南社会经济的发展,反过来为晚期中华帝国加强在西南统治提供了良好的环境与坚实的物质基础。这不但是清代在西南少数民族地区实施大规模改土归流的主要条件,也是巩固改土归流成果的重要保障,帝国对西南边疆的流官统治因此而扩展到绝大多数县级行政单位。而作为清代加强西南边疆统治的重要标志,绿营兵在雍正、乾隆年间以后,更得以将其分布驻扎的重心由西南腹心地区转向缘边地区,"不仅在近边地区形成了开化、宁洱、思茅、顺宁、龙陵、腾越、永昌等政治、军事重镇……还在沿边地区布设汛塘"，最终"以(绿营兵)各协营所驻城镇为依托，以日益密集的汛塘为基础，云南南部边境地区形成了一条绵延数千里的边防线"。[24]除今西双版纳澜沧江以外地区外，今云南南部边境地区都纳入了清朝军事控制范围，帝制时代对西南边疆的统治被推向了极边地区。

更为重要的是，伴随着元明清时期西南经济的发展，至清代西南社会经济发展水平与内地的差距大为缩小，西南边疆与内地的联系性空前加强，汉族人口不但占了西南人口总数的最大份额，而且分布范围扩展到边疆和山区，与各土著民族交错杂居，对西南民族关系和民族文化产生重大影响；农业、仓储、交通、市场、矿业的发展，不但使西南内部形成紧密的联系，也使内地与西南的联系性空前加强，西南边疆从根本上更加紧密地融入中华整体之中，统一多民族国家获得了极大的发展和巩固。

很多学者常常对世界范围内中华文明能一枝独秀、赓续不断地向前发展，形成一个日益紧密的疆域大国而大感诧异。我想，其中的原因肯定是多种多样的，而中华帝国政府，尤其是晚期帝国政府在大一统思想的作用下，关注并致力于边疆的经营与治理，在边疆地区所作的长期而巨大投入，边疆地区社会经济的发展及与国内社会经济联系的加强，肯定是其中的重要原因。

注　释

1　关于中国地理的三大阶梯地形、三大自然地理区的划分、差别等方面详情，可参阅《中国大百科全书·中国地理》(中国大百科全书出版社，1998 年)总论部分的归纳。

2　汪荣祖《史学九章》第六章《论中央史与地方史的重新整合》，第 117 页，三联书店，2006 年。

3　刘健的《庭闻录》对吴三桂征西南有详细记述。随后政府对西南地区兵丁眷属的安置情况，请参阅《清圣祖实录》卷四十二，第 19 页下；卷四十三，第 2 页下—3 页上。

4　根据明代法律，卫所军士必须携家眷到西南，包括其双亲。未婚的兵丁则在行前准
　　假完婚，无配偶者则由政府从女犯中配给一个。见《明会典》卷一，第 551 页上。至
　　于家属随兵丁赴边之例，见《明实录》卷二百一十，第 2 页下。我们无法确知移民家
　　庭所含人数，但是，大多数士兵年纪轻，我怀疑，平均每个家庭超过三人。陆韧《变
　　迁与交融：明代云南汉族移民研究》(云南教育出版社，2001 年)作为最新的研究成
　　果，就认为明代向云南的军事移民即达到了 80 万人。

5　在贵州，据 17 世纪贵州巡抚郭子章所言，"每岁屯粮仅支春三月，若夏、秋、冬仰于
　　楚蜀。"(郭子章《黔记》卷 19，第 1 页下)同样，据 16 世纪贵州巡抚何起鸣说，"贵州
　　开省，原设贵州黄平等十二卫所，额设屯粮，仅共九万二千有奇，一岁所入不足以供
　　官军半岁之用。国初坐派湖广、四川二省协济以充军饷"。(万历《贵州通志》1597
　　年版，卷十九，第 6 页下—7 页下)

6　贵州的例子见《清高宗实录》卷二十五，第 4 页，转引自《清实录贵州资料辑要》第
　　218 页。云南的例子见《张允随奏稿》乾隆七年十一月十七日奏。

7　云南巡抚杨名时较为详细地讨论了 1724 年西南社仓开始时的情况，"滇省社仓捐
　　输谷石，自雍正二年为始。其储谷实数，请于次年岁终具题，嗣后永为定例。庶每
　　年捐输谷数，并里民借支谷数，以及有无发赈等项，均得稽核。"见《清世宗实录》卷
　　三十七，第 3 页下—4 页上(1725 年 11 月 8 日)，转引自《清实录有关云南史料汇
　　编》卷三，第 553 页。道光《云南通志》卷六十一第 5 页上载陈宏谋说，1735 年，云南
　　只有约二十个地区有社仓，总储粮 70000 石多一点。张允随在《张允随奏稿》乾隆
　　五年十一月二十日奏中称，1740 年，贵州只有二十七个地区有社仓，总储粮仅为
　　12000 多石。

8　道光《云南通志》卷六十一，第 5 页上。

9　《张允随奏稿》乾隆五年十一月二十日奏。

10　全国人民代表大会民族委员会云南民族调查组编《明实录有关云南历史资料摘
　　抄》第 90 页，云南人民出版社，1959 年。

11　《明实录有关云南历史资料摘抄》第 115 页。

12　檀萃《滇海虞衡志》卷七，第 4 页下—5 页上。

13　《云南概况》，云南人民出版社，1980 年，第 118 页。徐敬君《云南山区经济》(云南
　　人民出版社，1983 年)所持灌溉面积略高，认为在 980000 亩耕地中，灌溉面积占

650000 亩。

14 吴振棫《黔语》卷二,第 2 页上下。李宗昉《黔记》卷二,第 15 页下也有类似记载。

15 万历《云南通志》(1756 年版)卷四,第 11 页。

16 《滇黔志略》(1763 年版)卷十,第 1 页下;康熙《石屏州志》(1673 年版)卷一,第 12 页。

17 乾隆《东川府志》(1761 年版)卷十八,第 1 页下;道光《云南通志》(1835 年版)卷六十九,第 37 页上;光绪《云南通志》(1894 年版)卷六十九,第 37 页。

18 万历《云南通志》(1576 年版)卷五,第 11 页下—34 页将这些粮仓的大部分作了罗列,其名称有:预备仓、永宁仓、便民仓、常平仓、足粟仓、存留仓、广惠仓等。

19 每一个补入的价格(Iy),与相邻月份的记录价格(Px 和 Pz)、相邻月份的平均价格(Ax 和 Az),以及缺失月份的平均价格(Ay)呈一定的函数关系。第一个相邻月份的价格由因子(Ay/Ax)来确定其价格走势,并根据因子($y-x$)/($z-x$)作进一步调整。我们对 Pz 作了类似的计算,最后两个结果相综合就得到 Iy。

20 戴维·韦尔(David Weir)《法国的市场与死亡率:1600—1784》(*Markets and Mortality in France*,1600—1784),见《近代社会早期的饥荒、疾病与社会秩序》第 201 页—234 页,剑桥大学出版社。

21 法国的面积大约与西南的面积相等,即约为 200000 平方英里。

22 《中国的国家与市场程度:山西省,1928—1945》(*The Nation and Extent of the Market in China:Shanxi Province 1928—1945*),华盛顿大学博士学位论文,1985。

23 这些数据见全汉昇《清代云南铜矿工业》(见香港中文大学《中国文化研究所学报》第 7 卷,第 1 期,1974 年)第 157—182 页的相关计算。

24 秦树才《绿营兵与清代的西南边疆》,见《中国边疆史地研究》2004 年 2 期。

附 录 A

移民与西南的土地所有

　　1826 年,贵州省政府对最初居住在少数民族地区的约 340000名汉族移民进行了登记。根据政府的相关记录,这些汉族移民大多数生活在苗寨,并且或购置,或租种了苗族的土地。其后,当地流官政府每年都进行一次这样调查登记。目前,至少有 12 份这种调查材料保存于北京和台北,[1] 同时,这些调查的详细材料也大量散见于地方史志中。[2] 其中,尤其是 1826 年的调查,是我们目前所掌握的有关少数民族地区汉族移民及其财产占有情况记录最为详细,涉及范围最广的一份。兹将其归纳如下:

　　1826 年的报告显露出了在贵州的汉族移民及其土地占有情况在空间分布方面的重要信息。新近移入的汉族移民大约有三分之二生活在贵州南部的黎平、都匀和兴义地区,相对而言,只有极少数生活在原先的移民中心——贵阳。

　　这些文献也揭示了贵州汉族移民的许多重要特征。首先,尽管府与府之间土地占有规模差别较大,但是其等级顺序却是一致的,即地主拥有的田地较佃客多得多,佃客拥有的田地又比雇农多得多;其次,尽管地区与地区间土地占有情况差别较大,但土地所有的模式也总是相同的,即地主占有的水田要比山区旱地多得多,而佃客耕种的山地要比水田多得多;第三,家庭规模与土地占有的数量有较密切的联系,不管哪个阶级,家庭规模越大,所耕种的土地就越多。另外,移民中贫困者一般生活在山区,富裕者一般居住于谷地。

　　换言之,移民因所处社会经济阶层不同,居住情况也不相同。我推测这些差别部分是由移民生活圈及其历史所造成的。最初的移民可以居住在较发达的地区。大多数移民系以雇工的身份迁徙而来,渐渐地这些雇工中的一部分上升为佃农,并最终发展为地主,其家庭随之不断壮大,并移居山下。

表 A.1　贵州的移民与土地占有情况

身份地位	户数	口数	家庭规模	山地数量（块）	水田数量（丘）
各属买当苗人田土客民	31437	184669	5.87	67608	227110
佃户	13190	59623	4.52	24730	7788
雇工客民	20444	70673	3.45		
住居城市乡场及隔属买当苗民田土客民	1973	2963	42618		
买当苗民全庄田土客民[a]	321			20087	20051
总数	67365	314965		115388	297567

a　这些客民定居在 430 个全庄里,有 18031 个佃客,分属于 4134 个家庭。

表 A.2 贵阳移民类型与土地占有情况表

身份地位	户数	口数	家庭规模	山地数量（块）	水田数量（丘）
各属买当苗人田土客民	6105	29573	4.84	8456	29332
佃户	521	2211	4.24	767	708
雇工客民	2261	8937	3.95		
住居城市乡场及隔属买当苗民田土客民	364			316	3633
总数	9251	40721		9539	33673

表 A.3 黎平府汉族移民类型与土地占有情况表

身份地位	# 户数	# 口数	家庭规模	山地数（块）	水田数（丘）
各属买当苗人田土客民	2284	16490	7.22	1553	34344
佃户	1843	8049	4.36	2362	954
雇工客民	3154	9511	3.02		
住居城市乡场及隔属买当苗民田土客民	221			2	14891
总数	7502	34050		3917	50189

表 A.4　都匀汉族移民类型与土地占有情况表

身份地位	户数	口数	家庭规模	山地数量（块）	水田数量（丘）
各属买当苗人田土客民	6441	38381	5.95	10125	54042
佃户	1480	7193	4.86	2580	1001
雇工客民	2575	11096	4.30		
住居城市乡场及隔属买当苗民田土客民	516			318	13443
总数	11012	56670		13023	68486

表 A.5　镇远汉族移民类型与土地占有情况表

身份地位	户数	口数	家庭规模	山地数量（块）	水田数量（丘）
各属买当苗人田土客民	1410	9458	6.7	1882	20128
佃户	61	342	5.6	146	97
雇工客民	561	2741	4.9		
住居城市乡场及隔属买当苗民田土客民	45			46	673
总数	2077	12541		2074	20898

表 A.6 铜仁汉族移民类型与土地占有情况表

身份地位	户数	口数	家庭规模	山地（块）	水田（丘）
各属买当苗人田土客民	48	339	7.01	63	316
佃户	23	121	5.26	35	241
雇工客民	15	31	2.06		
住居城市乡场及隔属买当苗民田土客民					
总数	86	491		98	557

表 A.7 安顺汉族移民类型与土地占有情况表

身份地位	户数	口数	家庭规模	山地（块）	水田（丘）
各属买当苗人田土客民	1744	9137	5.24	1755	12148
佃户	625	2606	4.17	1162	818
雇工客民	1210	3795	3.13		
住居城市乡场及隔属买当苗民田土客民	112			58	1358
买当苗民全庄田土客民	4			149	477
总数	3695	15538		3124	14801

表 A.8　兴义汉族移民类型与土地占有情况表

身份地位	户数	口数	家庭规模	山地数量（块）	水田数量（丘）
各属买当苗人田土客民	7603	43894	5.77	24365	48558
佃户	4865	21944	4.51	17073	2213
雇工客民	7520	24074	3.20		
住居城市乡场及隔属买当苗民田土客民	139			500	4547
买当苗民全庄田土客民	317			19938	19574
总数	20444	89912		61876	74892

表 A.9　思南府安化县汉族移民类型与土地占有情况表

身份地位	户数	口数	家庭规模	山地数量（块）	水田数量（丘）
各属买当苗人田土客民	11	67	6.09	14	235
佃户	1	4	4.00	8	0
雇工客民	6	13	2.16		
总数	18	84		22	235

表 A.10　大定汉族移民类型与土地占有情况表

身份地位	户数	口数	家庭规模	山地数量（块）	水田数量（丘）
各属买当苗人田土客民	4309	25459	5.91	15038	16297
佃户	3121	14055	4.5	6597	1046
雇工客民	2143	7020	3.27		
住居城市乡场及隔属买当苗民田土客民	474			1537	1658
总数	10047	46534		23172	19001

表 A.11　松桃移民类型与土地占有情况表

身份地位	户数	口数	家庭规模	山地数量（块）	水田数量（丘）
各属买当苗人田土客民	807	7604	9.42	2650	8644
佃户	13	94	7.23	3	106
雇工客民	32	213	6.65		
住居城市乡场及隔属买当苗民田土客民	70			125	1457
总数	922	7911		2778	10207

表 A.12　普安汉族移民类型与土地占有情况表

身份地位	户数	口数	家庭规模	山地数量（块）	水田数量（丘）
各属买当苗人田土客民	502	2971	5.92	1309	2493
佃户	624	2932	4.69	1004	544
雇工客民	168	668	3.97		
住居城市乡场及隔属买当苗民田土客民	32			56	958
总数	1326	6571		2369	3995

表 A.13　平越汉族移民类型与土地占有情况

身份地位	户数	口数	家庭规模	山地数量（块）	水田数量（丘）
各属买当苗人田土客民	173	1296	7.49	398	573
佃户	13	68	5.23	1	52
雇工客民	808	2573	3.18		
总数	994	3937		399	625

注　释

1　见《朱批奏折》之《内政·保警》类中如下日期的奏报:道光七年八月二十四日、道光九年十二月二十一日、道光十年十二月二十一日、道光十一年十二月十六日、道光十二年十二月十六日、道光十四年十一月二十三日、道光十五年十一月十六日、道光十六年十一月十四日、道光二十三年十月二十一日、道光二十七年十月二十五日、道光二十八年十月二十七日、道光二十九年十月二十五日、光绪十年十二月二十一日、光绪二十二年十二月九日、光绪二十三年十月二十八日、光绪二十四年十二月十八日。然而，最详细最重要的奏折收藏于台北故宫博物院，见未注明日期的奏折——《宫中档》056879，该奏折应属 1826 年。感谢哈佛大学的罗伯特·简克斯（Robert Jenks）让我注意到了这一极有价值的材料，并提供给我一个复印件。

2　如《黔南识略》（1749 年版或 1835 年版），胡可敏《清代前期贵州领主经济向地主经济的发展》（见《贵州社会科学》1981 年 2 期，第 72—73 页）已将这些资料整理入表格中。也见道光《大定府志》（1850 年版）。

附　录　B

都市化

历史上中国的人口数据是在正式的行政管理确立后而形成的。因为城市很少形成单独的行政单位，因此我们一般不知道城市人口的情况，仅知道府州县的人口数，或包含城镇人口在内的部分人口数。这样，我只能依据方志的大致描述，对西南地区 160 个府县行政区划中的 26 个区划，就其不同历史时期的城市人口进行力所能及的重构。据我估计，1800 年前后，仅这 26 个城市便聚集了 80 多万人口，兹将相关材料附列于下。对于未直接掌握材料的 134 个行政区划治所的人口，我们假设每个城市的人口数为 2000人，则其总数为 270000 人。事实上，这一人口数无疑太高，因为那些无人口数的城市包括了诸如保山、毕节、大关、晋宁、蒙自、普安、西昌、下关和镇沅等主要城市。

我们所估计的 100 多万城市人口，约占 1500 万西南在册人口的百分之七，占我所估计的 2000 万人口数的百分之五。我的推论数比施坚雅 1843 年时西南 1100 万在册人口数的 5%，即 420000城镇人口数[1]，多 2 倍。饶济凡（Gilbert Rozman）估计，到 19 世纪中期，西南城市人口总数为 750000，即 1400 万在册人口数的 5%。[2]我的估算之所以和以上两位研究者谨慎得出的结果存在的巨大差距,我相信其部分原因是在海外可获得的西南地方志较少,二位研究者只能过多地依靠《支那省别全志》[3]中有关 20 世纪初期的人口数。很明显,饶济凡估计的中国西南 19 世纪中期人口数就其可参证部分而言,都与 20 世纪的人口数相同,而施坚雅的估计数则常常是 20 世纪人口基线上的简单缩减,有时则是在其他信息资料上的修正。如果他们的估计正确的话,则 1850 年西南 2000 万人口中只有 2%—3% 的部分已经城镇化。事实上,从一些定性资料中我们知道,在 18 世纪晚期 19 世纪初期,西南相当部分已实现了城镇化。就 18 世纪和 19 世纪可比较的人口数情况看,19 世纪的人口数一般较大。西南的城镇在 19 世纪回民反清大起义中(1856 年—1873 年)遭到了较大的毁坏。在 20 世纪中期以前并未得到恢复。

安顺城　根据清代著名官员胡林翼的说法,"查安顺府城周九里三分。……实驻在城内兵丁一千五百廿九名,烟民户口一万六千三百余户。边塞险要,户口亦繁,为西南一大都会。"(见咸丰《安顺府志》卷四十五,第 24 页)。换言之,安顺可能有近 18000 户城镇居民,8 万多城居人口。

白羊　根据乾隆《白盐井志》(1758 年版)记载,白盐井有 409 户煎盐的灶户,1160 户"街"户,即该城拥有 1500 户,7500 人。

保山　根据万历《云南通志》(1576 年版)卷十七,第 2 页记载,1511 年的一次地震夺去了 1500 个城居家庭。这就是说,这个城市的人口大概是 2000 户或更多,约 1 万人。

长寨　道光《贵阳府志》(1850 年版)卷四十四,第 7 页下载:"城厢六甲六十牌,户七百四十三,口四千五百七十六。"也就是说,其城居人口占在册总人口 18513 的四分之一。

大定　1850 年,大定府人口为 220000 多人。据道光《大定府志》(1850年版)载,大定共有1200个村庄。我们知道,这些村庄平均每村120人。因此,农村人口可能为150000人。换言之,整个府的城居人口(不仅在府治)大概为75000人或更多。

大关　光绪《大关县志》(1909年版)卷四,第142页记载,1909年,大关城镇人口为1467户,5982人。

大理　闵洪学《抚滇奏草》卷一,第63页上记载,1623年大理城已经有几千户人家。到18世纪,大理城已相当大。1730年,太和县(大理)人口上升为61727户,335759人。(乾隆《太和县志》1752年版,卷二,第1—3页下)咸丰初年杜文秀起义前,该城"户约六万,人约五十余万。"(民国《大理县志稿》卷三,第152页)。但在起义中,"咸丰丙辰,各署档册毁于兵,无凭查考。平定以后,迭加调查仍未完备"(第197页)。因此,正如同书所载,该城在"嘉道之间极称繁庶"(卷三,第199页),其人口数达到了顶点。清末,"城内居民一万三千余户",据"民国元年调查,本籍客籍现在共一万八千四百二十二户,男女九万九千四百七十二人……比较嘉道间极盛时期仅得十之一二耳"。(民国《大理县志稿》卷三)。如果这些比例正确的话,在19世纪早期,大理的城市人口数可能至少为25000户,10万人。

定远　在1700年时,定远"城屯共三千四百五十九户,男妇共九千九百七十五口"。(康熙《定远县志》1702年版,卷五《户口》,第36页上)

东川　"康熙三十九年……府城内汉民二十余户,客民百余户,悉无家室,去来无定。"(雍正《东川府志》1735年版,卷一,第23页上)然而,18世纪30年代初,随着矿业的发展,东川的城镇人口有了相当大的增长。很多19世纪的估计都认为东川府诸如汤丹等矿区的人口已经超过了5万人。

个旧 根据云南省矿冶档案,个旧在 18 世纪末开始发展起来,到 1850 年,其人口数已远远超过了 3 万人。

广顺 "广顺州里十枝十,汉户七千二百七十五,口三万五千六百十八,苗户七千二百五十九,口四万三千八百五十五,共户一万四千五百二十四,口七万九千四百七十二。城厢汉户一千一百四十三,口四千六百三十一"。(见道光《贵阳府志》1850 年版卷四十四,第 9 页下)

贵阳 在 1622 年,贵阳被李华龙包围,为了守城之需,政府对整个城市人口进行了统计。据《明史》卷三百一十六,第 8174 页和卷二百四十九,第 6453 页所载,其所统计人口为 10 万户,或 40 万口。大概,这些人口数包括了许多难民。亦见刘西选《城守严防》(Liu Xixuan, *Chengshou yanfang*)卷一,第 26 页上—27 页下。道光《贵阳府志》(1850 年版)认为贵阳的人口较稳定。1850 年在册城镇人口为 105595 人,换言之,城镇人口大约是该府总人口904490 人的 12%(见道光《贵阳府志》卷四十四,第 7 页上下)。在 19 世纪,贵阳是唯一一个有城乡人口记录的府,其城镇人口为130000 人,占总人口的 15%。

贵筑 "城内西南堡有 1845 户,8255 人。北门外的新城堡另有 4802 户,23389 人。"(见道光《贵阳府志》卷四十四,第 8 页上)这就是说,城镇人口超过了在册人口 291684 人的 10%。

昆明 对于昆明城的初期规模,我们所知不多。根据闵洪学《抚滇奏草》卷七,第 58 页下—59 页的记载,1625 年的一次洪灾,毁坏了昆明城内的 2872 座房屋。到 18 世纪,昆明城已经有了相当大的发展。1910 年以前,我们没有关于昆明城较正式的人口登记资料。到了 1910 年,城内及城郊人口为 171700 人。1800 年前后昆明的人口至少达到了 150000 人,这一估计似乎较为合理。

龙里 据道光《贵阳府志》卷四十四,第 10 页下记载,龙里县城里有 991 户,4489 人。换句话说,城镇人口大约为该县总在册人口数 26406 人的 17%。

马关 民国《马关县志》(1932 年版)卷二《社会情况》载:"城郭居民八百余户。"换言之,马关大约有城镇人口 3000 人或更多。

平西 康熙《平西卫志》卷一第 5 页载,康熙十四年(1675年),只有少数土著人户及百一十余户客商居住在城镇里。

巧家 "人民生计仰赖于农事者,占全人口约五分之一弱。据《云南民政厅全省户口调查》之统计,全县为四万零三百六十九户,人口计十九万零八十三人,业农者为三万四千二百四十六人,其他业工商及服务军政学"。(民国《巧家县志》1924 年版卷六《农政》)

思茅 根据光绪《思茅府志》(1893 年版)卷四,第 23 页上记载,1850 年思茅有人口 5 万人。

西昌 根据很多资料记载,1850 年该地发生的一次大地震致 135382 伤,20652 人亡故,其中未含移民,共有 27880 所房屋被毁坏。因此,我们可以很稳妥地作出一个推断,伤者中至少一半为城镇居民。《四川地震资料汇编》1980 年,第 175—188 页。换言之,1850 年西昌的城镇人口大概有 75000 多人。

修文 据道光《贵阳府志》(1850 年版)卷四十四,第 11 页上记载,在修文 29380 户 134000 人的总在册人口中,1405 户,6812 人为县城居民。

永北 乾隆《永北府志》(1765 年版)卷八,第 1 页上记载,1757 年,城镇人口为 1828 户,7282 人。

元江 民国《元江县志稿》(1922 年版)卷六《户籍一》谈到"户口之减少"时说:"至嘉道间,元气稍复,治城居民常在三千户以上。至咸丰丙辰,汉回构衅,回民数百户逃避远方。同治甲子,城为舒逆所陷,被害者几及千数。继此以后,时疫流行,几三十载,死亡甚众。……迄光绪庚子,城之居民不过三百余户而已。"如以每户 4 人计算,则元江城人口在嘉道间超过了 12000 人。自从 1824 年以来,其人口略低于 25000 户,城镇人口约占 12%。

云南县(今祥云)　　根据光绪《云南县志》(1890 年版)卷二《风俗》载,"自癸酉迄癸未,城乡患疫疾,户口凋残,有赘川民为婿"。然而,其城镇人口仍很多。该书卷四《户口》载:"城川共二千七百九十七户,共计男女七千一百零八丁口。"几乎为总人口 30449 人的四分之一。据此可知,该城在其全盛期时,人口应高于全县总人口的四分之一,至少为 1 万多人。

昭通　　根据民国《昭通志稿》(1924 年版)卷一,第 119 页,在 18 世纪,其人口的 40% 为城居人口。因为 18 世纪所编方志列出了 341 个村庄,这可能意味着至少有 2 万城居人口。19 世纪,人口数应该更高。我应该指出的是,饶济凡(Rozman, Gilbert)在其《清代的人口与市场聚落》(*Population and Marketing Settlements in Ch'ing China*,剑桥大学出版社,1982 年)第 246 页称,在 1850 年昭通人口达到的 3 万多人。

遵义　　在 19 世纪,"本县城内民有室者九百户,附郭有室者七百户。不论绅士军民,家制纺车一架,人多二架"(道光《遵义府志》1841 年版,卷十六《农桑》,第 16 页)。如果城镇总人口不低于四五千户,则其人口数大概为 2 万人。我也应该指出,根据饶济凡《清代的人口与市场聚落》(*Population and Marketing Settlements in Ch'ing China*)第 246 页,遵义的人口至少为 3 万。

注　　释

1　施坚雅《中华帝国晚期的城市》,斯坦福大学出版社,1977 年,第 229、240 页。

2　饶济凡(Rozman)《中国清代的人口与市场聚落》(*Population and Marketing Settlements in Ch ing China*),剑桥大学出版社,1982 年,第 247 页。

3　《支那省别全志》(*Shina sho betsu zenshi*),东亚同文书院,1917 年—1920 年。

附 录 C

移民庙宇和会馆

我依省区或起源情况对移民庙宇和会馆进行了排列,有时庙宇和地名难免重叠。所列各县系以字母为序。只要可能,我都把建立年代附于地名之后。如果年代不明确,则提供方志编修年代以作参考。有星号(＊)标记者为大概年代。有些年代非常难以获得。如果一个县有一个以上的庙宇供奉同一神祇,则将其庙宇数标注于地名后的圆括号内。

表 C.1　江西庙和会馆:萧公祠

地名	年代	地名	年代	地名	年代
云南省					
阿迷	1673	会泽	—	威远(2)	1837
白盐井	1758	昆明	1600＊	文山	1736
保山	1800＊	丽江	1732	西拉街 (Xilajie)	—
北胜	1630	临安	1630＊	新平	1826
楚雄	1669	龙陵	1917	顺宁(2)	1625
大理(2)	1694	蒙化	1894	姚州	1894
大姚	1845	蒙琅 (Menglang)	1725	易门(2)	1777

续表

地名	年代	地名	年代	地名	年代
定边	1713	缅宁	1894	永北	1765
东川	1761	宁洱(2)	1850	永昌(3)	1702
碍嘉	1745	宁州(2)	1695	永善	1904
广西	1845	思茅(2)	1850	云南	1650*
河西	1712	太和(2)	1694	云州(2)	1700
剑川	1713	他郎(2)	1850	赵州	1737
景东	1737	腾越	—	镇南	1669
开化	1737	通海	1630*		
贵州省					
毕节	—	石阡	1597	遵义	1841
普安	—	乌撒	1597		
普定	—	永宁	1597		

资料来源：

云南省：

天启《滇志》(1625年版)卷十六，第102页上、第105页上，卷十七，第41页上；嘉庆《镇南州志》(1803年版)卷五，第13页上；康熙《阿迷州志》(1673年版)卷一，第95页下；康熙《通海县志》(1691年版)卷三，第24页上；康熙《云南通志》(1691年版)卷十八，第3页上；康熙《大理府志》(1694年版)卷十七；康熙《宁州郡志》(1695年版)；康熙《云南府志》(1696年版)；康熙《云州志》(1701年版)；康熙《永昌府志》(1702年版)卷十五，第3页下；康熙《河西县志》(1712年版)卷二，第41页上；康熙《定边县志》(1713年版)；康熙《剑川州志》(1713年版)；康熙《云南县志》(1716年版)卷一，第63上；康熙《楚雄府志》(1716年版)卷二，第18页上、第19页上；雍正《顺宁府志》(1725年版)卷四，第33页上、卷二，第12页上；雍正《建水州志》(1731年版)卷九，第13页上；雍正《临安府志》(1731年版)卷二十四，第9页下—10页上，卷十五，第7页下；雍正《阿迷州志》(1735年版)卷九，第106页上；乾隆《景东府志》(1737年版)卷三，第27页下；乾隆《丽江府志》(1743年版)；乾隆《碍嘉志》(1746年版)；乾隆《白盐井志》(1758年版)；乾隆《开化府志》(1759年版)卷二，第17页下、第18页上；乾隆《东川府志》(1761年版)卷七，第3页上、第4页上；《滇黔志略》(1763年版)卷十一，第10页下；乾隆《易门县志》(1777年版)卷八，第28页上；乾隆《阿迷州志》卷九，第2页下；道光《永昌府志》(1826年版)卷十二，第3页下；道光《新平县志》(1826年版)卷三，第21

页上;道光《威远厅志》(1837 年版);道光《昆明县志》(1841 年版)卷三,第10 页下;道光《大姚县志》(1845 年版)卷九,第 7 页上;道光《广西府志》(1845 年版);道光《普洱府志》(1851 年版)卷十一,第 1 页下,卷六,第 7 页下;光绪《腾越厅志》(1887 年版)卷九,第 159 页上;光绪《云南通志》(1894年版)卷九,第 16 页下、第 37 页上、第 8 页上—61 页下,卷九十二,第 1 页下—44 页上;光绪《永善县志》(1904 年版)。

贵州省:

弘治《贵州通志》(1502 年版)卷七,第 68 页上,卷十七,第 21 页上,卷九,第 2 页下;嘉靖《普安州志》(1549 年版)卷一,第 51 页上;万历《贵州通志》(1597 年版)卷八,第 26 页下,卷十,第 39 页上,卷十七,第 24 页上,卷十一,第 40 页上、第 15 页下,卷六,第 35 页下,卷十三,第 20 页下;康熙《贵州通志》(1673 年版)卷十五,第 1 页下、第 3 页上、第 8 页上;乾隆《贵州通志》(1741 年版)卷十,第 4 页上、第 9 页下、第 10 页上、第 12 页下、第 14 页上;道光《遵义府志》(1841 年版)卷八,第 27 页上;道光《大定府志》(1850 年版)卷十九,第 28 页下、第 25 页上。

表 C.2　江西庙和会馆:万寿宫(寺)

地方	年代	地方	年代	地方	年代
云南省					
阿迷	1735	昆阳	1600*	新兴	1749
安平	1894	鲁甸	1750*	宣威	1844
呈贡	1696	禄劝	1870	寻甸	1600
东川	1703	马关(6)	1917	寻甸	1630
恩安	1759	丘北	1748	宜良	1767
广西	1845	石屏	1759	元江	1922
晋宁	1762	师宗	1845	昭通	1759
开化(2)	1758	文山	1894	镇雄	1784
昆明	1839	新平	1826	宣威	—
贵州省					
八寨	1882	平坝	1890	沿河	1943
定番	1718	平定	—	玉屏	1700*
贵阳(10)	1762	普安	1597	余庆	1842
归化	—	普定(2)	—	永安	1912

续表

地方	年代	地方	年代	地方	年代*
开阳(3)	1757	仁怀	—	平越	—
郎岱(3)	—	三河(3)	1750*	镇安	—
荔波	1850*	绥阳	—	镇宁	—
麻江(4)	1762	桐梓(3)	1752	遵义	1841
湄潭(8)	1899				

资料来源：

云南省：

天启《滇志》卷十六，第102页上、第105页、第97页下，卷十七，第41页上；康熙《阿迷州志》(1673年版)卷一，第95页下；康熙《云南通志》(1691年版)卷十八，第3页上；康熙《云南府志》(1696年版)；雍正《东川府志》(1735年版)卷一，第50页上；雍正《阿迷州志》(1735年版)卷九，第106页上；乾隆《新兴州志》(1749年版)；乾隆《开化府志》(1759年版)卷二，第17页下、第18页上；；乾隆《石屏州志》(1759年版)卷二，第17页上；乾隆《东川府志》(1761年版)卷七，第3页上、第4页上；乾隆《晋宁州志》(1762年版)卷十五，第77页上；乾隆《宜良县志》(1767年版)卷三，第80页下；《滇黔志略》(1763年版)卷十一，第10页下；乾隆《镇雄州志》(1784年版)卷三，第40页下；嘉庆《阿迷州志》(1796年版)卷九，第2页下；道光《新平县志》(1826年版)卷三，第21页上；道光《昆阳州志》(1839年版)卷十，第3页下；道光《昆明县志》(1841年版)卷三，第10页下；道光《宣威州志》(1844年版)卷四，第33页下；康熙《广西府志》(1705年版)；光绪《云南通志》(1894年版)卷九，第16页、第37页上、第81—61页下，卷九十二，第1页下—44页上；民国《马关县志》(1917年版)卷四，第11页上；民国《宜良县志》(1920年版)卷二，第8页下—9页；民国《元江志稿》(1922年版)卷三，第6页下、第7页上，卷八，第45页上；民国《昭通县志》(1924年版)卷三，第267页；民国《禄劝县志》(1926年版)卷九，第4页上。

贵州省：

道光《贵阳府志》(1851年版)卷三十六，第3页上；光绪《荔波县志》(1875年版)卷三；光绪《湄潭县志》(1899年版)卷三，第3页上；民国《永安县志》(1915年版)卷五，第31页上；民国《八寨县志》(1932年版)卷五，第15页下；民国《平坝县志》(1932年版)卷四，第54页下；民国《余庆县志》(1936年版)卷一，第45页下；民国《麻江县志》(1938年版)卷八，第22页下；民国《三合县志》(1940年版)卷十二，第1页下；民国《开阳县志》(1939年版)；民国《沿河县志》(1933年版)。

表 C.3　江西庙和会馆:真君庙(殿)、睡佛庙(阁)

地方	年代	地方	年代	地方	年代
云南省					
东川	1761	蒙自	1712	永善(3)	1904
会泽	—	奇利厂(Qili chang)	1775	霑益	1885
贵州省					
毕节	1757	石阡	1585	永宁	1837
湄潭	1899	铜仁	1617		

资料来源:

云南省:

康熙《蒙自县志》(1712 年版)卷三,第 22 页下;乾隆《东川府志》(1761 年版)卷七,第 3 页上、第 4 页上;光绪《霑益州志》(1885 年版)卷三,第 26 页下;光绪《云南通志》(1894 年版)卷九,第 16 页下、第 37 页上、第 8 页上—61 页下,卷九十二,第 1 页下—44 页上;光绪《永善县志》(1904 年版);民国《昭通县志》(1924 年版)卷三,第 267 页。

贵州省:

道光《永宁州志》(1837 年版)卷四,第 9 页下。

表 C.4　江西庙和会馆:严公庙

地方	年代	地方	年代	地方	年代
云南省					
安宁	1710	建水	1731	姚州	1874
大理(4)	1694	昆明	1691	永善	1904
鹤庆	1600	临安	1600*	云南	1694
河西	1712*	南宁	1852		
河阳	—	宁州	1731		
贵州省					
毕节	1730	普安	1549	铜仁	1383
赤水	1597	普定	—	永宁	1597
贵阳	1900	清平	1597	镇远	—

资料来源:

云南省:

天启《滇志》卷十六,第 102 页上;康熙《云南通志》(1691 年版)卷十八,第 3 页上;康熙《大理府志》(1694 年版)卷十七;康熙《安宁县志》(1710 年版)卷一,第 13 页上—16 页上;康熙《河西县志》(1712 年版)卷二,第 41 页上;康熙《云南县志》(1716 年版)卷一,第 63 页;雍正《建水州志》(1731 年版)卷九,第 13 页上;雍正《临安府志》(1731 年版)卷二十四,第 9 页下—10 页上、卷十五,第 7 页下;道光《昆明县志》(1841 年版)卷三,第 10 页下;咸丰《南宁县志》(1852 年版)卷三,第 4 页上;光绪《云南通志》(1894 年版)卷九,第 16 页下、第 37 页上、第 8 页上—61 页下,卷九,十二第 1 页下—44 页上;光绪《永善县志》(1904 年版);民国《大理县志稿》(1917 年版)卷三,第 217 页—322 页。

贵州省:

万历《贵州通志》(1597 年版);乾隆《毕节县志》(1758 年版);道光《贵阳府志》(1850 年版)卷三十六,第 3 页上。

表 C.5　江西庙和会馆:江西或江右会馆

地方	年代	地方	年代	地方	年代
云南省					
保山	1894	广南	1934	威远	1837
碍嘉	1739	昆明	1860*	镇雄	—
贵州省					
思州(2)	1722				

资料来源:

云南省:

乾隆《琦嘉志》(1746 年版);道光《威远厅志》(1837 年版);光绪《云南通志》(1894 年版)卷九,第 16 页下、第 37 页上、第 8 页上—61 页下,卷九十一,第 1 页下—44 页上;民国《广南县志》(1934 年版)卷三,第 41 页上。

贵州省:

康熙《思州府志》(1722 年版)卷三,第 25 页上。

表 C.6　陕西庙和会馆

地方	年代	地方	年代	地方	年代
云南省					
东川	1761	恩安	1759	昭通	1759

资料来源：

乾隆《东川府志》(1761 年版)卷七，第 3 页上、第 4 页上；光绪《云南通志》(1894 年版)卷九，第 16 页下、第 37 页上、第 8 页上—61 页下，卷九十二，第 1 页下—44 页上；民国《昭通县志》(1924 年版)卷三，第 267 页。

表 C.7　湖广庙和会馆：楚圣宫、三楚宫和其他湖广会馆

地方	年代	地方	年代	地方	年代
云南省					
广南	1934	平远	1791	镇雄	1767
昆明(2)	1894	顺宁		鲁甸	1750*
昭通	1735				
贵州省					
贵阳	—	余庆	1936	镇宁	—

资料来源：

云南省：

乾隆《镇雄州志》(1784 年版)卷三，第 40 页下；光绪《云南通志》(1894 年版)卷九，第 16 页下、第 37 页上、第 8 页上—61 下，卷九十二，第 1 页下—44 页上；民国《昭通县志》(1924 年版)卷三，第 267 页；民国《广南县志》(1934 年版)卷三，第 41 页上；民国《顺宁府志》(1947 年版)卷三，第 14 页上。

贵州省：

民国《余庆县志》(1936 年版)卷一，第 55 页下。

表 C.8　湖广庙和会馆:寿福寺

地方	年代	地方	年代	地方	年代
云南省					
安平	1894	昆明	1684	威远(2)	1837
白盐井	1758	龙陵	1917	文山	1894
保山	1800*	马关	1917	宣威	1844
楚雄	1813	缅宁	1894	寻甸	1828
大姚	1845	宁洱(2)	1850	顺宁	1894
东川(2)	1761	普洱	1850	永昌(2)	1710
碍嘉	1775	巧家	—	永平	—
恩安	1773	奇利厂(2)	1894	元江	1920
建水	1731	邱北	—	云州	1725
开化(3)	1758	思茅(2)	1850	霑益	1894
会泽	—	他郎(2)	1850		
贵州省					
定番	1718	平坝	1890	永安(2)	1917
贵定	1938	普安	1889	永宁	1837
贵阳(3)	1829	普定	—	玉屏	1746
荔波	1850*	三河(3)	1750*		

资料来源:

云南省:

雍正《顺宁府志》(1725 年版)卷四,第 33 页上、卷二,第 12 页上;雍正《建水州志》(1731 年)卷九,第 13 页;乾隆《开化府志》(1758 年版)卷二,第 17 页下、第 18 页上;乾隆《东川府志》(1761 年版)卷七,第 3 页上、第 4 页上;道光《寻甸州志》(1828 年版)卷十五,第 14 页上;道光《宣威州志》(1844 年版)卷四,第 33 页下;道光《大姚县志》(1845 年版)卷九,第 7 页上;道光《普洱府志》(1851 年版)卷十一,第 1 页下、第 2 页下,卷六,第 7 页下;光绪《云南通志》(1894 年版)卷九,第 16 页下、第 37 页上、第 8 页—61 页下,卷九十二,第 1 页下—44 页上;民国《龙陵县志》(1917 年版)卷七,第 3 页下;民国《元江志稿》(1922 年版)卷三,第 6 页下、第 7 页上,卷八,第 45 页上;民国《昭通县志》(1924 年版)卷三,第 267 页;民国《巧家县志》(1942 年版)卷二,第 196 页上。

　　贵州省:

　　道光《贵阳府志》(1852 年版)卷三十六,第 3 页上;道光《永宁州志》(1837 年版);光绪《荔波县志》(1875 年版);光绪《普安厅志》(1889 年版)卷八,第 1 页上;民国《永安县志》(1915 年版)卷五,第 31 页下;民国《平坝县志》(1932 年版)卷四,第 57 页上、第 9 页下;民国《贵定县志》(1937 年版)卷二十九;民国《三合县志》(1939 年版)卷三,第 1 页下。

表 C.9　湖广庙和会馆:禹王宫或禹宫、杨氏祠(庙)

地方	年代	地方	年代	地方	年代
云南省					
昆明	1525*	宁洱	1894	永善(2)	1904
马关	1917	姚州	1894		
贵州省					
安平	1827	仁怀	—	余庆	1936
毕节(2)	1734	绥阳	—	镇安(2)	—
麻江	—	桐梓(3)	1750	遵义(2)	1841
湄潭(7)	1686	沿河	1943		
平坝	—	永安(2)	1908		

　　资料来源:

　　云南省:

　　光绪《云南通志》(1894 年版)卷九,第 16 页下、第 37 页上、第 81 页—61 页下,卷九十二,第 1 页下—44 页上;光绪《永善县志》(1904 年版);民国《马关县志》(1932 年版)卷四,第 11 页上。

　　贵州省:

　　康熙《湄潭县志》(1686 年版)卷三,第 3 页上;民国《永安县志》(1917 年版)卷五,第 32 页上;民国《桐梓县志》(1929 年版)卷三,第 24 页下;民国《余庆县志》(1936 年版)卷一,第 55 页下;民国《沿河县志》(1939 年版)。

表 C.10　四川庙和会馆:川主庙(祠)

地方	年代	地方	年代	地方	年代
云南省					
安平	1894	景东	1737	威远	—
保山	—	会泽	—	顺宁(2)	1725
楚雄	—	昆明	1850	宜良	1920
大姚	1845	龙陵	1917	永善(4)	1904
东川	1761	马关	1917	云州	1700
恩安	1771	南宁	1733	昭通	1771
贵州省					
安南	1597	平坝	1890	永安(3)	1830*
大定	1718	石阡	1600	永宁	1597
定番	—	思南(2)	1494	余庆	1936
贵阳(3)	1630*	绥阳	—	镇安	—
开阳	1630*	铜仁	1375	镇宁	—
南宁	1773	沿河	1943		

资料来源:

云南省:

康熙《云州志》(1701 年版);雍正《顺宁府志》(1725 年版)卷四,第 33 页上、卷二,第 12 页上;雍正《景东府志》(1732 年版)卷三,第 27 页下;乾隆《东川府志》(1761 年版)卷七,第 3 页上、第 4 页上;道光《大姚县志》(1845 年版)卷九,第 7 页上;咸丰《南宁县志》(1852 年版)卷三,第 4 页上;光绪《云南通志》(1894 年版)卷九,第 16 页下、第 37 页上、第 8—61 页下,卷九十二,第 1 页下—44 页上;光绪《永善县志》(1904 年版);民国《马关县志》(1917年版)卷四,第 11 页上;民国《宜良县志》(1920 年版)卷二,第 8—9 页;民国《昭通县志》(1924 年版)卷三,第 267 页。

贵州省:

道光《贵阳府志》(1852 年版)卷三十六,第 3 页;民国《永安县志》(1915年版)卷五,第 32 页下;民国《平坝县志》(1932 年版)卷四,第 54 页下;民国《开阳县志》(1939 年版)卷三,第 53 页下;民国《三合县志》(1933 年版)。

表 C.11   四川庙和会馆：二郎庙、西来寺或西岩寺（庙）

地方	年代	地方	年代	地方	年代
云南省					
昆明	1850	镇雄	1775		
贵州省					
麻江(2)	1938	平越	—	思南	1470*
湄潭(6)	1686	正安	—		

资料来源：

云南省：

乾隆《镇雄州志》（1784 年版）卷三，第 40 页下；光绪《云南通志》（1894年版）卷九，第 16 页下、第 37 页上、第 8 页上—61 页下；卷九十二，第 1 页—44 页上。

贵州省：

康熙《湄潭县志》（1687 年版）卷三，第 3 页上；民国《麻江县志》（1938 年版）卷八，第 22 页下。

表 C.12   四川庙和会馆：川黔宫和四川会馆

地方	年代	地方	年代	地方	年代
云南省					
广南	1934	马关	1932	顺宁	1947
鲁甸	1800*				
贵州省					
湄潭	—	桐梓	—	开阳	1875*

资料来源：

云南省：

光绪《云南通志》（1894 年版）卷九，第 16 页下、第 37 页上、第 8 页上—61 页下，卷九十二，第 1 页—44 页上；民国《马关县志》（1932 年版）卷四，第 11 页上；民国《广南府志》（1934 年版.）卷三，第 41 页上；民国《顺宁府志》（1947 年版）卷三，第 14 页上。

贵州省：

民国《开阳县志》（1939 年版）卷三，第 49 页下。

表 C.13　贵州庙和会馆：忠烈祠

地方	年代	地方	年代	地方	年代
云南省					
恩安	1759	龙陵	—	永善	1904
会泽	1759	蒙化	1894	镇雄	1730

资料来源：

乾隆《镇雄州志》(1784 年版)卷三，第 40 页下；光绪《云南通志》(1894 年版)卷九，第 16 页下、第 37 页上、第 8 页上—61 页下，卷九十二，第 1 页—44 页；光绪《永善县志》(1904 年版)；民国《昭通县志》(1924 年版)卷三，第 267 页。

表 C.14　福建庙和会馆：天后宫

地方	年代	地方	年代	地方	年代
云南省					
大姚	1845	昆明	1700[*]	昭通	1760
恩安	1760	马关	1932		
贵州省					
荔波	—	普定	—	镇宁	—
麻江	1938	余庆	1936	遵义	1841

资料来源：

云南省：

《滇黔志略》(1775 年版)卷十一，第 10 页下；道光《大姚县志》(1845 年版)卷九，第 7 页上；光绪《云南通志》(1894 年版)卷九，第 16 页下、第 37 页上、第 8 页上—61 页下，卷九十二，第 1 页—44 页上；民国《马关县志》(1932 年版)卷四，第 11 页上；民国《昭通县志》(1924 年版)卷三，第 267 页。

贵州省：

民国《余庆县志》(1936 年版)卷一，第 45 页下；民国《麻江县志》(1938 年版)卷八，第 33 页上。

表 C.15　江南庙和会馆

地方	年代	地方	年代	地方	年代
云南省					
安宁	1894	昆明(2)	1695		

资料来源:

光绪《云南通志》(1894 年版)卷九,第 16 页下、第 37 页上、第 8 页上——61 页下,卷九十二,第 1 页下——44 页上。

表 C.16　两广庙和会馆:南华宫、妈祖庙、岭南会馆、两粤会馆、广西会馆

地方	年代	地方	年代	地方	年代
云南省					
楚雄	1894	广南	1776	顺宁	1947
碍嘉	1746	广南(5)	1934	昭通	1756
恩安	1776	昆明	—		
贵州省					
桐梓	1766				

资料来源:

云南省:

光绪《云南通志》(1894 年版)卷九,第 16 页下、第 37 页上、第 8 页上——61 页下,卷九十二,第 1 页——44 页上;乾隆《碍嘉志》(1746 年版);民国《昭通县志》(1924 年版)卷三,第 267 页;民国《广南县志》(1934 年版)卷三,第 41 页。

贵州省:

民国《桐梓县志》(1929 年版)卷三,第 25 页上。

附 录 D

仓 储

表 D-1　1735 年云南仓储情况表

地方	捐输谷	社仓谷	杂项	总额
云南府	71417.7	17581.1	5000	93998.8
云南府	10000.0	–	1550	11550.0
昆明	16486.5	6020.0	3450	25957.4
富民	4328.8	691.4	–	5020.2
宜良	2818.0	1947.4	–	4765.4
罗次	5190.9	463.7	–	5654.6
晋宁	6200.2	2533.5	–	8733.7
呈贡	3334.2	787.4	–	4121.6
安宁	3741.1	727.3	–	4468.4
禄丰	4420.2	1007.9	–	5428.1
易门	4591.6	727.4	–	5319.0
嵩明	5838.1	1378.6	–	7216.7
大理府	43812.8	5269.7	–	49082.5
大理	6213.9	–	–	6213.9
太和	6420.6	935.9	–	7356.5
赵州	6750.5	972.4	–	7722.9
云南	6914.3	1654.1	–	8568.4

地方	捐输谷	社仓谷	杂项	总额
邓川	3339.5	384.0	–	3723.5
浪穹	2942.7	430.3	–	3373.0
宾川	6855.5	379.1	–	7234.6
云龙	4375.8	513.9	–	4889.7
临安府	39332.9	5807.3	–	45140.2
临安府	5179.7	–	–	5179.7
建水	1010.1	730.5	–	–
石屏	4635.9	463.0	–	5098.9
阿迷	7308.6	2196.2	–	9504.8
宁州	4111.3	371.6	–	4482.9
通海	4078.1	515	–	4593.1
河西	4092.2	473.7	–	4590.5
习峨	4692.2	691.6	–	5383.8
楚雄府	53740.0	7275.1	–	61015.1
楚雄府	7440.0	–	–	7440.0
楚雄	4157.8	1060.0	–	5217.8
镇南	8067.6	615.0	–	8682.6
南安	352.7	801.3	–	1154.0
姚安府	7120.0	–	–	7120.0
姚州	3794.5	2129.1	–	5923.6
大姚	4858.5	1395.8	–	6254.3
广通	6169.9	373.9	–	6543.8
定远	1779.0	900.0	–	12679.0
澂江府	18247.6	4643.1	–	22890.7
河阳	3527.0	1173.8	–	4700.8
江川	4076.4	455.5	–	4531.9
新兴	6364.4	1989.8	–	8354.2
路南	4279.8	1024.0	–	5303.8

表 D-1　1735 年云南仓储情况表(续)

地方	捐输谷	社仓谷	杂项	总额
广南府	81826	4998.4		13181.0
宝宁	8182.6	963.0	–	9145.6
广南营	–	4035.4	–	4035.4
顺宁府	10337.6	2771.6		13109.2
顺宁	6082.3	1742.8	–	7825.1
云州	4255.3	1028.8	–	5284.1
曲靖府	30223.2	5819.5	–	36042.7
曲靖府	6919.6	–	–	6919.6
南宁	557.7	574.9	–	1132.6
霑益	2641.1	220.4	–	2861.5
陆凉	4061.3	2344.5	–	6405.8
马龙	3910.4	187.2	–	4097.6
罗平	5150.7	527.9	–	5678.6
寻甸	4179.9	1115.1	–	5295.0
平夷	52.1	609.3	–	661.4
宣威	2750.4	240.2	–	2990.6
丽江府	12450.9	1285.3	–	13736.2
丽江	2452.5	496.2	–	2948.7
鹤庆	6621.2	464.1	–	7085.3
剑川	3377.2	268.0	–	3645.2
中甸	–	41.5	–	41.5
维西	–	11.7	–	11.7
维西营	–	3.8	–	3.8
普洱府	1116.8	1130.7	–	2247.5
宁洱	1116.8	976.4	–	2093.2
威远	–	154.3	–	154.3
永昌府	40005.9	5848.6	–	45854.5
永昌府	–	2240.0	–	2240.0
保山	11482.1	2065.3	–	13547.4
腾越	23506.3	855.0	–	24361.3

地方	捐输谷	社仓谷	杂项	总额
永平	5017.5	688.3	–	5705.8
开化府	12165.6	1600.6	–	13766.2
东川府	7247.0	–	–	7247.0
景东直隶厅	7713.1	1865.6	–	9578.7
蒙化直隶厅	9916.5	1350.5	–	11267.0
广西	7882.0	904.9	–	8786.9
师宗	4834.5	507.7	–	5342.2
弥勒	5026.5	849.6	–	5876.1

表 D-1 1735 年云南仓储情况表（续）

地方	捐输谷	社仓谷	杂项	总额
武定府	19144.0	2007.0	–	21151.0
武定	3690.3	–	–	3690.3
和曲州	4371.2	390.9	–	4762.1
元谋	6171.2	1233.1	–	7404.3
禄劝	4911.3	383.0	–	5294.3
元江府	7697.0	2202.8	–	9899.8
元江	6192.5	1957.9	–	8150.4
新平	1504.5	244.9	–	1749.4
镇沅府	507.0	344.3	–	841.3
镇沅	265.0	205.5	–	470.5
恩乐	242.0	128.8	–	370.8
黑盐井提举司	160.0	142.3		306.3
琅盐井提举司	124.6	170.9		295.5
白盐井提举司	474.9	316.0		790.9
白盐井	323.0	248.0	–	571.0
阿陋井	151.9	68.0	–	219.9
共计	421246.6	75254.5a	5000	501.501

资料来源:

雍正《云南通志》(1736年版)卷十五,第1页上—20页下;道光《云南通志》(1835年版)卷六十一,第11页上—41页下;光绪《云南通志》(1894年版)卷六十一,第11页上—41页下。

按:

a　根据1733年到1736年间曾任云南布政使的陈宏谋所言,1735年云南省的社仓谷仅为70000石。然而,1736陈宏谋发起了扩大社仓仓储的运动,并获得了令人瞩目的成功。到1764年,社仓储量达到了569896石。相比之下,常平仓的储量也仅为844355石。见嘉庆《大清会典事例》(1818年版)卷一百六十二,第5页下;道光《云南通志》(1835年版)卷二十九,第83页。

表 D-2　1836 年云南仓储配额及仓储情况表

地方	常平仓谷贮额	社仓谷贮额	溢额	杂项	总额
云南府	130500	44233	—	—	174733
昆明	40500	10627	—	—	51127
富民	9000	3915	—	—	12915
宜良	9000	5687	—	—	14687
罗次	9000	2771	—	—	11771
晋宁	9000	2453	—	—	11453
呈贡	9000	2902	—	—	11902
安宁	9000	4894	—	—	13894
禄丰	9000	4753	—	—	13753
昆阳	9000	1223	—	—	10223
易门	9000	3630	—	—	12630
嵩明	9000	1378	—	—	10378
大理府	64000	25346	—	—	89346
太和	10000	8732	—	—	18732
赵州	10000	6324	—	—	16324
云南	10000	6159	—	—	16159
邓川	9000	612	—	—	9612

地方	常平仓谷贮额	社仓谷贮额	溢额	杂项	总额
浪穹	8000	2901	–	–	10901
宾川	9000	615	–	–	9615
云龙	8000	3489	–	–	11489
临安府	73000	47161	719	–	120880
建水	10000	3028	–	–	13028
石屏	9000	2138	23	–	11161
阿迷	9000	15504	696	–	25200
宁州	9000	4686	–	–	13686
通海	9000	2661	–	–	11661
河西	9000	6562	–	–	15562
习峨	9000	6387	–	–	15387
蒙自	9000	6195	–	–	15195
楚雄府	66000	34612	540	–	101152
楚雄	10000	5795	21	–	15816
镇南	9000	5188	244	–	14432
南安	9000	1169	–	–	10169
碍嘉	3000	1875	–	–	4875
姚州	10000	7275	–	–	17275
大姚	8000	3517	–	–	11517
广通	9000	4161	–	–	13161
定远	8000	5632	275	–	13907
澂江府	36000	18038	–	–	54038
河阳	10000	7626	–	–	17626
江川	8000	3867	–	–	11867
新兴	10000	1246	–	–	11246
路南	8000	5299	–	–	13299

表 D-2　1836 年云南仓储配额及仓储情况表(续)

地方	常平仓谷贮额	社仓谷贮额	溢额	杂项	总额
广南府	10000	6580	2174	–	18754
宝宁	5000	3208	2174	–	10382
富州	5000	2836	–	–	7836
广南营	–	536	–	–	536
顺宁府	28000	10124	–	–	54124
顺宁	10000	6209	–	16000	26209
云州	9000	3915	–	10000	18915
缅宁	9000	–	–	–	9000
曲靖府	75000	22617			97617
南宁	10000	575	–	–	10575
霑益	9000	6007	–	–	15007
陆凉	9000	3073	–	–	12073
马龙	9000	2859	–	–	11859
罗平	9000	2057	–	–	11057
寻甸	10000	440	–	–	10440
平夷	9000	4210	–	–	13210
宣威	10000	3396	–	–	13396
丽江府	39648	23699	–	–	63347
丽江	9000	8031	–	–	17031
鹤庆	10000	3891	–	–	13891
剑川	10000	6038	–	–	16038
中甸	6648	4418	–	–	11066
维西	4000	1321	–	–	5321
普洱府	12636	20070	51	19926	52682
宁洱	4000	8160	–	5000	17160
思茅	4000	3663	–	5500	13163
他郎	636	2426	50	2426	5538
威远	4000	5821	–	7000	16821

续表

地方	常平仓谷贮额	社仓谷贮额	溢额	杂项	总额
永昌府	48000	24714	6754	82000	161468
保山	10000	18559	2782	–	–
腾越	10000	5735	3968	30000	49703
永平	8000	420	–	22000	30420
龙陵	20000	–	4	–	20004
开化府	10000	3047			13047
文山	7000	2010	–	–	9010
安平	3000	1037	–	–	4037
东川府	10000	7199	–	–	17199
昭通府	20000	18882	11741	–	50623
恩安	4000	5705	11741	–	21446
镇雄	4000	4189			8189
永善	4000	3190	–	–	7190
大关	4000	2855	–	–	6855
鲁甸	4000	2943			6943
景东府	10000	6044	160		16204

1836 年云南仓储配额及仓储情况表（续）

地方	常平仓谷贮额	社仓谷贮额	溢额	杂项	总额
蒙化府	10000	7186	–	–	17186
广西府	30000	10626	–	–	40626
广西	10000	3378	–	–	13378
师宗	9000	2662	–	–	11662
邱北	2000	2694	–	–	4694
弥勒	9000	1892	–	–	10892
武定府	26000	5533	–	–	31533
武定	10000	345	–	–	10345

续表

地方	常平仓谷贮额	社仓谷贮额	溢额	杂项	总额
元谋	8000	4588	–	–	12588
禄劝	8000	600	–	–	8600
元江府	19364	11769	7000	–	38133
元江	9364	4370	7000	–	20734
新平	10000	7399	–	–	17399
镇沅府	8000	8686	–	–	16686
镇沅	4000	5800	–	–	9800
恩乐	4000	2886	–	–	6886
黑盐井提举司	–	201	–	–	201
琅盐井提举司	–	922	–	124	1046
白盐井提举司	1357	–	–	475	1832
白盐井	1180	–	323	–	1503
阿漏井	177	–	152	–	329
总计	697505	376860	58390	19485	1181868

资料来源

道光《云南通志》(1835年版)卷六十一,第11页上—41页下;光绪《云南通志》(1894年版)卷六十一,第11页上—41页下。

表 D-3　1725 年贵州仓储情况表[a]

地方	常平仓	重农谷	捐纳谷	罚俸米谷	总额
贵阳	26099	3333	170	112	29714
贵阳府	8274	3136	33	–	11443
长寨	–	4	–	–	4
定番	3147	34	18	112	3311
广顺	246	18	6	–	270
开州	4000	40	76	–	4116
贵定	6000	16	7	–	6023
修文	4432	85	30	–	4547
安顺	32357	516	351	480	33704
安顺府	8832	119	97	240	9288
普定	4000	119	45	–	4164
镇宁	6000	41	23	–	6064
永宁	3525	67	26	240	3858
安平	6000	59	83	–	6142
清镇	4000	71	70	–	4141
郎岱	–	27	3	–	30
归化	–	13	4	–	17
平越	21341	481	604	–	22426
平越府	5440	128	89	–	5657
平越	800	87	152	–	1039
黄平	600	4	3	–	607
黄平	3387	73	52	–	3512
瓮安	3746	53	123	–	3922
余庆	5681	80	96	–	5857
湄潭	1687	56	89	–	1832
都匀	37664	290	511	270	38735
都匀府	6000	95	25	–	6120
都江	19492	2	–	–	19494

地方	常平仓	重农谷	捐纳谷	罚俸米谷	总额
都匀	3840	56	52	–	3948
麻哈	1600	33	16	–	1649
独山	1720	40	22	270	2052
清平	3000	53	277	–	3330
荔波	2012	11	11	–	2142
镇远	7280	770	203	–	8253
镇远府	2200	115	150	–	2465
镇远	1080	5	10	–	1095
施秉	1400	64	3	–	1467
天柱	2600	586	40	–	3226
思南	8432	215	186	69	8902
思南府	3800	104	8	–	3912
安化	643	44	88	19	794
印江	3091	17	40	–	3148
婺川	898	50	50	50	1048
石阡	560	131	190	–	881
石阡府	560	95	147	–	802
龙泉	–	36	43	–	79
思州	7618	1081	331	50	9080
思州府	2217	95	76	50	2438
玉屏	2557	533	232	–	3322
青溪	2844	453	23	–	3320
铜仁	734	54	154	50	942
铜仁府	–	30	46	–	76
铜仁	734	24	108	–	866
黎平[b]	29695	1182	1100	–	31977
黎平府	2040	103	82	–	2225
古州	20667	–	–	–	20667

地方	常平仓	重农谷	捐纳谷	罚俸米谷	总额
开泰	3039	332	224	–	3595
永从	2000	79	39	–	2118
锦屏	1949	668	755	–	3372
大定	30136	7541	872	–	38549
大定府	6000	3103	80	–	9183
平远	6000	81	184	–	6265
黔西	7296	202	454	–	7952
威宁	9000	4100	49	–	13149
毕节	1840	55	105	–	2000
南笼	10977	3287	288	–	14552
南笼府	1920	3099	10	–	5029
永丰	–	–	9	–	9
普安	2975	77	218	–	3270
安南	6082	111	51	–	3270
遵义	3236	840	486	–	4562
遵义	1240	767	104	–	2111
正安	20	8	78	–	106
桐梓	–	16	146	–	162
绥阳	1976	19	–	–	1995
仁怀	–	30	158	–	188
总计	216129	19721	5446	981	242277

按:a 虽然没有列出,但贵州也存在社仓。据 1747 年至 1752 年任云贵总督的张允随奏称,1747 年贵州有社仓谷 12200 石。见《张允随奏稿》乾隆五年十一月二十日奏。

b 据道光《黎平府志》(1845 年版)所载,该府社仓储谷 25403 石。

表 D - 4　1835 年贵州仓储情况表

府名	总数
贵阳	326245
安顺	278574
平越	127825
都匀	202302
镇远	196577
思南	62389
石阡	31615
思州	63504
铜仁	30098
大定	111932
南笼	101640
遵义	106033
总计	1778472

资料来源:《黔南识略》,1749 年或 1847 年。

表 D - 5　1722 年—1765 年间部分年份云南社仓和常平仓库存情况表

年份	社仓	常平仓	总数
1722	–	445853	–
1726	–	508699	–
1732	69090	428638	498547
1735	71500	–	700000
1738	–	701500	–
1747	260000	817429	1077429
1749	300000	–	–
1758	500000	–	–
1765	569896	844355	1414251

资料来源:

道光《云南通志》(1835 年版)卷六十一,第 4 页—8 页;图尔炳阿乾隆十三年十月十六日奏《常平仓谷数》,台湾故宫博物院藏《军机处档》3418。

附 录 E

价格同步性指数[1]

表 E-1 1748 年—1802 年的价格相关性指数

	澂江	楚雄	大理	东川	广南	广西	景东	开化	丽江	临安	蒙化	曲靖
澂江	1.00	0.75	0.75	0.50	0.18	0.78	0.53	0.52	0.53	0.64	0.67	0.71
楚雄	0.75	1.00	0.91	0.33	0.50	0.83	0.82	0.60	0.74	0.64	0.78	0.54
大理	0.75	0.91	1.00	0.46	0.53	0.89	0.83	0.63	0.71	0.61	0.90	0.60
东川	0.50	0.33	0.46	1.00	-0.13	0.50	0.41	0.44	0.00	0.40	0.49	0.50
广南	0.18	0.50	0.53	-0.13	1.00	0.40	0.46	0.54	0.65	0.50	0.36	0.42
广西	0.78	0.83	0.89	0.50	0.40	1.00	0.71	0.55	0.63	0.54	0.83	0.61
景东	0.53	0.82	0.83	0.41	0.46	0.71	1.00	0.62	0.66	0.60	0.75	0.32
开化	0.52	0.60	0.63	0.44	0.54	0.55	0.62	1.00	0.73	0.64	0.60	0.65
丽江	0.53	0.74	0.71	0.00	0.65	0.63	0.66	0.73	1.00	0.51	0.67	0.52

	澂江	楚雄	大理	东川	广南	广西	景东	开化	丽江	临安	蒙化	曲靖
临安	0.64	0.64	0.61	0.40	0.50	0.54	0.60	0.64	0.51	1.00	0.48	0.57
蒙化	0.67	0.78	0.90	0.49	0.36	0.83	0.75	0.60	0.67	0.48	1.00	0.48
曲靖	0.71	0.54	0.60	0.50	0.42	0.61	0.32	0.65	0.52	0.57	0.48	1.00
顺宁	0.51	0.73	0.79	0.42	0.55	0.64	0.84	0.64	0.58	0.72	0.76	0.40
武定	0.70	0.83	0.87	0.65	0.28	0.81	0.87	0.53	0.45	0.57	0.76	0.47
永北	0.65	0.78	0.89	0.57	0.54	0.81	0.80	0.77	0.72	0.60	0.84	0.69
永昌	0.55	0.89	0.89	0.26	0.66	0.76	0.90	0.62	0.76	0.62	0.76	0.41
元江	0.72	0.78	0.85	0.68	0.24	0.81	0.86	0.56	0.47	0.61	0.84	0.45
云南府	0.78	0.67	0.71	0.62	-0.04	0.77	0.62	0.29	0.28	0.43	0.75	0.33
昭通	0.59	0.53	0.62	0.29	0.24	0.72	0.42	0.32	0.42	0.16	0.58	0.44
镇沅	0.66	0.93	0.93	0.33	0.59	0.81	0.92	0.65	0.78	0.65	0.82	0.49
安顺	0.55	0.63	0.60	0.44	0.07	0.65	0.58	0.23	0.25	0.39	0.51	0.20
大定	0.30	0.13	0.10	0.51	-0.44	0.26	0.23	-0.04	-0.16	0.02	0.11	0.03
都匀	0.45	0.41	0.40	0.46	-0.06	0.44	0.32	0.08	0.05	0.33	0.28	0.24
贵阳	-0.52	0.53	0.58	0.53	-0.06	0.58	0.48	0.21	0.15	0.29	0.51	0.23
黎平	-0.03	0.13	0.08	0.10	-0.23	0.13	0.26	-0.21	-0.12	-0.16	0.12	-0.34

续表

	澂江	楚雄	大理	东川	广南	广西	景东	开化	丽江	临安	蒙化	曲靖
平越	0.44	0.44	0.54	0.63	-0.14	0.55	0.52	0.16	0.05	0.22	0.53	0.15
普安	0.70	0.82	0.90	0.56	0.49	0.79	0.86	0.73	0.68	0.67	0.86	0.62
石阡	0.61	0.52	0.50	0.15	0.09	0.55	0.31	0.10	0.24	0.36	0.38	0.25
思南	0.15	-0.06	0.00	0.38	-0.60	0.16	0.07	-0.31	-0.37	-0.17	0.10	-0.20
思州	0.34	0.23	0.30	0.23	0.04	0.33	0.17	-0.12	-0.08	0.25	0.18	0.19
铜仁	0.15	-0.01	-0.02	0.35	-0.45	0.19	0.12	-0.16	-0.24	-0.04	0.12	-0.16
威宁	0.38	0.38	0.48	0.78	-0.05	0.55	0.59	0.38	0.11	0.22	0.50	0.25
兴义	0.14	0.31	0.26	-0.18	0.24	0.24	0.29	0.21	0.39	0.02	0.34	-0.01
镇远	0.10	-0.04	0.00	0.43	-0.56	0.11	0.28	-0.27	-0.44	-0.06	0.09	-0.27
遵义	0.22	0.12	0.15	0.51	-0.55	0.23	0.28	-0.15	-0.22	-0.15	0.17	-0.13

表 E-1　1748 年—1802 年的价格相关性指数（续1）

	顺宁	武定	永北	永昌	元江	云南府	昭通	镇沅	安顺	大定	都匀	贵阳
澂江	0.51	0.70	0.65	0.55	0.72	0.78	0.59	0.66	0.55	0.30	0.45	0.52
楚雄	0.73	0.83	0.78	-0.89	0.78	0.67	0.53	0.93	0.63	0.13	0.41	0.53
大理	0.79	0.87	0.89	0.89	0.85	0.71	0.62	0.93	0.60	0.10	0.40	0.58

	顺宁	武定	永北	永昌	元江	云南府	昭通	镇沅	安顺	大定	都匀	贵阳
东川	0.42	0.65	0.57	0.26	0.68	0.62	0.29	0.33	0.44	0.51	0.46	0.53
广南	0.55	0.28	0.54	0.66	0.24	-0.04	0.24	0.59	0.07	-0.44	-0.06	-0.06
广西	0.64	0.81	0.81	0.76	0.81	0.77	0.72	0.81	0.65	0.26	0.44	0.58
景东	0.84	0.87	0.80	0.90	0.86	0.62	0.42	0.92	0.58	0.23	0.32	0.48
开化	0.64	0.53	0.77	0.62	0.56	0.29	0.32	0.65	0.23	-0.04	0.08	0.21
丽江	0.58	0.45	0.72	0.76	0.47	0.28	0.42	0.78	0.25	-0.16	0.05	0.15
临安	0.72	0.57	0.60	0.62	0.61	0.43	0.16	0.65	0.39	0.02	0.33	0.29
蒙化	0.76	0.76	0.84	0.76	0.84	0.75	0.58	0.82	0.51	0.11	0.28	0.51
曲靖	0.40	0.47	0.69	0.41	0.45	0.33	0.44	0.49	0.20	0.03	0.24	0.23
顺宁	1.00	0.79	0.77	0.80	0.82	0.54	0.30	0.80	0.47	0.12	0.25	0.33
武定	0.79	1.00	0.81	0.80	0.94	0.78	0.53	0.84	0.67	0.38	0.48	0.63
永北	0.77	0.81	1.00	0.82	0.82	0.60	0.49	0.83	0.51	0.09	0.36	0.49
永昌	0.80	0.80	0.82	1.00	0.78	0.52	0.49	0.93	0.48	0.00	0.24	0.40
元江	0.82	0.94	0.82	0.78	1.00	0.83	0.55	0.81	0.62	0.38	0.41	0.57
云南府	0.54	0.78	0.60	0.52	0.83	1.00	0.55	0.62	0.77	0.48	0.60	0.71
昭通	0.30	0.53	0.49	0.49	0.55	0.55	1.00	0.55	0.32	0.25	0.22	0.39

续表

	顺宁	武定	永北	永昌	元江	云南府	昭通	镇沅	安顺	大定	都匀	贵阳
镇沅	0.80	0.84	0.83	0.93	0.81	0.62	0.55	1.00	0.54	0.07	0.31	0.47
安顺	0.47	0.67	0.51	0.48	0.62	0.77	0.32	0.54	1.00	0.52	0.76	0.82
大定	0.12	0.38	0.09	0.00	0.38	0.48	0.25	0.07	0.52	1.00	0.41	0.47
都匀	0.25	0.48	0.36	0.24	0.41	0.60	0.22	0.31	0.76	0.41	1.00	0.73
贵阳	0.33	0.63	0.49	0.40	0.57	0.71	0.39	0.47	0.82	0.47	0.73	1.00
黎平	0.10	0.25	0.01	0.14	0.21	0.33	0.16	0.09	0.43	0.46	0.28	0.45
平越	0.43	0.70	0.53	0.38	0.67	0.73	0.32	0.40	0.78	0.60	0.62	0.83
普安	0.82	0.86	0.89	0.85	0.89	0.64	0.55	0.89	0.43	0.09	0.25	0.40
石阡	0.23	0.42	0.32	0.33	0.38	0.62	0.41	0.39	0.73	0.26	0.52	0.65
思南	0.01	0.29	-0.01	-0.14	0.33	0.48	0.17	-0.12	0.43	0.72	0.31	0.46
思州	0.18	0.36	0.25	0.17	0.33	0.42	0.35	0.18	0.51	0.34	0.53	0.52
铜仁	0.10	0.26	0.05	-0.04	0.35	0.43	0.12	-0.10	0.43	0.67	0.23	0.35
威宁	0.44	0.70	0.59	0.45	0.72	0.61	0.41	0.41	0.52	0.62	0.37	0.59
兴义	0.29	0.15	0.28	0.32	0.20	0.20	0.14	0.26	0.34	-0.13	-0.01	0.04
镇远	0.10	0.34	0.01	-0.11	0.37	0.51	-0.02	-0.10	0.46	0.58	0.42	0.46
遵义	0.05	0.45	0.13	0.04	0.42	0.53	0.20	0.08	0.53	0.82	0.45	0.60

表 E-1　1748 年—1802 年的价格相关性指数(续 2)

	黎平	平越	普安	石阡	思南	思州	铜仁	威宁	兴义	镇远	遵义
澂江	-0.03	0.44	0.70	0.61	0.15	0.34	0.15	0.38	0.14	0.10	0.22
楚雄	0.13	0.44	0.82	0.52	-0.06	0.23	-0.01	0.38	0.31	-0.04	0.12
大理	0.08	0.54	0.90	0.50	0.00	0.30	-0.02	0.48	0.26	0.00	0.15
东川	0.10	0.63	0.56	0.15	0.38	0.23	0.35	0.78	-0.18	0.43	0.51
广南	-0.23	-0.14	0.49	0.09	-0.60	0.04	-0.45	-0.05	0.24	-0.56	-0.55
广西	0.13	0.55	0.79	0.55	0.16	0.33	0.19	0.55	0.24	0.11	0.23
景东	0.26	0.52	0.86	0.31	0.07	0.17	0.12	0.59	0.29	0.12	0.28
开化	-0.21	0.16	0.73	0.10	-0.31	-0.12	-0.16	0.38	0.21	-0.27	-0.15
丽江	-0.12	0.05	0.68	0.24	-0.37	-0.08	-0.24	0.11	0.39	-0.44	-0.22
临安	-0.16	0.22	0.67	0.36	-0.17	0.25	-0.04	0.22	0.02	-0.06	-0.15
蒙化	0.12	0.53	0.86	0.38	0.10	0.18	0.12	0.50	0.34	0.09	0.17
曲靖	-0.34	0.15	0.62	0.25	-0.20	0.19	-0.16	0.25	-0.01	-0.27	-0.13
顺宁	0.10	0.43	0.82	0.23	0.01	0.18	0.10	0.44	0.29	0.10	0.05
武定	0.25	0.70	0.86	0.42	0.29	0.36	0.26	0.70	0.15	0.34	0.45
永北	0.01	0.53	0.89	0.32	-0.01	0.25	0.05	0.59	0.28	0.01	0.13
永昌	0.14	0.38	0.85	0.33	-0.14	0.17	-0.04	0.45	0.32	-0.11	0.04

	黎平	平越	普安	石阡	思南	思州	铜仁	威宁	兴义	镇远	遵义
元江	0.21	0.67	0.89	0.38	0.33	0.33	0.35	0.72	0.20	0.37	0.42
云南府	0.33	0.73	0.64	0.62	0.48	0.42	0.43	0.61	0.20	0.51	0.53
昭通	0.16	0.32	0.55	0.41	0.17	0.35	0.12	0.41	0.14	−0.02	0.20
镇沅	0.09	0.40	0.89	0.39	−0.12	0.18	−0.10	0.41	0.26	−0.10	0.08
安顺	0.43	0.78	0.43	0.73	0.43	0.51	0.43	0.52	0.34	0.46	0.53
大定	0.46	0.69	0.09	0.26	0.72	0.34	0.67	0.62	−0.13	0.58	0.82
都匀	0.28	0.62	0.25	0.52	0.31	0.53	0.23	0.37	−0.01	0.42	0.45
贵阳	0.45	0.83	0.40	0.65	0.46	0.52	0.35	0.59	0.04	0.46	0.60
黎平	1.00	0.52	−0.06	0.26	0.51	0.26	0.50	0.47	0.09	0.49	0.57
平越	0.52	1.00	0.41	0.60	0.72	0.59	0.63	0.73	0.10	0.68	0.80
普安	−0.06	0.41	1.00	0.26	−0.05	0.15	0.02	0.54	0.27	−0.03	0.09
石阡	0.26	0.60	0.26	1.00	0.37	0.66	0.36	0.13	0.30	0.25	0.33
思南	0.51	0.72	−0.05	0.37	1.00	0.53	0.88	0.49	−0.03	0.87	0.85
思州	0.26	0.59	0.15	0.66	0.53	1.00	0.47	0.26	−0.04	0.42	0.40
铜仁	0.50	0.63	0.02	0.36	0.88	0.47	1.00	0.49	0.19	0.76	0.69
威宁	0.47	0.73	0.54	0.13	0.49	0.26	0.48	1.00	−0.02	0.48	0.66

	黎平	平越	普安	石阡	思南	思州	铜仁	威宁	兴义	镇远	遵义
兴义	0.09	0.10	0.27	0.30	-0.03	-0.04	0.19	-0.02	1.00	-0.07	-0.12
镇远	0.49	0.68	-0.03	0.25	0.87	0.42	0.76	0.48	-0.07	1.00	0.75
遵义	0.57	0.80	0.09	0.33	0.85	0.40	0.69	0.66	-0.12	0.75	1.00

表 E–2　1748 年—1802 年的价格差相关性指数

	澂江	楚雄	大理	东川	广南	广西	景东	开化	丽江	临安	蒙化	曲靖
澂江	1.00	0.51	0.57	0.46	0.08	0.57	0.35	0.48	0.48	0.60	0.58	0.72
楚雄	0.51	1.00	0.69	0.56	0.26	0.71	0.55	0.48	0.59	0.52	0.67	0.50
大理	0.57	0.69	1.00	0.49	0.32	0.67	0.62	0.49	0.57	0.36	0.82	0.55
东川	0.46	0.56	0.49	1.00	-0.03	0.62	0.25	0.36	0.16	0.25	0.63	0.49
广南	0.08	0.26	0.32	-0.03	1.00	0.30	0.51	0.22	0.30	0.16	0.16	0.24
广西	0.57	0.71	0.67	0.62	0.30	1.00	0.58	0.46	0.52	0.41	0.70	0.58
景东	0.35	0.55	0.62	0.25	0.51	0.58	1.00	0.42	0.63	0.49	0.58	0.32
开化	0.48	0.48	0.49	0.36	0.22	0.46	0.42	1.00	0.61	0.49	0.50	0.46
丽江	0.48	0.59	0.57	0.16	0.30	0.52	0.63	0.61	1.00	0.61	0.59	0.48
临安	0.60	0.52	0.36	0.25	0.16	0.41	0.49	0.49	0.61	1.00	0.39	0.35

续表

	澂江	楚雄	大理	东川	广南	广西	景东	开化	丽江	临安	蒙化	曲靖
蒙化	0.58	0.67	0.82	0.63	0.16	0.70	0.58	0.50	0.59	0.39	1.00	0.46
曲靖	0.72	0.50	0.55	0.49	0.24	0.58	0.32	0.46	0.48	0.35	0.46	1.00
顺宁	0.48	0.66	0.78	0.51	0.47	0.59	0.62	0.58	0.57	0.37	0.71	0.54
武定	0.51	0.64	0.79	0.46	0.39	0.69	0.70	0.43	0.39	0.27	0.59	0.52
永北	0.48	0.62	0.84	0.26	0.45	0.59	0.68	0.57	0.74	0.41	0.64	0.58
永昌	0.11	0.54	0.49	0.00	0.47	0.33	0.61	0.20	0.55	0.35	0.35	0.15
元江	0.61	0.66	0.66	0.59	0.34	0.74	0.73	0.52	0.53	0.51	0.82	0.49
云南府	0.78	0.58	0.66	0.72	0.16	0.71	0.52	0.40	0.35	0.49	0.77	0.57
昭通	0.31	0.15	0.25	0.44	0.21	0.49	0.33	0.42	0.15	0.02	0.43	0.29
镇沅	0.53	0.69	0.77	0.45	0.34	0.72	0.89	0.53	0.64	0.50	0.76	0.46
安顺	0.34	0.61	0.58	0.38	0.24	0.54	0.27	0.31	0.29	0.29	0.35	0.42
大定	0.30	0.33	0.20	0.34	0.11	0.33	0.17	0.34	0.18	0.29	0.10	0.33
都匀	0.06	0.28	0.35	0.19	0.22	0.22	0.04	0.10	0.15	-0.02	0.17	0.24
贵阳	0.35	0.41	0.57	0.20	0.14	0.34	0.12	0.25	0.19	0.15	0.33	0.32
黎平	0.00	0.11	0.17	0.08	0.13	0.11	0.08	-0.10	-0.05	-0.10	0.02	0.13
平越	0.34	0.47	0.68	0.22	0.20	0.27	0.18	0.20	0.27	0.23	0.39	0.31

	澂江	楚雄	大理	东川	广南	广西	景东	开化	丽江	临安	蒙化	曲靖
普安	0.50	0.49	0.64	0.50	0.30	0.60	0.77	0.38	0.45	0.37	0.79	0.40
石阡	0.51	0.46	0.54	0.36	0.11	0.37	0.20	0.24	0.17	0.44	0.36	0.36
思南	0.38	0.23	0.36	0.21	0.08	0.38	0.17	0.06	0.18	0.23	0.27	0.25
思州	0.15	0.18	0.36	-0.01	0.22	0.14	0.22	0.06	0.05	0.21	0.13	0.15
铜仁	0.04	0.15	-0.19	0.10	0.03	0.17	-0.02	-0.12	-0.07	0.24	-0.07	0.01
威宁	0.26	0.26	0.31	0.21	0.26	0.42	0.34	0.16	0.20	0.07	0.22	0.20
兴义	0.17	0.33	0.27	0.29	0.06	0.32	0.15	0.08	0.02	0.01	0.22	0.24
镇远	0.16	0.20	0.26	0.06	0.16	0.30	0.09	0.23	0.03	0.12	0.09	0.11
遵义	0.24	0.33	0.48	0.06	0.06	0.19	0.18	0.07	0.21	0.19	0.21	0.14

表 E－2　1748 年—1802 年的价格差相关性指数(续 1)

	顺宁	武定	永北	永昌	元江	云南府	昭通	镇沅	安顺	大定	都匀	贵阳
澂江	0.48	0.51	0.48	0.11	0.61	0.78	0.31	0.53	0.34	0.30	0.06	0.35
楚雄	0.66	0.64	0.62	0.54	0.66	0.58	0.15	0.69	0.61	0.33	0.28	0.41
大理	0.78	0.79	0.84	0.49	0.66	0.66	0.25	0.77	0.58	0.20	0.35	0.57
东川	0.51	0.46	0.26	0.00	0.59	0.72	0.44	0.45	0.38	0.34	0.19	0.20

	顺宁	武定	永北	永昌	元江	云南府	昭通	镇沅	安顺	大定	都匀	贵阳
广南	0.47	0.39	0.45	0.47	0.34	0.16	0.21	0.34	0.24	0.11	0.22	0.14
广西	0.59	0.69	0.59	0.33	0.74	0.71	0.49	0.72	0.54	0.33	0.22	0.34
景东	0.62	0.70	0.68	0.61	0.73	0.52	0.33	0.89	0.27	0.17	0.04	0.12
开化	0.58	0.43	0.57	0.20	0.52	0.40	0.42	0.53	0.31	0.34	0.10	0.25
丽江	0.57	0.39	0.74	0.55	0.53	0.35	0.15	0.64	0.29	0.18	0.15	0.19
临安	0.37	0.27	0.41	0.35	0.51	0.49	0.02	0.50	0.29	0.29	-0.02	0.15
蒙化	0.71	0.59	0.64	0.35	0.82	0.77	0.43	0.76	0.35	0.10	0.17	0.33
曲靖	0.54	0.52	0.58	0.15	0.49	0.57	0.29	0.46	0.42	0.33	0.24	0.32
顺宁	1.00	0.72	0.71	0.45	0.71	0.56	0.36	0.69	0.44	0.28	0.34	0.35
武定	0.72	1.00	0.72	0.45	0.66	0.62	0.33	0.79	0.53	0.25	0.28	0.44
永北	0.71	0.72	1.00	0.67	0.58	0.47	0.19	0.73	0.49	0.11	0.36	0.50
永昌	0.45	0.45	0.67	1.00	0.47	0.14	-0.05	0.51	0.23	0.03	0.05	0.26
元江	0.71	0.66	0.58	0.47	1.00	0.78	0.59	0.78	0.22	0.22	-0.01	0.14
云南府	0.56	0.62	0.47	0.14	0.78	1.00	0.47	0.68	0.42	0.27	0.16	0.32
昭通	0.36	0.33	0.19	-0.05	0.59	0.47	1.00	0.39	-0.04	0.28	-0.05	-0.02
镇沅	0.69	0.79	0.73	0.51	0.78	0.68	0.39	1.00	0.39	0.22	0.09	0.26

	顺宁	武定	永北	永昌	元江	云南府	昭通	镇沅	安顺	大定	都匀	贵阳
安顺	0.44	0.53	0.49	0.23	0.22	0.42	-0.04	0.39	1.00	0.47	0.58	0.75
大定	0.28	0.25	0.11	0.03	0.22	0.27	0.28	0.22	0.47	1.00	0.22	0.29
都匀	0.34	0.28	0.36	0.05	-0.01	0.16	-0.05	0.09	0.58	0.22	1.00	0.53
贵阳	0.35	0.44	0.50	0.26	0.14	0.32	-0.02	0.26	0.75	0.29	0.53	1.00
黎平	0.13	0.28	0.17	0.09	-0.03	0.01	0.10	0.08	0.26	0.14	0.32	0.31
平越	0.43	0.44	0.61	0.36	0.15	0.32	-0.11	0.27	0.70	0.14	0.54	0.83
普安	0.62	0.61	0.52	0.41	0.89	0.69	0.54	0.81	0.06	0.08	-0.10	0.00
石阡	0.28	0.39	0.40	0.08	0.22	0.55	0.04	0.32	0.67	0.21	0.33	0.63
思南	0.21	0.40	0.31	0.07	0.25	0.39	0.27	0.24	0.41	0.28	0.26	0.45
思州	0.06	0.33	0.39	0.22	0.13	0.23	0.10	0.24	0.38	0.17	0.34	0.44
铜仁	-0.18	0.01	-0.11	0.14	0.15	0.15	0.09	-0.06	0.14	0.29	-0.01	0.11
威宁	0.21	0.40	0.33	0.40	0.40	0.27	0.36	0.29	0.28	0.42	-0.07	0.30
兴义	0.28	0.33	0.25	0.08	0.21	0.29	0.11	0.21	0.50	0.14	0.32	0.35
镇远	0.19	0.40	0.30	0.05	0.20	0.21	0.12	0.09	0.37	0.07	0.51	0.45
遵义	0.25	0.37	0.41	0.24	0.04	0.19	-0.17	0.20	0.60	0.25	0.39	0.64

表 E-2　1748 年—1802 年的价格差相关性指数（续 2）

	黎平	平越	普安	石阡	思南	思州	铜仁	威宁	兴义	镇远	遵义
澂江	0.00	0.34	0.50	0.51	0.38	0.15	0.04	0.26	0.17	0.16	0.24
楚雄	0.11	0.47	0.49	0.46	0.23	0.18	0.15	0.26	0.33	0.20	0.33
大理	0.17	0.68	0.64	0.54	0.36	0.36	-0.19	0.31	0.27	0.26	0.48
东川	0.08	0.22	0.50	0.36	0.21	-0.01	0.10	0.21	0.29	0.06	0.06
广南	0.13	0.20	0.30	0.11	0.08	0.22	0.03	0.26	0.06	0.16	0.06
广西	0.11	0.27	0.60	0.37	0.38	0.14	0.17	0.42	0.32	0.30	0.19
景东	0.08	0.18	0.77	0.20	0.17	0.22	-0.02	0.34	0.15	0.09	0.18
开化	-0.10	0.20	0.38	0.24	0.06	0.06	-0.12	0.16	0.08	0.23	0.07
丽江	-0.05	0.27	0.45	0.17	0.18	0.05	-0.07	0.20	0.02	0.03	0.21
临安	-0.10	0.23	0.37	0.44	0.23	0.21	0.24	0.07	0.01	0.12	0.19
蒙化	0.02	0.39	0.79	0.36	0.27	0.13	-0.07	0.22	0.22	0.09	0.21
曲靖	0.13	0.31	0.40	0.36	0.25	0.15	0.01	0.20	0.24	0.11	0.14
顺宁	0.13	0.43	0.62	0.28	0.21	0.06	-0.18	0.21	0.28	0.19	0.25
武定	0.28	0.44	0.61	0.39	0.40	0.33	0.01	0.40	0.33	0.40	0.37
永北	0.17	0.61	0.52	0.40	0.31	0.39	-0.11	0.33	0.25	0.30	0.41
永昌	0.09	0.36	0.41	0.08	0.07	0.22	0.14	0.40	0.08	0.05	0.24

	黎平	平越	普安	石阡	思南	思州	铜仁	威宁	兴义	镇远	遵义
元江	-0.03	0.15	0.89	0.22	0.25	0.13	0.15	0.40	0.21	0.20	0.04
云南府	0.01	0.32	0.69	0.55	0.39	0.23	0.15	0.27	0.29	0.21	0.19
昭通	0.10	-0.11	0.54	0.04	0.27	0.10	0.09	0.36	0.11	0.12	-0.17
镇沅	0.08	0.27	0.81	0.32	0.24	0.24	-0.06	0.29	0.21	0.09	0.20
安顺	0.26	0.70	0.06	0.67	0.41	0.38	0.14	0.28	0.50	0.37	0.60
大定	0.14	0.14	0.08	0.21	0.28	0.17	0.29	0.42	0.14	0.07	0.25
都匀	0.32	0.54	-0.10	0.33	0.26	0.34	-0.01	-0.07	0.32	0.51	0.39
贵阳	0.31	0.83	0.00	0.63	0.45	0.44	0.11	0.30	0.35	0.45	0.64
黎平	1.00	0.32	-0.11	0.23	0.33	0.30	0.10	0.21	0.19	0.23	0.34
平越	0.32	1.00	0.04	0.79	0.53	0.52	0.02	0.13	0.37	0.34	0.81
普安	-0.11	0.04	1.00	0.11	0.14	0.10	-0.02	0.32	0.10	-0.03	-0.05
石阡	0.23	0.79	0.11	1.00	0.60	0.55	0.24	-0.02	0.40	0.28	0.71
思南	0.33	0.53	0.14	0.60	1.00	0.45	0.48	0.22	0.29	0.33	0.60
思州	0.30	0.52	0.10	0.55	0.45	1.00	0.33	0.19	0.19	0.33	0.51
铜仁	0.10	0.02	-0.02	0.24	0.48	0.33	1.00	0.17	0.17	0.13	0.14
威宁	0.21	0.13	0.32	-0.02	0.22	0.19	0.17	1.00	0.12	0.16	0.10

续表

	黎平	平越	普安	石阡	思南	思州	铜仁	威宁	兴义	镇远	遵义
兴义	0.19	0.37	0.10	0.40	0.29	0.19	0.17	0.12	1.00	0.30	0.25
镇远	0.23	0.34	−0.03	0.28	0.33	0.33	0.13	0.16	0.30	1.00	0.20
遵义	0.34	0.81	−0.05	0.71	0.60	0.51	0.14	0.10	0.25	0.20	1.00

表 E-3 1748 年—1802 年的价格方差相关指数

	澂江	楚雄	大理	东川	广南	广西	景东	开化	丽江	临安	蒙化	曲靖
澂江	1.00	0.71	0.51	0.50	0.18	0.70	0.44	0.36	0.47	0.63	0.53	0.70
楚雄	0.71	1.00	0.77	0.32	0.44	0.62	0.78	0.33	0.73	0.58	0.73	0.53
大理	0.51	0.77	1.00	0.33	0.32	0.41	0.80	0.20	0.65	0.39	0.88	0.48
东川	0.50	0.32	0.33	1.00	−0.13	0.43	0.35	0.29	0.00	0.40	0.40	0.50
广南	0.18	0.44	0.32	−0.13	1.00	0.38	0.34	0.43	0.53	0.50	0.25	0.39
广西	0.70	0.62	0.41	0.43	0.38	1.00	0.41	0.51	0.41	0.51	0.46	0.48
景东	0.44	0.78	0.80	0.35	0.34	0.41	1.00	0.26	0.66	0.46	0.75	0.29
开化	0.36	0.33	0.20	0.29	0.43	0.51	0.26	1.00	0.34	0.48	0.23	0.38
丽江	0.47	0.73	0.65	0.00	0.53	0.41	0.66	0.34	1.00	0.43	0.66	0.50
临安	0.63	0.58	0.39	0.40	0.50	0.51	0.46	0.48	0.43	1.00	0.35	0.53

	澂江	楚雄	大理	东川	广南	广西	景东	开化	丽江	临安	蒙化	曲靖
蒙化	0.53	0.73	0.88	0.40	0.25	0.46	0.75	0.23	0.66	0.35	1.00	0.43
曲靖	0.70	0.53	0.48	0.50	0.39	0.48	0.29	0.38	0.50	0.53	0.43	1.00
顺宁	0.49	0.73	0.66	0.41	0.50	0.49	0.79	0.36	0.57	0.66	0.70	0.40
武定	0.64	0.82	0.78	0.60	0.24	0.56	0.85	0.26	0.45	0.50	0.74	0.46
永北	0.59	0.77	0.80	0.52	0.45	0.55	0.79	0.37	0.72	0.51	0.82	0.67
永昌	0.40	0.78	0.88	0.20	0.42	0.38	0.88	0.22	0.72	0.42	0.75	0.35
元江	0.72	0.77	0.63	0.68	0.23	0.69	0.75	0.36	0.44	0.60	0.72	0.45
云南府	0.73	0.66	0.63	0.59	-0.03	0.55	0.60	0.15	0.28	0.38	0.71	0.32
昭通	0.43	0.31	0.21	0.20	0.20	0.68	0.19	0.32	0.21	0.13	0.24	0.28
镇沅	0.60	0.92	0.84	0.30	0.49	0.55	0.90	0.32	0.78	0.55	0.79	0.47
安顺	0.38	0.33	0.18	0.28	0.05	0.59	0.23	0.23	0.11	0.29	0.19	0.11
大定	0.24	0.08	0.04	0.40	-0.39	0.25	0.12	-0.04	-0.09	0.02	0.05	0.02
都匀	0.21	0.14	0.08	0.20	-0.03	0.30	0.08	0.07	0.01	0.17	0.07	0.09
贵阳	0.32	0.25	0.16	0.31	-0.04	0.49	0.17	0.20	0.06	0.20	0.17	0.12
黎平	-0.02	0.06	0.02	0.06	-0.16	0.11	0.09	-0.20	-0.05	-0.10	0.04	-0.17
平越	0.30	0.23	0.17	0.41	-0.11	0.50	0.21	0.16	0.02	0.16	0.20	0.09

	澂江	楚雄	大理	东川	广南	广西	景东	开化	丽江	临安	蒙化	曲靖
普安	0.56	0.77	0.88	0.46	0.35	0.44	0.86	0.29	0.66	0.49	0.86	0.56
石阡	0.44	0.30	0.17	0.11	0.08	0.52	0.13	0.10	0.12	0.29	0.15	0.16
思南	0.11	-0.04	0.00	0.26	-0.48	0.14	0.03	-0.31	-0.18	-0.13	0.04	-0.12
思州	0.12	0.06	0.05	0.08	0.02	0.19	0.03	-0.09	-0.02	0.10	0.03	0.06
铜仁	0.08	-0.00	-0.00	0.18	-0.28	0.14	0.04	-0.15	-0.08	-0.02	0.03	-0.07
威宁	0.38	0.36	0.34	0.78	-0.04	0.48	0.50	0.26	0.10	0.22	0.41	0.25
兴义	0.14	0.27	0.15	0.18	0.23	0.24	0.21	0.17	0.31	0.02	0.23	-0.01
镇远	0.05	-0.02	0.00	0.22	-0.35	0.08	0.04	-0.26	-0.16	-0.04	0.03	-0.12
遵义	0.19	0.08	0.06	0.42	-0.51	0.23	0.15	-0.15	-0.13	-0.13	0.09	-0.10

表 E-3 1748 年—1802 年的价格方差相关指数(续 1)

	顺宁	武定	永北	永昌	元江	云南府	昭通	镇沅	安顺	大定	都匀	贵阳
澂江	0.49	0.64	0.59	0.40	0.72	0.73	0.43	0.60	0.38	0.24	0.21	0.32
楚雄	0.73	0.82	0.77	0.78	0.77	0.66	0.31	0.92	0.33	0.08	0.14	0.25
大理	0.66	0.78	0.80	0.88	0.63	0.63	0.21	0.84	0.18	0.04	0.08	0.16
东川	0.41	0.60	0.52	0.20	0.68	0.59	0.20	0.30	0.28	0.40	0.20	0.31

	顺宁	武定	永北	永昌	元江	云南府	昭通	镇沅	安顺	大定	都匀	贵阳
广南	0.50	0.24	0.45	0.42	0.23	-0.03	0.20	0.49	0.05	-0.39	-0.03	-0.04
广西	0.49	0.56	0.55	0.38	0.69	0.55	0.68	0.55	0.59	0.25	0.30	0.49
景东	0.79	0.85	0.79	0.88	0.75	0.60	0.19	0.90	0.23	0.12	0.08	0.17
开化	0.36	0.26	0.37	0.22	0.36	0.15	0.32	0.32	0.23	-0.04	0.07	0.20
丽江	0.57	0.45	0.72	0.72	0.44	0.28	0.21	0.78	0.11	-0.09	0.01	0.06
临安	0.66	0.50	0.51	0.42	0.60	0.38	0.13	0.55	0.29	0.02	0.17	0.20
蒙化	0.70	0.74	0.82	0.75	0.72	0.71	0.24	0.79	0.19	0.05	0.07	0.17
曲靖	0.40	0.46	0.67	0.35	0.45	0.32	0.28	0.47	0.11	0.02	0.09	0.12
顺宁	1.00	0.78	0.76	0.70	0.81	0.53	0.18	0.79	0.25	0.08	0.09	0.16
武定	0.78	1.00	0.81	0.74	0.90	0.78	0.28	0.84	0.32	0.23	0.15	0.27
永北	0.76	0.81	1.00	0.77	0.77	0.60	0.25	0.83	0.24	0.05	0.11	0.21
永昌	0.70	0.74	0.77	1.00	0.62	0.47	0.18	0.86	0.16	-0.00	0.05	0.12
元江	0.81	0.90	0.77	0.62	1.00	0.80	0.37	0.76	0.38	0.29	0.17	0.32
云南府	0.53	0.78	0.60	0.47	0.80	1.00	0.30	0.62	0.38	0.30	0.20	0.32
昭通	0.18	0.28	0.25	0.18	0.37	0.30	1.00	0.28	0.31	0.24	0.19	0.38
镇沅	0.79	0.84	0.83	0.86	0.76	0.62	0.28	1.00	0.26	0.04	0.10	0.20

	顺宁	武定	永北	永昌	元江	云南府	昭通	镇沅	安顺	大定	都匀	贵阳
安顺	0.25	0.32	0.24	0.16	0.38	0.38	0.31	0.26	1.00	0.50	0.69	0.81
大定	0.08	0.23	0.05	-0.00	0.29	0.30	0.24	0.04	0.50	1.00	0.32	0.44
都匀	0.09	0.15	0.11	0.05	0.17	0.20	0.19	0.10	0.69	0.32	1.00	0.69
贵阳	0.16	0.27	0.21	0.12	0.32	0.32	0.38	0.20	0.81	0.44	0.69	1.00
黎平	0.05	0.11	0.00	0.14	0.12	0.14	0.16	0.04	0.43	0.42	0.27	0.45
平越	0.23	0.34	0.25	0.13	0.42	0.37	0.32	0.19	0.78	0.58	0.56	0.83
普安	0.75	0.83	0.86	0.85	0.76	0.61	0.23	0.86	0.16	0.04	0.06	0.13
石阡	0.13	0.22	0.16	0.12	0.26	0.33	0.41	0.20	0.72	0.26	0.45	0.64
思南	0.00	0.15	-0.00	-0.05	0.21	0.25	0.17	-0.06	0.43	0.70	0.27	0.46
思州	0.05	0.09	0.06	0.03	0.11	0.10	0.25	0.04	0.40	0.22	0.51	0.43
铜仁	0.04	0.10	0.02	-0.01	0.17	0.16	0.11	-0.04	0.41	0.57	0.22	0.34
威宁	0.42	0.65	0.54	0.33	0.72	0.57	0.29	0.38	0.35	0.49	0.17	0.36
兴义	0.26	0.12	0.22	0.20	0.19	0.17	0.12	0.21	0.27	-0.12	-0.00	0.03
镇远	0.04	0.13	0.00	-0.03	0.19	0.20	-0.02	-0.04	0.45	0.50	0.41	0.46
遵义	0.04	0.29	0.08	0.02	0.33	0.35	0.20	0.05	0.50	0.82	0.33	0.54

表 E-3　1748 年—1802 年的价格方差相关指数(续2)

	黎平	平越	普安	石阡	思南	思州	铜仁	威宁	兴义	镇远	遵义
澂江	-0.02	0.30	0.56	0.44	0.11	0.12	0.08	0.38	0.14	0.05	0.19
楚雄	0.06	0.23	0.77	0.30	–	0.06	-0.00	0.36	0.27	-0.02	0.08
大理	0.02	0.17	0.88	0.17	0.00	0.05	-0.00	0.34	0.15	0.00	0.06
东川	0.06	0.41	0.46	0.11	0.26	0.08	0.18	0.78	-0.18	0.22	0.42
广南	-0.16	-0.11	0.35	0.08		0.02	-0.28	-0.04	0.23	-0.35	-0.51
广西	0.11	0.50	0.44	0.52	0.14	0.19	0.14	0.48	0.24	0.08	0.23
景东	0.09	0.21	0.86	0.13	0.03	0.03	0.04	0.50	0.21	0.04	0.15
开化	-0.20	0.16	0.29	0.10	–	-0.09	-0.15	0.26	0.17	-0.26	-0.15
丽江	-0.05	0.02	0.66	0.12		-0.02	-0.08	0.10	0.31	-0.16	-0.13
临安	-0.10	0.16	0.49	0.29		0.10	-0.02	0.22	0.02	-0.04	-0.13
蒙化	0.04	0.20	0.86	0.15	0.04	0.03	0.03	0.41	0.23	0.03	0.09
曲靖	-0.17	0.09	0.56	0.16	–	0.06	-0.07	0.25	-0.01	-0.12	-0.10
顺宁	0.05	0.23	0.75	0.13	0.00	0.05	0.04	0.42	0.26	0.04	0.04
武定	0.11	0.34	0.83	0.22	0.15	0.09	0.10	0.65	0.12	0.13	0.29
永北	0.00	0.25	0.86	0.16	–	0.06	0.02	0.54	0.22	0.00	0.08
永昌	0.04	0.13	0.85	0.12		0.03	-0.01	0.33	0.20	-0.03	0.02

	黎平	平越	普安	石阡	思南	思州	铜仁	威宁	兴义	镇远	遵义
元江	0.12	0.42	0.76	0.26	0.21	0.11	0.17	0.72	0.19	0.19	0.33
云南府	0.14	0.37	0.61	0.33	0.25	0.10	0.16	0.57	0.17	0.20	0.35
昭通	0.16	0.32	0.23	0.41	0.17	0.25	0.11	0.29	0.12	−0.02	0.20
镇沅	0.04	0.19	0.86	0.20	−	0.04	−0.04	0.38	0.21	−0.04	0.05
安顺	0.43	0.78	0.16	0.72	0.43	0.40	0.41	0.35	0.27	0.45	0.50
大定	0.42	0.58	0.04	0.26	0.70	0.22	0.57	0.49	−0.12	0.50	0.82
都匀	0.27	0.56	0.06	0.45	0.27	0.51	0.22	0.17	−0.00	0.41	0.33
贵阳	0.45	0.83	0.13	0.64	0.46	0.43	0.34	0.36	0.03	0.46	0.54
黎平	1.00	0.52	−0.02	0.25	0.50	0.22	0.50	0.28	0.06	0.48	0.50
平越	0.52	1.00	0.15	0.60	0.72	0.46	0.60	0.49	0.08	0.66	0.75
普安	−0.02	0.5	1.00	0.11	−	0.03	0.00	0.44	0.18	−0.01	0.04
石阡	0.25	0.60	0.11	1.00	0.37	0.49	0.33	0.09	0.25	0.24	0.32
思南	0.50	0.72	−0.02	0.37	1.00	0.39	0.83	0.34	−0.03	0.83	0.82
思州	0.22	0.46	0.03	0.49	0.39	1.00	0.43	0.09	−0.02	0.38	0.24
铜仁	0.50	0.60	0.00	0.33	0.83	0.43	1.00	0.26	0.12	0.76	0.57
威宁	0.28	0.49	0.44	0.09	0.34	0.09	0.26	1.00	−0.02	0.26	0.55

续表

	黎平	平越	普安	石阡	思南	思州	铜仁	威宁	兴义	镇远	遵义
兴义	0.06	0.08	0.18	0.25	–	-0.02	0.12	-0.02	1.00	-0.04	-0.11
镇远	0.48	0.66	-0.01	0.24	0.83	0.38	0.76	0.26	-0.04	1.00	0.63
遵义	0.50	0.75	0.04	0.32	0.82	0.24	0.57	0.55	-0.11	0.63	1.00

表 E-4　1748 年—1802 年间价格相关性平均值

	澂江	楚雄	大理	东川	广南	广西	景东	开化	丽江	临安	蒙化	曲靖
澂江	1.00	0.66	0.61	0.49	0.15	0.68	0.44	0.45	0.49	0.62	0.59	0.71
楚雄	0.66	1.00	0.79	0.40	0.40	0.72	0.72	0.47	0.69	0.58	0.73	0.52
大理	0.61	0.79	1.00	0.42	0.39	0.66	0.75	0.44	0.64	0.46	0.87	0.54
东川	0.49	0.40	0.42	1.00	-0.10	0.52	0.34	0.36	0.05	0.35	0.50	0.50
广南	0.15	0.40	0.39	-0.10	1.00	0.36	0.44	0.40	0.49	0.39	0.25	0.35
广西	0.68	0.72	0.66	0.52	0.36	1.00	0.57	0.51	0.52	0.49	0.66	0.56
景东	0.44	0.72	0.75	0.34	0.44	0.57	1.00	0.43	0.65	0.51	0.69	0.31
开化	0.45	0.47	0.44	0.36	0.40	0.51	0.43	1.00	0.56	0.54	0.44	0.50
丽江	0.49	0.69	0.64	0.05	0.49	0.52	0.65	0.56	1.00	0.52	0.64	0.50
临安	0.62	0.58	0.46	0.35	0.39	0.49	0.51	0.54	0.52	1.00	0.41	0.48

续表

	澂江	楚雄	大理	东川	广南	广西	景东	开化	丽江	临安	蒙化	曲靖
蒙化	0.59	0.73	0.87	0.50	0.25	0.66	0.69	0.44	0.64	0.41	1.00	0.46
曲靖	0.71	0.52	0.54	0.50	0.35	0.56	0.31	0.50	0.50	0.48	0.46	1.00
顺宁	0.49	0.71	0.74	0.44	0.51	0.58	0.75	0.52	0.57	0.58	0.72	0.45
武定	0.62	0.76	0.82	0.57	0.30	0.69	0.81	0.41	0.43	0.45	0.70	0.49
永北	0.58	0.72	0.84	0.45	0.48	0.65	0.76	0.57	0.73	0.51	0.77	0.65
永昌	0.35	0.73	0.75	0.15	0.51	0.49	0.80	0.35	0.68	0.46	0.62	0.30
元江	0.69	0.74	0.71	0.65	0.27	0.75	0.78	0.48	0.48	0.58	0.79	0.46
云南府	0.77	0.63	0.67	0.64	0.03	0.68	0.58	0.28	0.30	0.43	0.74	0.40
昭通	0.44	0.33	0.36	0.31	0.22	0.63	0.32	0.35	0.26	0.10	0.42	0.34
镇沅	0.60	0.85	0.85	0.36	0.47	0.69	0.901	0.50	0.73	0.56	0.79	0.47
安顺	0.43	0.52	0.45	0.36	0.12	0.59	0.36	0.26	0.21	0.32	0.35	0.24
大定	0.28	0.18	0.11	0.42	-0.24	0.28	0.18	0.09	-0.02	0.11	0.09	0.13
都匀	0.24	0.27	0.28	0.29	0.04	0.32	0.15	0.08	0.07	0.16	0.17	0.19
贵阳	0.40	0.40	0.44	0.35	0.01	0.47	0.26	0.22	0.13	0.21	0.34	0.22
黎平	-0.02	0.10	0.09	0.08	-0.09	0.12	0.14	-0.17	-0.07	-0.12	0.06	-0.13
平越	0.36	0.38	0.46	0.42	-0.02	0.44	0.31	0.17	0.12	0.20	0.37	0.18

	澂江	楚雄	大理	东川	广南	广西	景东	开化	丽江	临安	蒙化	曲靖
普安	0.59	0.69	0.81	0.51	0.38	0.61	0.83	0.47	0.59	0.51	0.84	0.53
石阡	0.52	0.43	0.40	0.21	0.09	0.48	0.21	0.15	0.18	0.36	0.30	0.26
思南	0.21	0.04	0.12	0.29	-0.33	0.22	0.09	-0.19	-0.12	-0.02	0.14	-0.03
思州	0.20	0.16	0.24	0.10	0.10	0.22	0.14	-0.05	-0.02	0.19	0.12	0.14
铜仁	0.09	0.05	-0.07	0.21	-0.24	0.17	0.05	-0.14	-0.13	0.06	0.03	-0.07
威宁	0.34	0.33	0.38	0.59	0.06	0.48	0.48	0.26	0.14	0.17	0.38	0.23
兴义	0.15	0.30	0.23	-0.02	0.18	0.27	0.22	0.15	0.24	0.02	0.26	0.07
镇远	0.10	0.05	0.09	0.24	-0.25	0.16	0.08	-0.10	-0.19	0.01	0.07	-0.09
遵义	0.21	0.18	0.23	0.33	-0.33	0.22	0.20	-0.08	-0.05	-0.03	0.16	-0.03

表 E-4　1748 年—1802 年间价格相关性平均值(续1)

	顺宁	武定	永北	永昌	元江	云南府	昭通	镇沅	安顺	大定	都匀	贵阳
澂江	0.49	0.62	0.58	0.35	0.69	0.77	0.44	0.60	0.43	0.28	0.24	0.40
楚雄	0.71	0.76	0.72	0.73	0.74	0.63	0.33	0.85	0.52	0.18	0.27	0.40
大理	0.74	0.82	0.84	0.75	0.71	0.67	0.36	0.85	0.45	0.11	0.28	0.44
东川	0.44	0.57	0.45	0.15	0.65	0.64	0.31	0.36	0.36	0.42	0.29	0.35

续表

	顺宁	武定	永北	永昌	元江	云南府	昭通	镇沅	安顺	大定	都匀	贵阳
广南	0.51	0.30	0.48	0.51	0.27	0.03	0.22	0.47	0.12	-0.24	0.04	0.01
广西	0.58	0.69	0.65	0.49	0.75	0.68	0.63	0.69	0.59	0.28	0.32	0.47
景东	0.75	0.81	0.76	0.80	0.78	0.58	0.32	0.90	0.36	0.18	0.15	0.26
开化	0.52	0.41	0.57	0.35	0.48	0.28	0.35	0.50	0.26	0.09	0.08	0.22
丽江	0.57	0.43	0.73	0.68	0.48	0.30	0.26	0.73	0.21	-0.02	0.07	0.13
临安	0.58	0.45	0.51	0.46	0.58	0.43	0.10	0.56	0.32	0.11	0.16	0.21
蒙化	0.72	0.70	0.77	0.62	0.79	0.74	0.42	0.79	0.35	0.09	0.17	0.34
曲靖	0.45	0.49	0.65	0.30	0.46	0.40	0.34	0.47	0.24	0.13	0.19	0.22
顺宁	1.00	0.76	0.75	0.65	0.78	0.54	0.28	0.76	0.39	0.16	0.23	0.28
武定	0.76	1.00	0.78	0.66	0.84	0.73	0.38	0.82	0.50	0.29	0.30	0.45
永北	0.75	0.78	1.00	0.75	0.72	0.56	0.31	0.80	0.41	0.09	0.28	0.40
永昌	0.65	0.66	0.75	1.00	0.62	0.38	0.21	0.77	0.29	0.01	0.12	0.26
元江	0.78	0.84	0.72	0.62	1.00	0.80	0.50	0.78	0.40	0.29	0.19	0.34
云南府	0.54	0.73	0.56	0.38	0.80	1.00	0.44	0.64	0.52	0.35	0.32	0.45
昭通	0.28	0.38	0.31	0.21	0.50	0.44	1.00	0.41	0.20	0.26	0.12	0.25
镇沅	0.76	0.82	0.80	0.77	0.78	0.64	0.41	1.00	0.40	0.11	0.17	0.31

	顺宁	武定	永北	永昌	元江	云南府	昭通	镇沅	安顺	大定	都匀	贵阳
安顺	0.39	0.50	0.41	0.29	0.40	0.52	0.20	0.40	1.00	0.50	0.68	0.79
大定	0.16	0.29	0.09	0.01	0.29	0.35	0.26	0.11	0.50	1.00	0.32	0.40
都匀	0.23	0.30	0.28	0.12	0.19	0.32	0.12	0.17	0.68	0.32	1.00	0.65
贵阳	0.28	0.45	0.40	0.26	0.34	0.45	0.25	0.31	0.79	0.40	0.65	1.00
黎平	0.09	0.21	0.06	0.09	0.10	0.16	0.14	0.07	0.37	0.34	0.29	0.40
平越	0.36	0.49	0.46	0.29	0.41	0.48	0.17	0.29	0.76	0.44	0.57	0.83
普安	0.73	0.76	0.75	0.70	0.85	0.64	0.44	0.85	0.22	0.07	0.07	0.18
石阡	0.21	0.34	0.29	0.18	0.29	0.50	0.29	0.30	0.71	0.24	0.44	0.64
思南	0.07	0.28	0.10	-0.04	0.26	0.37	0.20	0.02	0.43	0.56	0.28	0.46
思州	0.10	0.26	0.23	0.14	0.19	0.25	0.23	0.16	0.43	0.24	0.46	0.46
铜仁	-0.01	0.13	-0.01	0.03	0.22	0.25	0.11	-0.06	0.32	0.51	0.15	0.27
威宁	0.36	0.59	0.49	0.39	0.61	0.48	0.35	0.36	0.38	0.51	0.16	0.42
兴义	0.28	0.20	0.25	0.20	0.20	0.22	0.12	0.23	0.37	-0.04	0.11	0.14
镇远	0.11	0.29	0.10	-0.03	0.25	0.31	0.03	-0.02	0.43	0.38	0.44	0.46
遵义	0.12	0.37	0.21	0.10	0.26	0.36	0.08	0.11	0.55	0.63	0.39	0.60

表 E－4　1748 年—1802 年间价格相关性平均值（续 2）

	黎平	平越	普安	石阡	思南	思州	铜仁	威宁	兴义	镇远	遵义
澂江	-0.02	0.36	0.59	0.52	0.21	0.20	0.09	0.34	0.15	0.10	0.21
楚雄	0.10	0.38	0.69	0.43	0.04	0.16	0.05	0.33	0.30	0.05	0.18
大理	0.09	0.46	0.81	0.40	0.12	0.24	-0.07	0.38	0.23	0.09	0.23
东川	0.08	0.42	0.51	0.21	0.29	0.10	0.21	0.59	-0.02	0.24	0.33
广南	-0.09	-0.02	0.38	0.09	-0.33	0.10	-0.24	0.06	0.18	-0.25	-0.33
广西	0.12	0.44	0.61	0.48	0.22	0.22	0.17	0.48	0.27	0.16	0.22
景东	0.14	0.31	0.83	0.21	0.09	0.14	0.05	0.48	0.22	0.08	0.20
开化	-0.17	0.17	0.47	0.15	-0.19	-0.05	-0.14	0.26	0.15	-0.10	-0.08
丽江	-0.07	0.12	0.59	0.18	-0.12	-0.02	-0.13	0.14	0.24	-0.19	-0.05
临安	-0.12	0.20	0.51	0.36	-0.02	0.19	0.06	0.17	0.02	0.01	-0.03
蒙化	0.06	0.37	0.84	0.30	0.14	0.12	0.03	0.38	0.26	0.07	0.16
曲靖	-0.13	0.18	0.53	0.26	-0.03	0.14	-0.07	0.23	0.07	-0.09	-0.03
顺宁	0.09	0.36	0.73	0.21	0.07	0.10	-0.01	0.36	0.28	0.11	0.12
武定	0.21	0.49	0.76	0.34	0.28	0.26	0.13	0.59	0.20	0.29	0.37
永北	0.06	0.46	0.75	0.29	0.10	0.23	-0.01	0.49	0.25	0.10	0.21
永昌	0.09	0.29	0.70	0.18	-0.04	0.14	0.03	0.39	0.20	-0.03	0.10

	黎平	平越	普安	石阡	思南	思州	铜仁	威宁	兴义	镇远	遵义
元江	0.10	0.41	0.85	0.29	0.26	0.19	0.22	0.61	0.20	0.25	0.26
云南府	0.16	0.48	0.64	0.50	0.37	0.25	0.25	0.48	0.22	0.31	0.36
昭通	0.14	0.17	0.44	0.29	0.20	0.23	0.11	0.35	0.12	0.03	0.08
镇沅	0.07	0.29	0.85	0.30	0.02	0.16	-0.06	0.36	0.23	-0.02	0.11
安顺	0.37	0.76	0.22	0.71	0.43	0.43	0.32	0.38	0.37	0.43	0.55
大定	0.34	0.44	0.07	0.24	0.56	0.24	0.51	0.51	-0.04	0.38	0.63
都匀	0.29	0.57	0.07	0.44	0.28	0.46	0.15	0.16	0.11	0.44	0.39
贵阳	0.40	0.83	0.18	0.64	0.46	0.46	0.27	0.42	0.14	0.46	0.60
黎平	1.00	0.46	-0.06	0.25	0.45	0.26	0.37	0.32	0.11	0.40	0.47
平越	0.46	1.00	0.20	0.66	0.66	0.52	0.42	0.45	0.19	0.56	0.79
普安	-0.06	0.20	1.00	0.16	0.02	0.09	0.00	0.43	0.18	-0.02	0.03
石阡	0.25	0.66	0.16	1.00	0.45	0.57	0.31	0.07	0.32	0.26	0.45
思南	0.45	0.66	0.02	0.45	1.00	0.46	0.73	0.35	0.08	0.68	0.76
思州	0.26	0.52	0.09	0.57	0.46	1.00	0.41	0.18	0.04	0.37	0.38
铜仁	0.37	0.42	0.00	0.31	0.73	0.41	1.00	0.31	0.16	0.55	0.47
威宁	0.32	0.45	0.43	0.07	0.35	0.18	0.31	1.00	0.03	0.30	0.43

	黎平	平越	普安	石阡	思南	思州	铜仁	威宁	兴义	镇远	遵义
兴义	0.11	0.19	0.18	0.32	0.08	0.04	0.16	0.03	1.00	0.06	0.01
镇远	0.40	0.56	-0.02	0.26	0.68	0.38	0.55	0.30	0.06	1.00	0.52
遵义	0.47	0.79	0.03	0.45	0.76	0.38	0.47	0.43	0.01	0.52	1.00

表 E-5 1748 年—1767 年、1773 年—1802 年的价格相关性指数

	澂江	楚雄	大理	东川	广南	广西	景东	开化	丽江	临安	蒙化	曲靖
澂江	1.00	0.69	0.61	0.28	0.10	0.67	0.30	0.46	0.44	0.60	0.38	0.71
楚雄	0.69	1.00	0.84	-0.14	0.48	0.62	0.58	0.52	0.73	0.55	0.55	0.54
大理	0.61	0.84	1.00	0.02	0.70	0.74	0.58	0.69	0.80	0.60	0.70	0.72
东川	0.28	-0.14	0.02	1.00	-0.32	0.16	-0.03	0.33	-0.28	0.26	0.06	0.43
广南	0.10	0.48	0.70	-0.32	1.00	0.38	0.44	0.48	0.61	0.43	0.44	0.39
广西	0.67	0.62	0.74	0.16	0.38	1.00	0.28	0.47	0.56	0.40	0.55	0.63
景东	0.30	0.58	0.58	-0.03	0.44	0.28	1.00	0.67	0.70	0.49	0.58	0.22
开化	0.46	0.52	0.69	0.33	0.48	0.47	0.67	1.00	0.67	0.56	0.74	0.62
丽江	0.44	0.73	0.80	-0.28	0.61	0.56	0.70	0.67	1.00	0.39	0.84	0.46
临安	0.60	0.55	0.60	0.26	0.43	0.40	0.49	0.56	0.39	1.00	0.41	0.53

	澂江	楚雄	大理	东川	广南	广西	景东	开化	丽江	临安	蒙化	曲靖
蒙化	0.38	0.55	0.70	0.06	0.44	0.55	0.58	0.74	0.84	0.41	1.00	0.48
曲靖	0.71	0.54	0.72	0.43	0.39	0.63	0.22	0.62	0.46	0.53	0.48	1.00
顺宁	0.17	0.33	0.40	0.05	0.56	0.14	0.57	0.58	0.44	0.68	0.46	0.30
武定	0.66	0.51	0.51	0.58	0.08	0.49	0.35	0.49	0.17	0.49	0.22	0.60
永北	0.48	0.46	0.75	0.35	0.54	0.61	0.47	0.80	0.68	0.46	0.82	0.77
永昌	0.31	0.77	0.86	-0.27	0.81	0.50	0.76	0.63	0.83	0.50	0.65	0.39
元江	0.65	0.41	0.46	0.61	0.07	0.45	0.53	0.66	0.31	0.65	0.48	0.54
云南府	0.65	0.21	0.07	0.39	-0.37	0.39	0.00	0.05	-0.05	0.24	0.07	0.17
昭通	0.41	0.42	0.52	-0.02	0.25	0.62	0.13	0.25	0.40	-0.03	0.22	0.42
镇沅	0.50	0.86	0.88	-0.20	0.67	0.54	0.74	0.63	0.85	0.57	0.66	0.48
安顺	0.35	0.12	-0.05	0.16	-0.24	0.31	-0.03	-0.11	-0.15	0.14	-0.16	-0.04
大定	0.15	-0.25	-0.40	0.43	-0.61	0.00	-0.17	-0.20	-0.37	-0.16	-0.36	-0.07
都匀	0.32	0.07	0.02	0.35	-0.25	0.21	-0.13	-0.15	-0.22	0.18	-0.16	0.12
贵阳	0.26	-0.01	-0.07	0.36	-0.37	0.19	-0.05	-0.08	-0.25	0.05	-0.17	0.02
黎平	-0.26	-0.21	-0.43	-0.06	-0.38	-0.17	-0.08	-0.40	-0.32	-0.36	-0.26	-0.48
平越	0.05	-0.44	-0.42	0.51	-0.60	-0.05	-0.30	-0.24	-0.52	-0.17	-0.30	-0.15

	澂江	楚雄	大理	东川	广南	广西	景东	开化	丽江	临安	蒙化	曲靖
普安	0.53	0.64	0.80	0.28	0.54	0.46	0.68	0.85	0.69	0.64	0.71	0.73
石阡	0.50	0.28	0.18	-0.13	-0.05	0.37	-0.12	-0.13	0.03	0.24	-0.09	0.11
思南	-0.09	-0.58	-0.68	0.25	-0.77	-0.21	-0.53	-0.51	-0.61	-0.38	-0.47	-0.34
思州	0.15	-0.15	-0.11	0.04	-0.08	0.07	-0.46	-0.34	-0.31	0.10	-0.31	0.09
铜仁	-0.02	-0.46	-0.56	0.25	-0.60	-0.09	-0.35	-0.29	-0.44	-0.21	-0.26	-0.25
威宁	0.06	-0.21	-0.11	0.73	-0.28	0.16	0.13	0.23	-0.21	-0.08	0.03	0.13
兴义	0.00	0.16	0.07	-0.39	0.18	0.07	0.16	0.12	0.32	-0.11	0.27	-0.10
镇远	-0.17	-0.60	-0.73	0.30	-0.75	-0.32	-0.51	-0.49	-0.73	-0.27	-0.51	-0.43
遵义	-0.04	-0.46	-0.58	0.38	-0.83	-0.20	-0.31	-0.43	-0.55	-0.45	-0.45	-0.32

表 E-5　1748 年—1767 年、1773 年—1802 年的价格相关性指数(续 1)

	顺宁	武定	永北	永昌	元江	云南府	昭通	镇沅	安顺	大定	都匀	贵阳
澂江	0.17	0.66	0.48	0.31	0.65	0.65	0.41	0.50	0.35	0.15	0.32	0.26
楚雄	0.33	0.51	0.46	0.77	0.41	0.21	0.42	0.86	0.12	-0.25	0.07	-0.01
大理	0.40	0.51	0.75	0.86	0.46	0.07	0.52	0.88	-0.05	-0.40	0.02	-0.07
东川	0.05	0.58	0.35	-0.27	0.61	0.39	-0.02	-0.20	0.16	0.43	0.35	0.36

	顺宁	武定	永北	永昌	元江	云南府	昭通	镇沅	安顺	大定	都匀	贵阳
广南	0.56	0.08	0.54	0.81	0.07	-0.37	0.25	0.67	-0.24	-0.61	-0.25	-0.37
广西	0.14	0.49	0.61	0.50	0.45	0.39	0.62	0.54	0.31	0.00	0.21	0.19
景东	0.57	0.35	0.47	0.76	0.53	0.00	0.13	0.74	-0.03	-0.17	-0.13	-0.05
开化	0.58	0.49	0.80	0.63	0.66	0.05	0.25	0.63	-0.11	-0.20	-0.15	-0.08
丽江	0.44	0.17	0.68	0.83	0.31	-0.05	0.40	0.85	-0.15	-0.37	-0.22	-0.25
临安	0.68	0.49	0.46	0.50	0.65	0.24	-0.03	0.57	0.14	-0.16	0.18	0.05
蒙化	0.46	0.22	0.82	0.65	0.48	0.07	0.22	0.66	-0.16	-0.36	-0.16	-0.17
曲靖	0.30	0.60	0.77	0.39	0.54	0.17	0.42	0.48	-0.04	-0.07	0.12	0.02
顺宁	1.00	0.30	0.44	0.53	0.54	-0.17	-0.13	0.45	-0.21	-0.25	-0.20	-0.43
武定	0.30	1.00	0.43	0.30	0.79	0.36	0.34	0.37	0.15	0.18	0.25	0.22
永北	0.44	0.43	1.00	0.58	0.59	0.09	0.35	0.56	-0.12	-0.29	-0.01	-0.06
永昌	0.53	0.30	0.58	1.00	0.30	-0.20	0.35	0.90	-0.17	-0.53	-0.20	-0.23
元江	0.54	0.79	0.59	0.30	1.00	0.44	0.15	0.33	0.17	0.19	0.20	0.14
云南府	-0.17	0.36	0.09	-0.20	0.44	1.00	0.13	-0.02	0.72	0.42	0.63	0.56
昭通	-0.13	0.34	0.35	0.35	0.15	0.13	1.00	0.36	0.15	0.13	0.16	0.31
镇沅	0.45	0.37	0.56	0.90	0.33	-0.02	0.36	1.00	-0.09	-0.42	-0.10	-0.11

	顺宁	武定	永北	永昌	元江	云南府	昭通	镇沅	安顺	大定	都匀	贵阳
安顺	-0.21	0.15	-0.12	-0.17	0.17	0.72	0.15	-0.09	1.00	0.47	0.68	0.63
大定	-0.25	0.18	-0.29	-0.53	0.19	0.42	0.13	-0.42	0.47	1.00	0.33	0.42
都匀	-0.20	0.25	-0.01	-0.20	0.20	0.63	0.16	-0.10	0.68	0.33	1.00	0.63
贵阳	-0.43	0.22	-0.06	-0.23	0.14	0.56	0.31	-0.11	0.63	0.42	0.63	1.00
黎平	-0.26	-0.15	-0.42	-0.24	-0.17	0.19	0.05	-0.36	0.32	0.39	0.16	0.39
平越	-0.39	0.11	-0.16	-0.57	0.19	0.49	0.07	-0.60	0.49	0.61	0.43	0.61
普安	0.57	0.57	0.81	0.71	0.66	-0.05	0.20	0.73	-0.20	-0.34	-0.10	-0.16
石阡	-0.25	0.08	-0.08	0.01	0.05	0.55	0.38	0.05	0.61	0.15	0.35	0.46
思南	-0.45	-0.08	-0.46	-0.79	-0.01	0.35	-0.04	-0.78	0.34	0.69	0.22	0.38
思州	-0.24	-0.03	-0.12	-0.28	-0.06	0.23	0.25	-0.30	0.37	0.24	0.44	0.41
铜仁	-0.22	-0.04	-0.29	-0.61	0.14	0.37	-0.06	-0.67	0.41	0.65	0.16	0.32
威宁	-0.09	0.40	0.25	-0.19	0.43	0.28	0.15	-0.25	0.26	0.56	0.20	0.46
兴义	0.15	-0.22	0.12	0.21	-0.07	-0.01	0.04	0.09	0.22	-0.24	-0.17	-0.24
镇远	-0.33	-0.05	-0.49	-0.81	0.06	0.40	-0.30	-0.80	0.34	0.52	0.33	0.35
遵义	-0.56	0.06	-0.42	-0.69	0.05	0.40	0.03	-0.62	0.33	0.80	0.29	0.47

表 E–5　1748 年—1767 年、1773 年—1802 年的价格相关性指数(续 2)

	黎平	平越	普安	石阡	思南	思州	铜仁	威宁	兴义	镇远	遵义
澂江	-0.26	0.05	0.53	0.50	-0.09	0.15	-0.02	0.06	0.00	-0.17	-0.04
楚雄	-0.21	-0.44	0.64	0.28	-0.58	-0.15	-0.46	-0.21	0.16	-0.60	-0.46
大理	-0.43	-0.42	0.80	0.18	-0.68	-0.11	-0.56	-0.11	0.07	-0.73	-0.58
东川	-0.06	0.51	0.28	-0.13	0.25	0.04	0.25	0.73	-0.39	0.30	0.38
广南	-0.38	-0.60	0.54	-0.05	-0.77	-0.08	-0.60	-0.28	0.18	-0.75	-0.83
广西	-0.17	-0.05	0.46	0.37	-0.21	0.07	-0.09	0.16	0.07	-0.32	-0.20
景东	-0.08	-0.30	0.68	-0.12	-0.53	-0.46	-0.35	0.13	0.16	-0.51	-0.31
开化	-0.40	-0.24	0.85	-0.13	-0.51	-0.34	-0.29	0.23	0.12	-0.49	-0.43
丽江	-0.32	-0.52	0.69	0.03	-0.61	-0.31	-0.44	-0.21	0.32	-0.73	-0.55
临安	-0.36	-0.17	0.64	0.24	-0.38	0.10	-0.21	-0.08	-0.11	-0.27	-0.45
蒙化	-0.26	-0.30	0.71	-0.09	-0.47	-0.31	-0.26	0.03	0.27	-0.51	-0.45
曲靖	-0.48	-0.15	0.73	0.11	-0.34	0.09	-0.25	0.13	-0.10	-0.43	-0.32
顺宁	-0.26	-0.39	0.57	-0.25	-0.45	-0.24	-0.22	-0.09	0.15	-0.33	-0.56
武定	-0.15	0.11	0.57	0.08	-0.08	-0.03	-0.04	0.40	-0.22	-0.05	0.06
永北	-0.42	-0.16	0.81	-0.08	-0.46	-0.12	-0.29	0.25	0.12	-0.49	-0.42
永昌	-0.24	-0.57	0.71	0.01	-0.79	-0.28	-0.61	-0.19	0.21	-0.81	-0.69

	黎平	平越	普安	石阡	思南	思州	铜仁	威宁	兴义	镇远	遵义
元江	-0.17	0.19	0.66	0.05	-0.01	-0.06	0.14	0.43	-0.07	0.06	0.05
云南府	0.19	0.49	-0.05	0.55	0.35	0.23	0.37	0.28	-0.01	0.40	0.40
昭通	0.05	0.07	0.20	0.38	-0.04	0.25	-0.06	0.15	0.04	-0.30	0.03
镇沅	-0.36	-0.60	0.73	0.05	-0.78	-0.30	-0.67	-0.25	0.09	-0.80	-0.62
安顺	0.32	0.49	-0.20	0.61	0.34	0.37	0.41	0.26	0.22	0.34	0.33
大定	0.39	0.61	-0.34	0.15	0.69	0.24	0.65	0.56	-0.24	0.52	0.80
都匀	0.16	0.43	-0.10	0.35	0.22	0.44	0.16	0.20	-0.17	0.33	0.29
贵阳	0.39	0.61	-0.16	0.46	0.38	0.41	0.32	0.46	-0.24	0.35	0.47
黎平	1.00	0.48	-0.56	0.14	0.46	0.14	0.47	0.37	0.00	0.42	0.49
平越	0.48	1.00	-0.38	0.39	0.82	0.51	0.76	0.63	-0.18	0.71	0.80
普安	-0.56	-0.38	1.00	-0.12	-0.63	-0.31	-0.44	0.06	0.12	-0.62	-0.52
石阡	0.14	0.39	-0.12	1.00	0.29	0.62	0.34	-0.17	0.20	0.12	0.14
思南	0.46	0.82	-0.63	0.29	1.00	0.46	0.89	0.36	-0.13	0.85	0.85
思州	0.14	0.51	-0.31	0.62	0.46	1.00	0.44	0.00	-0.16	0.32	0.25
铜仁	0.47	0.76	-0.44	0.34	0.89	0.44	1.00	0.39	0.12	0.74	0.69
威宁	0.37	0.63	0.06	-0.17	0.36	0.00	0.39	1.00	-0.24	0.32	0.55

续表

	黎平	平越	普安	石阡	思南	思州	铜仁	威宁	兴义	镇远	遵义
兴义	0.00	-0.18	0.12	0.20	-0.13	-0.16	0.12	-0.24	1.00	-0.18	-0.29
镇远	0.42	0.71	-0.62	0.12	0.85	0.32	0.74	0.32	-0.18	1.00	0.70
遵义	0.49	0.80	-0.52	0.14	0.85	0.25	0.69	0.55	-0.29	0.70	1.00

表 E-6　1748 年—1767 年、1773 年—1802 年的价格差相关指数

	澂江	楚雄	大理	东川	广南	广西	景东	开化	丽江	临安	蒙化	曲靖
澂江	1.00	0.53	0.39	0.22	0.03	0.46	0.37	0.41	0.47	0.67	0.30	0.65
楚雄	0.53	1.00	0.62	0.24	-0.02	0.44	0.38	0.42	0.48	0.51	0.47	0.40
大理	0.39	0.62	1.00	0.18	0.25	0.50	0.54	0.53	0.71	0.50	0.69	0.41
东川	0.22	0.24	0.18	1.00	-0.28	0.30	-0.27	0.21	-0.06	0.12	0.03	0.36
广南	0.03	-0.02	0.25	-0.28	1.00	0.19	0.32	0.10	0.16	0.01	-0.06	0.18
广西	0.46	0.44	0.50	0.30	0.19	1.00	0.33	0.36	0.42	0.34	0.30	0.49
景东	0.37	0.38	0.54	-0.27	0.32	0.33	1.00	0.37	0.76	0.53	0.47	0.24
开化	0.41	0.42	0.53	0.21	0.10	0.36	0.37	1.00	0.57	0.44	0.52	0.35
丽江	0.47	0.48	0.71	-0.06	0.16	0.42	0.76	0.57	1.00	0.57	0.82	0.40
临安	0.67	0.51	0.50	0.12	0.01	0.34	0.53	0.44	0.57	1.00	0.49	0.30

续表

	澂江	楚雄	大理	东川	广南	广西	景东	开化	丽江	临安	蒙化	曲靖
蒙化	0.30	0.47	0.69	0.03	-0.06	0.30	0.47	0.52	0.82	0.49	1.00	0.21
曲靖	0.65	0.40	0.41	0.36	0.18	0.49	0.24	0.35	0.40	0.30	0.21	1.00
顺宁	0.22	0.37	0.51	0.15	0.38	0.27	0.43	0.47	0.47	0.26	0.38	0.35
武定	0.41	0.46	0.31	0.28	0.22	0.46	0.24	0.29	0.14	0.12	0.05	0.40
永北	0.44	0.35	0.70	0.02	0.34	0.43	0.56	0.61	0.79	0.39	0.70	0.54
永昌	0.13	0.38	0.60	-0.26	0.40	0.21	0.68	0.29	0.64	0.36	0.57	0.11
元江	0.60	0.58	0.64	0.14	0.25	0.55	0.64	0.62	0.62	0.62	0.51	0.48
云南府	0.78	0.34	0.26	0.41	0.02	0.39	0.20	0.29	0.24	0.60	0.16	0.47
昭通	0.16	0.09	0.19	0.17	0.26	0.38	0.08	0.48	0.18	-0.05	0.03	0.27
镇沅	0.56	0.65	0.63	0.07	0.03	0.47	0.66	0.57	0.78	0.60	0.70	0.38
安顺	0.17	0.21	0.01	0.21	0.13	0.42	0.10	0.09	-0.01	0.21	-0.19	0.19
大定	0.26	0.36	0.11	0.35	0.05	0.34	0.15	0.30	0.12	0.26	-0.10	0.28
都匀	-0.16	-0.12	-0.07	0.09	0.21	0.00	-0.10	-0.11	-0.05	-0.15	-0.08	0.04
贵阳	0.16	-0.03	-0.27	0.04	0.03	0.26	-0.08	0.10	-0.14	0.08	-0.18	0.03
黎平	-0.11	-0.03	-0.19	0.08	0.10	-0.03	-0.10	-0.25	-0.18	-0.17	-0.16	0.02
平越	0.11	-0.09	0.03	-0.02	0.09	-0.17	-0.05	-0.08	-0.05	0.20	-0.08	-0.08

	澂江	楚雄	大理	东川	广南	广西	景东	开化	丽江	临安	蒙化	曲靖
普安	0.43	0.45	0.63	0.01	0.13	0.31	0.60	0.41	0.63	0.47	0.57	0.40
石阡	0.40	0.02	0.01	0.10	-0.02	0.00	-0.06	0.01	-0.11	0.44	-0.17	0.09
思南	0.25	-0.04	-0.01	0.05	0.07	0.18	0.06	-0.07	0.06	0.22	-0.08	0.08
思州	0.05	0.05	0.01	-0.05	0.14	-0.05	-0.12	-0.06	-0.13	0.19	-0.08	0.03
铜仁	0.21	0.01	-0.15	0.11	0.00	0.18	-0.09	-0.07	-0.13	0.24	-0.10	0.12
威宁	0.20	0.28	0.20	0.20	0.17	0.55	0.22	0.14	0.14	0.00	-0.02	0.17
兴义	-0.01	-0.15	-0.27	0.03	-0.09	-0.03	-0.20	-0.11	-0.24	-0.16	-0.28	0.06
镇远	0.06	0.06	-0.05	-0.01	0.19	0.25	0.06	0.16	-0.09	0.11	-0.14	-0.04
遵义	0.06	-0.08	0.13	-0.15	-0.11	-0.09	0.12	-0.19	-0.03	0.14	-0.15	-0.21

表 E-6　1748 年—1767 年、1773 年—1802 年的价格差相关指数(续1)

	顺宁	武定	永北	永昌	元江	云南府	昭通	镇沅	安顺	大定	都匀	贵阳
澂江	0.22	0.41	0.44	0.13	0.60	0.78	0.16	0.56	0.17	0.26	-0.16	0.16
楚雄	0.37	0.46	0.35	0.38	0.58	0.34	0.09	0.65	0.21	0.36	-0.12	-0.03
大理	0.51	0.31	0.70	0.60	0.64	0.26	0.19	0.63	0.01	0.11	-0.07	-0.27
东川	0.15	0.28	0.02	-0.26	0.14	0.41	0.17	0.07	0.21	0.35	0.09	0.04

	顺宁	武定	永北	永昌	元江	云南府	昭通	镇沅	安顺	大定	都匀	贵阳
广南	0.38	0.22	0.34	0.40	0.25	0.02	0.26	0.03	0.13	0.05	0.21	0.03
广西	0.27	0.46	0.43	0.21	0.55	0.39	0.38	0.47	0.42	0.34	0.00	0.26
景东	0.43	0.24	0.56	0.68	0.64	0.20	0.08	0.66	0.10	0.15	-0.10	-0.08
开化	0.47	0.29	0.61	0.29	0.62	0.29	0.48	0.57	0.09	0.30	-0.11	0.10
丽江	0.47	0.14	0.79	0.64	0.62	0.24	0.18	0.78	-0.01	0.12	-0.05	-0.14
临安	0.26	0.12	0.39	0.36	0.62	0.60	-0.05	0.60	0.21	0.26	-0.15	0.08
蒙化	0.38	0.05	0.70	0.57	0.51	0.16	0.03	0.70	-0.19	-0.10	-0.08	-0.18
曲靖	0.35	0.40	0.54	0.11	0.48	0.47	0.27	0.38	0.19	0.28	0.04	0.03
顺宁	1.00	0.41	0.49	0.48	0.61	0.11	0.34	0.40	-0.08	0.21	0.12	-0.30
武定	0.41	1.00	0.26	0.30	0.59	0.32	0.27	0.30	0.20	0.24	-0.03	0.08
永北	0.49	0.26	1.00	0.59	0.66	0.25	0.36	0.53	-0.07	0.00	0.05	-0.09
永昌	0.48	0.30	0.59	1.00	0.57	-0.11	0.05	0.47	-0.15	-0.07	-0.08	-0.29
元江	0.61	0.59	0.66	0.57	1.00	0.44	0.32	0.62	0.05	0.21	-0.05	-0.03
云南府	0.11	0.32	0.25	-0.11	0.44	1.00	0.05	0.35	0.34	0.27	0.05	0.26
昭通	0.34	0.27	0.36	0.05	0.32	0.05	1.00	0.10	0.16	0.35	0.18	0.43
镇沅	0.40	0.30	0.53	0.47	0.62	0.35	0.10	1.00	0.15	0.22	-0.24	0.03

续表

	顺宁	武定	永北	永昌	元江	云南府	昭通	镇沅	安顺	大定	都匀	贵阳
安顺	−0.08	0.20	−0.07	−0.15	0.05	0.34	0.16	0.15	1.00	0.59	0.20	0.45
大定	0.21	0.24	0.00	0.07	0.21	0.27	0.35	0.22	0.59	1.00	0.19	0.34
都匀	0.12	−0.03	0.05	−0.08	−0.05	0.05	0.18	−0.24	0.20	0.19	1.00	0.21
贵阳	−0.30	0.08	−0.09	−0.29	−0.03	0.26	0.43	0.03	0.45	0.34	0.21	1.00
黎平	−0.03	0.08	−0.11	0.12	−0.06	−0.13	0.23	−0.20	0.06	0.12	0.15	0.23
平越	−0.23	−0.18	0.09	−0.04	−0.11	0.19	0.19	−0.20	0.10	0.02	0.13	0.32
普安	0.46	0.28	0.57	0.53	0.68	0.14	0.00	0.61	−0.15	−0.05	−0.12	−0.30
石阡	−0.31	−0.12	−0.07	−0.22	−0.01	0.51	0.07	−0.06	0.30	0.14	−0.14	0.36
思南	−0.06	0.22	0.04	−0.07	0.13	0.24	0.30	−0.03	0.25	0.26	0.06	0.39
思州	−0.29	−0.06	0.07	−0.02	0.04	0.18	0.16	−0.16	0.32	0.15	0.26	0.42
铜仁	−0.18	0.25	−0.11	−0.15	0.17	0.35	0.16	−0.09	0.37	0.37	0.11	0.54
威宁	0.03	0.48	0.23	0.18	0.27	0.17	0.41	0.14	0.49	0.45	0.01	0.36
兴义	−0.06	0.03	−0.11	−0.31	−0.10	0.02	0.08	−0.24	0.28	0.08	0.12	0.16
镇远	0.05	0.35	0.11	0.04	0.40	0.19	0.28	−0.15	0.14	0.03	0.36	0.37
遵义	−0.26	−0.06	−0.15	0.03	−0.04	0.06	0.04	−0.13	0.11	0.22	0.11	0.14

表 E-6 1748 年—1767 年、1773 年—1802 年的价格差相关指数(续 2)

	黎平	平越	普安	石阡	思南	思州	铜仁	威宁	兴义	镇远	遵义
澂江	-0.11	0.11	0.43	0.40	0.25	0.05	0.21	0.20	-0.01	0.06	0.06
楚雄	-0.03	-0.09	0.45	0.02	-0.04	0.05	0.01	0.28	-0.15	0.06	-0.08
大理	-0.19	0.03	0.63	0.01	-0.01	0.01	-0.15	0.20	-0.27	-0.05	-0.13
东川	0.08	-0.02	0.01	0.10	0.05	-0.05	0.11	0.20	0.03	-0.01	-0.15
广南	0.10	0.09	0.13	-0.02	0.07	0.14	0.00	0.17	-0.09	0.19	-0.11
广西	-0.03	-0.17	0.31	0.00	0.18	-0.05	0.18	0.55	-0.03	0.25	-0.09
景东	-0.10	-0.05	0.60	-0.06	0.06	-0.12	-0.09	0.22	-0.20	0.06	0.12
开化	-0.25	-0.08	0.41	0.01	-0.07	-0.06	-0.07	0.14	-0.11	0.16	-0.19
丽江	-0.18	-0.05	0.63	-0.11	0.01	-0.13	-0.13	0.14	-0.24	-0.09	-0.03
临安	-0.17	0.20	0.47	0.44	0.22	0.19	0.24	0.00	-0.16	0.11	0.14
蒙化	-0.16	-0.08	0.57	-0.17	-0.08	-0.08	-0.10	-0.02	-0.28	-0.14	-0.15
曲靖	0.02	-0.08	0.40	0.09	0.08	0.03	0.12	0.17	0.06	-0.04	-0.21
顺宁	-0.03	-0.23	0.46	-0.31	-0.06	-0.29	-0.18	0.03	-0.06	0.05	-0.26
武定	0.08	-0.18	0.28	-0.12	0.22	-0.06	0.25	0.48	0.03	0.35	-0.06
永北	-0.11	0.09	0.57	-0.07	0.04	0.07	-0.11	0.23	-0.11	0.11	-0.15
永昌	0.12	-0.04	0.53	-0.22	-0.07	-0.02	-0.15	0.18	-0.31	0.04	0.03

	黎平	平越	普安	石阡	思南	思州	铜仁	威宁	兴义	镇远	遵义
元江	-0.06	-0.11	0.68	-0.01	0.13	0.04	0.17	0.27	-0.10	0.40	-0.04
云南府	-0.13	0.19	0.14	0.51	0.24	0.18	0.35	0.17	0.02	0.19	0.06
昭通	0.23	0.19	0.00	0.07	0.30	0.16	0.16	0.41	0.08	0.28	0.04
镇沅	-0.20	-0.20	0.61	-0.06	-0.03	-0.16	-0.09	0.14	-0.24	-0.15	-0.13
安顺	0.06	0.10	-0.15	0.30	0.25	0.32	0.37	0.49	0.28	0.14	0.11
大定	0.12	0.02	-0.05	0.14	0.26	0.15	0.37	0.45	0.08	0.03	0.22
都匀	0.15	0.13	-0.12	-0.14	0.06	0.26	0.11	0.01	0.12	0.36	-0.11
贵阳	0.23	0.32	-0.30	0.36	0.39	0.42	0.54	0.36	0.16	0.37	0.14
黎平	1.00	0.23	-0.32	0.04	0.24	0.18	0.25	0.33	0.09	0.08	0.17
平越	0.23	1.00	-0.24	0.76	0.60	0.62	0.37	-0.01	0.12	0.08	0.57
普安	-0.32	-0.24	1.00	-0.15	-0.07	-0.18	-0.07	0.00	-0.25	-0.04	-0.14
石阡	0.04	0.76	-0.15	1.00	0.51	0.58	0.50	-0.06	0.14	0.03	0.51
思南	0.24	0.60	0.07	0.51	1.00	0.38	0.68	0.25	0.14	0.19	0.59
思州	0.18	0.62	-0.18	0.58	0.38	1.00	0.58	0.13	0.11	0.22	0.45
铜仁	0.25	0.37	-0.07	0.50	0.68	0.58	1.00	0.23	0.15	0.28	0.46
威宁	0.33	-0.01	0.00	-0.06	0.25	0.13	0.23	1.00	0.12	0.28	0.11

	黎平	平越	普安	石阡	思南	思州	铜仁	威宁	兴义	镇远	遵义
兴义	0.09	0.12	-0.25	0.14	0.14	0.11	0.15	0.12	1.00	0.20	-0.01
镇远	0.08	0.08	-0.04	0.03	0.19	0.22	0.28	0.28	0.20	1.00	-0.15
遵义	0.17	0.57	-0.14	0.51	0.59	0.45	0.46	0.11	-0.01	-0.15	1.00

表 E-7　1748 年—1767 年、1773 年—1802 年的价格方差相关指数

	澂江	楚雄	大理	东川	广南	广西	景东	开化	丽江	临安	蒙化	曲靖
澂江	1.00	0.69	0.56	0.28	0.10	0.52	0.30	0.35	0.37	0.60	0.38	0.66
楚雄	0.69	1.00	0.78	-0.14	0.48	0.47	0.58	0.39	0.62	0.55	0.54	0.50
大理	0.56	0.78	1.00	0.01	0.63	0.42	0.54	0.38	0.79	0.54	0.68	0.72
东川	0.28	-0.14	0.01	1.00	-0.32	0.12	-0.03	0.23	-0.25	0.25	0.06	0.41
广南	0.10	0.48	0.63	-0.32	1.00	0.30	0.44	0.37	0.51	0.43	0.44	0.36
广西	0.52	0.47	0.42	0.12	0.30	1.00	0.22	0.47	0.28	0.32	0.38	0.37
景东	0.30	0.58	0.54	-0.03	0.44	0.22	1.00	0.50	0.60	0.49	0.58	0.21
开化	0.35	0.39	0.38	0.23	0.37	0.47	0.50	1.00	0.32	0.43	0.51	0.35
丽江	0.37	0.62	0.79	-0.25	0.51	0.28	0.60	0.32	1.00	0.33	0.77	0.45
临安	0.60	0.55	0.54	0.25	0.43	0.32	0.49	0.43	0.33	1.00	0.40	0.49

	澂江	楚雄	大理	东川	广南	广西	景东	开化	丽江	临安	蒙化	曲靖
蒙化	0.38	0.54	0.68	0.06	0.44	0.38	0.58	0.51	0.77	0.40	1.00	0.46
曲靖	0.66	0.50	0.72	0.41	0.36	0.37	0.21	0.35	0.45	0.49	0.46	1.00
顺宁	0.17	0.33	0.37	0.05	0.56	0.11	0.57	0.42	0.38	0.67	0.45	0.28
武定	0.63	0.49	0.40	0.53	0.08	0.45	0.33	0.44	0.12	0.48	0.20	0.48
永北	0.47	0.45	0.74	0.35	0.52	0.41	0.46	0.52	0.63	0.45	0.82	0.76
永昌	0.28	0.70	0.85	-0.26	0.72	0.27	0.69	0.33	0.83	0.45	0.62	0.39
元江	0.56	0.34	0.29	0.48	0.06	0.45	0.45	0.65	0.18	0.56	0.37	0.36
云南府	0.65	0.21	0.07	0.38	-0.37	0.30	0.00	0.03	-0.04	0.24	0.07	0.16
昭通	0.29	0.29	0.26	-0.01	0.18	0.62	0.09	0.25	0.17	-0.02	0.14	0.21
镇沅	0.50	0.86	0.83	-0.20	0.67	0.41	0.74	0.46	0.74	0.56	0.66	0.46
安顺	0.20	0.07	-0.02	0.08	-0.14	0.28	-0.02	-0.11	0.05	0.08	-0.08	-0.02
大定	0.14	-0.21	-0.27	0.36	-0.55	0.00	-0.15	-0.20	-0.22	-0.14	-0.29	-0.05
都匀	0.16	0.03	0.01	0.15	-0.13	0.17	-0.06	-0.13	-0.06	0.09	-0.07	0.04
贵阳	0.13	-0.01	-0.02	0.17	-0.19	0.16	-0.02	-0.08	-0.08	0.03	-0.08	0.01
黎平	-0.18	-0.14	-0.21	-0.04	-0.26	-0.17	-0.05	-0.39	-0.13	-0.25	-0.16	-0.24
平越	0.03	-0.23	-0.16	0.25	-0.33	-0.04	-0.16	-0.21	-0.17	-0.10	-0.15	-0.06

续表

	澂江	楚雄	大理	东川	广南	广西	景东	开化	丽江	临安	蒙化	曲靖
普安	0.49	0.60	0.08	0.27	0.50	0.27	0.64	0.48	0.67	0.59	0.70	0.73
石阡	0.38	0.20	0.10	−0.09	−0.03	0.37	−0.09	−0.13	0.01	0.18	−0.06	0.06
思南	−0.07	−0.45	−0.39	0.18	−0.61	−0.21	−0.40	−0.50	−0.30	−0.30	−0.33	−0.20
思州	0.06	−0.06	−0.03	0.01	−0.03	0.05	−0.18	−0.26	−0.07	0.04	−0.11	0.02
铜仁	−0.01	−0.27	−0.24	0.13	−0.37	−0.08	−0.21	−0.28	−0.16	−0.13	−0.14	−0.11
威宁	0.06	−0.21	−0.10	0.72	−0.28	0.12	0.13	0.18	−0.18	−0.08	0.03	0.12
兴义	−0.00	0.16	0.06	−0.39	0.18	0.05	0.16	0.09	0.26	−0.11	0.26	−0.09
镇远	−0.10	−0.36	−0.31	0.17	−0.47	−0.30	−0.31	−0.47	−0.27	−0.17	−0.28	−0.19
遵义	−0.04	−0.41	−0.40	0.32	−0.75	−0.19	−0.28	−0.41	−0.33	−0.40	−0.37	−0.22

表 E-7 1748 年—1767 年、1773 年—1802 年的价格方差相关指数（续 1）

	顺宁	武定	永北	永昌	元江	云南府	昭通	镇沅	安顺	大定	都匀	贵阳
澂江	0.17	0.63	0.47	0.28	0.56	0.65	0.29	0.50	0.20	0.14	0.16	0.13
楚雄	0.33	0.49	0.45	0.70	0.34	0.21	0.29	0.86	0.07	−0.21	0.03	−0.01
大理	0.37	0.40	0.74	0.85	0.29	0.07	0.26	0.83	−0.02	−0.27	0.01	−0.02
东川	0.05	0.53	0.35	−0.26	0.48	0.38	−0.01	−0.20	0.08	0.36	0.15	0.17

	顺宁	武定	永北	永昌	元江	云南府	昭通	镇沅	安顺	大定	都匀	贵阳
广南	0.56	0.08	0.52	0.72	0.06	-0.37	0.18	0.67	-0.14	-0.55	-0.13	-0.19
广西	0.11	0.45	0.41	0.27	0.45	0.30	0.62	0.41	0.28	0.00	0.17	0.16
景东	0.57	0.33	0.46	0.69	0.45	0.00	0.09	0.74	-0.02	-0.15	-0.06	-0.02
开化	0.42	0.44	0.52	0.33	0.65	0.03	0.25	0.46	-0.11	-0.20	-0.13	-0.08
丽江	0.38	0.12	0.63	0.83	0.18	-0.04	0.17	0.74	-0.05	-0.22	-0.06	-0.08
临安	0.67	0.48	0.45	0.45	0.56	0.24	-0.02	0.56	0.08	-0.14	0.09	0.03
蒙化	0.45	0.20	0.82	0.62	0.37	0.07	0.14	0.66	-0.08	-0.29	-0.07	-0.08
曲靖	0.28	0.48	0.76	0.39	0.36	0.16	0.21	0.46	-0.02	-0.05	0.04	0.01
顺宁	1.00	0.29	0.43	0.49	0.45	-0.17	-0.09	0.45	-0.11	-0.22	-0.09	-0.22
武定	0.29	1.00	0.38	0.23	0.76	0.35	0.29	0.34	0.11	0.17	0.16	0.15
永北	0.43	0.38	1.00	0.56	0.44	0.09	0.21	0.55	-0.06	0.23	-0.00	-0.03
永昌	0.49	0.23	0.56	1.00	0.18	-0.18	0.17	0.83	-0.07	-0.35	-0.06	-0.08
元江	0.45	0.76	0.44	0.18	1.00	0.37	0.14	0.28	0.14	0.19	0.15	0.12
云南府	-0.17	0.35	0.09	-0.18	0.37	1.00	0.09	-0.02	0.41	0.36	0.30	0.29
昭通	-0.09	0.29	0.21	0.17	0.14	0.09	1.00	0.24	0.15	0.12	0.14	0.29
镇沅	0.45	0.34	0.55	0.83	0.28	-0.02	0.24	1.00	-0.05	-0.36	-0.05	-0.05

	顺宁	武定	永北	永昌	元江	云南府	昭通	镇沅	安顺	大定	都匀	贵阳
安顺	-0.11	0.11	-0.06	-0.07	0.14	0.41	0.15	-0.05	1.00	0.39	0.66	0.62
大定	-0.22	0.17	-0.23	-0.35	0.19	0.36	0.12	-0.36	0.39	1.00	0.24	0.32
都匀	-0.09	0.16	-0.00	-0.06	0.15	0.30	0.14	-0.05	0.66	0.24	1.00	0.63
贵阳	-0.22	0.15	-0.03	-0.08	0.12	0.29	0.29	-0.05	0.62	0.32	0.63	1.00
黎平	-0.18	-0.13	-0.24	-0.11	-0.16	0.13	0.05	-0.24	0.31	0.36	0.14	0.37
平越	-0.21	0.08	-0.07	-0.21	0.16	0.27	0.07	-0.31	0.49	0.49	0.43	0.61
普安	0.54	0.46	0.80	0.71	0.44	-0.05	0.11	0.69	-0.08	-0.24	-0.04	-0.06
石阡	-0.18	0.07	-0.05	0.01	0.05	0.41	0.37	0.04	0.57	0.14	0.31	0.41
思南	-0.34	-0.07	-0.31	-0.43	-0.01	0.27	-0.04	-0.59	0.32	0.67	0.18	0.33
思州	-0.10	-0.02	-0.04	-0.07	-0.04	0.09	0.21	-0.12	0.35	0.15	0.43	0.39
铜仁	-0.12	-0.03	-0.15	-0.24	0.12	0.22	-0.06	-0.38	0.41	0.55	0.16	0.32
威宁	-0.09	0.39	0.24	-0.17	0.38	0.27	0.11	-0.24	0.15	0.50	0.10	0.24
兴义	0.15	-0.21	0.12	0.19	-0.06	-0.01	0.03	0.09	0.13	-0.22	-0.08	-0.13
镇远	-0.20	-0.04	-0.25	-0.33	0.06	0.24	-0.30	-0.47	0.34	0.45	0.32	0.34
遵义	-0.49	0.06	-0.33	-0.45	0.04	0.35	0.03	-0.54	0.27	0.80	0.21	0.36

表 E-7　1748 年—1767 年、1773 年—1802 年的价格方差相关指数(续2)

	黎平	平越	普安	石阡	思南	思州	铜仁	威宁	兴义	镇远	遵义
澂江	-0.18	0.03	0.49	0.38	-0.07	0.06	-0.01	0.06	-0.00	-0.10	0.04
楚雄	-0.14	-0.23	0.60	0.20	-0.45	-0.06	-0.27	-0.21	0.16	-0.36	-0.41
大理	-0.21	-0.16	0.80	0.10	-0.39	-0.03	-0.24	-0.10	0.06	-0.31	-0.40
东川	-0.04	0.25	0.27	-0.09	0.18	0.01	0.13	0.72	-0.39	0.17	0.32
广南	-0.26	-0.33	0.50	-0.03	-0.61	-0.03	-0.37	-0.28	0.18	-0.47	-0.75
广西	-0.17	-0.04	0.27	0.37	-0.21	0.05	-0.08	0.12	0.05	-0.30	-0.19
景东	-0.05	-0.16	0.64	-0.09	-0.40	-0.18	-0.21	0.13	0.16	-0.31	-0.28
开化	-0.39	-0.21	0.48	-0.13	-0.50	-0.26	-0.28	0.18	0.09	-0.47	-0.41
丽江	-0.13	-0.17	0.67	0.01	-0.30	-0.07	-0.16	-0.18	0.26	-0.27	-0.33
临安	-0.25	-0.10	0.59	0.18	-0.30	0.04	-0.13	0.08	-0.11	-0.17	-0.40
蒙化	-0.16	-0.15	0.70	-0.06	-0.33	-0.11	-0.14	0.03	0.26	-0.28	-0.37
曲靖	-0.24	-0.06	0.73	0.06	-0.20	0.02	-0.11	0.12	-0.09	-0.19	-0.22
顺宁	-0.18	-0.21	0.54	-0.18	-0.34	-0.10	-0.12	-0.09	0.15	-0.20	-0.49
武定	-0.13	0.08	0.46	0.07	-0.07	-0.02	-0.03	0.39	-0.21	-0.04	0.06
永北	-0.24	-0.07	0.80	-0.05	-0.31	-0.04	-0.15	0.24	0.12	-0.25	-0.33
永昌	-0.11	-0.21	0.71	0.01	-0.43	-0.07	-0.24	-0.17	0.19	-0.33	-0.45

	黎平	平越	普安	石阡	思南	思州	铜仁	威宁	兴义	镇远	遵义
元江	-0.16	0.16	0.44	0.05	-0.01	-0.04	0.12	0.38	-0.06	0.06	0.04
云南府	0.13	0.27	-0.05	0.41	0.27	-0.09	0.22	0.27	-0.01	0.24	0.35
昭通	0.05	0.07	0.11	0.37	-0.04	0.21	-0.06	0.11	0.03	-0.30	0.03
镇沅	-0.24	-0.31	0.69	0.04	-0.59	-0.12	-0.38	-0.24	0.09	-0.47	-0.54
安顺	0.31	0.49	-0.08	0.57	0.32	0.35	0.41	0.15	0.13	0.34	0.27
大定	0.36	0.49	-0.24	0.14	0.67	0.15	0.55	0.50	-0.22	0.45	0.80
都匀	0.14	0.43	-0.04	0.31	0.18	0.43	0.16	0.10	-0.08	0.32	0.21
贵阳	0.37	0.61	-0.06	0.41	0.33	0.39	0.32	0.24	-0.13	0.34	0.36
黎平	1.00	0.46	-0.29	0.14	0.46	0.12	0.47	0.26	0.00	0.41	0.45
平越	0.46	1.00	-0.15	0.36	0.73	0.48	0.76	0.35	-0.10	0.70	0.64
普安	-0.29	-0.15	1.00	-0.07	-0.37	-0.09	-0.19	0.06	0.11	-0.28	-0.37
石阡	0.14	0.36	-0.07	1.00	0.29	0.48	0.33	-0.13	0.16	0.12	0.14
思南	0.46	0.73	-0.37	0.29	1.00	0.34	0.83	0.29	-0.11	0.81	0.83
思州	0.12	0.48	-0.09	0.48	0.34	1.00	0.40	0.00	-0.07	0.28	0.16
铜仁	0.47	0.76	-0.19	0.33	0.83	0.40	1.00	0.24	0.08	0.74	0.58
威宁	0.26	0.35	0.06	-0.13	0.29	0.00	0.24	1.00	-0.24	0.20	0.50

	黎平	平越	普安	石阡	思南	思州	铜仁	威宁	兴义	镇远	遵义
兴义	0.00	-0.10	0.11	0.16	-0.11	-0.07	0.08	0.24	1.00	-0.12	-0.26
镇远	0.41	0.70	-0.28	0.12	0.81	0.28	0.74	0.20	-0.12	1.00	0.60
遵义	0.45	0.64	-0.37	0.14	0.83	0.16	0.58	0.50	-0.26	0.60	1.00

表 E - 8　1748 年—1767 年、1773 年—1802 年的价格相关指数平均值

	澄江	楚雄	大理	东川	广南	广西	景东	开化	丽江	临安	蒙化	曲靖
澄江	1.00	0.64	0.52	0.26	0.08	0.55	0.32	0.40	0.43	0.62	0.35	0.67
楚雄	0.64	1.00	0.75	-0.02	0.32	0.51	0.51	0.45	0.61	0.54	0.52	0.48
大理	0.52	0.75	1.00	0.07	0.53	0.55	0.55	0.53	0.77	0.54	0.69	0.62
东川	0.26	-0.02	0.07	1.00	-0.31	0.19	-0.11	0.26	-0.20	0.21	0.05	0.40
广南	0.08	0.32	0.53	-0.31	1.00	0.29	0.40	0.31	0.43	0.29	0.27	0.31
广西	0.55	0.51	0.55	0.19	0.29	1.00	0.28	0.44	0.42	0.35	0.41	0.50
景东	0.32	0.51	0.55	-0.11	0.40	0.28	1.00	0.51	0.69	0.50	0.55	0.22
开化	0.40	0.45	0.53	0.26	0.31	0.44	0.51	1.00	0.52	0.48	0.59	0.44
丽江	0.43	0.61	0.77	-0.20	0.43	0.42	0.69	0.52	1.00	0.43	0.81	0.44
临安	0.62	0.54	0.54	0.21	0.29	0.35	0.50	0.48	0.43	1.00	0.43	0.44

续表

	澂江	楚雄	大理	东川	广南	广西	景东	开化	丽江	临安	蒙化	曲靖
蒙化	0.35	0.52	0.69	0.05	0.27	0.41	0.55	0.59	0.81	0.43	1.00	0.38
曲靖	0.67	0.48	0.62	0.40	0.31	0.50	0.22	0.44	0.44	0.44	0.38	1.00
顺宁	0.19	0.35	0.43	0.08	0.50	0.17	0.52	0.49	0.43	0.53	0.43	0.31
武定	0.57	0.49	0.41	0.46	0.12	0.47	0.31	0.40	0.15	0.37	0.16	0.49
永北	0.46	0.42	0.73	0.24	0.47	0.48	0.50	0.64	0.70	0.43	0.78	0.69
永昌	0.24	0.62	0.77	-0.26	0.65	0.33	0.71	0.42	0.77	0.44	0.61	0.30
元江	0.61	0.44	0.46	0.41	0.13	0.48	0.54	0.65	0.37	0.61	0.45	0.46
云南府	0.69	0.25	0.13	0.39	-0.24	0.36	0.07	0.12	0.05	0.36	0.10	0.27
昭通	0.29	0.27	0.32	0.05	0.23	0.54	0.10	0.33	0.25	-0.03	0.13	0.30
镇沅	0.52	0.79	0.78	-0.11	0.46	0.48	0.71	0.55	0.79	0.57	0.67	0.44
安顺	0.24	0.13	-0.02	0.15	-0.08	0.34	0.02	-0.04	-0.07	0.14	-0.14	0.04
大定	0.18	-0.03	-0.19	0.38	-0.37	0.12	-0.06	-0.03	-0.15	-0.01	-0.25	0.05
都匀	0.11	-0.01	-0.01	0.20	-0.06	0.13	-0.10	-0.13	-0.11	0.04	-0.10	0.06
贵阳	0.18	-0.02	-0.12	0.19	-0.18	0.20	-0.05	-0.02	-0.16	0.05	-0.14	0.02
黎平	-0.18	-0.13	-0.28	-0.01	-0.18	-0.12	-0.07	-0.34	-0.21	-0.26	-0.19	-0.23
平越	0.06	-0.25	-0.18	0.25	-0.28	-0.09	-0.17	-0.18	-0.25	-0.02	-0.18	-0.09

	澂江	楚雄	大理	东川	广南	广西	景东	开化	丽江	临安	蒙化	曲靖
普安	0.48	0.56	0.74	0.19	0.39	0.35	0.64	0.58	0.66	0.56	0.66	0.62
石阡	0.43	0.17	0.10	-0.04	-0.03	0.25	-0.09	-0.08	-0.02	0.29	-0.11	0.09
思南	0.03	-0.36	-0.36	-0.16	-0.43	-0.08	-0.29	-0.36	-0.28	-0.15	-0.29	-0.16
思州	0.09	-0.05	-0.04	0.00	0.01	0.02	-0.26	-0.22	-0.17	0.11	-0.17	0.04
铜仁	0.06	-0.24	-0.32	0.16	-0.32	0.00	-0.22	-0.21	-0.25	-0.03	-0.17	-0.08
威宁	0.11	-0.05	0.00	0.55	-0.13	0.27	0.16	0.18	-0.09	-0.05	0.01	0.14
兴义	0.00	0.06	-0.05	-0.25	0.09	0.03	0.04	0.03	0.11	-0.13	0.08	-0.04
镇远	-0.07	-0.30	-0.36	0.15	-0.34	-0.12	-0.25	-0.27	-0.36	-0.11	-0.31	-0.22
遵义	-0.01	-0.32	-0.37	0.18	-0.56	-0.16	-0.16	-0.34	-0.30	-0.24	-0.32	-0.25

表 E-8　1748 年—1767 年、1773 年—1802 年的价格相关指数平均值(续1)

	顺宁	武定	永北	永昌	元江	云南府	昭通	镇沅	安顺	大定	都匀	贵阳
澂江	0.19	0.57	0.46	0.24	0.61	0.69	0.29	0.52	0.24	0.18	0.11	0.18
楚雄	0.35	0.49	0.42	0.62	0.44	0.25	0.27	0.79	0.13	-0.03	-0.01	-0.02
大理	0.43	0.41	0.73	0.77	0.46	0.13	0.32	0.78	-0.02	-0.19	-0.01	-0.12
东川	0.08	0.46	0.24	-0.26	0.41	0.39	0.05	-0.11	0.15	0.38	0.20	0.19

续表

	顺宁	武定	永北	永昌	元江	云南府	昭通	镇沅	安顺	大定	都匀	贵阳
广南	0.50	0.12	0.47	0.65	0.13	-0.24	0.23	0.46	-0.08	-0.37	-0.06	-0.18
广西	0.17	0.47	0.48	0.33	0.48	0.36	0.54	0.48	0.34	0.12	0.13	0.20
景东	0.52	0.31	0.50	0.71	0.54	0.07	0.10	0.71	0.02	-0.06	-0.10	-0.05
开化	0.49	0.40	0.64	0.42	0.65	0.12	0.33	0.55	-0.04	-0.03	-0.13	-0.02
丽江	0.43	0.15	0.70	0.77	0.37	0.05	0.25	0.79	-0.07	-0.15	-0.11	-0.16
临安	0.53	0.37	0.43	0.44	0.61	0.36	-0.03	0.57	0.14	-0.01	0.04	0.05
蒙化	0.43	0.16	0.78	0.61	0.45	0.10	0.13	0.67	-0.14	-0.25	-0.10	-0.14
曲靖	0.31	0.49	0.69	0.30	0.46	0.27	0.30	0.44	0.04	0.05	0.06	0.02
顺宁	1.00	0.33	0.45	0.50	0.53	-0.08	0.04	0.43	-0.13	-0.09	-0.05	-0.32
武定	0.33	1.00	0.36	0.28	0.71	0.34	0.30	0.33	0.15	0.20	0.13	0.15
永北	0.45	0.36	1.00	0.58	0.56	0.14	0.31	0.55	-0.08	-0.17	0.02	-0.06
永昌	0.50	0.28	0.58	1.00	0.35	-0.16	0.19	0.73	-0.13	-0.32	-0.11	-0.20
元江	0.53	0.71	0.56	0.35	1.00	0.42	0.20	0.41	0.12	0.19	0.10	0.08
云南府	-0.08	0.34	0.14	-0.16	0.42	1.00	0.09	0.10	0.49	0.35	0.33	0.37
昭通	0.04	0.30	0.31	0.19	0.20	0.09	1.00	0.23	0.15	0.20	0.16	0.34
镇沅	0.43	0.33	0.55	0.73	0.41	0.10	0.23	1.00	0.00	-0.19	-0.13	-0.04

	顺宁	武定	永北	永昌	元江	云南府	昭通	镇沅	安顺	大定	都匀	贵阳
安顺	-0.13	0.15	-0.08	-0.13	0.12	0.49	0.15	0.00	1.00	0.48	0.51	0.57
大定	-0.09	0.20	-0.17	-0.32	0.19	0.35	0.20	-0.19	0.48	1.00	0.25	0.36
都匀	-0.05	0.13	0.02	-0.11	0.10	0.33	0.16	-0.13	0.51	0.25	1.00	0.49
贵阳	-0.32	0.15	-0.06	-0.20	0.08	0.37	0.34	-0.04	0.57	0.36	0.49	1.00
黎平	-0.16	-0.07	-0.26	-0.08	-0.13	0.06	0.11	-0.27	0.23	0.29	0.15	0.33
平越	-0.28	0.00	-0.05	-0.28	0.08	0.32	0.11	-0.37	0.36	0.38	0.33	0.51
普安	0.52	0.44	0.73	0.65	0.59	0.02	0.10	0.68	-0.14	-0.21	-0.09	-0.17
石阡	-0.25	0.01	-0.07	-0.07	0.03	0.49	0.27	0.01	0.49	0.14	0.17	0.41
思南	-0.28	0.02	-0.24	-0.43	0.04	0.29	0.07	-0.47	0.30	0.54	0.15	0.37
思州	-0.21	-0.04	-0.03	-0.12	-0.02	0.16	0.21	-0.19	0.35	0.18	0.38	0.41
铜仁	-0.17	0.06	-0.19	-0.33	0.14	0.31	0.01	-0.38	0.40	0.52	0.14	0.39
威宁	-0.05	0.42	0.24	-0.06	0.36	0.24	0.22	-0.11	0.30	0.50	0.10	0.35
兴义	0.08	-0.13	0.05	0.03	-0.08	0.00	0.05	-0.02	0.21	-0.13	-0.04	-0.07
镇远	-0.16	0.09	-0.21	-0.37	0.17	0.28	-0.11	-0.47	0.28	0.33	0.34	0.35
遵义	-0.44	0.02	-0.30	-0.37	0.01	0.27	0.04	-0.43	0.23	0.61	0.13	0.32

表 E-8 1748 年—1767 年、1773 年—1802 年的价格相关指数平均值（续 2）

	黎平	平越	普安	石阡	思南	思州	铜仁	威宁	兴义	镇远	遵义
澂江	-0.18	0.06	0.48	0.43	0.03	0.09	0.06	0.11	0.00	-0.07	-0.01
楚雄	-0.13	-0.25	0.56	0.17	-0.36	-0.05	-0.24	-0.05	0.06	-0.30	-0.32
大理	-0.28	-0.18	0.74	0.10	-0.36	-0.04	-0.32	0.00	-0.05	-0.36	-0.37
东川	-0.01	0.25	0.19	-0.04	0.16	0.00	0.16	0.55	-0.25	0.15	0.18
广南	-0.18	-0.28	0.39	-0.03	-0.43	0.01	-0.32	-0.13	0.09	-0.34	-0.56
广西	-0.12	-0.09	0.35	0.25	-0.08	0.02	0.00	0.27	0.03	-0.12	-0.16
景东	-0.07	-0.17	0.64	-0.09	-0.29	-0.26	-0.22	0.16	0.04	-0.25	-0.16
开化	-0.34	-0.18	0.58	-0.08	-0.36	-0.22	-0.21	0.18	0.03	-0.27	-0.34
丽江	-0.21	-0.25	0.66	-0.02	-0.28	-0.17	-0.25	-0.09	0.11	-0.36	-0.30
临安	-0.26	-0.02	0.56	0.29	-0.15	0.11	-0.03	-0.05	-0.13	-0.11	-0.24
蒙化	-0.19	-0.18	0.66	-0.11	-0.29	-0.17	-0.17	0.01	0.08	-0.31	-0.32
曲靖	-0.23	-0.09	0.62	0.09	-0.16	0.04	-0.08	0.14	-0.04	-0.22	-0.25
顺宁	-0.16	-0.28	0.52	-0.25	-0.28	-0.21	-0.17	-0.05	0.08	-0.16	-0.44
武定	-0.07	0.00	0.44	0.01	0.02	-0.04	0.06	0.42	-0.13	0.09	0.02
永北	-0.26	-0.05	0.73	-0.07	-0.24	-0.13	-0.19	0.24	0.05	-0.21	-0.30
永昌	-0.08	-0.28	0.65	-0.07	-0.43	-0.12	-0.33	-0.06	0.03	-0.37	-0.37

	黎平	平越	普安	石阡	思南	思州	铜仁	威宁	兴义	镇远	遵义
元江	-0.13	0.08	0.59	0.03	0.04	-0.02	0.14	0.36	-0.08	0.17	0.01
云南府	0.06	0.32	0.02	0.49	0.29	0.16	0.31	0.24	0.00	0.28	0.27
昭通	0.11	0.11	0.10	0.27	0.07	0.21	0.01	0.22	0.05	-0.11	0.04
镇沅	-0.27	-0.37	0.68	0.01	-0.47	-0.19	-0.38	-0.11	-0.02	-0.47	-0.43
安顺	0.23	0.36	-0.14	0.49	0.30	0.35	0.40	0.30	0.21	0.28	0.23
大定	0.29	0.38	-0.21	0.14	0.54	0.18	0.52	0.50	-0.13	0.33	0.61
都匀	0.15	0.33	-0.09	0.17	0.15	0.38	0.14	0.10	-0.04	0.34	0.13
贵阳	0.33	0.51	-0.17	0.41	0.37	0.41	0.39	0.35	-0.07	0.35	0.32
黎平	1.00	0.39	-0.39	0.11	0.39	0.15	0.40	0.32	0.03	0.30	0.37
平越	0.39	1.00	-0.26	0.50	0.72	0.54	0.63	0.32	-0.05	0.49	0.67
普安	-0.39	-0.26	1.00	-0.11	-0.35	-0.19	-0.24	0.04	-0.01	-0.31	-0.34
石阡	0.11	0.50	-0.11	1.00	0.36	0.56	0.39	-0.12	0.17	0.09	0.26
思南	0.39	0.72	-0.35	0.36	1.00	0.39	0.80	0.30	-0.40	0.62	0.76
思州	0.15	0.54	-0.19	0.56	0.39	1.00	0.47	0.04	-0.04	0.27	0.29
铜仁	0.40	0.63	-0.24	0.39	0.80	0.47	1.00	0.28	0.12	0.59	0.58
威宁	0.32	0.32	0.04	-0.12	0.30	0.04	0.28	1.00	-0.12	0.26	0.39

	黎平	平越	普安	石阡	思南	思州	铜仁	威宁	兴义	镇远	遵义
兴义	0.03	-0.05	-0.01	0.17	-0.04	-0.04	0.12	-0.12	1.00	-0.04	-0.19
镇远	0.30	0.49	-0.31	0.09	0.62	0.27	0.59	0.26	-0.04	1.00	0.38
遵义	0.37	0.67	-0.34	0.26	0.76	0.29	0.58	0.39	-0.19	0.38	1.00

资料来源及数据产生方法:

詳见第八章"一、关于中国西南粮食价格的数据资料"和"二、18 世纪(1705 年—1805 年)中国西南的米价"的说明。

注　　释

1　本附录各表资料来源及数据产生方法详见第八章"一、关于中国西南粮食价格的数据资料"和"二、18 世纪(1705 年—1805 年)中国西南的米价"的说明。

参考文献

档案、史志文献

李贤等纂修《大明一统志》,1461 年,台联国风出版社,1965 年。

嘉庆《大清一统志》,道光版。

师范《滇系》,1808 年或 1887 年。

天启《滇志》,1625 年,北京大学图书馆藏。

谢圣纶《滇黔志略》,1763 年,云南大学图书馆藏。

嘉靖《贵州通志》,1555 年,日本京都大学图书馆,或台北国立"中央"图书馆藏。

万历《贵州通志》,1597 年,日本东京尊经阁文库藏。

康熙《贵州通志》,1673 年,上海图书馆藏。

康熙《新补贵州通志》,1697 年。

乾隆《贵州通志》,1741 年。

民国《贵州通志》,1948 年,云南省图书馆藏。

弘治《贵州图经新志》,1502 年,中国国家图书馆藏。

万历《湖广总志》,1591 年,京都大学图书馆藏。

郭子章《黔记》,1608 年,上海图书馆藏。

爱必达《黔南识略》,1749 或 1847 年。

何东铭《邛嶲野录》,1832 年,四川省图书馆藏。

乾隆《四川通志》,1816 年。

万历《四川总志》,1619 年。

光绪《续云南通志》,1901 年。

王崧编《云南备徵志》,1831 或 1910 年。

景泰《云南图经志书》,1455 年,中国国家图书馆、上海图书馆、云
　　南省图书馆藏。

正德《云南志》,1553 年,云南省图书馆藏。

万历《云南通志》,1576 年,芝加哥大学图书馆藏。

康熙《云南通志》,1691 年。

雍正《云南通志》,1736 年,哥伦比亚大学图书馆藏。

道光《云南通志》,1835 年,美国国会图书馆藏。

光绪《云南通志》,1894 年,日本京都大学图书馆或美国密西根大
　　学图书馆藏。

民国《新纂云南通志》,1949 年,云南省图书馆藏。

康熙《阿迷州志》,1673 年,云南省图书馆藏

雍正《阿迷州志》,1735 年,中国国家图书馆,云南省图书馆藏。

乾隆《阿迷州志》,1796 年,云南省图书馆藏。

康熙《安宁州志》,1710 年,中国国家图书馆、云南省图书馆藏。

乾隆《安宁州志》,1739 年或 1879 年,东洋文库。

民国《安宁县志》,1949 年,云南省图书馆藏。

道光《安平县志》,1827 年,京都大学图书馆藏。

道光《安顺府志》,1851 年,上海图书馆藏。

民国《八寨县志》,1932 年。

乾隆《白盐井志》,1758 年,云南省图书馆藏。

乾隆《毕节县志》,1758 年,中国国家图书馆藏。

雍正《宾川州志》,1727 年,北京大学图书馆、芝加哥大学图书馆藏。

嘉靖《常德府志》,1535 年,上海图书馆藏。

嘉庆《常德府志》,1813 年,哥伦比亚大学图书馆藏。

康熙《呈贡县志》,1716 年,云南省图书馆藏。

雍正《呈贡县志》,1725 年,云南省图书馆、芝加哥大学图书馆藏。

光绪《呈贡县志》,1885 年,美国国会图书馆藏。

康熙《澂江府志》,1719 年,上海图书馆藏。

道光《澂江府志》,1847 年,云南省图书馆、芝加哥大学图书馆藏。

万历《辰州府志》,1597 年,中国国家图书馆藏。

康熙《辰州府志》,1685 年或 1709 年,日本内阁文库。

乾隆《辰州府志》,1765 年,美国国会图书馆藏。

隆庆《楚雄府志》,1568 年。

康熙《楚雄府志》,1716 年。

宣统《楚雄府志》,1910 年。

道光《大定府志》,1850 年,东京大学东洋文化研究所藏。

光绪《大关县志》,1909 年,云南省图书馆藏。

嘉靖《大理府志》,1563 年,芝加哥大学出版社。

康熙《大理府志》,1694 年、1746 年、1940 年,上海图书馆藏。

民国《大理县志稿》,1917 年。

康熙《大姚县志》,1714 年,云南省图书馆藏。

道光《大姚县志》,1845 年,云南省图书馆藏。

崇祯《邓川州志》,1644 年,台北国立"中央"图书馆、芝加哥大学图书馆藏。

道光《邓川州志》,道光版,云南省图书馆藏。

咸丰《邓川州志》,1853 年。

康熙《定边县志》,1713 年,云南省图书馆藏。

康熙《定番州志》,1718 年或 1945 年,北京大学图书馆。

康熙《定远县志》,1702 年,云南省图书馆藏。

道光《定远县志》,1835 年,云南省图书馆藏。

雍正《东川府志》,1735 年,中国国家图书馆藏。

乾隆《东川府志》,1761 年,东洋文库。

光绪《东川府志》,1897 年,美国国会图书馆、芝加哥大学图书馆藏。

乾隆《独山州志》,1769 年、1944 年,上海图书馆藏。

乾隆《碍嘉志》,1746 年,美国国会图书馆藏。

康熙《富民县志》,1712 年,日本东京东洋文库。

乾隆《富民县志》,1731 年,云南省图书馆、芝加哥大学图书馆藏。

道光《广南府志》,1825 年,日本东京东洋文库。

道光《续修广南府志》,1848 年或 1905 年,芝加哥大学图书馆藏。

民国《广南县志》,1934 年,云南省图书馆藏。

康熙《广通县志》,1690 年或 1943 年,云南省图书馆藏。

康熙《广西府志》,1714 年,北京大学图书馆藏。

乾隆《广西府志》,1793 年。

光绪《广西府志》,1905 年,京都大学人文科学研究所藏。

民国《贵定县志》,1937 年,上海图书馆藏。

咸丰《贵阳府志》,1852 年,美国国会图书馆藏。

同治《古越州志》,1867 年,云南省图书馆藏。

康熙《河西县志》,1712 年,云南省图书馆藏。

康熙《河阳县志》,1717 年,云南省图书馆藏。

康熙《黑盐井志》,1710 年,云南省图书馆藏。

康熙《鹤庆府志》,1714 年或 1788 年,日本京都大学人文科学研
　究所。

光绪《鹤庆州志》,1894 年,芝加哥大学图书馆藏。

康熙《剑川州志》,1713 年,云南省图书馆藏。

雍正《建水州志》,1731 年,中国国家图书馆藏。

民国《续修建水县志稿》,1920 年,密西根大学图书馆藏。

光绪《江川县志》,1907 年,云南省图书馆藏。

雍正《景东府志》,1732 年,云南省图书馆、中国国家图书馆藏。

乾隆《景东直隶厅志》,1788 年,云南省图书馆藏。

嘉庆《景东直隶厅志》,1820 年,云南省图书馆藏。

道光《景东直隶厅志》,1829 年,云南省图书馆藏。

康熙《晋宁州志》,1716 年,中国国家图书馆、云南省图书馆藏。

道光《晋宁州志》,1843 年,云南省图书馆藏。

乾隆《开化府志》,1759 年,中国国家图书馆藏。

乾隆《开泰县志》,1752 年,中国国家图书馆藏。

民国《开阳县志》,1939 年。

道光《昆明县志》,1841 年。

光绪《昆明县志》,1901 年。

《昆明市志草稿》,1965 年,云南省图书馆藏。

道光《昆阳州志》,1839 年,云南省图书馆藏。

康熙《浪穹县志》,1690 年。

道光《浪穹县志》,1842 年,云南省图书馆藏。

光绪《浪穹县志》,1903 年。

康熙《琅盐井志》,1712 年,云南省图书馆、芝加哥大学图书馆藏。

乾隆《琅盐井志》,1756 年,美国国会图书馆藏。

光绪《雷波厅志》，1893 年，美国国会图书馆藏。

同治《雷波县志》，1875 年。

乾隆《丽江府志》，1743 年。

光绪《丽江府志》，1895 年，美国国会图书馆、芝加哥大学图书馆藏。

雍正《临安府志》，1731 年，日本东洋文库藏。

道光《黎平府志》，1845 年，哈佛—燕京图书馆、芝加哥大学图书馆藏。

民国《龙陵县志》，1917 年，芝加哥大学图书馆藏。

康熙《禄丰县志》，1712 年，上海图书馆、芝加哥大学图书馆藏。

乾隆《陆凉州志》，1752 年，云南省图书馆藏。

民国《路南县志》，1917 年。

康熙《路南州志》，1712 年，美国国会图书馆藏。

乾隆《路南州志》，1757 年，云南省图书馆藏。

康熙《罗次县志》，1720 年，云南省图书馆藏。

康熙《罗平州志》，1691 年，云南省图书馆藏。

康熙《续纂罗平州志》，1718 年，京都大学人文科学研究所藏。

康熙《禄劝州志》，1719 年，云南省图书馆藏。

乾隆《禄劝县志》（《农部琐录》），1780 年，云南省图书馆藏。

民国《禄劝县志》，1928 年，云南省图书馆藏。

民国《马关县志》，1932 年。

嘉靖《马湖府志》，1555 年，上海图书馆藏。

民国《麻江县志》，1938 年。

康熙《马龙州志》，清初抄本，云南省图书馆、芝加哥大学图书馆藏。

雍正《马龙州志》，1723 年，云南省图书馆藏。

民国《续修马龙县志》,1917 年,云南省图书馆藏。

康熙《湄潭县志》,1687 年,上海图书馆藏。

光绪《湄潭县志》,1899 年。

康熙《蒙化府志》,1698 年或 1881 年,云南省图书馆藏。

民国《蒙化志稿》,1920 年,云南省图书馆藏。

康熙《蒙自县志》,1712 年,上海图书馆藏。

乾隆《蒙自县志》,1791 年,云南省图书馆藏。

康熙《弥勒州志》,1716 年,中国国家图书馆、云南省图书馆藏。

乾隆《弥勒州志》,1739 年,京都大学人文科学研究所。

康熙《南安州志》,1709 年,上海图书馆、芝加哥大学图书馆藏。

乾隆《南笼府志》,1764 年,美国国会图书馆藏。

道光《南宁县志》,1852 年,云南省图书馆藏。

民国《宁州志》,1916 年,云南省图书馆藏。

民国《平坝县志》,1931 年。

康熙《平溪卫志》,1672 年,上海图书馆藏。

康熙《平彝县志》,1705 年,京都大学人文科学研究所、芝加哥大学
　图书馆藏。

道光《平远州志》,1848 年。

嘉靖《普安州志》,1549 年或 1961 年,上海图书馆藏。

光绪《普安直隶厅志》,1889 年。

乾隆《普安州志》,1758 年,日本东洋文库。

道光《普洱府志》,1851 年,日本东洋文库。

光绪《普洱府志》,1900 年,芝加哥大学图书馆藏。

道光《黔西州志》,1835 年,日本东洋文库藏。

康熙《黔阳县志》,1667 年,中国国家图书馆藏。

雍正《黔阳县志》,1733 年,美国国会图书馆藏。

乾隆《黔阳县志》,1789 年,日本东洋文库藏。

同治《黔阳县志》,1874 年。

民国《巧家县志》,1942 年。

康熙《清浪卫志》,1684 年,上海图书馆藏。

民国《三合县志》,1940 年。

康熙《石屏州志》,1673 年,中国国家图书馆藏。

康熙《续修石屏州志》,1699 年,中国国家图书馆藏。

乾隆《石屏州志》,1759 年。

乾隆《石屏州续志》,1780 年,京都大学人文科学研究所藏。

康熙《师宗州志》,1718 年或 1729 年,京都大学人文科学研究所、
    芝加哥大学图书馆藏。

康熙《顺宁府志》,1700 年,云南省图书馆藏。

雍正《顺宁府志》,1725 年,云南省图书馆藏。

乾隆《顺宁府志》,1761 年,云南省图书馆藏。

光绪《续修顺宁府志》,1905 年,云南省图书馆藏。

民国《顺宁县志稿》,1947 年,云南省图书馆藏。

嘉靖《思南府志》,1537 年,上海图书馆藏。

康熙《思州府志》,1722 年,芝加哥大学图书馆藏。

康熙《嵩明州志》,1720 年,京都大学人文科学研究所藏。

光绪《续修嵩明州志》,1887 年。

道光《松桃厅志》,1836 年,芝加哥大学图书馆藏。

乾隆《太和县志》,1752 年,美国国会图书馆藏。

乾隆《腾越州志》,1790 年,云南省图书馆藏。

光绪《腾越厅志稿》,1887 年,云南省图书馆藏。

康熙《天柱县志》,1683 年。

康熙《通海县志》,1691 年,东洋文库。

万历《铜仁府志》，1614年，东洋文库。

民国《桐梓县志》，1929年。

道光《威远厅志》，1837年，云南大学图书馆藏。

康熙《武定府志》，1689年，云南省图书馆藏。

民国《西昌县志》，1942年。

康熙《嶍峨县志》，1717年，云南省图书馆藏。

咸丰《嶍峨县志》，1860年，云南省图书馆藏。

康熙《新平县志》，1712年，上海图书馆藏。

道光《新平县志》，1826年，京都大学人文科学研究所藏。

康熙《新兴州志》，1715年，东洋文库、芝加哥大学图书馆藏。

乾隆《新兴州志》，1749年，云南省图书馆藏。

道光《宣威州志》，1844年，京都大学人文科学研究所、芝加哥大学
　　图书馆藏。

民国《宣威县志》，1934年。

嘉靖《寻甸府志》，1550年，上海图书馆藏。

康熙《寻甸州志》。1720年，云南省图书馆藏。

道光《寻甸州志》，1828年，云南省图书馆、芝加哥大学图书馆藏。

民国《盐丰县志》，1924年。

民国《沿河县志》，1933年。

康熙《姚州志》，1713年，云南省图书馆藏。

乾隆《姚州志》，1741年，云南省图书馆藏。

光绪《姚州志》，1885年，芝加哥大学图书馆藏。

乾隆《雅州府志》，1738年。

乾隆《玉屏县志》，1757年，中国国家图书馆藏。

康熙《宜良县志》，1716年，上海图书馆藏。

乾隆《宜良县志》（王诵芬纂修），1767年，云南省图书馆藏。

乾隆《宜良县志》(李淳等纂修),1786 年,东洋文库藏。

民国《宜良县志》,1921 年,云南省图书馆藏。

康熙《易门县志》,1714 年,云南省图书馆、芝加哥大学图书馆藏。

乾隆《易门县志》,1777 年,上海图书馆藏。

道光《易门县志》,1845 年,云南省图书馆、芝加哥大学图书馆藏。

乾隆《永北府志》,1765 年,美国国会图书馆藏。

康熙《永昌府志》,1702 年,上海图书馆藏。

乾隆《永昌府志》,1785 年,京都大学人文科学研究所、芝加哥大学图书馆藏。

道光《永昌府志》,1826 年,云南省图书馆藏。

光绪《永昌府志》,1885 年,云南省图书馆藏。

道光《永宁州志》,1837 年。

光绪《永善县志》,1904 年,云南省图书馆藏。

康熙《元江府志》,1714 年,云南省图书馆、芝加哥大学图书馆藏。

道光《元江府志》,1826 年,云南省图书馆藏。

民国《元江志稿》,1922 年。

康熙《沅陵县志》,1705 年,日本东洋文库。

康熙《元谋县志》,1712 年,云南省图书馆藏。

乾隆《元谋县志》,1781 年,云南省图书馆藏。

乾隆《沅州府志》,1790 年,哥伦比亚大学图书馆藏。

雍正《云龙州志》,1728 年,京都大学人文科学研究所。

康熙《云南县志》,1716 年,云南省图书馆藏。

乾隆《云南县志》,1767 年,云南省图书馆藏。

光绪《云南县志》,1890 年,云南省图书馆藏。

康熙《云州志》,1701 年,云南省图书馆藏。

康熙《余庆县志》,1718 年,芝加哥大学图书馆藏。

民国《余庆县志》，1936年。

乾隆《霑益州志》，1770年，云南省图书馆藏。

光绪《霑益州志》，1885年，云南省图书馆藏。

民国《昭通县志稿》，1924年，云南省图书馆藏。

万历《赵州志》，1587年，上海图书馆藏。

乾隆《赵州志》，1736年，京都大学人文科学研究所、芝加哥大学图书馆藏。

道光《赵州志》，1838年，美国国会图书馆、芝加哥大学图书馆藏。

民国《镇康县志》，1936年，云南省图书馆藏。

咸丰《镇南州志》，1853年，云南省图书馆藏。

光绪《镇南州志》，1892年。

乾隆《镇雄州志》，1784年，云南省图书馆藏。

民国《中甸县志》，1939年。

道光《遵义府志》，1841年。

《遵义新志》，1955年。

包汝楫《南中纪闻》，《图书集成》本。

陈鼎（约1700年）《滇黔游记》，《图书集成》本，同文书局，1894年石印。

陈宏谋（1696年—1771年）《培远堂偶存稿》，哥伦比亚大学图书馆、美国国会图书馆、芝加哥大学图书馆藏。

《全滇义学汇记》，1738年，美国国会图书馆藏。

《钦定物料价值则例·云南分册》，1768年，哈佛—燕京图书馆。

陈聂恒（约1720年）《边州闻见录》，1720年，中国国家图书馆藏。

陈碧笙《滇边散忆》，台北，东方文化书局，1976年。

陈善（1573年前后），《黔南类编》，1537年序，中国国家图书馆藏。

陈子龙（1608 年—1647 年）等辑《皇明经世文编》，中华书局，1962 年。

程钜夫（文海）（1249 年—1318 年），《楚国文宪公雪楼程先生文集》，洪武版本。

曹树翘（1810 年前后）《滇南杂志》，丛书集成本。

《大清会典事例》，1818 年版，哥伦比亚大学图书馆藏。

邓渼（1598 年前后），《大旭山房集》，1631 年，日本尊经阁文库藏。

《滇中奏议》（1770 年—1773 年），云南省图书馆藏。

丁彝轩（约 1800 年）《滇游路记》。1840 年。

杜昌丁（1725 年前后），《藏行纪程》，见《云南史料丛刊》卷十二，云南大学出版社，2001 年。

法式善（1753—1813）《陶庐杂录》，中华书局，1959 年。

范晔《后汉书》，中华书局，1970 年。

樊绰著，向达校注《蛮书校注》，北京：中华书局，1962 年。

冯甦（1665 年前后）《滇考》，中华文史丛书版。

冯时可（1575 年前后）《滇行纪略》，见《说郛续》。

冯祖绳（1850 年前后）《路南州保甲编》，1856 年刻本，云南省图书馆藏。

《宫中档康熙朝奏折》，台北故宫博物院，1976 年。

《宫中档雍正朝奏折》，台北故宫博物院，1981 年。

顾炎武（1613—1682）《天下郡国利病书》，四部丛刊版。

《肇域志》，同治钞本。

顾祖禹（1631—1692）《读史方舆纪要》，中华书局，1955 年。

邝璠《便民图纂》，中华书局，1959，据 1593 年版影印。

桂馥（1735—1805）《札朴》，商务印书馆，1958 年。

《贵州省民政赋役全书》，雍正版，中国国家图书馆藏。

郭子章《黔记》，1608 年。

郭子章《黔草》，云南省图书馆藏。

贺长龄《耐庵全集》，中华文史丛书版。

何孟春，《何恭简公笔记》，明代手钞本，上海图书馆藏。

《何文简公疏议》，万历版，日本尊经阁文库。

何乔新，《勘处播州事情疏》，丛书集成版。

贺宗章（1900 年前后）《幻影谈》，1921 年石印本，云南省图书馆藏。

黄汴（1600 年）《一统路程图记》，1570 年，日本内阁文库藏。

黄向坚（1650 年前后），《寻亲记程》，知不足斋本。

《户部则例》，1851 年。

《湖南省例成案》，乾隆版，东京大学东洋文化研究所藏。

《湖南省疆域驿传总纂》，1888 年版，东京大学东洋文化研究所藏。

《湖南省驿站程途里数限行公文》，1775 年、1802 年、1816 年，东京大学东洋文化研究所。

江东之（1577 年进士）《瑞阳阿集》，1743 年。

蒋良麒（1723—1789）《东华录》，中华书局，1980 年。

汪钟霖编《九通分类总纂》，台北艺文印书馆，1974 年。

《康熙朝汉文硃批奏折汇编》，目前共 6 卷，档案出版社，1984 年。

《昆明历史资料汇辑草稿》二编四册，昆明市地方志编纂委员会编纂室编印，1962 年—1964 年。

《康熙政要》，中央党校出版社，1994 年。

兰茂《滇南本草》，云南人民出版社，1975 年。

李化龙《平播全书》，丛书集成版。

历桥子《大明官制天下舆地水陆程限备览》，未标版本。

李希圣辑《光绪会计录》，1896 序。

李贤等撰《大明一统志》,1461 年,台北,文海 1965 年重印。

李元阳《李中谿全集》,1914 年,云南省图书馆藏。

李宗昉《黔记》,1889 年,上海图书馆藏。

梁材(1499 年进士)《梁端肃公奏议》,1609 年,京都大学人文科学研究所藏。

《丽江府剑川州西乡中户籍册》,1850 年—1851 年手钞本,云南省图书馆藏。

刘健(1700 年前后)《庭闻录》,见《云南备征志》本,云南省图书馆藏。

刘崑(1659 年进士)《南中杂说》,丛书集成版。

刘锡玄(1600 年前后)《黔牍偶存》,1625 年,中国国家图书馆藏。

《城守验方》,约 1635 年,中国国家图书馆藏。

刘岳昭(1875 年前后)《滇黔奏议》,1888 年版,美国国会图书馆藏。

麻崇垣(1850 年前后)《通京大道》,1870 年版,日本东洋文库藏。

《孟子》,D. C. Lau 英译本,巴尔的摩,盆桂(Penguin)出版社,1970 年。

闵洪学(1598 年进士)《抚滇奏草》,1626 年,日本东京内阁文库藏。

《明实录》,台湾"中央"研究院历史语言研究所影印本,1962 年。

云南省少数民族社会历史研究所编《明实录有关云南历史资料摘抄》上中下册,云南人民出版社,1959 年—1963 年。

贵州省民族研究所编《明实录贵州资料辑录》,贵州人民出版社,1983 年。

莫与俦、莫友芝著《莫氏四种》,台北文海出版社,1969 年。

倪辂辑《南诏野史》,古今文集丛书。

倪蜕《滇云历年传》。

欧阳修《新唐书》,中华书局,1975 年。

裴宗锡(1775 年前后)《滇黔奏稿录要》,未标版本,中国国家图书馆藏。

莆田姚(1600 前后)《露书》,1622 年,上海图书馆藏。

钱古训、李思聪《百夷传》,中华文史丛书版。

《黔省苗图全说》,道光版,上海图书馆藏。

《清实录》,台湾华文书局影印本,1964 年;中华书局影印本,1985 年。

中国科学院民族研究所贵州少数民族社会历史调查组、中国科学院贵州分院民族研究所编《清实录贵州资料辑要》,贵州人民出版社,1964 年。

云南省历史研究所编《清实录有关云南史料汇编》,云南人民出版社,1984 年。

南开大学历史系编《清实录经济资料辑要》,中华书局,1959 年。

琴川居士《皇清奏议》,台北文海出版社,1967 年。

丘濬《大学衍义补》,日文 1792 手钞本。

屈大均《广东新语》,香港:中华书局,1974 年。

阮葵生著《茶余客话》,中华书局,1960 年。

阮福(1825 前后)《滇笔》,道光版本。

《商君书》J. J. L. Duyvendak 英译本,芝加哥大学出版社,1963 年。

沈德符《万历野获编》,中华书局,1959 年。

申时行等修万历《明会典》,中华书局,1989 年。

司马迁《史记》,中华书局,1962 年。

宋濂等修《元史》,中华书局,1976 年。

檀萃《楚庭稗珠录》,1733 年版。

《滇海虞衡志》,丛书集成本。

台北故宫博物院藏《宫中档》、《军机处档》之《朱批奏折》、《录副奏折》。

陶承庆《商程一览》,约 1840 年,日本内阁文库藏。

田雯《黔书》,丛书集成版。

东亚同文会《支那》,东亚同文会。

《铜政便览》,道光版,哥伦比亚大学图书馆藏。

王韬《滇南铜政考:论铜政利弊状册》,乾隆版,上海图书馆藏。

王恽《秋涧先生大全文集》,四部丛刊本。

王庆云《石渠余记》,中华文史丛书版。

王士性《广志绎》,中华书局,1981 年。

王元翰《凝翠集》,云南丛书本。

王煜拜《滇游草》,未注版本,云南省图书馆藏。

王宗沐《敬所王先生文集》,约 1620 年,芝加哥大学图书馆藏。

魏源《圣武记》,1842 年。

吴大勋《滇南闻见录》,1795 年手钞本,云南省图书馆藏。

吴其濬《滇南矿厂图略》,1820 年,哈佛—燕京图书馆。

吴荣光《石云山人文集》,1841 年,日本静嘉堂文库。

吴振棫《黔语》,1854 年,美国国会图书馆藏。

吴仲孚《商贾便览》,1792 年,日本东洋文库。

谢肇淛《滇略》,文渊阁四库本。

《五杂俎》,中华书局,1959 年。

《百越风土记》,1650 年版,中国国家图书馆藏。

徐珂《清稗类钞》,中华书局,1984 年。

徐栻《滇台行稿》,万历版,中国国家图书馆藏。

徐宏祖(霞客)《徐霞客西游记》,1655 年,中国国家图书馆藏。

丁文江校本《徐霞客游记》。台北鼎文,1974 年。

许瓒曾《滇行纪程》,丛书集成本。

《东还纪程》,丛书集成本。

荀子著,德效赛(Homer H. Dubs)译注《荀子》(*The Works of Hsuntze*),台北文智(Wenzhi)出版社,1972 年。

严如熤《苗防备览》,道光版,台北华文文书局,1967 年。

《苗疆风俗考》,丛书集成本。

《三省山内风土杂识》,丛书集成本。

《乐园文钞》,道光版,日本静嘉堂文库藏。

杨慎《滇载记》,台北广文书局,1969 年。

《滇程记》,《云南史料丛刊》卷五,云南大学出版社,1998 年。

《升庵全集》,未标版本。

杨锡绂《四知堂文集》,1764 年。

伊里布《学案初模》,云南书局,1880 年(1836 年初版,1839 年再版),云南省图书馆藏。

《雍正朝奏折》,台北故宫博物院,1981 年。

《雍正硃批谕旨》,1738 年、1888 年。

《永乐大典》,台北世界书局,1962 年。

余庆远《维西见闻录》,道光版。

《永昌府文征》,1941 年。

袁富《滇裨》(Dian bi),道光版,中国国家图书馆藏。

《云南屯政赋役全书》,1671 年,中国国家图书馆藏。

《云南铜志》,1807 年,云南省图书馆藏。

《云南昭通镇标四营营制总册》,1888 年,云南省图书馆藏。

张紞《云南机务抄黄》,丛书集成本。

张瀚《松窗梦语》,未标版本。

张泓《滇南新语》,丛书集成本。

张洪《南夷书》,1733 手钞本,中国国家图书馆藏。

章潢《图书编》,1613 年。

张时徹《芝园别记》,未标版本,京都大学人文科学研究所。

张天复《皇舆考》,玄览堂丛书本。

张元忭,《广皇舆考》,版本不清。

张廷玉等修《明史》,中华书局,1974 年。

张学颜《万历会计录》,1582 年,芝加哥大学图书馆藏。

张允随《张允随奏稿》,10 册不分卷,1755 年,云南大学图书馆藏。

张曾亮《滇游草》,1885 年版,云南省图书馆藏。

张志淳《南园漫录》,文渊阁四库本。

赵尔巽等修《清史稿》,中华书局,1974 年。

赵官《后湖志》,1611 年,中国国家图书馆、芝加哥大学图书馆藏。

赵申乔《赵恭毅公自治官书》,1724 年,京都大学人文科学研究
  所藏。

赵翼《簪曝杂记》,台北世界书局,1957 年。

郑珍(约 1750 年)《樗茧谱》,1742 年、1908 年版,京都大学人文科
  学研究所藏。

中国第一历史博物馆藏《朱批奏折》、《录副奏折》之《雨雪粮价》、
  《内政·保警》、《财政·仓储》。

《中国近代货币史资料》2 卷,中华书局。

《中枢政考》,1825 年。

褚华《木棉谱》,上海掌故丛书。

朱孟震《西南夷风土记》,丛书集成本。

朱泰祯《云中约草》,1625 年,云南省图书馆藏。

朱燮元《少师朱襄毅公督蜀疏草》,1720 年,日本东洋文库藏。

《蜀事纪略》,手钞本,四川省图书馆藏。

诸葛元声(1600 年前后)《滇史》,1618 年,上海图书馆藏。

《云南经济报告书》,云南省政府,1926 年,云南省图书馆藏。

中文论著

白寿彝《明代矿业的发展》,《中国资本主义萌芽问题讨论集》,三
　　联书店,1957 年。

《长江水利史略》,水利出版社,1979 年。

陈锋《清代盐政与盐税》,中州古籍出版社,1988 年。

陈锋《清代军费研究》,武汉大学出版社,1992 年。

降锋《清代财政研究》,博士论文,武汉大学,1996。

陈国安、史继忠《试论明代贵州卫所》,《贵州文史论丛》3:92—
　　101,1981 年。

陈介等编著《云南的植物》,云南出版社,1983 年。

陈礼《清前期云南矿业的发展与资本主义萌芽》,《中央民族学院
　　学报》1990 年 6 期。

陈吕范等《东川铜政史》,云南人民出版社,1961 年。

云南大学历史系、云南省历史研究所云南地方史研究室编《云南
　　冶金史》,云南人民出版社,1980 年。

陈茜《云南对外贸易的历史概述》,《思想战线》1980 年第 3 期。

《川滇缅印古道初考》,《中国社会科学》1981 年第 1 期。

陈直《两汉经济史料论丛》,陕西人民出版社,1958 年。

陈支平《清代赋役制度演变新探》,厦门大学出版社,1984 年。

程贤敏《清代游民问题浅析》,《四川大学学报》1983 年 4 期。

全汉升《明清时代云南的银课和银产》,《新亚学报》第十一卷,第
　　1 期,1974 年。

《清代云南铜矿工业》,香港中文大学《中国文化研究所学报》第 7
　卷第 1 期,1974 年。

定宜庄《清代八旗驻防制度研究》,古籍出版社,1992 年。

董咸庆《清代云南盐务制度》,《史学论丛》第 4 辑,1989 年。

杜玉亭,陈吕范《云南蒙古族简史》,云南人民出版社,1979 年。

杜玉亭,李绍明等《凉山彝族奴隶社会》,人民出版社,1982 年。

方国瑜《云南用贝作货币的时代及贝的来源》,《云南大学学报》
　1957 年第 2 期。

《唐宋时期洱海区的汉族移民》,《云南大学人文科学》1957 年
　1 期。

《汉晋时期滇池区域的汉族移民》,《文史杂志》1957 年 3 期。

《滇史论丛》,上海人民出版社,1982 年。

《方国瑜文集》,云南教育出版社,1994 年。

《方国瑜文集》(1—5 辑),云南教育出版社,2001 年—2003 年。

方国瑜、缪鸾和《清代云南各族劳动人民对山区的开发》,《思想战
　线》1976 年第 1 期。

方铁,方慧《中国西南边疆开发史》,云南人民出版社,1997 年。

费维恺(Albert Feuerwerker)《宋代以来的中国政治与中国经济》,
　《中国史研究》1981 年第 4 期。

藤井宏《新安商人研究》1953,《东洋学报》(Toyo gakuho)36 卷,3
　期.(该文中文译文见《徽商研究论文集》,安徽人民出版社,
　1985 年)。

葛剑雄《统一与分裂》,三联书店,1994 年。

龚高法等《历史时期气候变化研究方法》,科学出版社,1983 年。

龚荫《清代滇西南边区的银矿业》,《思想战线》1983 年 2 期。

《明清云南土司通纂》,云南人民出版社,1985 年。

顾诚《明代前期耕地数新探》,《中国社会科学》1986 年第 4 期。

顾峰《云南碑刻与书法》,云南人民出版社,1984 年。

谷霁光《府兵制度考释》,人民出版社,1962 年。

郭松义《清初封建国家垦荒政策分析》,《清史论丛》第 2 辑,
　　1980 年。

《论摊丁入亩》,《清史论丛》第 3 辑,1982 年。

《清代的人口增长和人口流迁》,《清史论丛》第 5 辑,1984 年。

《清代的粮食贸易》,《平准学刊》1985 年第 1 期。

《玉米、番薯在中国传播的一些问题》,《清史论丛》第 7 辑,
　　1986 年。

《清代的劳动力状况和各从业人口数大体观测》,《庆祝杨向奎先
　　生教研六十年论文集》,河北教育出版社,1998 年。

白纲主编《中国政治制度通史·清代卷》,人民出版社,1996 年。

郭蕴静《清代经济史简编》,河南人民出版社,1984 年。

韩大成《明王朝的抑商政策》,《明代社会经济初探》,人民出版社,
　　1986 年。

何本芳《清代的榷关与内务府》,《故宫博物院院刊》1985 年第
　　3 期。

何长春《何长春史学论著选》,中国社会科学出版社,1985 年。

贵州省民族研究所编《贵州的少数民族》,贵州人民出版社,
　　1980 年。

何静梧等《明清两代的贵州书院》,《贵州文史丛刊》1981 年第
　　1 期。

何炳棣《中国会馆史论》,台北学生书店,1966 年。

《黄土与中国农业的起源》,香港中文大学出版社,1966 年。

《美洲作物的引进传播及其对中国粮食生产的影响》,《大公报副

刊三十周年文集》,香港《大公报》,1978 年。

《南宋至今土地数字的考释和评价》,《中国社会科学》1985 年第 2
期、第 3 期。

《中国历代土地数字考释》,台北联经出版社,1995 年。

胡春帆等《试论清前期的蠲免政策》,《清史研究集》第 3 辑,
1984 年。

胡寄窗《中国经济思想史》,上海人民出版社,1981 年。

胡可敏《清代前期贵州领主经济向地主经济发展》,《贵州社会科
学》1981 年第 2 期。

胡庆钧《明清彝族社会史论丛》,上海人民出版社,1981 年。

《凉山彝族奴隶制社会形态》,中国社会科学出版社,1985 年。

胡如雷《中国封建社会形态研究》,三联出版社,1980 年。

胡昭曦《张献忠屠蜀与湖广填四川考辨》,《中国农民战争史研究
集刊》第 1 辑,上海人民出版社,1979 年。

华　立《清代新疆农业开发史》,黑龙江教育出版社,1995 年。

黄冕堂《明史管见》,齐鲁出版社,1985 年。

黄培林《云南盐史概说》,《盐史研究》1996 年第 3 期。

蒋德学《清初贵州人口考》,《贵州社会科学》1982 年第 4 期。

《试论清代贵州的移民》,《人口研究》1983 年第 3 期。

江应樑《明代云南境内的土司土官》,云南人民出版社,1958 年。

《明代外地移民进入云南考》,《云南大学学术论文集》1963 年第
2 期。

经君健《论清代蠲免政策中减租的变化》,《中国经济史研究》1986
年第 1 期。

鞠德源、林永匡《乾隆勒索盘剥官商史料》,《故宫博物院院刊》
1982 年第 1 期。

蓝勇《历史时期西南经济开发与生态变迁》,云南教育出版社,
　　1992 年。

李中清(James Lee)《明清时期中国西南的经济发展和人口增长》,
　　《清史论丛》第 5 辑,1984 年。

李中清(James Lee)、郭松义编《清代皇族人口行为和社会环境》,
　　北京大学出版社,1994 年。

李伯重《江南的早期工业化,1368—1850》,中国社会科学出版社,
　　2000 年。

李国祁《由苏浙两湖四川及闽粤七省都市人口状态论清末民初我
　　国南方诸省的都市化现象》,国际中国学会议提交论文,台北,
　　1981 年。

李华《清代前期赋役制度的改革》,《清史论丛》第 1 辑,1979 年。

李械、陈琴德等《云南东川蒋家沟泥石流发生发展过程的初步分
　　析》,《山地学报》1979 年第 2 期。

李金明《明代海外贸易史》,中国社会科学出版社,1990 年。

李昆声《云南牛耕起源试探》,《云南文物》1977 年第 6 期。

《先秦至两汉时期云南的农业》,《思想战线》1979 年第 3 期。

《大理城史话》,云南人民出版社,1981 年。

李龙潜《试论明代矿业中资本主义因素的萌芽及特点》,《中国资
　　本主义萌芽问题讨论集》,三联书店,1960 年。

李鹏年等《清代中央国家机关概述》,黑龙江人民出版社,1983 年。

李文治编《中国近代农业史资料》3 卷,三联书店,1957 年。

李耀南《云南瘴气流行简史》,《中华医史杂志》1954 年第 3 期。

凉山彝族奴隶制编写组《凉山彝族社会形式讨论集》,内部铅印,
　　1977 年。

梁方仲《明代的预备仓》,《益世报·史学》,天津,第 50 期,

1937 年。

《明代粮长制度》,上海人民出版社,1957 年。

《中国历代户口田地田赋统计原论》,上海人民出版社,1980 年。

《梁方仲经济论文集补编》,中州古籍出版社,1984 年。

廖耀南《清水江流域的杉木交易》,《贵州文史资料选集》1980 年第 6 期。

林富民主编,林国忠等编著《贵州矿产开发史略》,西南财政大学出版社,1980 年。

林永匡、王熹《清代长芦盐商与内务府》,《故宫博物院院刊》1986 年第 2 期。

林仁川等《清代福建人口向台湾的流动》,《历史研究》1983 年第 2 期。

刘隽《清代云南的盐务》,《中国近代经济史研究集刊》第 2 卷,第 1 期,1933 年。

刘伟《清代粮价奏折制度浅议》,《清史研究通讯》1984 年第 3 期。

刘尧汉《彝族社会历史调查研究文集》,民族出版社,1980 年。

刘云明《清代云南市场研究》,云南大学出版社,1996 年。

龙登高《浅析清代云南的矿业资本》,《经济问题探索》1991 年第 4 期。

楼祖诒《中国邮驿史料》,人民邮电出版社,1958 年。

陆韧《云南对外交通史》,云南民族出版社,1997 年。

《变迁与交融——明代云南汉族移民研究》,云南教育出版社,2001 年。

栾显成《明代黄册研究》,中国社会科学出版社,1998 年。

罗尔纲《绿营兵志》,中华书局,1984 年。

罗玉东《中国厘金史》,商务印书馆,1936 年。

马长寿《突厥人和突厥汗国》,人民出版社,1957 年。

《北狄与匈奴》,三联书店,1962 年。

《南诏国内的部族组成和奴隶制度》,人民出版社,1962 年。

《乌桓与鲜卑》,上海人民出版社,1962 年。

《彝族古代史》,新华书店,1987 年。

马恩惠《云南回族族源考》,《民族研究》1980 年第 5 期。

马曜等《云南简史》,云南人民出版社,1983 年。

缪鸾和《云南回族简史》2 卷,云南人民出版社,1977 年。

宁超《元明时期云南矿冶发展概况》,《学术研究》(云南)1962 年
　　第 1 期。

彭信威《中国货币史》,上海人民出版社,1965 年。

彭雨新《清初的垦荒与财政》,《武汉大学学报》1979 年第 1 期。

《清代前期三大财政支出》,见《中国古代史论丛》1981 年第 2 辑,
　　福建人民出版社。

彭泽益《清代采铜铸钱工业的铸息和铜息问题考查》,见《中国古
　　代史论丛》1982 年第 1 辑,福建人民出版社。

《明清两代铜铅锌矿采业的劳动生产率水平》,《平准学刊》1985
　　年第 1 期。

秦佩珩《明代云南社会经济史论稿》,中州古籍出版社,1984 年。

秦树才《明清时期洱海地区的商品经济》,林超民编《新松集》,云
　　南大学出版社,1996 年。

《绿营兵与清代的西南边疆》、《中国边疆史地研究》2004 年第 2 期。

施立德《清末昆明金融货币概况及其特点》,《云南文史丛刊》1987
　　年第 4 期。

石毓符《中国货币金融史略》,天津人民出版社,1984 年。

史云群《明初云南安定局面的出现和农田水利事业的发展》,《思

想战线》1975 年第 6 期。

束世澂《论凉山彝族解放前的社会性质》,《新建设》1961 年 6 期。

苏同炳《明代驿递制度》,中华丛书编审委员会,1969 年。

孙敬之《西南地区经济地理》,科学出版社,1959 年。

孙太初《云南古代石刻丛考》,文物出版社,1983 年。

谭其骧主编《中国历史地图集》8 卷,地图出版社,1975 年。

田光炜《湖广填四川的移民过程》,《四川师范院学报》1982 年第
    2 期。

董孟雄《云南近代地方经济史研究》,云南人民出版社,1991 年。

王大斌《谈谈清初所谓湖广填四川的问题》,《教学研究集刊》1956
    年第 7 期。

王大道《云南滇池区域青铜时代的金属农业生产工具》,《文物》
    1977 年第 2 期。

王纲《湖广填四川问题探讨》,《社会科学研究》1979 年第 3 期。

王明伦《鸦片战争前云南铜矿业中的资本主义萌芽》,《中国资本
    主义萌芽问题讨论集》,三联书店,1957 年。

汪宁生《远古时期云南的稻谷栽培》,《思想战线》1977 年第 1 期。

《古代云南的养马业》,《思想战线》1980 年第 3 期。

王其渠《明初全国土田面积考》,《历史研究》1981 年第 4 期。

王绍武等《中国近五百年来旱涝分布图集》,地图出版社,1981 年。

王树槐《咸同云南回民事变》,台北"中央"研究院近代史所,
    1968 年。

王燕玉《贵州明清文学家》,贵州人民出版社,1981 年。

王业键《清代粮价的长期变动,1760—1910》,中美宋代至今经济
    与社会学术研讨会提交论文,北京,1980 年。

王毓铨《明黔国公沐氏庄田考》,《历史研究》1962 年 6 期;亦见

《莱芜集》,中华书局,1983 年。

《明代的军屯》,中华书局,1965 年。

《明代的王府庄田》,载《莱芜集》,中华书局,1965 年。

王毓铨、郭松义、林永匡《中国屯垦史》2 册,农业出版社,1991 年。

王钟翰《雍正西南改土归流始末》,《文史》1980 年第 10 期。

《试析康熙之农本思想》,《清史续考》,台北华世出版社,1994 年。

韦庆远《明代黄册制度》,中华书局,1961 年。

《清代的矿业》,中华书局,1983。

韦庆远等《档房论史文编》,福建人民出版社,1984。

《明初江南赋税居重原因辨析》,载《明清史辨析》,中国社会科学
　出版社,1989 年。

《明初江南地区经济政策的若干问题》,载《明清史辨析》,中国社
　会科学出版社,1989 年。

韦庆远、鲁素《论清初商办矿业中资本主义萌芽未能成长的原
　因》,《中国史研究》1982 年第 4 期;亦见《档房论史文编》,福建
　人民出版社,1984 年。

闻钧天《中国保甲制度》,商务印书馆,1936 年。

吴承明《中国资本主义与国内市场》,中国社会科学出版社,
　1985 年。

吴承明等《中国资本主义发展史》3 卷,人民出版社,1985—
　1993 年。

伍丹戈《明代的官田与民田》,《中华文史论丛》1979 年第 1 期。

吴晗《明初社会生产力的发展》,《历史研究》1955 年第 3 期,收入
　《吴晗史学论著选集》三卷,人民出版社,1984 年—1988 年。

吴慧《中国历代粮食亩产研究》,农业出版社,1985 年。

吴兴南《云南对外贸易:从传统到近代化的历程》,云南民族出版

社,1997 年。

夏湘蓉、李仲均、王根元《中国古代矿业开发史》,地质出版社,
　1980 年。

萧一山《清代通史》5 卷,台北商务印书馆,1962 年。

夏光南《元代云南史地丛考》,台北新文丰出版公司,1980 年。

谢彬如《清代贵州蚕丝业》,《贵州文史丛刊》1981 年第 4 期。

辛法春《明沐氏与中国云南之开发》,台北文史哲出版社,1985 年。

徐伯符《清代前期新疆地区的民屯》,《中国史研究》1985 年第
　4 期。

许大龄《清代捐纳制度》,燕京大学哈佛—燕京学社,1950 年。

许道夫编《中国近代农业生产及贸易统计资料》,上海人民出版
　社,1983 年。

徐泓《明代的盐法》,博士论文,台湾大学,1974 年。

徐嘉瑞《云南农村戏曲史》,云南大学西南文化研究室印,1942 年。

徐敬君《云南山区经济》,云南人民出版社,1983 年。

严耕望《唐代成都清溪南诏道驿程考》,载《唐史研究丛稿》,香港
　新亚研究所,1969 年。

《汉晋时代滇越通道考》,载《香港中文大学中国文化研究所学报》
　第 8 卷第 1 期,1976 年。

《唐代滇越通道考》,载《香港中文大学中国文化研究所学报》第 8
　卷第 1 期,1976 年。

《汉唐时代川滇东道考》,《总统蒋公逝世周年纪念论文集》,台北
　"中央"研究院编,1976 年。

《唐代黔中牂牁通道考略》,手稿,1978 年。

严中平《清代云南铜政考》,上海中华书局,1957 年。

严中平等编《中国近代经济史统计资料选集》,科学出版社,

1957 年。

杨端六《清代货币金融史稿》，三联书店，1962 年。

杨开宇等编著《贵州资本主义的产生与发展》，贵州人民出版社，
　　1982 年。

杨宽《战国史》，上海人民出版社，1980 年。

杨时逢《云南方言调查报告》2 卷，台北"中央"研究院历史语言研
　　究所，1969 年。

杨毓才《云南各民族经济发展史》，云南民族出版社，1989 年。

杨向奎《论何休》，《兰州大学学报》1978 年第 3 期。

《清代的今文经学》，《清史论丛》第 1 辑，1979 年。

杨向奎、李中清《论"邮表畷"与"街弹"》，《纪念顾颉刚学术论文
　　集》，巴蜀出版社，1990 年。

杨向奎、张政烺、孙言诚《中国屯垦史》，农业出版社，1990 年。

杨聪《大理经济发展史稿》，云南人民出版社，1986 年。

冶秋《丽江行》，《文物》1961 年第 2 期。

《大理访古记》，《文物》1961 年第 8 期。

叶显恩编《清代区域社会经济研究》，中华书局，1992 年。

尤中《南诏史话》，云南人民出版社，1962 年。

《云南民族史》上下册，云南大学西南边疆民族历史研究所编印，
　　1985 年。

《中国西南的古代民族》，云南人民出版社，1980 年。

于希贤《苍山雪与云南历史时期气候变迁》，硕士学位论文，北京
　　大学，1979 年。

《滇池地区历史地理》，云南人民出版社，1981 年。

虞祖尧等《中国古代经济著述选读》，吉林人民出版社，1985 年。

《云南地理概况》，云南人民出版社，1978 年。

《云南概况》,云南人民出版社,1981 年。

《云南省兄弟民族人口分布统计》,云南省政府编印,1951 年。

张国雄《明清时期的两湖移民》,陕西人民出版社,1995 年。

张煜荣《关于清代前期云南矿业的资本主义萌芽问题》,《学术研究》(云南)1963 年第 3 期。

张忠民《明代洪永年间的民屯》,《中国史研究》1985 年第 1 期。

赵靖《中国近代经济思想史》,上海人民出版社,1985 年。

赵俪生《中国土地制度史》,齐鲁书社,1984 年。

赵松乔、程鸿《川滇农牧交错地区农牧业地理调查资料》,科学出版社,1959 年。

庄吉发《清世宗与赋役制度的改革》,台北学生书局,1985 年。

郑天挺《历史上的入滇通道》,《探微集》,中华书局,1980 年。

周伯棣《中国财政思想史稿》,福建人民出版社,1984 年。

周春元等《贵州古代史》,贵州人民出版社,1982 年。

朱桂昌《永昌郡户数口数考辨》,《思想战线》1980 年第 5 期。

西文论著

Armijo-Hussein, Jacqueline Misty. 1996. "'Sayyid' Ajall Shams al-Din: A Muslim from Central Asia, Serving the Mongols in China, and Bringing 'Civilization' to Yunnan." Ph. D. diss., Committee on Inner Asian and Altaic Studies, Harvard University.

Atwell, William S. 1982. "International Bullion Flows and the Chinese Economy, Circa 1530—1650." *Past and Present* 95(May): 68—90.

Brooks, Timothy. 1981. "The Merchant Network in Sixteenth Century China." *Journal of the Economic and Social History of the Orient* 24, no. 2: 165—214.

Byon, Jae-Hyon. 1979. *Local Gazetteers of Southwest China*. Seattle: School of International Studies, University of Washington.

Cartier, Michel. 1979. "La croissance demographique chinoise de XVI e siècle et l'enregistrement des *pao-chia*." *Annales de demographie historique* 1: 9—23.

——& Pierre-Etienne Will(魏丕信). 1971. "Demographie et institutions en Chine: contributions a l'analyse des recensements de l'epoque imperiale." *Annales de demographie historique* 1: 161—245.

∗ Chan, Wellington. 1983. "Governments, Merchants, and Industry to 1911." In *Cambridge History of China*, vol. 11. Cambridge, Eng.: Cambridge University Press, 416—62.

Chiang Tao-chang. 1975. "The Salt Industry of China, 1644—1911." Ph. D. Diss., University of Hawaii.

Chu Hong-lam. 1984. "Ch'iu Chun and the *Supplement to the Exposition of the Great Learning*: Statecraft Thought in Fifteenth Century China." Ph. D. diss., Princeton University.

Chuan, Hansheng(全汉升), and Richard A Kraus. 1975. *Mid-Ching Rice Markets and Trade: An Essay in Price History*. Cambridge, Mass.: Harvard University Press。

Confucius(551—479 B. C.). 1979. *The Analects*. D. C. Lau(tr). London: Penguin Books.

Cressey, George. 1934. *China's Geographic Foundations, A Survey of the Land and Its People.* New York: McGraw-Hill.

——. 1955. *Land of the 500 Million: A Geography of China.* New York: McGraw-Hill.

Crossley, Pamela(柯娇燕), Helen Siu,(萧风霞)and Donald Sutton (苏堂棣), eds. 2000. *Reconfiguring Qing Frontiers.* Berkeley: University of California Press.

Csete, Anne(蔡红). 1995. "A Frontier Minority in the Chinese World: The Li People of Hainan Island from the Han Through the High Qing. " Ph. D. diss. , State University of New York at Buffalo.

——1999. "Ethnicity, Conflict, and the State in the Early to Mid-Qing: The Hainan Highlands, 1644—1800. " In *Reconfiguring Empire and Ethnicity*, ed. Pamela Crossley, Helen Siu, and Donald Sutton(q. v.).

Dunstan, Helen(邓海伦). 1997. *Conflicting Counsels to Confuse the Age: A Documentary Study of Political Economy in Qing China*, 1644—1840. Ann Arbor: Center for Chinese Studies, University of Michigan.

Elvin, Mark(伊懋可). 1973. *The Pattern of the Chinese Past.* Stanford: Stanford University Press.

Entenmsnn, Robert(安特曼). 1982. "Migration and society in Sichuan, 1644—1796. " Ph. D. diss. ,Harvard University.

Fairbank, J. K(费正清), and Dennis Twitchett, eds. 1978—. *The Cambridge History of China.* 10 vols. Cambridge, Eng. : Cambridge University Press.

Faure, David(科大卫). 1989. *The Rural Economy of Pre-Liberation*

China: *Trade Expansion and Peasant Livelihood in Jiangsu and Guangdong*, 1870 *to* 1937. Hong Kong: Oxford University Press.

Fei Hsiao-tung(费孝通), and Chang Chih-i. 1945. *Earthbound China*: *Study of Rural Economy in Yunnan*. *Chicago*: University of Chicago Press.

* Fei, John C. H. (费景汉), and Liu Ts'ui-jung(刘翠溶), 1979. "Population Dynamics of Agrarianism in Traditional China." *In Modern Chinese Economic History*, Hou Ching and Yu Tzong-shian. Taibei: Institute of Economics, Academia Sinica, 23—54.

* Feuerwerker, Albert(费维恺). 1958. *China's Early Industrialization*. Cambridge, Mass. : Harvard University Press.

———1983. "Economic Trends in the Late Ch'ing Empire, 1870—1911. " In *The Cambridge History of China*, vol. 11, ed. J. K. Fairbank and D. C. Twitchett. Cambridge. Eng. : Cambridge University Press, 1—69。

———. 1984. "The State and the Economy in Late Imperial China. " *Theory and Society* 13: 297—326。

———. 1992. "Presidential Address: Questions About China's Early Modern Economic History That I Wish I Could Answer. "*Journal of Asian Studies* 51, no. 4(Nov.): 757—69。

Fitzgerald, Charles P. 1972. *The Southward Expansion of the Chinese People*. New York: Praeger。

Fletcher, Joseph. 1978. "Ch'ing Inner Asia-Ca. 1800. " In *The Cambridge History of China*, vol. 10, Late Qing, ed. J. K. Fairbank and D. C. Twitchett. Cambridge, Eng. : Cambridge University Press.

Fox, Edward W. 1971. *History in Geographical Perspective.* New York: Norton.

Freedman, Maurice. 1979. *The Study of Chinese Society: Essays by Maurice Freedman.* Ed. with a foreword by G. William Skinner. Stanford: Stanford University Press.

Giersch, Charles Patterson. (纪若诚) 1998. "Qing China's Reluctant Subjects: Indigenous Communities and Empire Along the Yunnan Frontier. " Ph. D. Diss. , Yale University.

Guanzi(管子). 1985——1998. Trans. W. Allyn Rickett as *Guanzi: Political, Economic, and Philosophical Essays from Early China, A Study and Translation.* 3 vols. Princeton: Princeton University Press.

Hall, John Whitney. 1949. "Notes on the Early Ch'ing Copper Trade with Japan. " *Harvard Journal of Asian Studies* 12: 444—61.

Harding, Harry. "The Concept of ' Greater China': Themes, Variations, and Reservations. " *China Quarterly*

Harrell, Stevan(郝瑞), 1995. *Chinese Historical Micro-Demography.* Berkeley: University of California Press.

Herman, John. 1997. "Empire in the Southwest: Early Qing Reforms to the Native Chieftain System. " *Journal of Asian Studies* 56, no. 1 (Feb.): 47—74.

——2000. "The Cant of Conquest: Empire and Ethnicity in China's Southwest Frontier. " In *Reconfiguring Qing Frontiers*, ed. Pamela Crossley, Helen Siu, and Donald Sutton (q. v.).

Berkeley: University of California Press.

Ho Ping-ti(何炳棣). 1954. "The Salt Merchants of Yang-chou: A Study of Commercial Capitalists in Eighteenth-Century China." *Harvard Journal of Asiatic Studies* 17, no. 1/2: 130—68.

——. 1955. "The Introduction of American Food Plants into China." *The American Anthropologist* 57, no. 1

——. 1956. "Early Ripening Rice in Chinese History." *Economic History Review* Second series,9。

——. 1959. *Studies on the Population of China*, 1368—1953. Cambridge, Mass: Harvard University Press.

——. 1967. "The Significance of the Ch'ing Period in Chinese History." *Journal of Asian Studies* 26, no. 2: 189—95.

——. 1969b. "The Loess and the Origins of the Chinese Agriculture." *American Historical Review*.

——. 1975. *The Cradle of The East: An Inquiry into the Indigenous Origins of Techniques and Ideas of Neolithic and Early Historic China*, 5000—1000 *BC*. Hong Kong: Chinese University of Hong Kong Press; Chicago: University of Chicago Press.

——. 1998. "In Defense of Sinicization: A Rebuttal of Evelyn Rawski"s Re-envisiong the Qing." *Journal of Asian Studies* 57, no. 1(Feb.): 123—55.

＊Hostetler, Laura. 1995. "Chinese Ethnography in the Eighteenth Century: Miao Albums of Guizhou Province." Ph. D. diss., University of Pennsylvania.

Hsiao Kung-chuan 萧公权. 1979. *A History of Chinese Political*

Thought, vol. 1, *From the Beginning to the Sixth Century A. D.* Trans. F. W. Mote. Princeton: Princeton University Press.

Hsu Wen-hsiung. 1975. "The Chinese Colonization of Taiwan." Ph. D. diss. , University of Chicago.

Huang, Philip（黄宗智）. 1985. *The Peasant Economy and Social Change in North China.* Stanford: Stanford University Press.

——. 1990. *The Peasant Family and Rural Development in the Yangzi Delta*, 1350—1988. Stanford: Stanford University Press.

——. 1991. "A Reply to Ramon Myers." *Journal of Asian Studies* 50, no. 3（Aug.）:629—33.

Huang, Ray（黄仁宇）. 1978. *Taxation and Governmental Finance in Sixteenth Century China.* Cambridge, Eng. : Cambridge University Press.

——. 1981. 1587, *A Year of No Significance: The Ming Dynasty in Decline.* New Haven: Yale University Press.

Khu, Josephine. Forthcoming. "The Making of a Frontier: The Qing Military in Taiwan, 1684—1800. " Ph. D. Diss. , Columbia University.

King, Gail Oman. 1989. *The Story of Hua Guan Suo.* Tempe: Arizona State University Center for Asian Studies.

Kroll, J. L. 1979. "Toward a study of the economic views of Sang Hung-yang. " *Early China* 4: 11—18.

Kuhn, Philip（孔飞力）. 1980. *Rebellion and Its Enemies in Late Imperial China: Militarization and Social Structure*, 1796—1864. Cambridge, Mass. : Harvard University Press.

Lambard-Salmons, Claudine. 1972. *Un exemple d'acculturation Chi-*

noise: *la province du Guizhou au 18ᵉ siecle.* Paris: Ecole Francais d'Extreme Orient.

Lavely, William, James Lee(李中清), and Wang Feng(王丰). 1990. "Chinese Demography: The State of the Field." *Journal of Asian Studies* 49, no. 4(Nov.):807—34.

Lee, James(李中清). 1978. "Migration and Expansion in Chinese History." In *Human Migration: Patterns and Policies*, ed. William H. McNeill and Ruth S. Adams. Bloomington: Indiana University Press, 20—47.

——. 1982a. "Food Supply and Population Growth in Southwest China, 1250—1850." *Journal of Asian Studies* 41, no. 4 (Aug.): 711—46.

——. 1982b. "The Legacy of Immigration in Southwest China, 1250—1850." *Annales de demographie historique* 279—304.

Lee, James(李中清), and R. Bin Wong(王国斌). 1991. "Population Movements in Qing China and Their Linguistic Legacy." In *Languages and Dialects of China*, ed. William Wong *Journal of Chinese Linguistics* Monograph Series, no. 3. Berkeley, Calif. :52—77.

＊Lee, James(李中清), and Cameron Campbell(康文林). 1997. *Fate and Fortune in Rural China: Social Organization and Population Behavior in Liaoning*, 1774—1873. Cambridge, Eng. : Cambridge University Press.

Lee, James(李中清), and Wang Feng(王丰). 1999. *One Quarter of Humanity: Malthusian Mythology and Chinese Reality*, 1700—2000. Cambridge, Mass. : Harvard University Press.

Lewis, Martin, and Karen Wigen. 1997. *The Myth of Continents: A Critique of Metgeography*. Berkeley: University of California Press.

Li Bozhong(李伯重). 1998. *Agricultural Development in Jiangnan, 1620—1850*. New York: St. Martin"s Press.

Li, Lillian(李明珠). 1992. "Grain prices in Zhili Province, 1736—1911." In *Chinese History in Economic Perspective*, ed. Thomas Rawski and Lillian Li(q. v.),69—99.

Li Lung-wah(李龙华). 1971. "Mingdai kaizhong fa"(The grain-salt exchange system during the Ming). *Journal of the Institute of Chinese Studies of the Chinese University of Hong Kong* 4, no. 2: 371—495.

——. 1978. "The Control of the Szechwan-Kweichow Frontier Regions During the Late Ming: A Case Study of the Frontier Policy and Tribal Administration of the Ming Government." Ph. D. diss. , Australian National University.

Liu Ta-chung and Yeh Kung-chia. 1965. *Income and Economic Development, 1933—1959*. Princeton: Princeton University Press.

Livi-Bacci, Massimo. 1997. *A Concise History of World Population*. London. Basil Blackwell. .

Loh Wai-fong. 1977. "The Board of Revenue and Late Ch'ing Finance: A Study of the Relations Between the Central and Provincial Authorities(1893—1899). " Ph. D. diss. , Harvard University.

Mann, Susan(曼素恩). 1986. *Local Merchants and the Chinese Bureaucracy, l750—1950*. Stanford: Stanford University Press.

Marks, Robert. 1998. *Tigers, Silk, and Silt.* Cambridge, Eng. : Cambridge University Press.

Mencius. (孟子)1970. D. C. Lau. London: Penguin Books.

Metzger, Thomas(墨子刻). 1970. "The State and Commerce in Imperial China." *Asian and African Studies*6: 23—46.

———. 1972. "The Organizational Capabilities of the Ch'ing State in the Field of Commerce: The Liang-huai Salt Monopoly." In *Economic Organization in Chinese Society*, ed. W. E. Willmott. Stanford University Press,9—46.

Millward, James(米华健). 1998. *Beyond the Pass: Economy, Ethnicity, and Empire in Qing Central Asia*, 1759—1864. Stanford: Stanford University Press.

Myers, Ramon H. (马若孟). 1974. "Some Issues in Economic Organization During the Ming and Ch'ing Periods: A Review Article."*Ch'ing-shih wen-ti* 3, no. 2: 77—97.

———. 1980. *The Chinese Economy Past and Present.* Belmont, Calif. : Wadsworth .

———. 1991. "How Did the Modern Chinese Economy Develop? A Review Article." *Journal of Asian Studies* 50, no. 3 (Aug.): 604—28.

Myers, Ramon H. (马若孟), and Yeh-Chien Wang(王业键). 1998. "Economic Life, 1644—1800." Draft chapter for the *Cambridge History of China*, vol. 9, pt. 1.

O'Brien, Patrick, and Leandro Prados de la Escosura. 1998. "The Costs and Benefits of European Imperialism from the Conquest of Ceuta, 1415, to the Treaty of Lusaka, 1974." In *Debates and Controversies in Economic History*, ed. Clara-Eugenia Nunez. Madrid: Editorial Centro de Estudios Ramon Areces。

Pasquet, Sylvie(白诗薇). 1983. "L'evolution du systeme postal dans la province chinoise du Yunnan a l'epoque Qing. " These de doctorat de troisieme cycle, Ecole des Hautes Etudes en Sciences Sociales.

Perdue, Peter C. (濮德培). 1987. *Exhausting the Earth: State and Peasant in Hunan*, 1500—1850. Cambridge, Mass. : Council on Asian Studies, Harvard University.

——. 1992. "The Qing State and the Gansu Grain Market, 1739—1864. " In *Chinese History in Economic Perspective*, ed. Thomas Rawski and Lillian Li(q. v.) , 100—125.

Perkins, Dwight H. 1969. *Agricultural Development in China*, 1368—1968. Chicago: Aldine.

Pomeranz, Kenneth. 1993. *From Core to Hinterland: State, Society and Economy in Inland North China*, 1900—1937. Berkeley: University of California Press.

——. Forthcoming. *A New World of Growth: Markets, Ecology, Coercion, and Industrialization in Global Perspective*. Princeton: Princeton University Press.

Poussou, Jean-Pierre. 1998. Migrations et mobilité de la population en Europe a l'époque de la révolution industrielle. = In *Histoires des populations de l'Europe*. Jean-Pierre Bardet and Jacques Dup? quier(eds.). Paris: Fayard, 232—286.

Rawski, Evelyn(罗友枝). 1972. *Agricultural Change and the Peasant Economy of South China*. Cambridge, Massachusetts: Harvard

University Press.

Rawski, Thomas, and Lillian Li(李明珠), eds. 1992. *Chinese History in Economic Perspective.* Berkeley: University of California Press.

Rozman, Gilbert(饶济凡). 1973. *Urban Networks in Ch'ing China and Tokugawa Japan.* Princeton: Princeton, New Jersey.

——1982. *Population and Marketing Settlements in Ch'ing China.* New York: Cambridge University Press.

Rowe, William(罗威廉). 1994. "Education and Empire in Southwest China: Ch'en Hung-mou in Yunnan, 1733—1738. " In *Education and Society in Late Imperial China*, 1600—1900, ed. Benjamin Elman and Alexander Woodside. Berkeley: University of California Press.

Sands, Barbara. 1985. "The Nation and Extent of the Market in China: Shanxi Province 1928 to 1945. " Ph. D. diss. , University of Washington.

Schoppa, Keith(萧邦齐). 1989. *Xiang Lake: Nine Centuries of Chinese Life.* New Haven: Yale University Press.

Schram, Stuart, ed. 1985. *The Scope of State Power in China.* New York: St. Martin's Press.

——. 1987. *Foundations and Limits of State Power in China.* Hong Kong: Chinese University Press.

Schran, Peter. 1978a. "A Reassessment of Inland Communications in Late Ch'ing China. " *Ching-shih wen-ti* 3. 10 (Nov.): 28—48.

——. 1978b. "China's Demographic Evolution Reconsidered. " *Chi-*

na Quarterly 75 : 639—46.

Shepherd, John(邵式柏). 1993. *Statecraft and Political Economy on the Taiwan Frontier*, 1600—1800. Stanford: Stanford University Press.

Shin, Leo. 1999. "Tribalizing the Frontier: Barbarians, Settlers, and the State in Ming South China. " Ph. D. diss. , Princeton University.

Skinner, G. William(施坚雅). 1964—65. "Marketing and Social Structure in Rural China" 3 pts. *Journal of Asian Studies* 24, no. 1(Nov. : 3—43; no. 2(Feb.): 195—228; no. 3(May): 363—99.

——1979. "Social Ecology and the Forces of Repression in North China, a Regional-Systems Framework for Analysis. " Manuscript prepared for the ACLS Workshop on Rebellion and Revolution in North China. Harvard University.

——1985. "The Structure of Chinese Society. " *Journal of Asian Studies* 44 : 271—92.

——. 1986. "The Population of Sichuan in the Nineteenth Century: Lessons from Disaggregated Data. " *Late Imperial China*, 7, no. 2 : 1—79.

Skinner, G. William(施坚雅), ed. 1977. *The City in Late Imperial China*. Stanford: Stanford University Press.

Smith, Kent. 1970. "Ch'ing Policy and the Development of Southwest China: Aspects of Ortai's Governor-Generalship, 1726—1731. " Ph. D. diss. , Yale University.

Solinger, Dorothy, J. 1999. *Contesting Citizenship in Urban China*:

Peasant Migrants, the State, and the Logic of the Market. Berkeley and Los Angeles: University of California Press.

Sombart, Werner. 1930. "Capitalism." In *Encyclopedia for the Social Sciences.* 195—298.

Sun, E-tu Zen(孙任以都). 1964. "The Copper of Yunnan: An Historical Sketch." *Mining Engineering*(July): 118—24.

——. 1967. "Mining Labor in the Ch'ing Period." In *Approaches to Modern Chinese History*, ed. Albert Feuerwerker(费维恺), Rhoads Murphey(墨菲), and Mary C. Wright(芮玛丽). Berkeley: University of California Press.

——. 1968. "Ch'ing Government and the Mineral Industries Before 1800." *Journal of Asian Studies* 4:835—45.

——. 1971. "The Transportation of Yunnan Copper to Peking in the Ch'ing Period." *Journal of Oriental Studies* 9: 132—48.

Swann, Nancy Lee. 1950. *Food and Money in Ancient China.* Princeton: Princeton University Press.

Thorp, James. 1936. *Geography of the Soils of China.* Nanking: National Geological Survey of China.

Tilly, Charles. 1978. "Modern European Migration." In *Human Migration. Patterns and Policies*, ed. William H. McNeill and Ruth S. Adams. Bloomington: Indiana University Press.

——. 1979. "Demographic Origins of the European Proletariat." Ann Arbor: Center for Research on Social Organization, University of Michigan.

Twitchett, Denis. 1970. *Financial Administration Under the Tang Dynasty.* Rev. ed. Cambridge, Eng. : Cambridge University Press.

Vogel, Hans Ulrich(傅汉斯). 1987. "Chinese Central Monetary Policy and Yunnan Copper Mining During the Early Qing, 1644—1800. " Book manuscript.

Wang, Yeh-chien(王业键). 1973. *Land Taxation in Imperial China*, 1750—1911. Cambridge, Mass. : Harvard University Press.

——. 1979. "Evolution of the Chinese Monetary System, 1644—1850. " In *Modern Chinese Economic History*, ed. Hou Chiming and Yu Tzong-shian. Taibei: Institute of Economics, Academia Sinica, 425—52.

——1984. "Spatial and Temporal Patterns of Grain Prices in China, 1740—1910. " Paper presented at the Conference on Spatial and Temporal Trends and Cycles in Chinese Economic History, 980—1980, Bellagio, Italy.

——. 1986. "Food Supply in Eighteenth-Century Fukien. " *Late Imperial China* 7, no. 2:80—117.

*——. 1989. "Secular Trends of Rice Prices in the Yangtze Delta in the Eighteenth Century. " In *Proceedings of the Second Conference on Modern Chinese Economic History*, 423—61. Taibei: Institute of Economics, Academia Sinica.

——. 1989. "Secular Trends of Rice Prices in the Yangtze Delta, 1638—1935. " In *Chinese History in Economic Perspective*, ed. Thomas Rawski and Lillian Li(q. v.), 35—68.

Weir, David. 1989. "Markets and Mortality in France, 1600—1784. " In *Famine, Disease and the Social Order in Early Modern Society*, ed. Roger Schofield and John Walter. Cambridge, Eng. : Cambridge University Press, 201—34.

Wiens, Herold J. 1954. *China's March to the Tropics. Hamden*, Conn. : Shoe String Press.

Wilkinson, Endymion. 1970. *Studies in Chinese Price History*. Ph. D. diss. , Princeton University. Published New York: Garland Publishing, 1980.

Will, Pierre-Etienne（魏丕信）, and R. Bin Wong（王国斌）with James Lee（李中清）. 1991. *State Granaries and Food Supply in Qing China*, 1650—1850. With the help of Jean Oi and Peter Perdue. Ann Arbor: Michigan Papers on China.

Wong, R. Bin（王国斌）. 1997. *China Transformed: Historical Change and the Limits of European Experience. Ithaca*: Cornell University Press.

Wong, R. Bin（王国斌）, and Peter Perdue（濮德培）. 1992. "Grain Markets and Food Supplies in Eighteenth Century Hunan. " In *Chinese History in Economic Perspective*, ed. Thomas Rawski and Lillian Li（q. v. ）, 126—44.

Wrigley, E. A. 1961. *Industrial Growth and Population Growth*. Cambridge, Eng. : Cambridge University Press.

Wu, Silas（吴秀良）. 1970. *Communication and Imperial Control in China*. Cambridge, Mass. : Harvard University Press.

Yule, Henry（亨利·王尔）. 1875. *The Travels of Marco Polo*.

Zelin, Madeline（曾小萍）. 1984. *The Magistrate's Tael. Berkeley*: University of California Press.

Zurndorfer, Harriet. 1989. *Change and Continuity in Chinese Local History: The Development of Hui-Chou Prefecture*, 800—1800. Leiden: E. J. Brill.

后　记

　　本书的完成花费了四分之一世纪的时间：形成概念用了10年,写作用了15年。现在,这本书终于完稿并付梓问世了。

　　本书的完成和出版,得益于众多同仁的帮助。在此,我十分高兴有机会对他们的贡献致以衷心的感谢。首先应当感谢我的好朋友李伯重和王湘云,他们敦促我一定要把此书完成好,并且帮助我核对史料,使译文更加顺达流畅。其次,应当感谢林文勋、刘云明和秦树才。林文勋和刘云明首先完成了本书大部分中文译稿,秦树才最终完成了译稿并进行了核订。第三,感谢那些在我的研究和写作过程中给予很大帮助的学者和单位。我忘不了方国瑜、斯波义信、尤中、江应樑、林文勋、张春树（Chang Chun-shu）、林超民、傅汉斯（Hans-Ulrich Vogel）等人的启发和引导,忘不了美国国会图书馆、芝加哥大学图书馆、密西根大学图书馆、加州大学洛杉矶分校图书馆、日本京都大学图书馆、东京大学图书馆、东洋文库、尊经阁文库、静嘉堂文库、中国国家图书馆、上海市图书馆、四川省图书馆、云南省图书馆等图书馆工作人员的热心帮助。谨对以上所有对我给予指导、帮助的人士致以诚挚的谢意。

　　当然,我最应当感谢的人是我的博士论文导师何炳棣教授。何教授给予我历史研究方面的严格训练,使我对历史和如何成为一名历史学者有了更为深刻的理解,并立志致力于历史研究。我相信,正像我的其他著作一样,读者会很容易地在本书中发现何教授对我的影响。

  谨以本书献给何教授,以表示我的谢意。

李中清

译者后记

很早以来,我们就有了解和翻译国外学者关于中国西南边疆史研究成果的想法和计划。1998年,经李伯重教授的引介和推荐,李中清教授惠允我们翻译其有关中国西南边疆史研究的重要成果——《中国西南边疆的社会经济:1250—1850》。当时,我便约请刘云明博士共同开展翻译工作。随即,刘云明博士译出了第一章、第二章和第三章的初稿,我本人译出了第四章、第五章、第六章、第七章、第八章、第九章以及第十章的初稿。当然,这个初稿是极为粗糙和极不完善的,而且,大量的图表也没有译出。

接下来,因刘云明博士工作变动,难以继续参加翻译工作,我便约请秦树才博士参加。为了做好这项工作,2006年,秦树才博士以访问学者身份,亲赴美国密西根大学,为期半年,专门进行本书的翻译和相关资料的搜集与核对。这次翻译,几乎是在原有译稿上的重译,同时还完成了前一次没有译出的大量图表的翻译工作,从而形成了今天大家看到的这部译稿。

本书的翻译工作,前后持续了十余年。在这一过程中,李中清教授一直与我们保持通信联系,给予了我们很多的帮助。他还两度在国内与我见面,共同商讨翻译中遇到的问题。秦树才博士赴美期间,他更是给予了本书翻译工作细致的指导和帮助。同时,李伯重教授和王湘云女士也给予了我们许多无私的指导和帮助。正是有他们的关心和支持,本书的翻译工作才得以最终完成。在此,谨向他们致以衷心谢忱!

林文勋

2012 年春节

图书在版编目（CIP）数据

中国西南边疆的社会经济：1250—1850 / 李中清著；林文勋，秦树才译.
–北京：人民出版社，2012
（中国边疆研究丛书 / 林文勋主编）
ISBN 978–7–01–010593–2/
Ⅰ.①中…　Ⅱ.①李…　②林…　③秦…　Ⅲ.①边疆地区–政治制度史–
研究–西南地区–1250~1850　②边疆地区–区域经济–经济史–研究–西
南地区–1250~1850　Ⅳ.①D691　②F129.4
中国版本图书馆 CIP 数据核字（2012）第 005662 号

中国西南边疆的社会经济：1250—1850

ZHONGGUO XINANBIANJIANG DE SHEHUIJINGJI：1250–1850

丛书主编：林文勋
作　　者：李中清
译　　者：林文勋　秦树才
责任编辑：张秀平
封面设计：徐　晖

人民出版社 出版发行
地　　址：北京朝阳门内大街 166 号
邮政编码：100706　http://www.peoplepress.net
经　　销：新华书店总店北京发行所经销
印刷装订：永恒印刷有限公司
出版日期：2012 年 2 月第 1 版　2012 年 2 月第 1 次印刷
开　　本：880 毫米×1230 毫米　1/32
印　　张：15.375
字　　数：380 千字
书　　号：ISBN 978–7–01–010593–2/
定　　价：39.00 元